John David Seidler
Die Verschwörung der Massenmedien

Edition Medienwissenschaft

John David Seidler (Dr. phil.), geb. 1977, lehrt am Institut für Kommunikations- und Medienforschung der Deutschen Sporthochschule Köln. Für seine Arbeit zu Verschwörungstheorien erhielt er ein Stipendium des Departments »Wissen – Kultur – Transformation« der Interdisziplinären Fakultät der Universität Rostock.

John David Seidler

Die Verschwörung der Massenmedien
Eine Kulturgeschichte vom Buchhändler-Komplott
bis zur Lügenpresse

[transcript]

Die vorliegende Arbeit wurde im Jahr 2015 unter dem Titel »Vorstellungsbilder von geheimem Wissen und medialen Strukturen in Verschwörungstheorien« von der philosophischen Fakultät der Universität Rostock als Dissertation angenommen. Die Dissertation wurde durch ein Stipendium des Departments »Wissen – Kultur – Transformation« der Interdisziplinären Fakultät der Universität Rostock gefördert.

Bibliografische Information der Deutschen Nationalbibliothek
Die Deutsche Nationalbibliothek verzeichnet diese Publikation in der Deutschen Nationalbibliografie; detaillierte bibliografische Daten sind im Internet über http://dnb.d-nb.de abrufbar.

© 2016 transcript Verlag, Bielefeld

Die Verwertung der Texte und Bilder ist ohne Zustimmung des Verlages urheberrechtswidrig und strafbar. Das gilt auch für Vervielfältigungen, Übersetzungen, Mikroverfilmungen und für die Verarbeitung mit elektronischen Systemen.

Umschlagkonzept: Kordula Röckenhaus, Bielefeld
Umschlagabbildung: gunsn.bo.rentsch / photocase.com (Detail)
Printed in Germany
Print-ISBN 978-3-8376-3406-8
PDF-ISBN 978-3-8394-3406-2

Gedruckt auf alterungsbeständigem Papier mit chlorfrei gebleichtem Zellstoff.
Besuchen Sie uns im Internet: *http://www.transcript-verlag.de*
Bitte fordern Sie unser Gesamtverzeichnis und andere Broschüren an unter: *info@transcript-verlag.de*

Inhaltsverzeichnis

Vorwort | 9

1. EINLEITUNG | 13

1.1 Gegenstand und Ziele der Arbeit | 15
1.1.1 Zum Aufbau der Arbeit | 25

1.2 Klärung des Begriffs ‚Verschwörungstheorie' | 27
1.2.1 Strenger Wortsinn | 28
1.2.2 Pejorativum | 29
1.2.3 Akademische Begriffsbestimmungen | 30
1.2.4 Arbeitsdefinition: Verschwörungstheorie als Narrativ | 32
1.2.5 Zusammenfassung der Begriffsdefinition | 40

1.3 Forschungsstand
Elemente des Konspirationismus | 43
1.3.1 Zur Historiographie der Verschwörungstheorie | 47
1.3.2 Verschwörungstheorie als ‚moderne Verschwörungstheorie' | 50
1.3.3 Feind- und Wunschbild:
Verschwörungstheorie in Propaganda und Ideologie | 54
1.3.4 Verschwörungstheorien als Effekt gesellschaftlicher Krisen
und Umbrüche | 58
1.3.5 Individuelle Krisen als psychologischer Faktor
des Glaubens an Verschwörungstheorien | 61
1.3.6 Verschwörungstheorie als Produkt des ‚Verschwörungsdenkens' | 63
1.3.7 Verschwörungstheorie als Produkt
der ‚Verschwörungsindustrie' | 64
1.3.8 Verschwörungstheorie und Verschwörungsfiktion in Formaten
der Populärkultur | 66
1.3.9 Die Medien der Verschwörungstheorie | 68
1.3.10 Die ‚Medien-Verschwörungstheorie' | 73

1.4 Zur Forschungsstrategie | 79
1.4.1 Medienkulturwissenschaft als Forschungsprogramm | 79
1.4.2 Theoretischer Rahmen: Das Unbehagen in der Medienkultur | 82
1.4.3 Der medienontologische Verdacht und der submediale Raum | 88

1.4.4 Thesenbildung | 95
1.4.5 Methodisches Vorgehen | 100

2. UNTERSUCHUNGSTEIL I: AUFKLÄRUNG ALS MASSENBETRUG? ZU DEN ARCHETYPEN MODERNER VERSCHWÖRUNGSTHEORIE | 115

2.1 Medialer Kontext
Vergesellschaftungswut und Printexplosion | 117
Vergesellschaftungswut als strukturelle Vorbereitung
neuer Öffentlichkeit | 117
Print-Explosion | 127
Entwicklungslinien der Print-Öffentlichkeit in Frankreich | 129
Printmedien in den deutschsprachigen Territorien | 133

2.2 „Sonderlich hatte ich Büchertrödler im Verdacht"
Vorstellungsbilder des Medialen in Verschwörungstheorien
um 1800 | 137
Zu Genese und Urheberschaft klassischer Verschwörungstheorie
um 1800 | 137
Quellenanalyse: Ernst August von Göchhausen: Enthüllung des Systems
der Weltbürgerrepublik (1786) | 144
Quellenanalyse: Anonymus: Nachrichten von einem großen aber
unsichtbaren Bunde gegen die christliche Religion
und die monarchischen Staaten (2. Auflage, 1797) | 147
Quellenanalyse: Eudämonia oder Deutsches Volksglück.
Ein Journal für Freunde von Wahrheit und Recht (1795-1798) | 155
Quellenanalyse: Augustin Barruel: Denkwürdigkeiten zur Geschichte
des Jakobinismus (vier Bände, 1800-1804) | 161
Quellenanalyse: Johann August von Starck: Triumph der Philosophie
im achtzehnten Jahrhunderte (zwei Bände, 1803/1804) | 165

2.3 Zwischenergebnis und Reflexion | 168

3. UNTERSUCHUNGSTEIL II: DIE ANTISEMITISCHE VERSCHWÖRUNGSTHEORIE IM LANGEN 19. JAHRHUNDERT | 175

3.1 Medialer Kontext
Aufstieg der Massenpresse | 181

Weißes Papier: Mediale Öffentlichkeit nach 1848 | 181
Die Meinungs-, Partei- und Tendenzpresse | 184
Presse und Judentum | 188
Generalanzeiger: Die ‚Kapitalisierung' der Presse | 191
Media control 1848: Zur Entstehung moderner Pressepolitik | 194
Die Elektrisierung der Presse | 198
Pressepolitik im Kaiserreich | 202

3.2 „Durch die Presse kamen wir zu Einfluß, und blieben doch selbst im Schatten"
Vorstellungsbilder des Medialen in antisemitischen
Verschwörungstheorien des langen 19. Jahrhunderts | 207
Quellenanalyse: Sir John Retcliffe: Biarritz (1868),
Auf dem Judenkirchhof | 212
Quellenanalyse: Osman Bey: Die Eroberung der Welt
durch die Juden (1873) | 218
Quellenanalyse: Karl Wilmanns: Die ‚goldene Internationale' (1876) | 221
Quellenanalyse: Theodor Fritsch: Antisemiten-Catechismus (1887) | 223
Statt einer Quellenanalyse: Anmerkungen zu den *Protokollen*
(ab 1920) | 226
Paratexte | 227
Quellenanalyse: Theodor Fritsch d. J.:
Der jüdische Zeitungspolyp (1921) | 230

3.3 Zwischenergebnis und Reflexion | 233

4. UNTERSUCHUNGSTEIL III:
QUELLE: INTERNET
ZUR VERSCHWÖRUNGSTHEORIE UM 2000 | 243

4.1 Medialer Kontext
Dominanz des Fernsehens und Aufstieg des Internets | 253
Fernsehen als zentrales Medium um 2000 | 254
Formatentwicklungen und neue Medienwirklichkeiten | 256
Desert Sessions: Die CNN-isierung von Kriegswirklichkeit | 260
Under attack: Fernsehen am 11. September | 262
Dunkle Zukunft: Das Internet um 2000 als publizistisches Medium | 267
The Internet is for Conspiracy | 274
Zu Genese und Urheberschaft von Verschwörungstheorien
zum 11. September 2001 | 278

4.2 Vorstellungsbilder des Medialen in Verschwörungstheorien zum 11. September 2001 | 287
Quellenanalyse: Mathias Bröckers: The WTC Conspiracy (2001-2002) und Verschwörungen, Verschwörungstheorien und Geheimnisse des 11.9. (2003) | 288
Quellenanalyse: Robert Stein: 9/11 Mega-Ritual | 292
Quellenanalyse: Ken Jebsen: KenFM.de | 299
Ergänzende Bemerkungen | 308
Reflexion | 312

SCHLUSSTEIL | 315

Fazit | 317
Verschwörungstheorie heute | 322

Quellen | 327

Literatur | 333

Danksagung | 367

Vorwort

„Noch sind wir nicht so weit, uns mit den Hinterlassenschaften von Verschwörungstheorien unter diabolischen Gesichtspunkten befassen zu können, weil noch immer ein ‚für und wider' von Verschwörungstheorien heißer diskutiert werden kann als Bedingungen ihrer Möglichkeit. Achtet man aber darauf, wie lau die Flamme der Geringschätzung inzwischen geworden ist, so dürfte es nicht mehr allzu lange dauern, bis das Gespräch um Verschwörungstheorien wieder interessant werden kann."
KLAUS KUSANOWSKY/DIE BANALITÄT DES MASSENMEDIUMS
(DIFFERENTIA.WORDPRESS.COM)

Als ich das obige Zitat während der Arbeit an diesem Buch entdeckte, hat es mir – obwohl mir unklar ist, was ‚diabolische Gesichtspunkte' eigentlich genau meint – direkt gefallen. Denn nach den ‚Bedingungen der Möglichkeit' von Verschwörungstheorie zu fragen, ist tatsächlich etwas völlig anderes und – wie auch ich finde – interessanteres, als noch einmal ihr ‚für und wider' zu diskutieren.

Unter dieser Annahme war die vorliegende Arbeit von Beginn an auf die spezielle Forschungsfrage ausgelegt, inwiefern die ‚Medialisierung unserer Gesellschaft', also die Zunahme von lediglich medial erfahrbarem Wissen, eine solche Bedingung der Möglichkeit von Verschwörungstheorie darstellt. Der Verdacht – denn damit beginnt ja jede Forschung – lautete also, dass jener Verdacht, der sich in Verschwörungstheorien artikuliert, vor allem ein Verdacht gegenüber den Medien ist. Um die moderne Verschwörungstheorie und ihre Geschichte besser zu verstehen, könnte es hilfreich sein, Verschwörungstheorie als Medien-Verschwörungstheorie zu begreifen und entsprechend zu untersuchen.

Neben der Beobachtung, dass Verschwörungstheorien erst und einzig durch die Beobachtung der von ihnen verdächtigten Medien ihre ‚Beweisführung' herstellen, hatte ich bald auch den Verdacht, dass die verschwörungstheoretische Rede über Medien außerdem ein bislang vernachlässigter Faktor der Rekrutierung und Mobilisierung sozialer (Protest-)Bewegungen sein könnte. Dies legte jedenfalls die Geschichte der Verschwörungstheorie, ihre Ursprünge im Kontext politischer Propaganda und die besondere gesellschaftliche Bedeutung der Medien für die Generierung und Verbreitung von Wissen und Meinungen nahe. Bis zur Einreichung der Dissertation im September 2014 rief dieser Aspekt der Studie in Diskussionen kaum Reaktionen hervor, möglicherweise hatte ich ihn im Text auch nicht so stark gemacht, wie es möglich gewesen wäre.

Als ich 2011 mit der Arbeit an diesem Buch begann, war außerdem mein Eindruck, die Zeit sei tatsächlich reif, sich mit den ‚Hinterlassenschaften' von Verschwörungstheorien zu befassen. Soll heißen, ich mutmaßte, dass der Verschwörungs-Hype der 2000er Jahre, dem ja bereits ein Verschwörungs-Hype in der 1990er Jahren vorausging, ungefähr mit dem zehnten Jahrestag der Anschläge vom 11. September allmählich seinen Zenit überschritten hatte. Ein Verdacht, der sich so nicht bestätigte. Dies zeigten sehr schnell auch die außergewöhnlich engagierten Rückmeldungen auf dieses Projekt. Dass ich als Medienwissenschaftler die Geschichte des Verdachts gegenüber den Medien zum Objekt machte, anstatt mich an diesem Verdacht zu beteiligen, führte gelegentlich auch zu Irritationen.

Wenige Wochen nachdem ich im September 2014 diese Arbeit endgültig abgeschlossen und abgegeben hatte, begannen dann ‚Hooligans gegen Salafisten', Dresdner ‚Spaziergänger' und andere ‚besorgte Bürger' damit, durch die Straßen zu marschieren und ‚Lügenpresse, halt die Fresse' zu skandieren. Flankiert wurden diese Demonstrationen von einigen neueren Publikationen über ‚Medienmanipulationen' und ‚gekaufte Journalisten'. Die neuzeitliche Medien-Verschwörungstheorie war, wohl auch in Folge der Debatte über die Berichterstattung über Euromaidan und den Ukraine-Konflikt, den virtuellen Echo-Kammern des Internets endgültig entwachsen. Der ganze traurige Zirkus war im Grunde wie gemalt für mein Forschungsthema und meine Thesen.

Einen Monat nach Abgabe des Manuskripts, im Oktober 2014, hätte ich unter dem Eindruck des Geschehens den Abschluss dieser Arbeit möglicherweise verschoben und mich erst noch ‚in Echtzeit' an Ergänzungen versucht. Stattdessen liegt nun also eine kleine Medienkulturgeschichte der ‚Lügenpresse' vor, die von der neueren Karriere des Begriffs noch gar nichts wusste, als sie verfasst wurde. Dabei geht es hier – um Missverständnisse zu vermeiden – keinesfalls um den Begriff der Lügenpresse, sondern um die Grundzüge dessen, was sich wohl auch hinter diesem Begriff verbirgt. Die Theoriearbeit und die historischen Studien in diesem Buch (sie reichen immerhin bis ins Jahr 2014) mögen somit dazu dienen, auch die zeitgenössische Medien-Verschwörungstheorie und ihre Protagonisten in eine Geschichte einzuordnen, die keinesfalls mit den mutmaßlichen Fehlentwicklungen des Journalismus in der jüngeren Vergangenheit begann, sondern unsere Medienkultur bereits seit dem 18. Jahrhundert, als Schatten von Aufklärung und Mediengesellschaft, begleitet.

‚Viel Spaß' beim Lesen zu wünschen, ist bei einer wissenschaftlichen Abschlussarbeit, auch noch mit einem solchen Gegenstand, wohl recht optimistisch. Bei aller Sachlichkeit und wissenschaftlich notwendigen Deformation des Gesamttextes, hatte ich selbst zumindest bei der Lektüre einiger der hier analysierten historischen Textsorten – etwa angesichts der wortgewaltigen Medienschelte seitens der ‚Wutbürger' um 1800 – immerhin meine ‚diabolische Freude'.

John Seidler im November 2015

1. Einleitung

„Congratulations. You've just discovered the secret message."
RÜCKWÄRTSBOTSCHAFT AUF THE WALL/
ROGER WATERS, PINK FLOYD

1.1 Gegenstand und Ziele der Arbeit

Unsere Regierungen sind von außerirdischen Reptilienwesen unterwandert. Am Himmel bedrohen uns verräterische Kondensstreifen. Den Lauf der Weltgeschichte hat die Bilderberg-Konferenz längst festgelegt. Illuminaten und Freimaurer-Armeen, die CIA und der Mossad übernehmen die Handlanger-Arbeit. Alles ist vernetzt, nichts ist, wie es scheint. Was in den 1990er Jahren noch als postmoderner Ulk in der Populärkultur Karriere machte, hat heute an Ironie verloren. Die Erzählungen über Unterwanderung durch reptilienartige humanoide Wesen – populär gemacht durch den rechtsesoterischen Buchautor David Icke[1] – kann man noch leicht als ‚kommunikatives Rauschen' abtun. Dass aber etwa ‚Heuschrecken' über uns herfallen, dass amerikanische ‚Bankster' uns im Würgegriff halten, dass globale Konzerne und deren Lobbyisten die Souveränität des Volkes unterlaufen, dass nicht demokratisch legitimierte Cliquen unsere gesellschaftlichen Institutionen unterwandern und zu Macht und Einfluss aufsteigen, dass die Exzesse digitaler Überwachung und Spionage die Demokratie schädigen und bedrohen, ist fester Bestandteil politischer Debatten, mithin von gerechtfertigter Kritik in der Öffentlichkeit. Es gibt einen Punkt, an dem sich diese Kritik an mächtigen Eliten und großer Politik mit den Verschwörungstheorien eines David Icke oder ähnlichen Erzählungen trifft. Und nicht immer macht es die Verschwörungstheorie dem Publikum so leicht, beide Felder auseinanderzuhalten wie im Fall der Reptilienwesen von David Icke. In seinem Essay über das ‚Elend der Kritik' beschreibt der Soziologe Bruno Latour genau diese verschwommene Grenze als zentrales Problem zeitgenössischer Gesellschaftskritik:

Vielleicht nehme ich die Verschwörungstheorien zu ernst, aber es bereitet mir Kopfzerbrechen, wenn ich in diesen verrückten Mischungen aus reflexhaftem Unglauben, pedanti-

---

1 Vgl. Icke, David: Children of the matrix: How an interdimensional race has controlled the world for thousands of years - and still does, Wildwood, Mo. 2001.

schem Bestehen auf Beweisen und freiem Gebrauch kraftvoller Erklärungsmuster aus dem sozialen Nirgendwo viele Waffen der sozialen Kritik wiederfinde. Natürlich sind Verschwörungstheorien absurde Entstellungen unserer eigenen Argumente, aber das ändert nichts daran, daß diese Waffen die unsren sind, auch wenn sie über unklar gezogene Grenzen geschmuggelt wurden und der falschen Partei in die Hände gerieten. Trotz aller Deformation ist unser Warenzeichen wie in Stahl eingeprägt noch immer leicht zu erkennen: Made in Criticalland."[2]

Verschwörungstheorien, die rational klingen, auf Elemente der Fantastik weitestgehend verzichten und auf ‚Kritik' an Regierungspolitik, Machteliten und Kapitalismus abzielen, sind fester Bestandteil unseres gegenwärtigen kommunikativen Haushalts und besetzen seit Jahren größere Anteile im politischen Meinungsspektrum.[3] Das vielleicht beste Indiz dafür, dass Verschwörungstheorien wieder an Relevanz in unserer Gesellschaft gewonnen haben, ist der auch an den Universitäten immer lauter werdende Ruf danach, sich vom Begriff der Verschwörungstheorie zu verabschieden. Hier wird nicht mehr die Verschwörungstheorie, sondern deren Diskriminierung durch den akademischen und medialen Mainstream kritisiert.[4] „Ziemlich genau das, was Adorno vor einem halben Jahr-

---

2 Latour, Bruno: Elend der Kritik: Vom Krieg um Fakten zu Dingen von Belang, Zürich 2007, S. 16.

3 „Weltweit vernetzte Freimaurer-Logen und andere Geheimorganisationen, international agierende Großkonzerne, und ein kleiner Kreis von Superreichen: Glauben Sie, dass es eine Art geheimer Weltregierung gibt?" Auf diese Frage antworteten bei einer Umfrage von TNS Emnid im Jahr 2010 knapp 40% der Befragten mit ‚Ja' (die Ergebnisse basieren auf einer repräsentativen telefonischen Umfrage unter 1005 Frauen und Männern im Alter ab 14 Jahren in Deutschland. Mein Dank für die Bereitstellung der Auswertungsunterlagen dieser Umfrage gilt der Redaktion des Magazins *Welt der Wunder*, insbesondere Dr. Justus Meyer. Vgl.: TNS Emnid: Exklusiv-Umfrage des Wissensmagazins Welt der Wunder: Wem glauben die Deutschen noch? Auswertungbericht 2010). Weitere Meinungsumfragen zu Verschwörungstheorien finden sich in Kapitel 4 ab Seite 244.

4 So etwa bei: Kuhn, Oliver: Spekulative Kommunikation und ihre Stigmatisierung – am Beispiel der Verschwörungstheorien: Ein Beitrag zur Soziologie des Nichtwissens, in: Zeitschrift für Soziologie 39. 2010, 2, S. 106–123; Anton, Andreas: Unwirkliche Wirklichkeiten: Zur Wissenssoziologie von Verschwörungstheorien, Berlin 2011; Pelkmans, Mathijs; Machold, Rhys: Conspiracy theories and their truth trajectories, in: Focaal 2011. 2011, 59, S. 66–80; Coady, David: What to believe now: Applying epistemology to contemporary issues, Chichester, West Sussex, Malden, MA 2012;

hundert der damaligen Wissenssoziologie und manchen Empiristen vorwarf – dass sie ‚noch dem Wahn gegenüber aufgeschlossen' seien und ‚sogar die pathischen Vorurteile gelassen verzeichnen' würden", so der Autor Sebastian Loschert, wird nun „mit wissenschaftlichem Jargon exerziert"[5]. Es handele es sich bei Verschwörungstheorien zunächst um ‚spekulative Kommunikation', um ‚alternative Erklärungen', um potenziell legitime ‚Wissensinnovation' und somit um fälschlicherweise ‚stigmatisiertes Wissen', verlauten die entsprechenden wissenssoziologischen Thesen, die sich darauf verlassen, dass all unser Wissen stets anzweifelbar, unser Nichtwissen stets groß und auch unsere wissenschaftliche Erkenntnis stets ‚gemacht' ist:[6] „Alles, was Menschen für Wissen halten, ist Wissen und auch die Wissenschaft hat keinen privilegierten Anspruch auf Wissen"[7], zitiert etwa Andreas Anton den Soziologen Hubert Knoblauch, um eine ‚wissenssoziologischen Kritik' am tradierten akademischen Urteil über Verschwörungstheorien zu untermauern. Die Maxime, dass auch jenes Wissen, das als ‚wahr' gilt, unumgänglich eine empirisch-soziale Konstruktion sei, so etwa das sozialkonstruktivistische Resümee der social studies of science,[8] soll nun also für eine Rehabilitierung verschwörungstheoretischer Argumente herhalten.[9]

Tracy, James F.: Diffusing Conspiracy Panics: On the Public Use of Reason in the Twenty-First Century Truth Emergency, in: Censored 2014. Fearless Speech in Fateful Times, hg. v. Mickey Huff; Andy Lee Roth 2013.

5 Loschert, Sebastian: Verwirrung des Denkens: Der soziologische Sammelband ‚Konspiration' versucht sich an einer ‚Ehrenrettung des konspirologischen Gegenwartsdenkens'. 2014, http://jungle-world.com/artikel/2014/10/49466.html, zuletzt geprüft am: 30.06.2014, S. 1.

6 So zuletzt der umfangreiche Sammelband Konspiration: Soziologie des Verschwörungsdenkens, hg. v. Andreas Anton, Michael Schetsche, Michael K. Walter, Wiesbaden 2014.

7 Anton: Unwirkliche Wirklichkeiten, S. 62.

8 Vgl. dazu etwa: Keller, Reiner: Wissenssoziologische Diskursanalyse: Grundlegung eines Forschungsprogramms, 2. Auflage, Wiesbaden 2008, S. 55.

9 Eine derartige Auslegung der Argumente des Sozialkonstruktivismus war im Übrigen nie unumstritten. Dass diese Argumentation heute zumindest in der entsprechenden philosophischen Spezial-Diskussion zunehmend abgelehnt wird, zeigen die aktuellen Publikationen von Vertretern eines bisweilen eher vage umrissenen ‚neuen' (wahlweise auch ‚spekulativen' oder ‚situativen') Realismus. Diese neueren Argumente wenden sich vor allem gegen die, in den obigen Zitaten erkennbare, ‚Gleichheitsdoktrin', wie es der Philosoph Paul Boghossian formuliert. Boghossian steht mit seiner Kritik an der Gleichwertigkeitsdoktrin des Konstruktivismus für eine zeitgenössische Ten-

Im Herausgebervorwort von Antons Buch zur Wissenssoziologie von Verschwörungstheorien betonen die Sozialwissenschaftler Michael Schetsche und Renate Berenike-Schmidt, im Reden über Verschwörungstheorien als ‚Verschwörungstheorien' zeige sich stets die repressive Haltung mächtiger Instanzen, die schlicht um ihrer eigenen ‚Deutungshoheit' Willen Verschwörungstheorien angreifen. Die wissenssoziologische Analyse des Umgangs mit Verschwörungstheorien offenbare nämlich, dass „die Verbreitung dieser spezifischen Form heterodoxen Wissens fast notwendig extreme Widersprüche (und Widerstände) beim massenmedialen Subsystem der Gesellschaft erzeugen muss – geht es hier doch um nichts weniger als die Verteidigung der geltenden Wirklichkeitsordnung".[10] So verwundere es nicht, „dass die Schöpfer jener abweichenden Erklärungsmodelle gerade in den Leitmedien unserer Gesellschaft als ‚Wirklichkeitshäretiker' nicht nur argumentativ vorgeführt, sondern regelmäßig auch persönlich angegriffen und moralisch wie politisch diskreditiert werden"[11]. Doch was, fragt der Soziologe Bruno Latour, der die sozialkonstruktivistischen science studies mit seinen berühmten Studien zum *Laboratory Life* in den 1970er Jahren selbst wesentlich vorantrieb, „wenn Erklärungen, die automatisch auf Macht, Gesellschaft und Diskurs rekurrieren, ihre Brauchbarkeit hinter sich hätten und nun so weit heruntergekommen wären, daß sie jetzt die einfältigste Kritik nährten?"[12] Latours These dazu lautet, „dass eine gewisse Form von kritischem Geist uns in die falsche Richtung geschickt und zum Kampf gegen die falschen Feinde verleitet hat [...]. Die Frage war nie, von den Fakten loszukommen, sondern näher an sie heranzukommen, den Empirismus nicht zu bekämpfen, sondern ihn im Gegenteil zu erneuern"[13].

---

denz in der Philosophie, die den – oftmals unter dem Begriff der Postmoderne zusammengefassten – konstruktivistischen Relativismus, wie er besonders in der zweiten Hälfte des 20. Jahrhunderts populär wurde, vehement ablehnt, und sich stattdessen etwa der Ontologie öffnet. Vgl. dazu: Boghossian, Paul Artin: Angst vor der Wahrheit: Ein Plädoyer gegen Relativismus und Konstruktivismus, Berlin 2013; Der Neue Realismus, hg. v. Markus Gabriel, Berlin 2014; Gabriel, Markus: Warum es die Welt nicht gibt, Berlin 2013; Ferraris, Maurizio: Manifest des neuen Realismus, Frankfurt am Main 2014; Avanessian, Armen: Realismus jetzt: Spekulative Philosophie und Metaphysik für das 21. Jahrhundert, Berlin 2013.

10 Anton: Unwirkliche Wirklichkeiten, S. 8.
11 Ebd.
12 Latour: Elend der Kritik, S. 15.
13 Ebd., S. 20–21.

Diese wissens- und wissenschaftssoziologische Diskussion wird in der vorliegenden Arbeit nicht direkt fortgeführt, sondern eher als symptomatisch für den aktuellen Status von Verschwörungstheorien als ‚Wissensform' in unserer Kultur verbucht. Die zentrale Frage der Arbeit ist, wie es dazu kommen konnte, dass Verschwörungstheorien „zu einem konstitutiven Bestandteil der gegenwärtigen Medienkultur geworden"[14] sind.

Die klassischen Antworten darauf stammen aus Soziologie und Sozialphilosophie der Nachkriegszeit und thematisieren einen einsamen und bisweilen psychotischen und paranoiden modernen Menschen, der unterkomplexe Antworten für eine komplexe Welt, Sündenböcke für sein eigenes Unglück und Projektionsflächen für seine eigenen Machtphantasien sucht. Die so geprägte Forschungsmeinung lautete noch im Jahr 2001, im damals umfangreichsten deutschsprachigen Sammelband zu Thema, „dass für die Konjunktur von Verschwörungstheorien die jeweiligen Kommunikationsstrukturen eine untergeordnete Rolle spielen".[15]

Erst für die jüngste ‚Konjunktur von Verschwörungstheorien', seit der Jahrtausendwende, diskutiert man in der Forschung zunehmend auch mediale Aspekte als Erklärungsansätze für den Erfolg von Verschwörungstheorien: „Insbesondere im Internet blühen Verschwörungsideologien geradezu auf, das Medium erleichtert die Konstruktion und Verbreitung von Verschwörungsideologien und erschwert zugleich ihre Dekonstruktion und ideologiekritische Entlarvung"[16], problematisiert der Historiker Wolfgang Wippermann stellvertretend für viele das Internet als Distributionsmedium von Verschwörungstheorien. Tatsächlich existieren auch gegenteilige Argumente, die dem Internet eine kontraproduktive Rolle für Effizenz und Genese von Verschwörungstheorien zuschreiben, da sie hier, wie nirgendwo sonst, Angriffen ideologiekritischer Beobachter ausgesetzt

---

14 Krause, Marcus; Meteling, Arno; Stauff, Markus: Einleitung, in: The Parallax view. Zur Mediologie der Verschwörung, hg. v. Marcus Krause; Arno Meteling; Markus Stauff, München 2011, S. 38.

15 Caumanns, Ute; Niendorf, Mathias: Raum und Zeit, Mensch und Methode: Überlegungen zum Phänomen der Verschwörungstheorie, in: Verschwörungstheorien. Anthropologische Konstanten – historische Varianten, hg. v. Ute Caumanns; Mathias Niendorf, Osnabrück 2001, S. 207.

16 Wippermann, Wolfgang: Agenten des Bösen: Verschwörungstheorien von Luther bis heute, Berlin-Brandenburg 2007, S. 140–141.

seien.[17] Das Internet könne überhaupt „schlechterdings für die Geschichte des Verschwörungsdenkens vor seiner Erfindung verantwortlich gemacht werden und ebenso wenig für die massenhafte Verbreitung verschwörungstheoretischer Inhalte über Bücher, Filme und Zeitschriften. [...] Der Verweis auf das Netz wird unter diesen Voraussetzungen zu einem nichtssagenden Allgemeinplatz, zu einer Ausrede für mangelnde Erklärungen"[18], stellt der Autor Daniel Kulla klar. Und dennoch bleibt auffällig, dass das Internet seit nun annähernd 20 Jahren als das „Medium, das dem Konspirationswahn seine historisch größte Verbreitung verschaffte [...]"[19], beschrieben wird. Diese Beobachtung aus dem Jahr 1996 bestätigen die einschlägigen Forschungsbeiträge neueren Datums einhellig, und bis heute wird das Netz weiterhin als zentraler Faktor der ‚Kultur der Verschwörungstheorie' diskutiert: „So kommt kaum eine Besprechung von gegenwärtigen Verschwörungstheorien umhin, auch die Rolle des Netzes als Nährboden und Verstärker des Verdachts zu beschreiben"[20], nimmt der Medienwissenschaftler Thomas Nachreiner zu Protokoll. Dabei übersehen die allermeisten Beiträge zum Thema weiterhin, dass die mediale Verbreitung zwar ein grundlegender Faktor ist, aber den eigentlich entscheidenden Vorgang, den kommunikativen Erfolg von Verschwörungstheorien – die ja nicht nur rezipiert, sondern auch ‚geglaubt' werden wollen – kaum zufriedenstellend erklären kann.[21]

Wieweit ‚das Internet' oder, weiter gefasst, ‚Medien' tatsächlich zum kommunikativen Erfolg von Verschwörungstheorien beitragen, bleibt somit in der Forschung ungeklärt. Der Punkt ist aber gerade deshalb so interessant, weil die

---

17 So etwa die Argumentation des Philosophen Steve Clarke: Clarke, Steve: Conspiracy Theories and the Internet: Controlled Demolition and Arrested Development, in: Episteme: A Journal of Social Epistemology 4. 2007, 2, S. 167–180.

18 Kulla, Daniel: Entschwörungstheorie: Niemand regiert die Welt, Birkenau 2007, S. 204.

19 Freyermuth, Gundolf S.: Das Internetz der Verschwörer: Eine Reise durch die elektronische Nacht, in: Kursbuch Verschwörungstheorien, hg. v. Karl Markus Michel; Tilman Spengler, Berkeley, California 1996, S. 8.

20 Nachreiner, Thomas: Im Spiegellabyrinth: Webvideo als Form des Verschwörungsdenkens, in: Abschied von 9/11? Distanznahmen zur Katastrophe, hg. v. Ursula Hennigfeld; Stephan Packard, Berlin 2013, S. 174.

21 Kommunikativer Erfolg meint hier, in Anlehnung an Niklas Luhman, nicht bloß einfaches Verstehen der Mitteilung, sondern fortgesetzte Kommunikation, bis hin zur tatsächlichen Übernahme von Informationen und Deutungen (vgl. etwa: Luhmann, Niklas: Soziale Systeme: Grundriß einer allgemeinen Theorie, Frankfurt am Main 1984, S. 218).

tradierten Erklärungsmuster für Verschwörungstheorien nicht mehr recht verfangen wollen. Denn die nie wirklich belegten Diagnosen von einer kollektiven Paranoia oder der zwanghaften Suche nach Sündenböcken in Krisenzeiten mögen bisweilen zutreffen, doch damit scheint das Phänomen als konstitutiver Bestandteil gegenwärtiger Medienkultur doch keinesfalls ‚zu Ende erklärt'. Verschwörungstheorien haben nämlich die Eigenschaft, auch gänzlich krisenbefreite und psychisch gesunde Menschen zu überzeugen. Wie das funktioniert, gerät anhand der gängigen Erklärungsmuster aber gar nicht erst in den Fokus.

In einer Gesellschaft, die das, was sie weiß, in immer stärkeren Maße durch Medien weiß, muss auch die Rolle von Medien für das ‚alternative Wissen' der Verschwörungstheorie thematisiert werden. Die Frage, inwiefern bestimmte mediale Konstellationen konstitutiv für Verschwörungstheorien sein können, und ob generell die Annahme, „dass für die Konjunktur von Verschwörungstheorien die jeweiligen Kommunikationsstrukturen eine untergeordnete Rolle spielen"[22], revidiert werden muss, ruft eine Wissenschaft auf den Plan, die von Haus aus danach fragt, wie Medien dazu beitragen, das mitzuschaffen, was sie bloß zu vermitteln scheinen. Phänomenen, die bislang anders erklärt wurden – in diesem Fall vorwiegend politisch, soziologisch und psychologisch – „weist man eine ‚strukturelle Medienvergessenheit' nach und beschreibt sie im Umkehrverfahren positiv als Phänomene der Medienkultur"[23], pointieren Nikolaus Wegman und Laura Frahm den medientheoretischen Impetus von Medienkulturwissenschaft. Die aktuelle Diskussion um Medien und Verschwörungstheorien nimmt die vorliegende Arbeit in diesem Sinn zum Anlass, aus medienkulturwissenschaftlicher Perspektive umfassend danach zu fragen, inwiefern Medien nicht bloß zur Verbreitung, sondern überhaupt zu Genese, Konjunktur und Glaubwürdigkeit von Verschwörungstheorien beitragen. Ohne eine allmächtige Erklär-Formel zu suchen, fragt die Arbeit deshalb in einer historischen Perspektive nach dem konstitutiven Anteil von Medien am Phänomen der Verschwörungstheorien.[24]

---

22 Caumanns, Niendorf: Raum und Zeit, Mensch und Methode: Überlegungen zum Phänomen der Verschwörungstheorie, S. 207.

23 Frahm, Laura; Wegmann, Nikolaus: Medientheorien, in: Einführung in die Medienkulturwissenschaft, hg. v. Claudia Liebrand; Irmela Schneider; Björn Bohnenkamp u.a., Münster 2005, S. 55.

24 Dabei geht es ausdrücklich nicht noch einmal um die in den Medienwissenschaften bereits einschlägig thematisierte Ko-Evolution von Mediengeschichte und einer Kulturgeschichte der Paranoia. Wahnvorstellungen und insbesondere Verfolgungsängste, so lassen sich die Erkenntnisse dieser Untersuchungen zusammenfassen, artikulieren sich in medientechnischen Metaphern: Das jeweilige Medium und dessen je besonde-

Gegenstand der Untersuchung sind dabei die Verschwörungstheorien selbst, genauer, die Verweise auf Medien in den verschwörungstheoretischen Textsorten. Denn diese Verweise – im Folgenden als ‚Vorstellungsbilder des Medialen' bezeichnet – sind fester und vor allem zentraler Bestandteil von Verschwörungstheorien und sie können deshalb Auskunft geben über den Zusammenhang zwischen Verschwörungstheorien und medialen Konstellationen.

In den 1990er Jahren existierte im Internet beispielsweise ein ‚Online-Verschwörungs-Generator', der dieses Strukturelement recht treffsicher illustrierte. Dort erhielt der Nutzer, der zuvor zwischen verschiedenen Schlagwort-Optionen zu wählen hatte, etwa auch folgende Botschaft: „Da die Medien von Mister Ed, dem sprechenden Pferd, kontrolliert werden, sollten wir alle unsere Informationen nur von den geheimen Stimmen beziehen, die ich allein hören kann."[25] Die Parodie funktionierte deshalb, weil sie im Kern auf ein kulturell gut etabliertes Muster abzielte, nämlich die Darstellung einer Medien-Verschwörung und die Anleitung zu deren Entkommen, als festes Strukturelement von Verschwörungstheorien. Jede Verschwörungstheorie ist eine Erzählung darüber, dass die ‚Wahrheit' verborgen ist, dass also ein bedeutsames Geheimwissen existiert, das von einer verschwörerischen Macht unterdrückt wird. Weil Verschwörungstheorien somit stets auf die Zusammenhänge von Wissen und Macht rekurrieren, gehören insbesondere Medien und Repräsentation des Wissens zu ihren bevorzugten Reflexionsgegenständen:

---

re technologische Strukturen – etwa der Funk, die Telegrafie oder das Postsystem – sind zentrale Gegenstände des Wahns und organisieren dessen Symptome. Wie die folgende Einleitung deutlich macht, geht es in der vorliegenden Arbeit aber mitnichten um Fallgeschichten der klinischen Psychosen unter Rückgriff auf einen technikzentrierten Medienbegriff. Beispielhaft für den genannten Forschungsstrang: Kittler, Friedrich A.: Flechsig/Schreber/Freud: Ein Nachrichtennetzwerk der Jahrhundertwende, in: Der Wunderblock. Zeitschrift für Psychoanalyse. 1984, 11/12, S. 56–68; Stingelin, Martin: Gehirntelegraphie: Die Rede der Paranoia von der Macht der Medien um 1900. Falldarstellungen, in: Arsenale der Seele. Literatur- und Medienanalyse seit 1870, hg. v. Friedrich A. Kittler; Georg Christoph Tholen, München 1989; Siegert, Bernhard: Gehörgänge ins Jenseits: Zur Geschichte der Einrichtung telephonischer Kommunikation in der Psychoanalyse, in: Fragmente. Schriftenreihe zur Psychoanalyse. 1991, 35/36, S. 51–69; Hahn, Torsten; Person, Jutta; Pethes, Nicolas: Grenzgänge zwischen Wahn und Wissen: Zur Koevolution von Experiment und Paranoia, 1850-1910, Frankfurt, New York 2002.

25 Zitiert nach: Freyermuth: Das Internetz der Verschwörer, S. 11.

> Verschwörungstheorien [...] liefern Gegenmodelle zu einem konventionalisierten Wissen des Mainstreams. Medien bilden dabei einen zentralen Reflexionsgegenstand. Denn die Verschwörungstheorie thematisiert asymmetrische Wissensbestände zwischen verschiedenen Gruppen (Arkanwissen), die Zirkulation von Information und Desinformation zwischen ihnen (simulatio/dissimulatio) sowie die Techniken der Überwachung, Spionage, Infiltration und verborgene Kontrolle.[26]

Was der Medienwissenschaftler Arno Meteling hier beschreibt, deutet eine weitere eher verschwommene Grenze verschwörungstheoretischer Konstrukte an, nämlich die Trennschärfe zwischen Verschwörungstheorie und Medientheorie selbst. Niklas Luhmann hatte wohl genau diese Problematik im Sinn, als er in seinem Buch über die Massenmedien, denen wir laut dem Systemtheoretiker „nicht trauen können"[27], anmerkte, die Lösung des Problems könne nicht, „wie in den Schauerromanen des 18. Jahrhunderts, in einem geheimen Drahtzieher im Hintergrund gefunden werden, so gerne selbst Soziologen daran glauben möchten".[28] Ob es sich bei einer Beschreibung medialer Strukturen um eine Medien- oder eine Verschwörungstheorie handelt, ist bisweilen schwer zu klären. Schon der Medien- und Kommunikationstheoretiker Harold Innis zitierte in seinem Buch über die Presse etwa aus der berüchtigten Ansprache von John Swinton, eines vormaligen Chefredakteurs der *New York Times*, vor einem Kreis von Kollegen: „An American writer has been more savage: ,the business of a New York journalist is to distort the truth, to lie outright, to pervert, to villify, to fawn at the feet of Mammon, and to sell his country and his race for his daily bread. We are intellectual prostitutes"[29], lautet dort die zitierte Selbstanklage des journalistischen Systems, allerdings ohne Angabe einer Primärquelle. Die Swinton-Rede ist wohl eher eine Phantomrede als eine valide Quelle, was deren Popularität allerdings kaum je schadete. Zum Zeitpunkt von Innis' Veröffentlichung des Zitats im Jahr 1949 hatte die amerikanische Rede längst auch im deutschen Sprachraum Aufmerksamkeit erregt: „In Neuyorker Kreisen gab es 1915 auf einige Tage eine große Sensation. Da trat auf dem Bankett für die ,freie amerikanische Presse' der Journalist Swinton auf und sagte: ,Was schwätzt ihr von der Freiheit

---

26 Meteling, Arno: The Parallax View: Verschwörungstheorie zur Einführung, in: Transkriptionen. Newsletter des kulturwissenschaftlichen Forschungskollegs „Medien und kulturelle Kommunikation" SFB/FK 427, Köln 2008, S. 18.
27 Luhmann, Niklas: Die Realität der Massenmedien, 2. Auflage, Opladen 1996, S. 9.
28 Ebd., S. 10.
29 Innis, Harold A.: The press: A neglected factor in the economic history of the twentieth century, London 1949, S. 16.

der Presse, wo ihr doch alle genau wißt, daß wir Tag für Tag unseren Staat und unsere Rasse für schnödes Geld verkaufen'"[30] zitierte ‚Hitlers Chefideologe' Alfred Rosenberg schon 1923 aus der Swinton-Rede. Rosenberg hatte die Rede in seine Ausgabe der antisemitischen *Protokolle der Weisen von Zion* eingebaut, um die Idee einer jüdischen Presseverschwörung zu belegen. Der Buchautor Christian C. Walther datierte die Swinton-Rede gut 80 Jahre später einfach auf das Jahr 1953 und nutzte sie als historisches Indiz für seine These vom 11. September 2001 als ‚zensierten Tag', an dem die USA per *inside job* von einer nach wie vor verborgenen Verschwörung ‚unter falscher Flagge' angegriffen wurden:

Erlaubte ich mir selbst meine aufrichtigsten Überzeugungen in einer Ausgabe meines Blattes, wäre meine Anstellung binnen 24 Stunden Vergangenheit. Der Beruf eines Journalisten besteht darin, die Wahrheit zu zerstören; schamlos zu lügen; zu Füßen des Gottes Mammon zu paradieren, sein Land und sein Volk für sein täglich Brot zu verkaufen. [...] Sie wissen und ich weiß, welche Narretei es ist, auf unsere freie Presse anzustoßen. Unsere Fähigkeiten, unsere Möglichkeiten und unsere Leben befinden sich in Besitz anderer Menschen. Wir sind intellektuelle Prostituierte.[31]

Das Beispiel der Swinton-Rede repräsentiert Vorstellungsbilder von geheimem Wissen und medialen Strukturen, die – so eine leitende Hypothese – konstitutiv für Verschwörungstheorien sind. Sie sind somit, da sie an der inneren Organisation von Verschwörungstheorien teilhaben, fester Bestandteil ihrer spezifischen ‚Medialität'.[32] Die Geschichte der Verschwörungstheorien ist daher immer auch eine Geschichte der Medien und des historischen Umgangs mit Erfahrungen der Medialisierung, sprich, mit dem stets zunehmenden Anteil der „Sekundärerfah-

---

30 Rosenberg, Alfred: Die Protokolle der Weisen von Zion und die jüdische Weltpolitik, München 1923, S. 89.
31 Walther, Christian C.: Der zensierte Tag: Wie man Menschen, Meinungen und Maschinen steuert, München 2004, S. 263.
32 Vgl. zur Bestimmung von Medialität: „The term ‚mediality [...] indicates that cultural artifacts and communicative processes are fundamentally organized by media [...]." In: Jäger, Ludwig; Linz, Erika; Schneider, Irmela: Preface, in: Media, culture, and mediality. New insights into the current state of research, hg. v. Ludwig Jäger; Erika Linz; Irmela Schneider, Bielefeld, New Brunswick, NJ 2010, S. 12.

rung am allgemeinen Erfahrungshaushalt"[33]. Denn die allgemeine Verfügbarkeit von Informationen erhöht zu haben, so der Medienhistoriker Jürgen Wilke, „stellt nicht nur eine Leistung der Massenmedien für die Entwicklung des Gesellschaftssystems dar, sondern auch eine Wirkung"[34]. Inwiefern auch Verschwörungstheorien von dieser ‚Wirkung' betroffen sind, wie also die Medialität von Verschwörungstheorien durch die sie umgebenden medialen Konstellationen bestimmt wird und inwiefern die Konjunkturgeschichte der Verschwörungstheorie auch vor dem Hintergrund medialer Konstellationen verstanden werden muss, ist Gegenstand dieser Arbeit.

1.1.1 ZUM AUFBAU DER ARBEIT

Im Rahmen der weiteren Einleitung erörtert das nächste Kapitel zunächst den für diese Arbeit zentralen Begriff der Verschwörungstheorie. Nach der Betrachtung verschiedener Definitionsansätze sowie der Begriffsgeschichte, entfaltet dieses Kapitel, in Anlehnung an Vorarbeiten des Literaturwissenschaftlers David Kelman, eine eigene Arbeitsdefinition von Verschwörungstheorien als Erzählform (Kapitel 1. 2).

In Kapitel 1.3 folgt ein Überblick über den Forschungsstand zu Verschwörungstheorien. Dabei umreißt der Überblick unterschiedliche Perspektiven, wie etwa die der Geschichtsschreibung oder Psychologie der Verschwörungstheorie, und reiht daran einen Abriss über medien- und kommunikationswissenschaftliche Zugänge zum Thema. Darauf aufbauend erfolgt eine Darlegung der Forschungsstrategie der Arbeit (Kapitel 1.4). Dieses konzeptionelle Kapitel beschreibt zunächst die spezifische Perspektive der Arbeit, ihren theoretischen Rahmen und die Herleitung ihrer Thesen. Zum Abschluss des Einleitungsteils wird das methodische Vorgehen der Arbeit, die Erhebung des empirischen Materials und der methodisch geleitete Umgang mit Selbigem erörtert.

Im anschließenden Hauptteil werden drei historische Fallbeispiele zu populären Verschwörungstheorien untersucht (Kapitel 2, 3 und 4). Die Untersuchung der Fallbeispiele folgt dem Schema ‚Kontext – Text', das bedeutet, dass zunächst die zu einem Fallbeispiel zugehörigen medialen Konstellationen beschrieben werden. Daran anschließend erfolgt die Untersuchung repräsentativer

---

33 Wilke, Jürgen: Nachrichtenauswahl und Medienrealität in vier Jahrhunderten: Eine Modellstudie zur Verbindung von historischer und empirischer Publizistikwissenschaft, Berlin, New York 1984, S. 220.
34 Ebd.

verschwörungstheoretischer Textsorten zu einem jeweiligen Fallbeispiel. Jeder Untersuchung eines Fallbeispiels folgt eine Zusammenfassung und Reflexion der Ergebnisse. Diese Ergebnisse werden abschließend im Fazit zu einer Gesamtaussage zusammengeführt.

1.2 Klärung des Begriffs ‚Verschwörungstheorie'

Von Verschwörungstheorien zu sprechen ist schon deshalb schwierig, weil – wie bereits zu Beginn thematisiert – die Übergänge zwischen einem begründeten Misstrauen, Spekulationen um unterdrückte Informationen und einer ‚reinen', kontrafaktischen Verschwörungstheorie oftmals fließend sind. Mehr noch, eine Verschwörungstheorie funktioniert immer dann besonders gut, wenn es ihr gelingt, diese Grenzüberschreitungen argumentativ zu kaschieren. Wohl auch wegen der somit verschwommenen Trennschärfe, die scheinbar zwangsläufig zu den Untiefen wissenssoziologischer oder erkenntnistheoretischer Diskussionen führt, existiert bislang kein Konsens über eine Definition von Verschwörungstheorie. Zum Begriff der Verschwörungstheorie gehört der fortlaufende Streit um dessen ‚richtige' Bedeutung. Für den Einen ist das Label Verschwörungstheorie eine ungerechtfertigte Stigmatisierung[1], für den Anderen ist die Wortkomposition, qua Verleihung des Terminus ‚Theorie', bereits „zu viel der ‚akademischen Ehre'"[2]. Der folgende Abschnitt stellt zunächst den strengen und den pejorativen Wortsinn des Begriffs, sowie in komprimierter Form auch die verschiedenen akademischen Definitionen und Begriffsdiskussionen vor.[3] Im Anschluss erfolgt die für diese Arbeit verbindliche Arbeitsdefinition.

---

1 Vgl. insbesondere Kuhn: Spekulative Kommunikation und ihre Stigmatisierung – am Beispiel der Verschwörungstheorien.

2 Pfahl-Traughber, Armin: ‚Bausteine' zu einer Theorie über ‚Verschwörungstheorien': Definitionen, Erscheinungsformen, Funktionen und Ursachen, in: Verschwörungstheorien. Theorie, Geschichte, Wirkung, hg. v. Helmut Reinalter, Innsbruck 2002, S. 33.

3 Einen guten Überblick über verschiedene Definitionsansätze bieten etwa die Arbeiten von Carsten Pietsch oder – aktueller – Andreas Anton: Pietsch, Carsten: Zur soziologischen Topographie von ‚Verschwörungstheorien' und ‚Verschwörungstheoretikern'

1.2.1 Strenger Wortsinn

Der streng genommene Sinn der Wortpaarung ‚Verschwörungstheorie' bezeichnet schlicht ein Modell zur Erklärung bestimmter Teile von Realität durch das Zustandekommen bzw. das Wirken einer Verschwörung. Unter einer Verschwörung ist dabei eine von mindestens zwei Akteuren geplante Geheimhandlung zu verstehen, wobei die Ziele dieser Geheimhandlung typischerweise zu keinem guten Ende führen: „A Conspiracy occurs when two or more people collude to abuse power or break the law"[4], schreibt die Historikerin Kathryn S. Olmsted. Der Begriff der Theorie verweist im Übrigen mitnichten auf die Wahrheit oder Unwahrheit des jeweiligen Erklärungsmodells. Dass eine theoretische Betrachtung mit einer gegebenen Realität deckungsgleich sei, ist im Begriff der Theorie keinesfalls konstituiert.

Zu Verschwörungstheorien im strengen Wortsinn ist außerdem anzumerken, dass sie nicht nur prinzipiell legitim sind, sondern bisweilen schlichtweg eine gesellschaftliche Notwendigkeit darstellen. Verschwörungen finden statt, sie sind unbestreitbar ein typisches soziales Phänomen. „Der Verdacht der Strippenzieherei hinter den Kulissen entbehrt durchaus nicht immer einer gewissen Berechtigung, sondern findet sich im Gegenteil durch den politischen Alltag laufend bestätigt"[5], schreibt Rudolf Jaworski. Auch Eva Horn notiert in ihrer Studie über *Verrat, Spionage und Fiktion*, ‚moderne Macht' beruhe „in fundamentaler Weise auf Geheimnissen und Geheimhaltung, auf Auspähung, Täuschung, Desinformation und Verrat"[6]. Es ist dementsprechend das legitime und notwendige Anliegen von Gesellschaften, Verschwörungen aufzudecken, um sie zu sanktionieren. Da Verschwörungen aber prinzipiell im Verborgenen ablaufen, bedarf es der Sache nach zunächst erster Verdachtsmomente und dann zwangsläufig der ‚theoretischen Modellierung' einer möglichen Verschwörung, um entsprechende Nachforschungen überhaupt sinnvoll in die Wege leiten zu können. Etwa Staats-

---

unter besonderer Berücksichtigung der Anschläge vom 11. September, Oldenburg 2004; Anton: Unwirkliche Wirklichkeiten.
4   Olmsted, Kathryn S.: Real enemies: Conspiracy theories and American democracy, World War I to 9/11, Oxford 2009, S. 3.
5   Jaworski, Rudolf: Verschwörungstheorien aus psychologischer und aus historischer Sicht, in: Verschwörungstheorien. Anthropologische Konstanten - historische Varianten, hg. v. Ute Caumanns; Mathias Niendorf, Osnabrück 2001, S. 25.
6   Horn, Eva: Der geheime Krieg: Verrat, Spionage und moderne Fiktion, Frankfurt am Main 2007, S. 9.

anwaltschaften und Medien des investigativen Journalismus wären demnach von Berufs wegen soziale Institutionen zur Bildung von Verschwörungstheorien.

Diese ‚strenge' Lesart des Begriffs Verschwörungstheorie – ausschließlich anhand seiner Wortkombination – ist allerdings gewissermaßen weltfremd, da sie die historisch gewachsene kulturelle Bedeutung des Begriffs als Pejorativum ignoriert.

1.2.2 PEJORATIVUM

Im allgemeinen Sprachgebrauch fungiert der Terminus Verschwörungstheorie – und mehr noch ‚Verschwörungstheoretiker' – als Pejorativum, also als implizit ablehnender Begriff. Die gelegentlich in der Literatur vertretene Annahme, der Begriff sei ursprünglich ein neutraler Terminus, der erst im 20. Jahrhundert zu seiner negativen Bedeutung gelangte, lässt sich widerlegen.[7] Es ist vielmehr stark anzuzweifeln, ob die Wortkomposition Verschwörungstheorie im praktischen Sprachgebrauch überhaupt jemals eine neutrale Bedeutung hatte. Fest steht, dass der Begriff Verschwörungstheorie mindestens seit dem 19. Jahrhundert abwertend verwendet wird. So ist bereits 1877 von den „lächerlichen Verschwörungstheorien"[8] die Rede und die „unselige Verschwörungstheorie vom Jahre 1846 in Galizien"[9] wird wenig später angeprangert. Die Bayerische Wochenschrift berichtet schon 1859 angesichts des italienischen *Risorgimento*: „Im Volk war endlich die Einsicht stark geworden, daß die Mazzini'schen Verschwörungstheorien nur dem Absolutismus in die Hände arbeiteten"[10]. Bei diesen drei Zitaten – die wohl frühesten bislang bekannten Nennungen des Begriffs in deut-

---

7   Die These von einem im 20. Jahrhundert erfolgten Bedeutungswandel von einem zuvor neutralen Begriff zum Pejorativum stellen etwa Ayto und Coady auf. Belege bleiben sie schuldig (vgl.: Ayto, John: 20th century words: 20 shi ji xin ci yu ci dian, [Beijing], [Oxford] 2002, S. 18; Coady: What to believe now, S. 110–111). Einem ganz anderen Irrtum sitzt wiederum der Soziologe Luc Boltanski auf, der überhaupt das erstmalige Auftreten des Begriffs auf die Jahre zwischen 1950 und 1960 datiert (vgl.: Boltanski, Luc: Rätsel und Komplotte: Kriminalliteratur, Paranoia, moderne Gesellschaft, Berlin 2013, S. 349).

8   Lissagaray, Prosper: Geschichte der Commune von 1871: Autorisierte deutsche Ausgabe, Braunschweig 1877, S. 322.

9   Szujski, József: Die Polen und Ruthenen in Galizien, Wien 1882, S. 106.

10 Anonymus: Italien seit 1815 (Schluß), in: Bayerische Wochenschrift. 18.06.1859, 12, S. 105–109, S. 106.

scher Sprache – fällt auf, dass die Autoren den Begriff Verschwörungstheorie gar nicht erst erklären, sondern bereits voraussetzen, dass die Leserschaft mit der pejorativen Qualität des Begriffs vertraut ist. Entgegen der Annahme, dass Verschwörungstheorie erst in jüngster Zeit einen schlechten Ruf erhalten habe, ist die negative, kritische Aufladung des Begriffs also längst kulturell etabliert.

Die genannten Fundstücke legen nahe, dass der Begriff überhaupt erst ‚erfunden' und in den Sprachgebrauch eingeführt wurde, um ein offenbar unerwünschtes und als ‚falsch' abgelehntes Phänomen zu beschreiben. Die Bedeutung der Begriffsendung ‚Theorie' verweist im Übrigen bereits im 19. Jahrhundert keinesfalls auf eine streng wissenschaftliche Theoriebildung, schon gar nicht hinsichtlich heutiger Standards der Wissenschaftstheorie. Hier ist erwähnenswert, dass der Theoriebegriff selbst bereits im 18. Jahrhundert wenig geschätzt wurde und fast schon einen Spottbegriff darstellte. Immanuel Kants Verteidigungsschrift der Theorie – *Über den Gemeinspruch: Das mag in der Theorie richtig sein, taugt aber nicht für die Praxis* – ist ein deutlicher Hinweis auf die damalige Geringschätzung von Theorie.[11]

Eine Geschichte der Verschwörungstheorie als neutraler Begriff im allgemeinen Sprachgebrauch ist bislang nicht bekannt. Ausnahmen bilden gelegentlich verschwörungstheoretische Textsorten selbst wie auch einige neuere wissenschaftliche Abhandlungen, die dafür plädieren, Verschwörungstheorien als ‚Theorien' ernst zu nehmen.[12] Dass eine Verschwörungstheorie durchaus auch wissenschaftliche Theorien beinhalten kann, ist mit obiger Argumentation übrigens keinesfalls ausgeschlossen. Es wäre bloß – siehe dazu die folgende Arbeitsdefinition – eine Ausblendung ihrer wesentlichen Eigenschaften, Verschwörungstheorien darüber zu definieren, selbst eine wissenschaftliche Theorie zu sein.

1.2.3 Akademische Begriffsbestimmungen

In der Forschungsliteratur wird der Begriff Verschwörungstheorie häufig durch andere Terminologien ersetzt. Motivation dieser Umbenennungen ist einerseits

---

11 Vgl.: Kant, Immanuel: Über den Gemeinspruch: Das mag in der Theorie richtig sein, taugt aber nicht für die Praxis, in: Berlinische Monatsschrift. 1793, September, S. 201–284.

12 Vgl. dazu etwa Pelkmans, Machold: Conspiracy theories and their truth trajectories; Kuhn: Spekulative Kommunikation und ihre Stigmatisierung - am Beispiel der Verschwörungstheorien.

die Abgrenzung vom ‚strengen Wortsinn', der allerdings – wie gezeigt – wahrscheinlich schlicht ein Missverständnis ist, und andererseits, wie der Politikwissenschaftler Armin Pfahl-Traughber formuliert, „die Entwicklung von möglichst trennscharfen Arbeitsbegriffen zur Ein- und Zuordnung des inhaltlichen Stoffs"[13]. Pfahl-Traughber schlägt daher eine Unterscheidung in ‚Verschwörungshypothesen', ‚Verschwörungsideologien' und ‚Verschwörungsmythen' vor.[14] Verschwörungshypothesen sind demnach das, was bereits als Verschwörungstheorie im strengen Wortsinn besprochen wurde. Sie folgen Indizien für eine Verschwörung, bleiben dabei aber im Gegensatz zu ‚Verschwörungstheorien' korrekturfähig und betreiben keine Selbstimmunisierung gegen Widerlegungen. Wenn eine solche Korrekturfähigkeit nicht gegeben ist und die These darauf hinausläuft, reale Personengruppen in stereotyper Form als Verschwörer zu diffamieren, so Pfahl-Traughber, handele es sich um ‚Verschwörungsideologien'. Wenn die fraglichen Verschwörer nicht mehr ‚reale' Personen seien, sondern solche Wesen, die etwa aus dem Bereich der Fantastik bekannt sind, handele es sich um ‚Verschwörungsmythen'. Diese terminologische Unterscheidung hat sich allerdings keinesfalls durchgesetzt, und verschiedene Autorinnen und Autoren führen bislang unterschiedliche Argumente an, weshalb sie etwa von ‚Verschwörungsideologien' oder ‚Verschwörungsmythen' sprechen.

Vereinfacht lässt sich zusammenfassen, dass der Terminus ‚Verschwörungsideologie' auf eine ideologiekritische Perspektive auf den Gegenstand schließen lässt[15], also die propagandistisch-ideologische Funktion des Gegenstands betont, während der weniger gebräuchliche Terminus ‚Verschwörungsmythos' den Gegenstand vor allem ins ‚Reich der Mythen' sortiert und somit seine Unwahrheit herausstellt.

Im Wissen um die Problematik des Begriffs verwendet diese Arbeit dennoch den Begriff der Verschwörungstheorie. Grundlegend dafür ist die Interpretation des Begriffs, aus seiner historisch gewachsenen kulturellen Bedeutung heraus und somit nicht als ‚Theorie' im Sinn einer zeitgenössischen Wissenschaftstheorie. Hierzu bildet der Terminus ‚Verschwörungshypothese' eine gute Alternative. In der in dieser Arbeit verwendeten Forschungsliteratur werden häufig auch andere Begrifflichkeiten als jene der Verschwörungstheorie verwendet. Sofern nicht anders gekennzeichnet, entspricht der dort jeweils bezeichnete Gegenstand

---

13 Pfahl-Traughber: ‚Bausteine' zu einer Theorie über ‚Verschwörungstheorien', S. 30.
14 Vgl.: ebd.
15 Siehe hierzu insbesondere: Popper, Karl R; Salamun, Kurt: Karl R. Popper und die Philosophie des kritischen Rationalismus: Zum 85. Geburtstag von Karl R. Popper, Amsterdam, Atlanta, GA 1989.

aber exakt dem Phänomen, das in der vorliegenden Arbeit als ‚Verschwörungstheorie' bestimmt wird. Was genau unter diesem Begriff hier zu verstehen ist, erläutert der folgende Abschnitt.

1.2.4 Arbeitsdefinition: Verschwörungstheorie als Narrativ

Verschwörungstheorien gelten innerhalb der akademischen Definitionsansätze in der Literatur je nach Forschungsinteresse etwa als Deutungsmuster[16], Mythen[17], Ideologien[18], Überzeugungssysteme[19] oder auch als kommunikative Gattung[20]. Gemeinsam ist diesen Ansätzen, dass in aller Regel implizit (mehr oder weniger die gleichen) Textsorten als genuine Referenzgegenstände dieser Definitionen dienen.[21] Ein ‚Verschwörungsdenken'[22] als solches wurde in der Forschung jedenfalls noch nicht direkt beobachtet. Dass der eigentliche Untersuchungsgegenstand also in die Kategorie Textsorte fällt, bleibt in vielen Definitionsansätzen bis dato unreflektiert, ist jedoch eine wesentliche Feststellung. Somit ist es grundlegend, zunächst einzugrenzen, welche Textsorten im Rahmen dieser Arbeit als Verschwörungstheorien gelten und dann zu erörtern, inwiefern diese Texte notwendigerweise narrativ verfasst sind und somit vorrangig als ‚Erzählungen' zu begreifen sind. Im Anschluss an das erzähltheoretische Modell von *conspiracy narratives* nach David Kelman, das dieser im Blick auf genuin fikti-

---

16 Vgl.: Jaecker, Tobias: Antisemitische Verschwörungstheorien nach dem 11. September: Neue Varianten eines alten Deutungsmusters, 2. Auflage, Münster 2005.
17 Vgl.: Rogalla von Bieberstein, Johannes: Der Mythos von der Verschwörung: Philosophen, Freimaurer, Juden, Liberale und Sozialisten als Verschwörer gegen die Sozialordnung, Wiesbaden 2008.
18 Vgl.: Wippermann: Agenten des Bösen.
19 Vgl.: Anton: Unwirkliche Wirklichkeiten.
20 Vgl. vermutlich in Anlehnung an das entsprechende Konzept von Thomas Luckmann: Kuhn: Spekulative Kommunikation und ihre Stigmatisierung - am Beispiel der Verschwörungstheorien.
21 Dieser Arbeit liegt grundsätzlich ein erweiterter Textbegriff zugrunde, der etwa auch ein Bild, einen Film oder Musik als kulturellen Text begreifen kann.
22 Vgl. etwa: Typologien des Verschwörungsdenkens, hg. v. Helmut Reinalter, Innsbruck 2004.

ve ‚Paranoia-Literatur' (*fiction of paranoia*) erarbeitet,[23] entfaltet dieser Abschnitt ein Modell der narrativen Struktur von Verschwörungstheorien, wie sie in dieser Arbeit gemeint sind. Dieses Modell dient dazu, Verschwörungstheorien von anderen (narrativen) Textsorten abzugrenzen.

Als Verschwörungstheorien sind in dieser Arbeit grundsätzlich nur solche Erzählungen von Interesse, die sich selbst als faktisch markieren und dabei dem entsprechen, was die Forschungsliteratur in Unterscheidung zu ‚begrenzten Verschwörungstheorien' typologisch als ‚totale Verschwörungstheorie' führt.[24] In der Alltagssprache ist auch von ‚Weltverschwörungstheorie' die Rede. Dabei muss nicht unbedingt wortwörtlich ‚die ganze Welt' betroffen, aber doch mindestens eine nationale bis transnationale Reichweite der Verschwörung gegeben sein, die einer dauerhaften und nahezu grenzenlosen Macht entspricht. Das Wirken dieser Verschwörung – auch dies ist ein entscheidendes Kriterium – betrifft immer ein gesellschaftliches Kollektiv und niemals bloß ein Individuum. Karl Popper spricht deshalb auch von der ‚Verschwörungstheorie der Gesellschaft': „Besonders Ereignisse wie Krieg, Arbeitslosigkeit, Armut, Knappheit, also Ereignisse, die wir als unangenehm empfinden, werden von dieser Theorie als gewollt und geplant erklärt"[25]. Außerdem wird der Gegenstandsbereich in dieser Arbeit auf einen bestimmten Zeitraum historisch eingegrenzt. Forschungsgegenstand sind lediglich totale Verschwörungstheorien seit dem 18. Jahrhundert (diese Einschränkung ist in Kapitel 1.3.2 eingehender begründet).

Dass es sich bei Verschwörungstheorien um Erzählungen handelt, wird in der Forschung bereits gelegentlich vorausgesetzt.[26] Eine erzähltheoretische Be-

---

23 Vgl.: Kelman, David: Counterfeit politics: Secret plots and conspiracy narratives in the Americas, Lanham, Md 2012.

24 Siehe zu dieser Typologie: Lutter, Marc: Sie kontrollieren alles! Verschwörungstheorien als Phänomen der Postmoderne und ihre Verbreitung über das Internet, München 2001, S. 19–21.

25 Popper, Karl R; Kiesewetter, Hubert: Falsche Propheten: Hegel, Marx und die Folgen, 8. Auflage, Tübingen 2003, S. 112.

26 Verschwörungstheorien werden etwa in folgenden Arbeiten – ohne eine explizite erzähltheoretische Begründung zu liefern – bereits als Erzählungen bezeichnet: Jameson, Fredric: Postmodernism, or, The cultural logic of late capitalism, Durham 1991; Berlet, Chip; Lyons, Matthew Nemiroff: Right-wing populism in America: Too close for comfort, New York 2000; Krysmanski, Hans-Jürgen: Die Sache mit den Verschwörungstheorien: ein Interview. Abschrift eines Interviews zur arte-Sendung ‚Verschwörungstheorien' vom 13.4.2004. 2004, http://www.uni-muenster.de/PeaCon/hw-online/10-krys-verschw%94rungen.htm, zuletzt geprüft am: 26.06.2013; Hobuß, Stef-

gründung dieser Feststellung liefert bislang lediglich der Kommunikationswissenschaftler Mark Fenster, ein entsprechendes Modell entwirft der Literaturwissenschaftler David Kelman. Fenster begründet die Narrativität von Verschwörungstheorien indirekt, indem er voraussetzt, dass Verschwörungstheorien eine Sonderform der Geschichtsschreibung seien. Dabei beruft er sich auf die einschlägige Argumentation zur Narrativität der Geschichtsschreibung des Literaturtheoretikers Fredric Jameson[27] und insbesondere des Historikers Hayden White, nach dessen viel diskutierter Prämisse „auch Klio dichtet"[28], und zieht so den Umkehrschluss, dass auch Verschwörungstheorien notwendigerweise Erzählungen sind. Notwendigerweise narrativ sind Verschwörungstheorien aber wohl vor allem deshalb, weil sie niemals bloß behaupten, dass eine Verschwörung existiert (dies wäre lediglich eine Aussage, die möglicherweise auf eine Erzählung verweist) sondern immer eine Zustandsveränderung thematisieren (beispielsweise Revolutionen, Kriege, Terror, Wirtschaftskrisen), die sie anhand konspirativer Handlungsabläufe erklären. Diese Handlungsabläufe ereignen sich jedoch prinzipiell im Verborgenen und müssen durch die Erzählinstanz ‚sichtbar' gemacht werden. Erst somit sind die wesentlichen Bedingungen gegeben, um grundsätzlich von Verschwörungstheorien als ‚Erzählungen' zu sprechen: „Von lyrischen und anderen nicht-narrativen Gattungen unterscheiden sich Erzähltexte somit dadurch, daß sie eine Handlung aufweisen"[29], schreiben die Kulturwissenschaft-

---

fi: ‚Die Wahrheit ist irgendwo da draußen': Verschwörungstheorien zum 11.09.2001 und die Frage nach dem Entkommen aus der Skepsis, in: Narrative des Entsetzens. Künstlerische, mediale und intellektuelle Deutungen des 11. September 2001, hg. v. Matthias N. Lorenz, Würzburg 2004; Ramsay, Robin: Conspiracy theories, Revised and updated edition, Harpenden 2006; Jamin, Jérôme: L'Imaginaire du Complot: Discours d'extrême droite en France et aux Etats-Unis, Amsterdam 2009; Butter, Michael: Über die Wirkung von Verschwörungstheorien: Michael Butter im Gespräch mit Matthias Hanselmann. 2011, http://www.dradio.de/dkultur/sendungen/thema/1363505/, zuletzt geprüft am: 26.06.2013; The Parallax view: Zur Mediologie der Verschwörung, hg. v. Marcus Krause, Arno Meteling, Markus Stauff, München 2011.

27 Vgl. dazu: Jameson, Fredric: The political unconscious: Narrative as a socially symbolic act, 5th print, Ithaca, NY 1988.

28 White, Hayden: Auch Klio dichtet, oder, Die Fiktion des Faktischen: Studien zur Tropologie des historischen Diskurses 1986.

29 Nünning, Ansgar; Nünning, Vera: Produktive Grenzüberschreitungen: Transgenerische, intermediale und interdisziplinäre Ansätze in der Erzähltheorie, in: Erzähltheorie transgenerisch, intermedial, interdisziplinär, hg. v. Vera Nünning; Ansgar Nünning, Trier 2002, S. 6.

ler Vera und Ansgar Nünning. Der Narratologe Wolf Schmid expliziert diese Grundvoraussetzung folgendermaßen:

> Die Minimalbedingung der Narrativität ist, dass mindestens eine Veränderung eines Zustands in einem gegebenen zeitlichen Moment dargestellt wird. Die Veränderungen des Zustands und ihre Bedingungen brauchen nicht explizit dargestellt zu werden. Für die Narrativität ist hinreichend, wenn die Veränderung impliziert wird, etwa durch die Darstellung von zwei miteinander kontrastierenden Zuständen.[30]

Ein erstes Erkennungsmerkmal der Erzählform Verschwörungstheorie ist, dass sie immer eine Zustandsveränderung zum Schlechten hin thematisiert und diese Veränderung einer bösen wie mächtigen Verschwörung zurechnet. In jeder Verschwörungstheorie lässt sich ein guter (besserer) Zustand und ein darauf folgender schlechter Zustand ausmachen, wobei die Verschwörungstheorie erklärt, mittels welcher konspirativen Handlungsabläufe der schlechtere Zustand hergestellt wird. Verschwörungstheorien grenzen sich dabei von anderen Erzählformen ab, indem sie eine genuin eigene ‚Methode' des Erklärens anwenden. Diese Methode besteht bereits in der narrativen Struktur der Verschwörungstheorie selbst, nämlich im narrativen Verfahren, gleichzeitig zwei Plots zu erzählen, die sich antagonistisch gegenüberstehen. David Kelman beschreibt diese Konstellation in seinem erzähltheoretischen Modell von *conspiracy narratives*:

> [...] the most significant trait of conspiracy theory is not, according to Hofstadter, its content, but rather its ‚style'; the way this narrative always presents a ‚defect' in the narration of events. [...] conspiracy theories must be read as a narrative form that takes place whenever a plot reveals a ‚defect', that is, when it goes awry. Conspiracy theories take place when a single plot is revealed to contain two plots: a ‚visible' plot and an ‚invisible' or secret plot.[31]

Verschwörungstheorien beziehen sich beim Erzählen des sichtbaren Plots ausnahmslos auf ein bereits bestehendes Narrativ, das sie unter der Annahme einer ‚totalen Verschwörung' neu zu erzählen suchen. Die ‚offiziellen' Narrative zur Ermordung von John F. Kennedy, zur ersten Mondlandung oder zum 11. September 2001 sind klassische Beispiele solcher sichtbaren Plots, die verschwörungstheoretisch immer gegeben sein müssen, um den unsichtbaren Plot einer totalen Verschwörung überhaupt erst erzählen zu können. „After all, the essential

---

30 Schmid, Wolf: Elemente der Narratologie, Berlin 2005, S. 13.
31 Kelman: Counterfeit politics, S. 18.

events are the same in both stories. In other words, the fact that there are two stories does not mean that there are two sets of different events: the same material is contained in both. The difference, then, lies not on the material, but rather in how those events connect in order to create a logical order."[32]

Der sichtbare Plot ist unverzichtbarer Bestandteil jeder verschwörungstheoretischen Erzählung. Der geheime, unsichtbare Plot der Verschwörung wird nur dadurch erzählbar, dass – wie Kelman schreibt – ‚Defekte' im sichtbaren Plot aufgedeckt werden. „After all, every conspiracy theory tells the story of a secret history that the official history is not telling us, a secret story that is covered over by a visible story"[33]. Das zu enthüllende Geheimnis, die Verschwörung, die im unsichtbaren Plot existiert, gilt Kelman dabei als „a secret or complot that never fully emerges, an event that never really happens"[34]. Dem ist hinzuzufügen, dass Verschwörungstheorien zumindest durchaus suggerieren, das Geheimnis zu lüften und die verborgene Verschwörung als ‚Wahrheit' zu enthüllen. Kelman entwickelt sein erzähltheoretisches Modell von *conspiracy narratives* zunächst im Blick auf fiktionale Literatur, genauer, auf das Genre der *fiction of paranoia*. Überträgt man dieses Modell in den Bereich solcher Verschwörungstheorien, die sich selbst als nicht-fiktional markieren, so hat dies Konsequenzen für die Analyse der narrativen Struktur. Das Verhältnis der zwei Plots zeigt sich im Bereich nicht-fiktionaler Textsorten dann zwangsläufig als ein Verhältnis der Intertextualität, da der verschwörungstheoretische Text stets auf eine Ereignisdarstellung verweist, die außerhalb des eigenen Texts liegt und die typischerweise im Rahmen massenmedialer Berichterstattung verortet ist. Dieser externe Text fungiert hier als *visible plot*, während die Verschwörungstheorie lediglich den *invisbile plot* beziehungsweise die ‚geheime Wahrheit' als zweiten Plot hinzufügt. Der Befund der spezifischen Intertextualität von Verschwörungstheorien führt zur These, dass verschwörungstheoretisches Erzählen vor allem als eine Strategie des medialen Framings zu verstehen ist.[35] Der in die deutsche Wissenschafts-

---

32 Ebd., S. 24.
33 Ebd., S. 6.
34 Ebd., S. 159.
35 Zur Adaption des Framing-Konzepts in den Kontext narratologischer beziehungsweise erzähltheoretischer Forschung siehe grundsätzlich die einschlägigen Arbeiten von Werner Wolf: Wolf, Werner: Framing Fiction: Reflections on a narratological concept and an example: Bradbury, Mensonge, in: Grenzüberschreitungen. Narratologie im Kontext, hg. v. Walter Grünzweig; Andreas Solbach, Tübingen 1999; Framing Bor-

sprache übernommene Framing-Begriff geht zurück auf das Modell der Rahmen-Analyse (*frame analysis*) des Soziologen Erving Goffman und steht hier somit für ‚Interpretationsschemata', die einem zunächst neutralen ‚Fakt' einen bestimmten Sinn verleihen.[36] „Framing, then, is the process whereby communicators act to construct a particular point of view that encourages the facts of a given situation to be viewed (or ignored) in a particular manner, with some facts made more noticeable than others. When speaking of political and social issues, frames actually define our understanding of any given situation."[37]

Der ‚invisible Plot' entsteht vor allem dadurch, dass der externe ‚visible plot' insgesamt in den Rahmen ‚Verschwörung' gesetzt wird und dann je einzelne Elemente im Sinne dieser Rahmung Bedeutung erhalten. „Frames encourage us to view an issue, or even view it in a particular way, by highlighting certain facts and downplaying others"[38], fassen die Kommunikationswissenschaftler Denton und Kuypers zusammen. Goffman selbst widmet sich innerhalb seiner Grundlegung des Rahmenkonzepts ausführlich dem Phänomen der ‚vorgetäuschten Rahmen':

Man beachte auch, daß es theoretisch möglich sein müßte, jeden beliebigen kurzen Vorgang falsch zu rahmen. Es bedarf nur der richtigen irreführenden Umstände, und es kommt zu einer Täuschung, einer Fehlrahmung. Es besteht auch kein Zweifel, daß man immer über das, was vor sich geht, getäuscht werden kann. Vorsatz, Unmoral und die entsprechenden Hilfsmittel reichen hier jederzeit aus. Materielle Beweisstücke können stets gefälscht und mit einem passenden Werdegang versehen werden, um eine falsche Grundlage für die Ereignisse abzugeben. Es lassen sich verschwörerische soziale Netze herstellen, zu denen viele Zeugen und eine zweifache gefälschte Unverbundenheit gehören. [...] Um es zu wiederholen: alles womit man Behauptungen nachprüfen möchte, ist gleichzeitig ein ausführliches Rezept für diejenigen, die die Wirklichkeit verfälschen möchten; alles, was den Manipulatoren ihre Tätigkeit erschwert, erleichtert sie gleichzeitig.[39]

---

ders in Literature and Other Media, hg. v. W. Wolf, W. Bernhart, Amsterdam, New York 2006.

36 Vgl.: Goffman, Erving: Rahmen-Analyse: Ein Versuch über die Organisation von Alltagserfahrungen, 2. Auflage, Frankfurt am Main 1989.

37 Kuypers, Jim A.: Press bias and politics: How the media frame controversial issues, Westport, CT 2002, S. 7.

38 Denton, Robert E; Kuypers, Jim A.: Politics and communication in America: Campaigns, media, and governing in the 21st century, Long Grove, IL 2008, S. 118.

39 Goffman: Rahmen-Analyse, S. 477–478.

Bei Unsicherheit bezüglich des Rahmenverständnisses, so Goffman, bemüht sich der Mensch um Bestätigungen. Goffman spricht hier von ‚Stützungskonstruktionen', die etwa aus Indizienbeweisen und Beweisfälschungen bestehen können und die dann nicht zuletzt auch massenmedial verbreitet werden:

> Das möge an das große und sorgenvolle Interesse erinnern, das von historisch belegten Fällen ausgeht, in denen erhebliche Verschwörungsarbeit geleistet wurde, um Unschuldige fälschlich zu überführen - Beispiele sind die Affäre Dreyfus und in den Vereinigten Staaten der Fall Becker-Rosentahl. Und diese bekanntgewordenen Beispiele schaffen nun ihrerseits die Möglichkeit, daß Verschwörungen behauptet werden, wenn es gar keine gibt oder man jedenfalls nichts Sicheres über sie weiß.[40]

Goffman, dessen Modell der Rahmenanalyse bislang nicht innerhalb der Verschwörungstheorieforschung rezipiert wird, beschreibt das Phänomen planmäßig vorgetäuschter Rahmen letztlich als zentralen Faktor des ‚Verschwörungsglaubens': „Wenn man versteht, wie diese Verschwörungen zustande kommen konnten [gemeint sind ‚Rahmentäuschungen'], versteht man auch, wie welche behauptet werden können, wenn es gar keine gibt oder gar kein schlüssiger Beweis vorliegt"[41]. Wesentlich ist im Kontext hiesiger Begriffsbestimmung vor allem aber die Feststellung, dass Verschwörungstheorien als intertextuelle Textsorten zu verstehen sind, die den Rahmen eines externen Textes ‚angreifen': „Ein offener Frontalangriff auf die Grundregeln eines sozialen Ereignisses – auf den Rahmen der offiziellen Vorgänge –, gefolgt von einer konsequenten Weigerung, die Autorität derer anzuerkennen, die sich nun um die Wiederherstellung der Ordnung bemühen."[42]

Neben dieser narrativen Struktur, die quasi die universelle Form der Verschwörungstheorie bildet, zeichnen sich totale Verschwörungstheorien aber auch durch eine Reihe weiterer gemeinsamer Merkmale aus:

> Anyone who has had the opportunity to engage with conspiracy theories about 9/11, AIDS or the machinations of the Bilderberg group, the illuminati or jews will be struck by the fact that they often sound remarkably alike. Tales of conspiracy – whether expounded in Washington, London, Moscow, Damascus or Beijing and regardless of whether they purport to explain a political assassination, the cause of a disease or a financial crisis – are

---

40   Ebd., S. 497–500.
41   Ebd.
42   Ebd., S. 461.

marked by a distinct thematic configuration, narrative structure and explanatory logic, as well as by the stubborn presence of a number of common motifs and tropes.⁴³

So lässt sich also ein Bündel an Merkmalen beschreiben, die für Verschwörungstheorien typisch sind und über die narrative Struktur im engeren Sinn hinausgehen. Der Sozialpsychologe Jovan Byford spricht hier von einer ‚Tradition', die in Verschwörungstheorien kontinuierlich fortgeführt wird.

The thread of continuity that runs through the culture of conspiracy theory is sufficiently robust to make it possible to speak of conspiracism not just as an explanatory style, but also as a tradition of explanation (Billig 1978, 1987a). This tradition consists of a corpus of ideas, arguments, ‚facts', ‚revelations' and ‚proofs' pertaining to the alleged world plot, which have accumulated over time, and which are referred to, cited, quoted and perpetuated by successive generations of conspiracy theorists.⁴⁴

Jovan macht hier darauf aufmerksam, dass totale Verschwörungstheorien nicht ‚aus dem Nichts' auftauchen, sondern letztlich immer ein bereits bestehendes verschwörungstheoretisches *Setting* in den Kontext neuer Ereignisse übertragen: „[...] the conspiracy culture is defined (but also sustained) by the tendency among conspiracy writers to regurgitate, revamp and apply to new circumstances the body of knowledge, the explanatory logic and rhetorical tropes expounded in texts, books or pamphlets written and published by conspiracy theorists in the past."⁴⁵

Totale Verschwörungstheorien zeichnen sich somit – neben ihrer narrativen Struktur – auch inhaltlich durch eine ‚Familienähnlichkeit' zu anderen, vorhergehenden Verschwörungstheorien aus.⁴⁶ Dies weist wiederum auf eine gewisse ‚Gattungsartigkeit' totaler Verschwörungstheorien hin:⁴⁷

---

43 Byford, Jovan: Conspiracy theories: A critical introduction, Houndmills, Basingstoke, Hampshire, New York 2011, S. 4.
44 Ebd., S. 5.
45 Ebd., S. 5–6.
46 Zum Konzept der Familienähnlichkeit siehe die Paragraphen 65-80 in Ludwig Wittgensteins philosophischen Untersuchungen: Wittgenstein, Ludwig: Philosophische Untersuchungen, Frankfurt am Main 1971, S. 47–55.
47 Gattungsartig sind Verschwörungstheorien vor allem im Sinne der Theorie kommunikativer Gattungen, die der Soziologie Thomas Luckmann, beeinflusst durch Erving Gofmans Arbeiten zu den *Forms of talk*, entwickelte. Siehe dazu: Goffman, Erving: Rede-Weisen: Formen der Kommunikation in sozialen Situationen, Konstanz 2005;

Komplexe, gesellschafts- und epochenspezifische Gattungen tauchen nicht aus dem Nichts auf. Zum einen bilden sie sich im Verlauf der Generationen aus einfacheren, in universalen Elementen des lebensweltlichen Alltags verankerten Formen aus. Zum anderen können sie ‚Erben' von funktional und strukturell gleichartigen Gattungen darstellen. Und schließlich werden kommunikative Formen bis hin zu komplexen Gattungen von anderen Kulturen ‚geborgt' und in neue Zusammenhänge gestellt.[48]

In diesem Sinne sind auch totale Verschwörungstheorien ganz offensichtlich durch eine Gattungsartigkeit gekennzeichnet. Verschwörungstheorien, dies wird sich auch im Laufe der vorliegenden Untersuchung zeigen, ‚borgen' nicht nur die jeweilige Form, sondern auch inhaltliche Merkmale. Zu den zentralen wiederkehrenden Merkmalen von Verschwörungstheorien gehören insbesondere die Figurationen der Verschwörer, das heißt, das Ensemble handelnder Figuren und Gruppen. Diese traditionellen Figurationen der Verschwörungstheorie werden – unter anderem – im Rahmen des nun folgenden Abschnitts zum Forschungsstand vorgestellt.

1.2.5 ZUSAMMENFASSUNG DER BEGRIFFSDEFINITION

Verschwörungstheorien wurden in diesem Abschnitt als Narrative beziehungsweise Erzählungen definiert. Kennzeichen dieser Erzählungen ist, dass sie immer von einem sichtbaren und einem unsichtbaren, ‚geheimen' Plot erzählen, wobei der unsichtbare Plot erst im sichtbaren Plot beziehungsweise dessen ‚Defekten' lesbar wird. Dies bedingt einen Lektüremodus, den David Kelman als ‚reading for the complot' bezeichnet. Im unsichtbaren Plot zeigt sich immer nur andeutungsweise die ‚Wahrheit' über die finstere Verschwörung. Grundlegend ist da-

---

Luckmann, Thomas: Grundformen der gesellschaftlichen Vermittlung des Wissens: Kommunikative Gattungen, in: Kultur und Gesellschaft. René König, dem Begründer der Sonderhefte, zum 80. Geburtstag gewidmet, hg. v. René König; Friedhelm Neidhardt; M. Rainer Lepsius u.a., Opladen 1986; Luckmann, Thomas: Unheilsschilderung, Unheilsprophezeiung und Ruf zur Umkehr: Zum historischen Wandel moralischer Kommunikation am Beispiel der Weihnachtsansprache eines deutschen Bundespräsidenten, in: Diesseitsreligion. Zur Deutung der Bedeutung moderner Kultur; Hans-Georg Soeffner zum 60. Geburtstag, hg. v. Anne Honer, Konstanz 1999; Luckmann, Thomas: Wissen und Gesellschaft: Ausgewählte Aufsätze 1981-2002, Konstanz 2002.

48 Luckmann: Unheilsschilderung, Unheilsprophezeiung und Ruf zur Umkehr, S. 43.

bei, dass Verschwörungstheorien auf eine externe Textsorte als ‚visible plot' verweisen, deren Rahmen (frame) sie angreifen und durch den Rahmen ‚Verschwörung' zu ersetzen suchen. Dies ist das abstrakte Prinzip der Verschwörungstheorie, die somit universell anwendbar ist, da letztlich jedes (historische) Ereignis einen entsprechenden ‚Rahmenangriff' erfahren kann. Der Gegenstandsbereich wurde auf ‚totale Verschwörungstheorien' seit dem 18. Jahrhundert begrenzt. Dabei zeigt sich, dass totale Verschwörungstheorien untereinander durch eine ‚Familienähnlichkeit' gekennzeichnet sind, wie sie auch zur Bestimmung (literarischer) Gattungen herangezogen wird.

1.3 Forschungsstand
Elemente des Konspirationismus

Dieses Kapitel stellt die wesentliche Literatur zu Verschwörungstheorien vor. Im Anschluss an einige einleitende Bemerkungen ist der aktuelle Stand der Forschung anhand derer thematischer Schwerpunkte und Desiderate wie folgt gegliedert:

- Zur Historiographie der Verschwörungstheorie
- Verschwörungstheorie in Ideologie und Propaganda
- Verschwörungstheorien als Effekt gesellschaftlicher Krisen und Umbrüche
- Individuelle Krisen als psychologischer Faktor von Verschwörungstheorien
- Verschwörungstheorie als Produkt des ‚Verschwörungsdenkens'
- Verschwörungstheorie als Produkt der ‚Verschwörungsindustrie'
- Verschwörungstheorie und Verschwörungsfiktion in Formaten der Populärkultur
- Die Medien der Verschwörungstheorie
- Die ‚Medien-Verschwörungstheorie'

Obwohl Verschwörungstheorien bereits vereinzelt im frühen 20. Jahrhundert Betrachtungsgegenstand in der Literatur sind (so etwa in den Arbeiten von René Le Forestier[1]), kommt dem Phänomen insgesamt erst seit der zweiten Hälfte des 20. Jahrhunderts verstärkte Aufmerksamkeit zu. „Verschwörungstheorien mögen ein historisches Phänomen der ‚langen Dauer' sein, die Forschung beschäftigen sie

---

1 Le Forestier, René: Les Illuminés de Bavière et la franc-maçonnerie allemande, Paris 1914.

allerdings erst seit kurzem"[2], schreibt die Historikerin Ute Caumanns noch 2012. In ähnlicher Weise mahnt der Soziologe Carsten Pietsch eine überschaubare Literaturlage an und weist darauf hin, „dass explizit soziologische Untersuchungen zum Thema Verschwörungstheorien sehr rar sind"[3]. Auch der Soziologe Andreas Anton attestiert „eine eklatante Diskrepanz zwischen der gesellschaftlichen Popularität bzw. Relevanz des Phänomens einerseits und dessen wissenschaftlicher Erforschung andererseits"[4]. Die vielfach bemühte Rede über einen Mangel an Forschungsbeiträgen zu Verschwörungstheorien ist heute allerdings – gemessen an der Zahl einschlägiger Veröffentlichungen – stark zu relativieren. Es sei fast unmöglich, so der Soziologe Luc Boltanski, „die so zahlreichen – vor allem englischsprachigen – Artikel und Bücher, die der Frage der Paranoia und der ‚Verschwörungstheorie' seit etwa 30 Jahren gewidmet sind, bibliographisch erschöpfend zu erfassen"[5]. So haben sich einzelne Beiträge mittlerweile durchaus als klassische Referenzen der Verschwörungstheorieforschung etabliert (etwa die viel zitierten Arbeiten der Historiker Richard Hofstadter[6] oder Johannes Rogalla von Bieberstein[7]). Bestimmte Prämissen über Funktionen und Ursachen von Verschwörungstheorien – zu nennen sind etwa die Schlagworte ‚Komplexitätsreduktion' und ‚Sündenbockerzählung' – sind somit in der Forschung längst wohlbekannt. Dass die Literaturlage zu Verschwörungstheorien prinzipiell defizitär sei, da eine allzu brave Wissenschaft sich – aus standesmäßigen Berührungsängsten – erst gar nicht mit dem ‚unseriösen' Gegenstand befasse (so befand Rogalla von Bieberstein 1976 noch über die Lage[8]), ist heute also genau so wenig haltbar, wie die immer wieder anzutreffende Behauptung, die akademische Beschäftigung mit dem Phänomen beginne erst 1964 mit Richard Hofstadt-

---

2   Wer zog die Drähte?: Verschwörungstheorien im Bild, hg. v. Ute Caumanns, Düsseldorf 2012, S. 12.
3   Pietsch: Zur soziologischen Topographie von 'Verschwörungstheorien' und 'Verschwörungstheoretikern' unter besonderer Berücksichtigung der Anschläge vom 11. September, S. 4.
4   Anton: Unwirkliche Wirklichkeiten, S. 11.
5   Boltanski: Rätsel und Komplotte, S. 349
6   Hofstadter, Richard: The paranoid style in American politics: And other essays, New York 1967.
7   Rogalla von Bieberstein, Johannes: Die These von der Verschwörung, 1776-1945: Philosophen, Freimaurer, Juden, Liberale und Sozialisten als Verschwörer gegen die Sozialordnung, Bern 1976.
8   Ebd., S. 13.

ers berühmten Essay *The paranoid Style in American Politics*[9]. Tatsächlich beschäftigt sich bereits ungefähr 20 Jahre vor Hofstadters Essay die Sozialphilosophie mit dem Gegenstand. Mit dem Satz, „Ich nenne sie die ‚Verschwörungstheorie der Gesellschaft'"[10], dürfte der Philosoph Karl Popper schon 1948 den Terminus geprägt und endgültig im akademischen Begriffshaushalt des 20. Jahrhunderts etabliert haben. Poppers spätere Gegenspieler Horkheimer und Adorno schrieben 1947 in ihrer *Dialektik der Aufklärung* zwar noch vom „Hirngespinst von der Verschwörung"[11], thematisierten dabei aber ohne Zweifel die antisemitische Verschwörungstheorie.

Luc Boltanski, der 2013 nicht ohne gewisses Befremden „beinahe eine neue akademische Disziplin"[12] attestiert, führt die notorische Einleitungsprosa über einen ‚unterforschten', weil anrüchigen Gegenstand schließlich vollends ad absurdum, indem er eine eigene, fünfgliedrige Typologie der seiner Lektüre nach „umfangreichen und häufig redundanten"[13] Fachliteratur über Verschwörungstheorien vorstellt:

Erstens die Arbeiten, die sich mit dem Anprangern der verheerenden Folgen von Verschwörungstheorien befassen [...]. In der zweiten Art von Arbeiten geht es vor allem darum, wie Verschwörungstheorien in die fiktionalen Werke, die Literatur, den Film und vor allem das Fernsehen eingesickert sind. Drittens die ambitionierten Arbeiten, die sich die Beschreibung der derzeit überhandnehmenden ‚Kultur' der Verschwörung vornehmen. Diese äußert sich in ‚wahren', dem zeitgenössischen sozialen und politischen Leben entnommenen Geschichten ebenso wie in fiktionalen Werken, [...]. Andere Versuche verfolgen die Absicht, der Idee der Verschwörungstheorie historische Tiefenschärfe zu verleihen. [...] In einer fünften Art von Arbeiten äußert sich schließlich die Sorge, dass man der herrschenden Annahme, der zufolge wir eine Paranoia-Epidemie erleben, nicht ungeprüft zustimmen sollte. [...] In anderen, theoretischer ausgerichteten Arbeiten geht es um den

---

9 Dass mit Hofstadters Essay die akademische Literatur zu Verschwörungstheorien beginne, findet sich etwa bei Peter Campbell: Campbell, Peter R; Kaise, Thomas E; Linton, Marisa: Introduction: Conspiracy in the French Revolution - issues and debates, in: Conspiracy in the French Revolution, hg. v. Peter R. Campbell; Thomas E. Kaise; Marisa Linton, Manchester 2007, S. 2.
10 Popper, Karl R.: Vermutungen und Widerlegungen: Das Wachstum der wissenschaftlichen Erkenntnis, 2. Auflage, Tübingen 2009, S. 190.
11 Adorno, Theodor W; Horkheimer, Max: Dialektik der Aufklärung: Philosophische Fragmente, Hamburg 1947, S. 181.
12 Boltanski: Rätsel und Komplotte, S. 349.
13 Ebd., S. 353.

Begriff der Verschwörungstheorie selbst. Sie bemühen sich um dessen Klärung und Problematisierung und versuchen, den reinen Anprangerungston hinter sich zu lassen[...].[14]

Andreas Anton erkennt trotz dieses doch breit gefächerten Angebots allerdings eine dominante Schwerpunktsetzung in den seiner Beobachtung nach immer noch „wenigen wissenschaftlichen Arbeiten, die sich explizit und generell mit Verschwörungstheorien beschäftigen"[15]. Nach Anton verfolgen die meisten Arbeiten nämlich „eher wirkungsorientierte deskriptive Ansätze und sind vor allem um historisch-politische Einordnungen – häufig in Problematisierungskontexten – bemüht [...]"[16]. Diese nur selten methodisch fundierte ‚Wirkungsforschung', wie auch die meisten theoretisch-konzeptionellen Arbeiten, befassen sich allerdings weitestgehend auf einer vollkommen abstrakten Ebene mit Verschwörungstheorien und nur selten mit deren konkreten Manifestationen: „Dabei verzichten bisherige Arbeiten weitgehend auf eine Untersuchung der Texte als solche [...]", hält Ute Caumanns entsprechend das Manko in der Forschung fest und verweist auf „Zuständigkeit wie Kompetenz einer traditionellen Literaturwissenschaft (und erst recht einer modernen Kulturwissenschaft [...])"[17]. In den letzten zehn Jahren haben sich allerdings auch die Kulturwissenschaften vermehrt dem Thema gewidmet. Zu nennen sind hier etwa die Habilitationsschrift *Poesie und Konspiration*[18] des Literaturwissenschaftlers Ralf Klausnitzer, das Buch *Counterfeit Politics*[19] des amerikanischen Literaturwissenschaftlers David Kelman und der Sammelband *The Parallax View: Zur Mediologie der Verschwörung*[20]. Diesen Beiträgen wird Luc Boltanski kaum gerecht, wenn er urteilt, es handle sich dabei allgemein um ‚Erklärungsansätze', die wahlweise auf die Komplexität einer globalisierten Welt oder aber auf das Abhandenkommen

---

14 Ebd., S. 353–356.
15 Anton: Unwirkliche Wirklichkeiten, S. 13.
16 Ebd.
17 Caumanns, Niendorf: Raum und Zeit, Mensch und Methode: Überlegungen zum Phänomen der Verschwörungstheorie.
18 Klausnitzer, Ralf: Poesie und Konspiration: Beziehungssinn und Zeichenökonomie von Verschwörungsszenarien in Publizistik, Literatur und Wissenschaft, 1750-1850, Berlin/New York 2007.
19 Kelman: Counterfeit politics.
20 Krause, Meteling, Stauff: The Parallax view.

grundlegender Deutungsmuster (und zwar vor allem des Marxismus) abzielen.[21] Dies wäre der Stand von ungefähr 1993.[22]

Insbesondere der Band zur *Mediologie der Verschwörung* bietet hingegen eine medientheoretisch informierte Perspektive auf den Gegenstand und betont statt bekannter Erklärungsmuster bereits eine besondere Medialität von Verschwörungstheorien. Als übergeordnete ‚Klammer' der recht heterogenen Beiträge des Sammelbandes nennt der Klappentext die Frage, „wie Verschwörungstheorien mit medialen Verfahren zusammenhängen", was im Grunde auch die zentrale Forschungsfrage der vorliegenden Arbeit bereits vorwegnimmt. Der besagte Band betrachtet Verschwörungstheorien – im Gegensatz zur vorliegenden Arbeit – allerdings fast ausschließlich im Kontext solcher Textsorten, die explizit als Fiktion, Unterhaltung oder Kunst markiert sind und sieht von einer Untersuchung der ‚eigentlichen' Verschwörungstheorien somit weitestgehend ab.

Im Folgenden verschafft dieses Kapitel einen Überblick über die wesentlichen Werke und Prämissen der Forschung zu Verschwörungstheorien. Die Unterkapitel gliedern sich dabei nicht nach chronologisch oder nach einzelnen Autoren, sondern nach den zentralen Themen, die die akademische Literatur bislang umkreist.

1.3.1 ZUR HISTORIOGRAPHIE DER VERSCHWÖRUNGSTHEORIE

Verschwörungstheorien sind ein Phänomen der langen Dauer und müssen folglich vor dem Hintergrund ihrer historischen Entstehung verstanden werden. Zu den Ursprüngen von Verschwörungstheorien existieren grundsätzlich zwei konkurrierende Modelle: „Manche Autoren sehen sie zusammen mit den tatsächlichen Verschwörungen schon seit Anbeginn der Geschichte am Werke oder verstehen sie sogar als anthropologische Konstante, andere unterstreichen den Zu-

---

21 Vgl.: Boltanski: Rätsel und Komplotte, S. 354.
22 Vgl. etwa die dementsprechenden Reflexionen von Dieter Mersch über Umberto Ecos Roman Das Foucaultsche Pendel: Mersch, Dieter: Umberto Eco zur Einführung, Hamburg 1993, S. 179–189. Wegweisend für diese Argumentation in Zuspitzung auf die Krise des Marxismus seit den 1980er-Jahren waren bereits die Anmerkungen des marxistischen Literaturtheoretikers Fredric Jameson: Jameson, Fredric: Cognitive Mapping, in: Marxism and the Interpretation of Culture, hg. v. Cary Nelson; Lawrence Grossberg, Champaign, Illinois 1988.

sammenhang mit dem Aufkommen von Geheimgesellschaften im zeitlichen Umfeld der Französischen Revolution."[23]

Als verbindendes Moment der ‚anthropologischen Konstante' gilt dabei stets die Sündenbock-Funktion, die innerhalb der Verschwörungstheorien je variierenden Gruppen zugewiesen wird. Die historischen Überblicksarbeiten orientieren sich somit typischerweise an einem ‚Stammbaum' der Verschwörer, wobei insbesondere anti-jüdische Stereotype eine historisch konstante Figuration von Verschwörungsunterstellungen bilden: „Dieses Urbild von der ‚jüdischen Verschwörung' lässt sich über all die Jahrhunderte in den verschiedensten Ausformungen deutlich nachverfolgen, von den Schriften Martin Luthers bis hin zu den Verschwörungsideologien über den 11. September."[24] Einschlägige ‚Gesamtchroniken' der Verschwörungstheorie liefern etwa die Historiker Daniel Pipes[25] oder Wolfgang Wippermann[26]. Nach Daniel Pipes lässt sich das Verschwörungsdenken „bis zu den dualistischen Religionen des Iran oder zu jenen Mysterienreligionen zurückverfolgen, die das Römische Reich überrollten"[27]. Ausgangspunkt von Pipes' Geschichtsdarstellung bilden jedoch die Kreuzzüge: „Sie erzeugten eine deutlich erkennbare Form jenes auf Juden und Geheimgesellschaften bezogenen Verschwörungsdenkens, das noch heute herrscht"[28]. Pipes bringt die Geschichte der Verschwörungstheorie somit auf eine knappe Formel: „Das Fundament des Hasses wurde in der Zeit der Kreuzzüge geschaffen – 1096 gegen die Juden, 1375 gegen die Geheimgesellschaften. Mit der Aufklärung kamen die Weltverschwörungstheorien."[29] Ein ähnliches Bild entwirft Wippermann, der seine Chronik der Verschwörungstheorie allerdings bereits mit dem Teufelsglauben beginnt: „Der Bogen reicht dabei von der Verschwörung des Teufels, der Juden und der ‚Hexen' über die Freimaurer und Illuminaten, Kommunisten und Sozialisten bis hin zur Legende der ‚Weisen von Zion', mit der Hitler seine Ideologie der ‚jüdisch-bolschewistischen Weltverschwörung' begründete."[30] Wippermann und Pipes divergieren im Übrigen stark in ihrer Einordnung von Konjunkturphasen der Verschwörungstheorie. Pipes attestiert von

---

23 Jaworski: Verschwörungstheorien aus psychologischer und aus historischer Sicht, S. 25.
24 Wippermann: Agenten des Bösen, S. 8.
25 Pipes, Daniel: Verschwörung: Faszination und Macht des Geheimen, München 1998.
26 Wippermann: Agenten des Bösen.
27 Pipes: Verschwörung, S. 90.
28 Ebd.
29 Ebd., S. 206.
30 Wippermann: Agenten des Bösen, S. 8.

1815-1945 eine ‚Blütezeit' der Verschwörungstheorie und beschreibt die Phase nach 1945 als ‚Wanderung in die Peripherie'. Verschwörungstheorie verflüchtigt sich demnach seit 1945 „an die Ränder politischen Lebens der westlichen Welt und an die geographischen Ränder westlicher Staaten"[31], wobei Pipes mit dieser These konträr zur gesamten Forschungsdebatte steht, die spätestens seit Richard Hofstadters klassischem Essay *The paranoid style in american Politics* eine zeitgenössische Virulenz von Verschwörungstheorien betont.[32] Nicht nur laut Wippermann kommt es nach 1945 „zu einer explosionsartigen Vermehrung der alten und zur Erfindung einiger neuer Verschwörungsideologien"[33]. Die Annahme einer fortlaufenden Produktion, Distribution und Rezeption von Verschwörungstheorien als konstitutivem Bestandteil der gegenwärtigen Medienkultur deckt sich mit dem internationalen Stand neuerer Publikationen und mit der allgemeinen Literaturlage zu Verschwörungstheorien: „The many hundred essays and books about real-life as well as fictional conspiracy theories listed by the MLA Bibliography concentrate almost exclusively on the post–Second World War era [...]."[34]

---

31 Pipes: Verschwörung, S. 169.
32 Vgl.: Hofstadter, Richard: The paranoid style in American politics: And other essays, New York 1967. Die anhaltende Popularität von Verschwörungstheorien im 20. und 21. Jahrhundert thematisieren etwa auch: The age of anxiety: Conspiracy theory and the human sciences, hg. v. Martin Parker, Jane Parish, Oxford 2001, Barkun, Michael: A culture of conspiracy: Apocalyptic visions in contemporary America, Berkeley, California 2003, Fenster, Mark: Conspiracy theories: Secrecy and power in American culture, Revised and updated edition, Minneapolis 2008, Olmsted: Real enemies, Jamin: L'Imaginaire du Complot, Aaronovitch, David: Voodoo histories: How conspiracy theory has shaped modern history, London 2010, Gray, Matthew: Conspiracy theories in the Arab world: Sources and politics, London, New York 2010, Kay, Jonathan: Among the truthers: A journey through the cognitive underworld of American life, New York 2011.
33 Wippermann: Agenten des Bösen, S. 8.
34 Butter, Michael; Retterath, Lisa: From Alerting the World to Stabilizing Its Own Community: The Shifting Cultural Work of the Loose Change Films, in: Canadian Review of American Studies 40. 2010, 1, S. 25–44, S. 41.

1.3.2 Verschwörungstheorie als ‚moderne Verschwörungstheorie'

Grundsätzlich stärker verbreitet als die explizite Feststellung eines ‚Bruchs' um 1945 oder die Betonung einer ‚anthropologischen Konstante' ist heute jedoch die Unterscheidung zwischen ‚moderner' und ‚vormoderner' Verschwörungstheorie. Während vormoderne Verschwörungstheorie etwa mit Teufelsgaube und Hexenmuster assoziiert wird, sei es das Kennzeichen moderner Verschwörungstheorie, dass sie ‚verweltlichte' Verschwörungsszenarien entwerfe. Dabei gilt die Epoche der Aufklärung und insbesondere die Französische Revolution von 1789 als ‚Geburtsstunde' moderner Verschwörungstheorie.[35] Einschlägig hierzu sind die Arbeiten von Johannes Rogalla von Bieberstein oder Ralf Klausnitzer, der von der „Geburt des modernen Konspirationismus aus dem Geist der Aufklärung"[36] spricht. Als klassische und bis heute prägende Beispiele dieser modernen Verschwörungstheorie gelten die Darstellungen einer Verschwörung von Freimaurern und insbesondere Illuminaten zum Umsturz von ‚Thron und Altar'. Der radikal-aufklärerische bayerische Geheimbund der Illuminaten – so die berühmte Verschwörungstheorie deutscher Provenienz – habe insgeheim die Französische Revolution ‚gemacht', und deren sämtliche ‚schreckliche Folgen' seien von langer Hand geplant.[37] Rogalla von Bieberstein hebt hervor, dass sich die moderne Verschwörungstheorie bis 1791 in einem ‚Inkubationsstadium' befand und erst 1792 eine konkretere Gestalt annahm, als konservative deutsche Publizisten be-

---

35 Die Terminologie einer ‚modernen' Verschwörungstheorie seit der (Spät-)Aufklärung lässt sich zunächst mit der Feststellung rechtfertigen, dass ungefähr ab 1770 „die Überleitung von der an Tradition und Religion gebundenen Gesellschaft zur modernen Gesellschaft zu Ende ist". Eder, Klaus: Geschichte als Lernprozess?: Zur Pathogenese politischer Modernität in Deutschland, Frankfurt am Main 1985, S. 11.

36 Vgl.: Klausnitzer, Ralf: ‚... unter allen möglichen Gestalten und Konnexionen': Die Geburt des modernen Konspirationismus aus dem Geist der Aufklärung, in: Traverse. Zeitschrift für Geschichte 11. 2004, 3, S. 13–35.

37 Der Glaube an die Existenz von Verschwörungen auf Seiten des politischen Gegners war insbesondere in Frankreich in jeder Phase der Revolution und in quasi jeder politischen Gruppe verbreitet. Tatsächlich waren Verschwörungen im Verlauf der Revolution auch keinesfalls nur imaginär, sondern durchaus auch eine reale Bedrohung für politische Eliten. Einen guten Überblick über reale wie imaginäre Verschwörungen im Kontext der Französischen Revolution bietet: Conspiracy in the French Revolution, hg. v. Peter R. Campbell, Thomas E. Kaise, Marisa Linton, Manchester 2007.

gannen, die Französische Revolution als Werk der Illuminaten zu beschreiben.[38] Konstitutiv für die Genese dieser Verschwörungstheorie im deutschsprachigen Raum sei die Kriegs- und Revolutionsfurcht, die die Französische Revolution hier auslöse.[39] In Bezug auf das epochemachende Ereignis der Französischen Revolution – so Rogalla von Bieberstein – kommt es schließlich zu einer „Verdichtung der Verschwörungsthese zu einer Drahtzieher-Theorie"[40]. Von einer generellen Zäsur um 1800 zeugt auch die transnationale Reichweite dieser Verschwörungstheorie. Insbesondere über Augustin Barruels vierbändige *Denkwürdigkeiten zur Geschichte des Jakobinismus* verbreitet sich die Idee der Illuminatenverschwörung, die sich zum Ziele einer ‚Weltbürgerrepublik' der Freimaurerei bemächtigt hätte, ab 1800 in ganz Europa und auch in den USA. Gemeinsam mit der Publikation der *Proofs of a conspiracy against all Religions and Governments of Europe*[41] von John Robison und Johann August Starcks *Triumph*

---

38 Vgl.: Rogalla von Bieberstein: Die These von der Verschwörung, 1776-1945, S. 100. Klaus Epstein macht in seinem Werk über die Ursprünge des Konservatismus in Deutschland allerdings darauf aufmerksam, dass die Verschwörungstheorie „wie viele andere Elemente des deutschen Konservatismus – vor 1789 bereits voll entwickelt und so von der Französischen Revolution unabhängig war". Epstein verweist berechtigterweise auf das 1786 erschienene Werk Enthüllung des Systems der Weltbürger-Republik von Ernst August Anton von Göchhausen (vgl.: Epstein, Klaus: Die Ursprünge des Konservatismus in Deutschland: Der Ausgangspunkt: die Herausforderung durch die Französische Revolution, 1770-1806, Frankfurt am Main 1973, S. 118 ff.). Für eine kulturübergreifende Aufmerksamkeit in ganz Europa bis hin zu den USA sorgten aber tatsächlich erst die Verschwörungstheorien zur Französischen Revolution.

39 Tatsächlich kann von einer gewissen verschwörungstheoretischen Lauerstellung der fraglichen Autoren vor der Französischen Revolution gesprochen werden. Nach einer unüberprüfbaren brieflichen Selbstaussage befinden sich im Juli 1789 der Giessener Regierungsdirektor Ludwig Adolf Christian von Grolman und der Darmstädter Oberhofprediger Johann August Starck gemeinsam im Kurbad Schwalbach: „Als die Nachricht vom Sturm auf die Bastille eintrifft, sehen sich beide an und sagen wie aus einem Munde: ‚Das ist ein Werck der 44', das heißt der Illuminaten" (zitiert nach: Klausnitzer: Poesie und Konspiration, S. 420).

40 Rogalla von Bieberstein: Die These von der Verschwörung, 1776-1945, S. 95.

41 Robison, John: Proofs of a conspiracy against all the religions and governments of Europe: Carried on in the secret meetings of Free Masons, Illuminati, and reading societies. Collected from good authorities by John Robison, A. M. Professor of Natural Philosophy, and Secretary to the Royal Society of Edinburgh, Edinburgh 1797.

der Philosophie im achtzehnten Jahrhunderte[42] entfaltet Barruels Werk „die Muster konspirationistischer Kombinatorik in einer Weise, wie sie noch in den verschwörungstheoretischen Projektionen des 20. Jahrhunderts erkennbar sind"[43]. Zentral für die Abgrenzung moderner von vormoderner Verschwörungstheorie ist im Allgemeinen die Annahme, dass in Folge von Aufklärung und Säkularisierung ein genuin neuer Typus Verschwörungstheorie entsteht, der sich vor allem in seiner Ausrichtung von historischen Vorläufern abgrenzt. Bereits Karl Popper war der Meinung, die ‚Verschwörungstheorie der Gesellschaft' „kommt davon, daß man Gott aufgibt und dann die Frage stellt: ‚Wer nimmt seinen Platz ein?' "[44]. Grundsätzlich entwickelt sich das moderne ‚Verschwörungsdenken' – wie Ralf Klausnitzer schreibt – als ideengeschichtliche Entwicklung aus dem Geist der Aufklärung heraus.[45] Von zentraler Bedeutung sei dabei ein neuartiges Verständnis für das Zustandekommen historischer und gesellschaftlicher Ereignisse und Prozesse. Dieses „neuzeitliche Bewusstsein von der Geschichtsmächtigkeit beziehungsweise Intentionalität personaler Akteure und kollektiver Institutionen"[46] führte allerdings bereits lange vor der Französischen Revolution zu Verschwörungsverdächtigungen. Im Rahmen einer zunehmenden religiösen Differenzierung (traditionelle Kirche versus ‚Sektiererei') beschuldigen sich somit zunächst verschiedene religiöse Gruppen gegenseitig der Verschwörung. Das klassische Muster moderner Verschwörungstheorie ginge somit, etwa als Szenario einer Verschwörung von Jesuiten, bereits auf das 17. Jahrhundert zurück.[47] Ganz ähnliche Muster kursieren sogar bereits im 16. Jahrhundert, so etwa in Form des von Alexandra Schäfer beschriebenen Topos einer omnipräsenten katholischen Verschwörung im Rahmen der französischen Religionskriege.[48]

Was Verschwörungstheorien um 1800 von diesen Vorläufern trotz allfälliger Überscheidungen narrativer Muster und Funktionen abgrenzt ist – so das gängi-

---

42 Starck: Der Triumph der Philosophie im achtzehnten Jahrhunderte.
43 Klausnitzer: Poesie und Konspiration, S. 24.
44 Popper: Vermutungen und Widerlegungen, S. 190.
45 Vgl.: Klausnitzer: ‚… unter allen möglichen Gestalten und Konnexionen'.
46 Ebd., S. 20.
47 Vgl. dazu: ebd., S. 21.
48 Siehe: Schäfer, Alexandra: Auf den Spuren der Französischen Religionskriege: Der Topos einer katholischen Verschwörung in reformierter Propaganda als autoreferentieller Denkrahmen, in: Vergangenheiten auf der Spur. Indexikalische Semiotik in den historischen Kulturwissenschaften, hg. v. Andreas Frings; Andreas Linsemann; Sascha Weber, Bielefeld 2012, S. 213–246.

ge Argument – die Fokussierung des Verdachts auf eine ‚immanent politische Macht':

> Verschwörungstheorien weisen seit dem 18. Jahrhundert, besonders gegenüber solchen Sündenbocktheorien, wie sie für das Mittelalter und segmentär differenzierte Gesellschaften typisch sind, eine neue Qualität auf. Entscheidend ist die Umschaltung des Verdachts von einer transzendenten auf eine immanent politische Macht. Dieser Wechsel kann vor allem als Effekt aufklärerischer Dynamiken verstanden werden: zum einen infolge des wachsenden und sich zunehmend ausdifferenzierenden Systems geheimer wie öffentlicher Kommunikation (Briefe, Buch- und Zeitschriftenmarkt) und zum anderen als Ergebnis einer neuen kritischen Haltung, die vor allem die existierenden Strukturen politischer wie religiöser Regime betrifft.[49]

Wie schon Dieter Groh anführt, kollidiert diese These jedoch „mit dem empirischen Faktum, daß es bereits vorher rein innerweltliche Verschwörungstheorien gegeben hat"[50]. Groh teilt zwar die Ansicht, dass Verschwörungstheorien um 1800 eine Zäsur erfahren, negiert aber die Vorstellung einer prinzipiell ‚neuen' Verschwörungstheorie: „Die erwähnte Zäsur ist in unserem Bereich nur als Übergang von metaphysischen zu innerweltlichen Verschwörungstheorien wahrnehmbar, obwohl letztere auch schon vorher existiert haben."[51] Somit bleibt in der Forschung vorerst vage bestimmt, inwiefern es in der „notorischen Epochenschwelle um 1800"[52] tatsächlich zu einer entscheidenden Neukonfiguration der Verschwörungstheorie kommt. Um die Differenz einer ‚neuen' Verschwörungstheorie seit dem 18. Jahrhundert prägnanter zu bestimmen, so resümiert Jaworski, „bedarf es sicherlich noch intensiver Forschungsanstrengungen"[53]. Arno Meteling hat die Begründung für die Annahme einer genuin modernen Verschwörungstheorie jüngst um eine medienhistorische Argumentation erweitert. Nach Metelings Annahme lässt sich vor allem die Verortung in einem neuen ‚medialen Dispositiv' als eigentliches Kennzeichen moderner Verschwörungstheorie seit dem 18. Jahrhundert begreifen:

---

49 Krause, Meteling, Stauff: Einleitung, S. 21.
50 Groh, Dieter: Verschwörungen und kein Ende, in: Kursbuch Verschwörungstheorien, hg. v. Karl Markus Michel; Spengler Tilman, Berkeley, California 1996, S. 17.
51 Ebd., S. 18.
52 Vogl, Joseph: Einleitung, in: Poetologien des Wissens um 1800, hg. v. Joseph Vogl, München 1999, S. 7.
53 Jaworski: Verschwörungstheorien aus psychologischer und aus historischer Sicht, S. 25.

Dieses Format von Verschwörungstheorie als alternative Sicht auf ein kanonisches oder Mainstream-Wissen der Öffentlichkeit, das auf die Lücken und das ‚schmutzige Geheimnis' des Politischen verweist, ist allerdings selbst ein Modernisierungseffekt und hat Teil an einem politischen Imaginären, das sich aus dem medialen bzw. publizistischen Dispositiv gegen Ende des 18. Jahrhunderts entwickelt. Verschwörungstheorien knüpfen dabei zum einen an die aufklärerischen Prinzipien der Sichtbarmachung und der Publizität an. Zum anderen lässt sich die Doppelgeschichte von geheimen Gesellschaften und Verschwörungstheorien als supplementäre Entwicklung zur Verhandlung von Geheimnis und Verdacht zwischen dem Staat und der bürgerlichen Öffentlichkeit begreifen.[54]

Diese Annahme dient der vorliegenden Arbeit als Grundlage einer Arbeitsthese. Die These lautet in Kurzform, dass die Entstehung moderner Verschwörungstheorie und deren Konjunkturgeschichte überhaupt als ‚Medialisierungseffekte' zu begreifen sind. Im Untersuchungsteil dieser Arbeit wird diese These eingehender erarbeitet.

1.3.3 FEIND- UND WUNSCHBILD: VERSCHWÖRUNGSTHEORIE IN PROPAGANDA UND IDEOLOGIE

> „Wenn ich hier von Gegner spreche, so meine ich selbstverständlich damit unseren natürlichen Gegner, den internationalen jüdisch-freimaurerisch geführten Bolschewismus."
> HEINRICH HIMMLER/WESEN UND AUFGABE DER SS UND POLIZEI

Als eine zentrale und wohl gefährlichste Funktion von Verschwörungstheorien gilt allgemein deren Eigenschaft, mittels der Identifizierung von angeblichen Verschwörern stereotype Feindbilder zu bedienen oder zu generieren. Die Bedeutung von Verschwörungstheorien – so Oliver Kuhn – „für die Deformation des politischen Klimas, für die Entstehung politischer Hysterien und Hexenjagden ist unstrittig"[55]. Prinzipiell ist die Figuration der Verschwörer, beziehungs-

---

54 Meteling, Arno: Parallaxe, in: Handbuch der Mediologie. Signaturen des Medialen, hg. v. Christina Bartz; Ludwig Jäger; Marcus Krause u.a., München 2012, S. 212.

55 Kuhn: Spekulative Kommunikation und ihre Stigmatisierung - am Beispiel der Verschwörungstheorien, S. 106.

weise die ‚Wahl des Gegners', dabei relativ beliebig: „Ob es sich dabei um eine Fremdgruppe handelt oder um eine, die erst dadurch konstituiert wird, daß sie aus der eigenen ausgegrenzt wird, ob es sich um reale Personen handelt oder – zumindest am Anfang – um nur vorgestellte, die sich dann auf den Weg sozialer Alchimie in realen Personen inkarnieren, ist insofern nebensächlich, als der Kern einer Verschwörungstheorie letztlich immer im Bereich des Sozialimaginären zu suchen ist."[56]

Da es sich um den Bereich des Sozialimaginären handelt, könnte also theoretisch jede imaginierte oder reale Gruppe in das Visier von Verschwörungstheorien geraten, tatsächlich haben sich aber dominante Konventionen hinsichtlich des Figureninventars von Verschwörungstheorien herausgebildet. Verschwörungstheorien greifen typischerweise auf bereits bewährte Stereotype zurück. Die Erscheinungsformen der Verschwörungstheorie unterteilt etwa Andreas Anton idealtypisch in die Verschwörungstheorie der Hexen, der Satanisten, der Juden, der Freimaurer und Illuminaten, der Geheimdienste und der Außerirdischen.[57] Traditionell sind allerdings ‚Mischformen' dabei durchaus üblich. Heute zählen auch verschiedene elitäre Gruppen neueren Datums zu den Figurationen angeblicher ‚Weltverschwörer'. So gelten in vielen zeitgenössischen Verschwörungstheorien die *Bilderberg-Konferenz* oder die *Trilaterale Kommission* als konspirative Drahtzieher einer ‚neuen Weltordnung' (*new world order*). Hinter diesen quasi alles lenkenden Elite-Organisationen verorten Verschwörungstheorien dann häufig das altbekannte Personal, die Freimaurer, die Illuminaten und das ‚jüdische Großkapital'.

In der Forschungsgeschichte sind Verschwörungstheorien bis in die 1950er Jahre praktisch ein exklusives Thema der Freimaurer- und insbesondere der Antisemitismusforschung. Hier ist vor allem die antisemitische Verschwörungstheorie der *Protokolle der Weisen von Zion* Gegenstand von Analysen über den Glauben an eine Verschwörungstheorie. Die *Protokolle* sind ein aus mehreren fiktionalen Quellen zusammengesetztes ‚Dokument', das sich den Anschein gibt, Protokoll einer Sitzung der ‚jüdischen Weltverschwörung' zu sein. Sie fungieren somit als Blaupause für das stereotype Feindbild jüdischer Verschwörer und werden heute gelegentlich auch als „Mutter aller Verschwörungstheorien"[58] aufgefasst. Bereits zu Beginn des 20. Jahrhunderts werden sie in zahlreiche Spra-

---

56 Groh: Verschwörungen und kein Ende, S. 15.
57 Vgl.: Anton: Unwirkliche Wirklichkeiten.
58 Vgl.: Tobias Jaecker: Will Eisner: Die hartnäckigste Lügengeschichte der Welt. 2005, http://www.netzeitung.de/voiceofgermany/366798.html, zuletzt geprüft am: 13.02.2012.

chen übersetzt und international vertrieben. Eine herausragende Resonanz erfahren sie aber zunächst vor allem in Deutschland, wo die *Protokolle* als wesentliches Element der Ideologie und Propaganda der NSDAP eine starke Verbreitung finden.[59]

Die offensichtliche Funktion der *Protokolle* ist hier die Legitimierung des anti-jüdischen Sündenbock-Stereotyps und damit verbunden die Mobilisierung einer anti-jüdischen ‚Gegenbewegung‘: „In der ‚Kampfzeit‘, besonders unmittelbar nach dem verlorenen Krieg, bildeten sie [die *Protokolle*...] ein wichtiges ‚Fakten‘-Arsenal bei der propagandistischen ‚Beweisführung‘ für die von Hitler und seinen Anhängern eifrig verfochtene Behauptung, daß ‚das Judentum‘ die Herrschaft über die Völker der Welt anstrebe."[60]

Bereits 1936 beschreibt der Publizist Alexander Stein in seiner Abhandlung *Adolf Hitler: Schüler der Weisen von Zion*, dass die *Protokolle* nicht nur als Propaganda-Instrument der NSDAP sondern gleichsam als Projektion beziehungsweise Vorbild der eigenen Weltherrschaftspläne der Nationalsozialisten zu verstehen sind.[61] In Bezugnahme auf Steins Buch resümiert Hannah Arendt:

Er [Stein] weist darin nach, daß die Organisation der angeblichen ‚Weisen von Zion‘ ein Modell war, dem die faschistische Organisation nacheiferte, und daß die Protokolle all die Grundsätze enthielten, die sich der Faschismus aneignete, um die Macht zu erringen. Das Geheimnis für den Erfolg dieser Fälschung war also in erster Linie nicht der Judenhaß, sondern viel eher die grenzenlose Bewunderung, die der Gerissenheit einer vorgeblich jüdischen Technik, sich weltweit zu organisieren, galt.[62]

---

59 Der Begriff der Propaganda wird heute häufig überhaupt mit der Propaganda der NS assoziiert; er hat aber – wie auch diese Arbeit noch zeigen wird – eine weitaus ältere Geschichte und ist keinesfalls auf eine totalitäre Ausrichtung, wie jene des Nationalsozialismus, festgelegt. Grundsätzlich meint Propaganda in dieser Arbeit das – im weitesten Sinne politisch intendierte – Bemühen, „auf dem Wege der Kommunikation Einstellungen und Verhalten von Menschen zielgerichtet zu beeinflussen" (Wilke, Jürgen: Vorwort des Herausgebers, in: Pressepolitik und Propaganda. Historische Studien vom Vormärz bis zum Kalten Krieg, hg. v. Jürgen Wilke, Köln 1997, S. VI).

60 Maser, Werner: Hitlers Briefe und Notizen: Sein Weltbild in handschriftlichen Dokumenten, Düsseldorf 1973, S. 251–253.

61 Vgl.: Stein, Alexander: Adolf Hitler: Schüler der ‚Weisen von Zion‘, Karlsbad 1936.

62 Arendt, Hannah: Antisemitismus und faschistische Internationale, in: Hannah Arendt. Nach Auschwitz. Essays & Kommentare 1, hg. v. Klaus Bittermann; Eike Geisel, Berlin 1989, S. 33.

Die Beobachtung einer Projektionsfunktion der antisemitischen Verschwörungstheorie teilen auch Horkheimer und Adorno, die im Kapitel *Elemente des Antisemitismus* ihrer *Dialektik der Aufklärung* ebenfalls die Protokolle thematisieren:

> Das Hirngespinst von der Verschwörung lüsterner jüdischer Bankiers, die den Bolschewismus finanzieren, steht als Zeichen eingeborener Ohnmacht, das gute Leben als Zeichen von Glück. Dazu gesellt sich das Bild des Intellektuellen; er scheint zu denken, was die anderen sich nicht gönnen, und vergießt nicht den Schweiß von Mühsal und Körperkraft. Der Bankier wie der Intellektuelle, Geld und Geist, die Exponenten der Zirkulation, sind das verleugnete Wunschbild der durch Herrschaft Verstümmelten, dessen die Herrschaft sich zu ihrer eigenen Verewigung bedient.[63]

Der Text von Alexander Stein, *Adolf Hitler: Schüler der Weisen von Zion*, ist 2011 in einer umfangreich kommentierten und neu editierten Version neu aufgelegt worden.[64] Die Autoren nehmen darin auch ausführlich Bezug auf Hannah Arendts Analysen der *Protokolle* in *Elemente und Ursprünge totaler Herrschaft* sowie auf die einschlägigen Studien des *Instituts für Sozialforschung* zur Struktur antisemitischer Propaganda und Ideologie. Zu den *Protokollen* besteht heute eine kaum noch zu überschauende Menge an Publikationen. Empfehlenswerte Forschungsliteratur zum Thema ist etwa Norman Cohns Klassiker *Die Protokolle der Weisen von Zion: Der Mythos von der jüdischen Weltverschwörung*[65], Umberto Ecos Bemerkungen in *Im Wald der Fiktionen*[66] und der von Eva Horn und Michael Hagemeister herausgegebene Sammelband *Die Fiktion von der jüdischen Weltverschwörung: Zu Text und Kontext der 'Protokolle der Weisen von Zion'*[67]. Die wissenschaftliche Analyse der *Protokolle* ist noch heute vor allem deshalb von besonderem Interesse, weil sie weiterhin weltweit zirkulieren und von herausragender Bedeutung im allgemeinen ‚Gewimmel' von Verschwörungstheorien sind: „Die Protokolle der Weisen von Zion erweisen sich als

---

63 Adorno, Horkheimer: Dialektik der Aufklärung, S. 181.
64 Stein, Alexander; Ciminski, Lynn: Adolf Hitler, Schüler der ‚Weisen von Zion', Freiburg 2011.
65 Cohn, Norman: Die Protokolle der Weisen von Zion: Der Mythos von der jüdischen Weltverschwörung, Köln 1969.
66 Eco, Umberto: Im Wald der Fiktionen: Sechs Streifzüge durch die Literatur, Harvard-Vorlesungen (Norton lectures 1992 - 93), 2. Auflage, München 1994.
67 Die Fiktion von der jüdischen Weltverschwörung: Zu Text und Kontext der ‚Protokolle der Weisen von Zion', hg. v. Eva Horn, Michael Hagemeister, Göttingen 2012.

Schlüssel zum Cyberspace der Verschwörungsgläubigen"[68], hält Michael Hagemeister bereits 2001 fest und „seit dem 11. September 2001 haben antisemitische Verschwörungstheorien Konjunktur"[69], resümiert Tobias Jaecker in seiner diskursanalytischen Arbeit.

Es wäre allerdings verkürzt, merkt der Philosoph Dieter Mersch an, Verschwörungstheorien, „lediglich für propagandistische Rechtfertigungsmaßnahmen zu halten, die für die Beschwichtigung eines ahnungslosen Volkes gemacht seien, das einfacher Feindbilder bedürfe. Eine solche Unterstellung hieße lediglich, mit der Unzurechnungsfähigkeit der Masse zu argumentieren."[70] Maßgeblich sei vielmehr, „daß Feindbilder nicht deshalb erfolgreich sind, weil man an sie glaubt, sondern weil sie ans Paranoide als einer tiefsitzenden Neurose moderner Gesellschaften appellieren"[71].

1.3.4 Verschwörungstheorien als Effekt gesellschaftlicher Krisen und Umbrüche

Als Grundlagentext einer genuinen Verschwörungstheorieforschung fungieren die klassisch gewordenen Ausführungen zur ‚Verschwörungstheorie der Gesellschaft' des Philosophen Karl Popper in dessen Werk, *Die offene Gesellschaft und ihre Feinde*[72]. Mit seiner Feststellung, „nur wenn Verschwörungstheoretiker an die Macht kommen, bekommt sie [die Verschwörungstheorie] einen gewissen Erklärungswert für die tatsächlichen Ereignisse [...]"[73], bringt Popper auch die Projektions-These der Antisemitismusforschung auf einen allgemeinen Nenner. Vor allem benennt Popper hier aber bereits die noch heute zentralen Erklärungsmodelle für Verschwörungstheorien, nämlich die Säkularisierung als Ursprung des Phänomens und die Generierung von Sündenbock-Stereotypen, die für jedwede Krisen verantwortlich gemacht werden, als entscheidende soziale Funktion von Verschwörungstheorien: „Die Verschwörungstheorie der Gesellschaft ist nur eine Variante des Theismus, eines Glaubens an Götter, deren Lau-

---

68 Michael Hagemeister: Der Mythos der ‚Protokolle der Weisen von Zion', in: Verschwörungstheorien. Anthropologische Konstanten - historische Varianten, hg. v. Ute Caumanns; Mathias Niendorf, Osnabrück 2001, S. 89.
69 Jaecker: Antisemitische Verschwörungstheorien nach dem 11. September, S. 182.
70 Mersch: Umberto Eco zur Einführung, S. 187.
71 Ebd.
72 Popper, Karl R.: Die offene Gesellschaft und ihre Feinde, Bern 1957-1958.
73 Popper: Vermutungen und Widerlegungen, S. 190.

nen und Willen alles beherrscht. Sie kommt davon, daß man Gott aufgibt und dann die Frage stellt: ‚Wer nimmt seinen Platz ein?' Sein Platz wird dann besetzt durch mächtige Menschen und Gruppen – durch finstere Interessengruppen, denen dann unterstellt wird, daß sie die große Depression geplant haben, und alle Übel, an denen wir leiden."[74]

Dass Verschwörungstheorien vorgeben, praktisch ‚alle Übel, an denen wir leiden' zu erklären, führt zur mittlerweile zum Forschungskonsens geronnenen Annahme, dass Krisen als Auslöser von Konjunkturen des Verschwörungsdenkens fungieren (hier besteht eine offensichtliche Parallele zur historischen Antisemitismusforschung, innerhalb derer die Krisentheorie ebenfalls längst zum ‚Klassiker' geworden ist[75]). „Catastrophe or the fear of catastrophe is most likely to elicit the syndrome of paranoid rhetoric"[76], schreibt auch Richard Hofstadter und die Mehrzahl der Forschungsbeiträge folgt diesem Schema.[77] Nach dieser These entwickeln Verschwörungstheorien „in Zeiten gesellschaftlicher Umbrüche und Krisenerfahrungen [in der Moderne] besondere Faszination als Mittel der Angstbewältigung und Entlastung"[78]. Insbesondere Dieter Groh macht dieses Argument stark, indem er das Beispiel der mitteleuropäischen Hexenverfolgung vom 15. bis zum 17. Jahrhundert heranzieht:

Sämtliche Autoren, die die Hexenverfolgungen des späten Mittelalters und der frühen Neuzeit sowie deren Ursachen untersuchen, stimmen darin überein, daß letztere in kulturellen und religiösen, gesellschaftlichen und ökonomischen Wandlungsprozessen zu suchen seien, die als Krisen zu bezeichnen sind. Sie machten eine kognitive Umorientierung notwendig, weil sie das bis dahin geltende Weltbild destabilisierten. Das Hexenmuster hatte die Funktion, unverstandene Phänomene dadurch verständlich zu machen, daß man

---

74 Ebd.
75 Zur nicht unumstrittenen Krisentheorie innerhalb der Antisemitismusforschung siehe insbesondere den Forschungsüberblick von Thomas Gräfe: Gräfe, Thomas: Antisemitismus in Deutschland 1815 - 1918: Rezensionen - Forschungsüberblick - Bibliographie, 2. erweiterte und überarbeitete Auflage, Norderstedt 2010, S. 72.
76 Hofstadter: The paranoid style in American politics, S. 39.
77 Vgl. die Betonung dieser Logik etwa bei Groh: Verschwörungen und kein Ende; Hurst, Matthias: Im Spannungsfeld der Aufklärung: Von Schillers Geisterseher zur TV-Serie The X-files: Rationalismus und Irrationalismus in Literatur, Film und Fernsehen 1789-1999, Heidelberg 2001; Wippermann: Agenten des Bösen.
78 Klausnitzer, Ralf: Bündnisse des Bösen: Zur Faszinationsgeschichte von Verschwörungstheorien in der Medienkultur der Weimarer Republik, in: Plurale. Zeitschrift für Denkversionen 3. 2003, 3, S. 243–270, S. 249–250.

deren Ursachen mit den Absichten bestimmter, als 'Hexen' definierter Personen identifizieren konnte.[79]

Wolfgang Wippermann schließt mit seinem Postulat „Krisenzeiten sind Verschwörungszeiten" an diese Logik an und behauptet ferner: „Diese Verschwörungszeiten lassen sich in fünf Epochen unterteilen"[80].

Tabelle 1: Konjunkturen des ‚Verschwörungsdenkens' als Symptom von Krisenzeiten (nach Wippermann).

Epoche	Krise
Ausgehendes Mittelalter/ Frühe Neuzeit	Kriege, schwere wirtschaftliche und politische Krisen
Aufklärung/ Französische Revolution	Fall der alten Ordnung
Bolschewistische Revolution	Sturz des zaristischen Regimes in Russland und ‚Roter Terror'
Kalter Krieg	Atomares Wettrüsten
Gegenwart/Post-9/11-Ära	Geistige Krise / Die Moderne insgesamt wird als bedrohlich empfunden

Quelle: Eigene Darstellung, frei nach Wippermann[81].

Anhand obiger Darstellung zeigt sich die grundsätzliche Problematik eines – nicht nur bei Wippermann – inhaltlich unbestimmten Begriffs von Krise. In Bezug auf den sehr allgemeinen Charakter der bei Wippermann genannten Krisen ist jedenfalls zu fragen, wann überhaupt jemals von einer krisenfreien Zeit zu sprechen wäre. Man kann beispielsweise die Geschichte Deutschlands im gesamten 20. Jahrhundert recht problemlos als Aneinanderreihung verschiedener Krisen und Umbrüche deuten und ‚Verschwörungszeit' wäre dementsprechend ein Dauerzustand. Hinsichtlich einer ‚geistigen Krise', die daher rührt, dass die

---

79 Groh: Verschwörungen und kein Ende, S. 23.
80 Wippermann: Agenten des Bösen, S. 160–163.
81 Ebd.

Moderne insgesamt als bedrohlich empfunden wird, bleibt außerdem unklar, inwiefern diese Krise – so sie denn existiert – erst für die Epoche nach 9/11 zutreffen soll. Weiterhin entspricht der Verweis von Dieter Groh auf die Funktion des Hexenmusters, nämlich ‚unverstandene Phänomene' verständlich zu machen, dem häufig vorgebrachten Argument, dass Verschwörungstheorien erlauben „Komplexität drastisch zu reduzieren"[82]. Stellvertretend für diese These beschreibt schon Fredric Jameson Verschwörungstheorien als „the poor person's cognitive mapping in the postmodern age"[83]. In psychologischen Studien konnte diese These bisher aber nicht bestätigt werden: „There was no support to the idea that people believe in conspiracies because they provide simplified explanations of complex events"[84], resümieren Abalakina-Paap et al. zu ihrer Studie über den Glauben an Verschwörungstheorien. Auch der ähnlich gelagerte Faktor ‚Ungewissheitstoleranz' (need for cognitive closure) korrelierte in einer Studie von Leman und Cinirella nicht mit dem Glauben an Verschwörungstheorien.[85]

1.3.5 INDIVIDUELLE KRISEN ALS PSYCHOLOGISCHER FAKTOR DES GLAUBENS AN VERSCHWÖRUNGSTHEORIEN

In der psychologischen Forschung wurden in den letzten Jahren Untersuchungen durchgeführt, die nicht nach allgemeinen Auslösern sondern nach individuellen Dispositionen für den Glauben an Verschwörungstheorien fragen. Die bereits genannten Abalakina-Paap et al. interpretieren ihre Ergebnisse dabei als Hinweis darauf, dass der Glaube an Verschwörungstheorien mit dem Empfinden von Entfremdung, Machtlosigkeit, Feindseligkeit und ‚Benachteiligtsein' korreliert:

High levels of anomie, authoritarianism and powerlessness, along with a low level of self-esteem, were related to beliefs in specific conspiracies whereas high levels of external locus of control and hostility along with a low level of trust, were related to attitudes towards the existence of conspiracies in general. These findings support the idea that beliefs

---

82 Groh: Verschwörungen und kein Ende, S. 15.
83 Jameson: Cognitive Mapping, S. 356.
84 Abalakina-Paap, Marina; Stephan, Walter G; Craig, Traci; Gregory, W. Larry: Beliefs in Conspiracies, in: Political Psychology 20. 1999, 3, S. 637–647, S. 637.
85 Vgl.: Leman, Patrick J; Cinnirella, Marco: Beliefs in conspiracy theories and the need for cognitive closure, in: Frontiers in Psychology 4. 2013.

in conspiracies are related to feelings of alienation, powerlessness, hostility, and being disadvantaged.[86]

In diesem Sinn nennt auch der Historiker Rudolf Jaworski soziale ‚Drucksituationen' und Ohnmachtsempfinden gegenüber sozialen Bedrohungslagen als zentralen Faktor für den Glauben an Verschwörungstheorien:

> Die Empfänglichkeit für Verschwörungstheorien, [...] steigt offensichtlich immer dann an, wenn die Auffassung überhand nimmt, dass keinerlei Chancen mehr für eine eigenständige, selbstbestimmte Lebensgestaltung bestehen, und statt dessen nur noch anonyme Mächte im Geheimen schalten und walten. In solch ausweglos erscheinenden Drucksituationen, die beispielsweise durch sozialen Abstieg und eine drastische Verschlechterung der sozialen Situation hervorgerufen sein können, eröffnen Verschwörungstheorien einen trügerischen Königsweg zur Deutung kompliziertester Zusammenhänge und vermitteln das sichere Gefühl, endlich Bescheid zu wissen, was rund um einen herum und mit einem selbst geschieht.[87]

Für diese Argumentation spricht auch eine Studie von Jennifer Whitson und Adam Galinski.[88] Die Studie weist darauf hin, dass Menschen in einer Situation mangelnder Kontrolle prinzipiell eher zu einer ‚Überinterpretation' einzelner Stimuli geneigt sind und daher auch eher an die Existenz von (begrenzten) Verschwörungen glauben. Diese Befunde deuten insgesamt darauf hin, dass die Krise als Auslöser keinesfalls einen kollektiven Charakter und eine historische Dimension haben muss, wie dies bei Revolutionen oder Kriegen der Fall ist, sondern vorrangig eine Frage individueller Umstände ist. Dass große kollektive Krisen wiederum die Wahrscheinlichkeit für ein individuelles Empfinden von Machtlosigkeit und ‚Benachteiligtsein' erhöhen, ist allerdings durchaus naheliegend.

---

86 Abalakina-Paap, Stephan, Craig u.a.: Beliefs in Conspiracies, S. 637.
87 Jaworski: Verschwörungstheorien aus psychologischer und aus historischer Sicht, S. 22.
88 Vgl.: Whitson, Jennifer A; Galinsky, Adam D.: Lacking Control Increases Illusory Pattern Perception, in: Science 322. 2008, 5898, S. 115–117.

1.3.6 Verschwörungstheorie als Produkt des ‚Verschwörungsdenkens'

Nachhaltigen Einfluss auf das wissenschaftliche Verständnis von Verschwörungstheorien hat der bereits erwähnte Essay *The paranoid style in American politics* des US-Historikers Richard Hofstadter. Unter dem *paranoid style* versteht Hofstadter keine klinische Diagnose, sondern eine quasi zeitlose allgemeine Disposition dazu, die gesamte Geschichte per se als Ergebnis fast übermächtiger ‚dämonischer Kräfte' zu betrachten.[89] Hofstadter ist somit Vorreiter der These eines allgemeinen ‚Verschwörungsdenkens', wobei selbiges zwar ‚paranoide' Züge trägt, aber nicht dem klinischen Bild individueller Paranoia zugeordnet wird. „Verschwörungstheorien stellen nämlich eine ständige Versuchung für uns alle dar"[90]. Auch der Sozialpsychologe Serge Moscovici, Mitherausgeber von *Changing conceptions of conspiracy*, des wohl ersten Sammelbandes zum Thema, geht von einer verbreiteten Disposition zu Verschwörungstheorien aus. Nach Moscovicis Erfahrung bildet die *conspiracy mentality* – wie er das Phänomen bezeichnet – sogar den dominanten Wahrnehmungsstandard seiner Zeit: „My experience allows me to speak of the conspiracy mentality and has made me more aware of its ‚normal aspects' than of its ‚pathological' aspects. It has led me to believe that this mentality is the prototype or matrix of collective thought in our epoch."[91]

Prinzipiell ist in diesem Modell auch Manfred Schneiders *Kritik der paranoischen Vernunft* zu verorten: „Die Paranoia schlummert in milden und in dramatischen Formen in allen Köpfen"[92], betont Schneider noch einmal den Grad der Allgemeinheit dieser Disposition und beruft sich dabei auf neuere Ergebnisse der psychiatrischen Forschung. Als weiteren ‚Fachterminus' für das zunächst von Hofstadter beschriebene Phänomen hat Frank Mintz 1985 den Begriff Konspirationismus (*conspiracism*) eingeführt[93], der heute allerdings auch vage für ‚Verschwörungsideologien' verwendet wird[94].

---

89 Vgl.: Hofstadter: The paranoid style in American politics, S. 29.
90 Groh: Verschwörungen und kein Ende, S. 13.
91 Moscovici, Serge: The Conspiracy Mentality, in: Changing conceptions of conspiracy, hg. v. Carl F. Graumann; Serge Moscovici, New York 1987, S. 168.
92 Schneider, Manfred: Das Attentat: Kritik der paranoischen Vernunft, Berlin 2010, S. 599.
93 Vgl. zur Erstnennung von conspiracism: Mintz, Frank P.: The Liberty Lobby and the American right: Race, conspiracy, and culture, Westport, Conn 1985, S. 4.
94 So etwa bei: Kulla: Entschwörungstheorie.

1.3.7 Verschwörungstheorie als Produkt der ‚Verschwörungsindustrie'

Abbildung 1: ‚Vorsicht Verschwörung!' Programmankündigung des Senders Phoenix im Dezember 2012

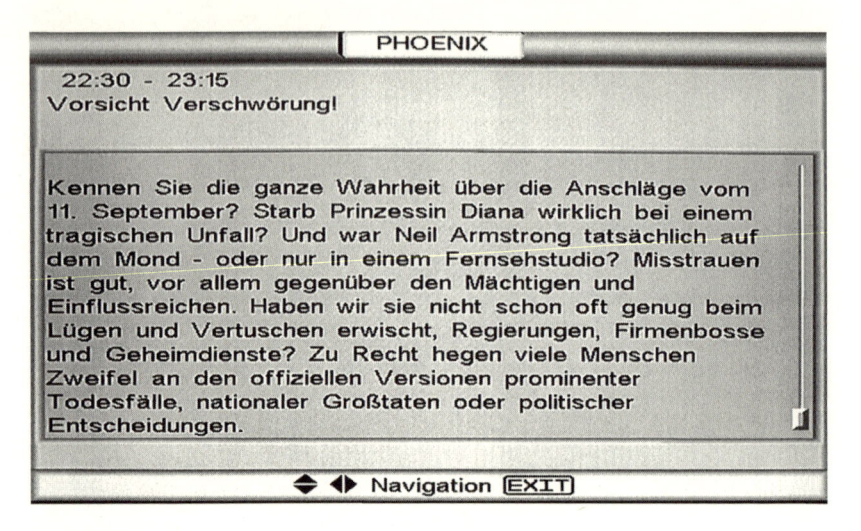

```
                    PHOENIX
22:30 - 23:15
Vorsicht Verschwörung!

Kennen Sie die ganze Wahrheit über die Anschläge vom
11. September? Starb Prinzessin Diana wirklich bei einem
tragischen Unfall? Und war Neil Armstrong tatsächlich auf
dem Mond - oder nur in einem Fernsehstudio? Misstrauen
ist gut, vor allem gegenüber den Mächtigen und
Einflussreichen. Haben wir sie nicht schon oft genug beim
Lügen und Vertuschen erwischt, Regierungen, Firmenbosse
und Geheimdienste? Zu Recht hegen viele Menschen
Zweifel an den offiziellen Versionen prominenter
Todesfälle, nationaler Großtaten oder politischer
Entscheidungen.

                 ◆ ◀▶ Navigation [EXIT]
```

Quelle: Eigenes Foto

Relativ wenig Beachtung erhält in der Forschung bis dato der Umstand, dass die Verbreitung von Verschwörungstheorien auch als Produkt einer entsprechenden Branche zu verstehen ist, die aus Verschwörungstheorien ein Geschäftsmodell macht. „It's not only a huge industry but it's kind of a fanatic industry"[95], äußert sich dazu etwa Noam Chomsky und belässt es bei dieser Feststellung. Die etwas missverständliche Rede von einer ‚Verschwörungsindustrie' (*Conspiracy Industry*) ist zwar relativ verbreitet[96], die Existenz einer solchen Branche wird allerdings stets vorausgesetzt, ohne selbige als Forschungsgegenstand in Betracht zu ziehen. Eine Ausnahme bildet Nicole Nattrass, die in ihrem Buch über Verschwörungstheorien zur AIDS-Krankheit in Südafrika einen genuin verschwö-

---

95 Chomsky, Noam; Barsamian, David: What we say goes: Conversations on U.S. power in a changing world, New York, NY 2007, S. 34.
96 Vgl. etwa: Birchall, C.: Knowledge Goes Pop: From Conspiracy Theory to Gossip, Oxford 2006; Donovan, B.W.: Conspiracy Films: A Tour of Dark Places in the American Conscious, Jefferson, North Carolina 2011; Gray: Conspiracy theories in the Arab world.

rungstheoretischen Unternehmertypus, den *Cultropreneur*, beschreibt. Das Geschäftsmodell des *Cultropreneurs* besteht laut Nattrass darin, Verschwörungstheorien über westliche Medizin zu verbreiten und gleichzeitig scheinbar sicherere Alternativen anzubieten.[97] Eine andere Variante der ökonomischen Verwertung von Verschwörungstheorien ist der Umgang mit Verschwörungstheorien selbst als ‚Ware': „The widespread popularity of conspiracy theories evidenced by the opinion poll data is reflected in (while at the same time being sustained by) what can be described as the veritable conspiracy theory industry, involving authors, publishers, the media, advertisers, event organisers, specialised tour operators and memorabilia vendors. In the past decade, conspiracy theory literature has featured on best-seller lists in the United States, Germany, France, Serbia, South Africa and China [...]."[98]

Ob hier tatsächlich von einer eigenen Branche oder lediglich von einem Geschäftsmodell zu sprechen ist, und inwiefern dieses Geschäft zum Glauben an Verschwörungstheorien beiträgt, ist bislang ein Desiderat der Forschung. Der Terminus ‚Verschwörungsindustrie' ist vor allem deshalb nützlich, weil er deutlich macht, dass es sich bei der Herstellung und Verbreitung einer Verschwörungstheorie möglicherweise nicht um eine ansonsten interesselose ‚Frage nach der Wahrheit' handelt, sondern weil damit bestimmte Ziele und Vorteile ‚ökonomischer Art' verknüpft sind. Dabei ist nicht an eine reine Geldwirtschaft sondern an eine ‚Ökonomie der Aufmerksamkeit' zu denken, wie sie Georg Franck beschreibt.[99] Dementsprechend sind Verschwörungstheorien längst auch Gegenstand von quotenorientierten TV-Dokumentationen, die auf den Unterhaltungswert einer ‚spekulativen Geschichtsschreibung' setzen:

Another branch of media industry involved in the dissemination of conspiracy theories is network television. Over the past decade, practically every major TV channel or network in the US and the UK has featured documentaries investigating one conspiracy theory or another. Meanwhile, cable networks specialising in historical documentaries, such as the History Channel or Discovery, have perfected the genre of ‚speculative history'. This particular style of documentary is devoted to ‚controversial' events which have been the topic of conspiracist speculation and which are set up in the programme as still awaiting a satisfactory and conclusive explanation. Although ‚speculative history' documentaries tend not to endorse conspiratorial interpretations outright, they nevertheless fail to dismiss them as

---

97 Vgl.: Nattrass, Nicoli: The AIDS conspiracy: Science fights back, New York 2012.
98 Byford: Conspiracy theories, S. 7.
99 Siehe einschlägig: Franck, Georg: Ökonomie der Aufmerksamkeit: Ein Entwurf, 9. Nachdruck, München 2010.

groundless. It is an inherent feature of the genre that conspiratorial and non-conspiratorial interpretations are presented as equally reasonable positions in a legitimate debate."[100]

Byfords Beobachtung gilt im Übrigen ebenso für den deutschsprachigen Raum, wo der WDR beispielsweise bereits 2003 die Dokumentation *Aktenzeichen 11.9. ungelöst* ausstrahlt.[101] Die Sendung, die unter anderem die offizielle Version des Flugzeugabsturzes am 11. September 2001 in das Pentagongebäude in Frage stellt, bescherte dem WDR dann auch „eine sensationell gute Quote"[102]. Unter anderem wegen mangelnder journalistischer Sorgfaltspflicht sah der WDR jedoch davon ab, in Zukunft weiter mit den Filmemachern zu arbeiten und hat die Sendung bisher nicht wiederholt. Ähnliche Beiträge gehören allerdings weiterhin zur Programmgestaltung des privaten und nicht zuletzt auch öffentlich-rechtlichen Fernsehens.[103]

1.3.8 VERSCHWÖRUNGSTHEORIE UND VERSCHWÖRUNGSFIKTION IN FORMATEN DER POPULÄRKULTUR

Die Forschung betrachtet Verschwörungstheorien zwar weiterhin vorwiegend und wohl nicht unberechtigterweise „in Problematisierungskontexten"[104], sie registriert aber durchaus, dass etwa auch ein eher spielerischer oder auf Unterhaltung gerichteter und somit möglicherweise auch ‚ent-problematisierter' Umgang mit Verschwörungstheorien möglich ist. Verschiedene Formen eines spielerischen Umgangs mit Verschwörungstheorien beschreibt insbesondere Mark Fenster ausführlich in seinem Kapitel *Conspiracy Theory as Play*[105]. Neben dem

---

100 Byford: Conspiracy theories, S. 8.
101 Wisnewski, Gerhard: Aktenzeichen 11.9. ungelöst: Lügen und Wahrheiten zum 11. September 2001. Deutsche Erstausstrahlung: 20.06.2003.
102 Schmid, Katja: Ein Film über den 11.9. und seine Folgen: Die Autoren der Doku „Aktenzeichen 11.9. ungelöst" sollen nicht mehr für den WDR arbeiten. 2003, http://www.heise.de/tp/r4/artikel/15/15909/1.html, zuletzt geprüft am: 21.08.2013.
103 So etwa im oben erwähnten Beitrag auf dem Sender Pheonix oder in auch der ARD-Sendung titel thesen temperamente (ARD: ttt - titel thesen temperamente: Zehn Jahre nach 9/11 bleiben Rätsel und Widersprüche – „ttt" über Wahrheit und Verschwörung zehn Jahre nach den Anschlägen. Deutsche Erstausstrahlung: 10.07.2011).
104 Anton: Unwirkliche Wirklichkeiten, S. 13.
105 Fenster: Conspiracy theories, S. 199–220.

Verweis auf die populäre satirische *Illuminatus*-Trilogie von Robert Shea und Robert Anton Wilson oder auf das interaktive Rollenspiel *Illuminati* berichtet Fenster auch vom Besuch der *Phenomicon convention* im Jahr 1992, einer Veranstaltung, die er als „one of the world's largest gatherings of hip nerd subcultures in one building"[106] beschreibt. Die Teilnehmenden, die hier unter anderem an zahlreichen Panels zu Verschwörungstheorien teilnahmen, pflegten laut Fenster einen betont lustvollen und spielerischen Umgang mit der Materie: „By imagining conspiracy and holding their breath, they were feeling the excitement of playing paranoia while keeping the disaster it assumes in abeyance outside the convention hotel."[107] Fenster erkennt in den hier beobachteten Phänomenen einen wesentlichen Faktor der Popularität von Verschwörungstheorien: „[...], they seek to describe and engage with the American fascination with the aesthetics and pleasures of conspiracy theory, in an approach laced with playful irony. Recognizing and conceptualizing this ‚rush' – the excitement and laughter of ‚finding' and ‚following' conspiracy – is a crucial step in understanding the contemporary cultural fascination with conspiracy theory and the affective engagement that some of conspiracy theory's practitioners experience in it."[108]

Auf ähnliche Befunde zum Umgang mit Verschwörungstheorien verweist auch Charles Soukup; die von Soukup erwähnte Studie aus dem Jahr 2006 wurde bisher allerdings lediglich im Rahmen eines Konferenz-Vortrags veröffentlicht: „For instance, Lindemann and Renegar (2006) examined conspiracy theories surrounding Flight 93 from a post-structuralist perspective. As a form of play, these conspiracy theories offered a form of ‚pleasurable resistance' by empowering the consumer's complex interpretations of media texts [...]."[109] Neben einer solchen post-strukturalistischen oder möglicherweise auch *Cultural Studies*-Perspektive[110] ist in diesem Kontext überhaupt an die zentrale Rolle verschwörungstheoretischer Motive in den verschiedensten kulturellen Textsorten und Unterhaltungsformaten zu denken. So thematisieren etwa die Beiträge im Sammelband *The Parallax View* das Verschwörungsmotiv in Texten von Sigmund

---

106 Ebd., S. 199.
107 Ebd., S. 200.
108 Ebd., S. 201.
109 Soukup, Charles: 9/11 Conspiracy Theories on the World Wide Web: Digital Rhetoric and Alternative Epistemology, in: Journal of Literacy and Technology 3 9. 2008, 3, S. 10.
110 Vgl. zu einer Perspektive der britischen Cultural Studies auf das Phänomen der Verschwörungstheorien: Birchall: Knowledge Goes Pop: From Conspiracy Theory to Gossip.

Freud, Franz Kafka und Don DeLillo ebenso wie in Filmen wie *The Parallax View*, *Twin Peaks*, *Enemy of the State*, *Three days of the Condor* oder *Das Leben der Anderen* und Fernsehserien wie *Lost* und *24* bis hin zu den handgefertigten ‚Soziogrammen' des Künstlers Mark Lombardi.[111] Ebenfalls in der jüngeren Vergangenheit erschienen etwa Aufsätze zu Verschwörungstheorien in den Romanen Dan Browns[112], eine ausführliche Abhandlung über Verschwörungstheorien im franco-belgischen Comic[113], ein Artikel zu Verschwörungstheorien in der Hip Hop-Kultur[114] und Monographien zu Verschwörungstheorien im Film[115].

1.3.9 DIE MEDIEN DER VERSCHWÖRUNGSTHEORIE

Eine besondere Medialität von Verschwörungstheorien wird in der traditionellen Forschung zum Gegenstand noch weitestgehend ignoriert. So nehmen die Historiker Ute Caumanns und Mathias Niendorf noch 2001 an, „dass für die Konjunktur von Verschwörungstheorien die jeweiligen Kommunikationsstrukturen eine untergeordnete Rolle spielen"[116]. In den letzten Jahren ist die Forschung insgesamt von dieser Negierung des Faktors Medialität abgerückt. „Verschwörungstheorien sind mediale Ereignisse"[117] bemerkt nun abermals Caumanns: „Die Verbreitung ihrer Botschaft ist eine immanente Notwendigkeit. Der Erfolg von Verschwörungstheorien ergibt sich also nicht nur aus deren materiellem Inhalt, sondern auch aus deren medialer Vermittlung."[118] Caumanns selbst hat mit der Ausstellung *Verschwörungstheorien im Bild* (2011) und einer entsprechenden

---

111 Vgl.: Krause, Meteling, Stauff: The Parallax view.
112 Pöhlmann, Matthias: Der Dan-Brown-Code: Von Illuminaten, Freimaurern und inszenierten Verschwörungen, Berlin 2010.
113 Hausmanninger, Thomas: Verschwörung und Religion: Aspekte der Postsäkularität in den franco-belgischen Comics, Paderborn, München 2013.
114 Gosa, Travis L.: Counterknowledge, racial paranoia, and the cultic milieu: Decoding hip hop conspiracy theory, in: Poetics 39. 2011, 3, S. 187–204.
115 Vgl.: Donovan: Conspiracy Films: A Tour of Dark Places in the American Conscious; Arnold, Gordon B.: Conspiracy theory in film, television, and politics, Westport 2008.
116 Caumanns, Niendorf: Raum und Zeit, Mensch und Methode: Überlegungen zum Phänomen der Verschwörungstheorie, S. 207.
117 Caumanns: Wer zog die Drähte?, S. 14.
118 Ebd.

Veröffentlichung die bis dato kaum thematisierte Bebilderung von Verschwörungstheorien in historischen Illustrationen und Plakaten behandelt.[119]

Ein zentrales Thema der Forschung ist in den letzten Jahren vor allem aber die Rolle des Internets für Produktion, Distribution und Rezeption von Verschwörungstheorien. So gilt bereits seit Mitte der 1990er Jahre das Internet als „das Medium, das dem Konspirationswahn seine historisch größte Verbreitung verschaffte"[120]. Gundolf S. Freyermuth stellt in seinem frühen Essay zum Thema auch bereits zur Debatte, dass das Internet möglicherweise dem ‚Verschwörungsdenken' in besonderer Weise zuträglich ist:

> In der Zwanghaftigkeit des Verschwörungsdenkens, das ein verstreutes Faktum nach dem anderen aus dem Datendickicht klaubt, [...], offenbart sich allerdings utopisches Potenzial: Während die Mehrheit der Medienkonsumenten längst vor dem kunterbunten Wort- und Bildsalat kapituliert und sich dem dumpfen Dämmern ergeben hat, bestehen die Konspirationsgläubigen mit verblüffendem Optimismus darauf, dass eine sinnvolle Erklärung des alltäglichen Wirrsinns möglich sein müsse. Verstärken mag beiderlei Neigung, die zur intellektuellen Resignation und zur Konstruktion zwanghafter Sinnhaftigkeit, das jeweilige Medium.[121]

Dass das Internet Verschwörungstheorien bestärkt, ist die These der meisten Forschungsbeiträge innerhalb der letzten 15 Jahre. Beispielhaft ist etwa eine Patientengeschichte, die der Psychoanalytiker Warren Colman schildert. Nachdem Colman über Jahre versuchte, die Verschwörungsängste seines Patienten ‚Jonah' in ihrer symbolischen Bedeutung zu entschlüsseln, stößt er schließlich auf eine gänzlich andere Quelle, als das Verdrängte im Unbewussten: „However, when I began to investigate some of the conspiratorial beliefs and ‚alternative narratives' which filled his analysis, I discovered that there was virtually nothing in what he said that was his own invention – almost all of it could be found, sometimes word for word, all over the Internet."[122]

Dabei fokussiert die Forschungsliteratur bisweilen das Internet in seiner Funktion als relativ gering kontrolliertes Verbreitungsmedium, obwohl die Distributionsfunktion den eigentlich relevanten Aspekt – den kommunikativen Er-

---

119 Vgl.: ebd.
120 Freyermuth: Das Internetz der Verschwörer, S. 8.
121 Ebd., S. 7.
122 Colman, Warren: ‚Something wrong with the world': Towards an analysis of collective paranoia, in: Cultures and identities in transition. Jungian perspectives, hg. v. Murray Stein; Raya A. Jones, London, New York 2010, S. 7.

folg von Verschwörungstheorie – doch kaum zufriedenstellend erklären kann.[123] Der Autor Daniel Kulla argumentiert gegen solche ‚Beschuldigungen' des Internets als Faktor des Verschwörungsdenkens: „Es [das Internet] kann schlechterdings für die Geschichte des Verschwörungsdenkens vor seiner Erfindung verantwortlich gemacht werden und ebenso wenig für die massenhafte Verbreitung verschwörungs-theoretischer Inhalte über Bücher, Filme und Zeitschriften. [...] Der Verweis auf das Netz wird unter diesen Voraussetzungen zu einem nichtssagenden Allgemeinplatz, zu einer Ausrede für mangelnde Erklärungen."[124] Kulla interpretiert den allgemeinen ‚Aufschrei' über das Internet als Medium der Verschwörungstheorie dabei auch als Teil einer ‚Diskurspolitik', die darum bemüht ist, die Deutungshoheit klassischer Medien zu verteidigen:

Die Textdruck-Verfechter bestehen darauf, daß ihre Öffentlichkeit allen zur Verfügung steht, daß der Zugang zum Print demokratisiert ist und es daher keinen Grund zur Veränderung gäbe. Sie reduzieren das Internet auf seine Funktion Mitte der Neunziger als Recherchetool für die klassischen Medien. In dieser Logik wird die klassische Internet-Öffentlichkeit zu einer bösartigen Umgehung des vernünftigen, regulierten Diskurses, zum Äquivalent des spontanen Aufstands, des unreflektierten Regelverstoßes.[125]

Gegen die These einer bestärkenden Funktion des Internets argumentiert auch der Philosoph Steve Clarke. Laut Clarke verhindert die Struktur der Online-Kommunikation sogar eine effektive Entwicklung von Verschwörungstheorien. In Bezugnahme auf die Wissenschaftstheorie von Imre Lakatos teilt Clarke die Thematisierung von Verschwörungen in entweder degenerierte oder fortschrittliche Forschungsprogramme. Die *Al Kaida-Theorie*, also die offizielle Version vom 11. September 2001, ebenso wie die *Watergate-Theorie* sind demnach im Kern fortschrittliche Forschungsprogramme, da sie relativ gut überprüfbar und zuverlässig seien. Für die Verschwörungstheorien zum 11. September 2001 gelte dies nicht. Ursächlich hierfür sei das Internet. Clarke argumentiert, am Beispiel der verbreiteten Theorie, dass das World Trade Center am 11. September nicht durch Flugzeugeinschläge und somit entfachte Brände, sondern durch kontrollierte Sprengungen zum Einsturz kam, dass das Internet für viele Verschwö-

---

123 So etwa: Schetsche, Michael: Die ergoogelte Wirklichkeit: Verschwörungstheorien und das Internet, in: Die Google-Gesellschaft. Vom digitalen Wandel des Wissens, hg. v. Kai Lehmann; Michael Schetsche, Bielefeld 2005; Wippermann: Agenten des Bösen.
124 Kulla: Entschwörungstheorie, S. 204.
125 Ebd., S. 209.

rungstheorien keinesfalls ein Segen sei, sondern vielmehr deren Reifung und Entwicklung behindere und verlangsame: „[...] modern conspiracy theories on the internet can and sometimes do suffer from a lack of specification, to such a degree that their proponents fail to identify a specific conspirational group, with a specific motive, in their favored theory, and fail to do so for long periods of time."[126] Clarke bezieht sich in seinem Essay konkret auf die Theoriebildungen bei Steven E. Jones und David Ray Griffin als die beiden mutmaßlich prominentesten Verfechter der Theorie der kontrollierten Sprengungen im Internet.[127] Als Konsequenz mangelnder Spezifikationen in Bezug auf Motiv und Identität der Verschwörer gelänge es der Verschwörungstheorie hier nicht, eine funktionierende Hypothese aufzustellen. Jene Vagheit und Ungenauigkeit dieser somit nicht voll-effektiven Verschwörungstheorie sei laut Clarke dem Internet geschuldet. Aufgrund der so nur im Internet gegebenen Situation, dass nämlich die *debunker*, also die Kritiker von Verschwörungstheorien, umgehend diese brisanten Spezifika angreifen könnten, verharrt die Verschwörungstheorie in einem Stadium, in dem die offizielle Version der Ereignisse nicht ultimativ in Frage gestellt werden kann. „It seems that this is because they fear being criticised by any of the billions of people who [...] devote their energies to attacking conspiracy theories discussed on the internet."[128] Durch diese Angst vor Gegenargumenten würden sich die Verschwörungstheoretiker darauf beschränken, lediglich die offizielle Version zu kritisieren. Im reinen Kritisieren der offiziellen Version sei jedoch keine besondere Effizienz enthalten: „The most it can do is cause people to suspend judgement"[129]. Ohne Konkretisierung von Motiv und Täterschaft sei die Verschwörungstheorie nicht in der Lage, die offizielle Version abzulösen. Somit sei das Internet zwar für Verbreitung der Thesen verantwortlich, bremse diese jedoch gleichzeitig in ihrer Effizienz, die offizielle Version umzustoßen. Das Internet hätte eine Art kritischer Gegenöffentlichkeit geschaffen, die die Verschwörungstheoretiker streng beobachtet und alleine dadurch im Zaum hält.

Diese Argumente von Clarke sind allerdings durchaus in Frage zu stellen. So muss es keinesfalls zutreffen, dass einzelne Verschwörungstheorien im Internet

---

126 Clarke: Conspiracy Theories and the Internet: Controlled Demolition and Arrested Development, S. 170.
127 Siehe dazu: MacQueen, Graeme; Ryan, Kevin R.: Journalof911studies.com: Truth Matters. 15.08.2013, http://journalof911studies.com/, zuletzt geprüft am: 15.08.2013.
128 Clarke: Conspiracy Theories and the Internet: Controlled Demolition and Arrested Development, S. 177.
129 Ebd.

darunter leiden, dass sie in puncto Motiv und Identität der Verschwörer nicht allzu konkret werden. Zunächst scheint es ebenso gut möglich, dass gerade darin Reiz und Erfolg der Theorie bestehen. Schließlich ergibt sich aus dieser Auslassung eine Projektionsfläche, die der Rezipient mit eigenen Vorstellungen ausfüllen kann. Zudem ist es gerade im Internet kaum erforderlich, den Schuldigen selbst zu benennen, falls man es aus Gründen der Vorsicht vorzieht, in diesem Punkt unangreifbar zu bleiben. Es muss nicht angenommen werden, dass Rezipienten der Theorien von Jones und Griffin im Internet ratlos verblieben, wer denn nun warum die Verschwörer seien: „Es war, in Wirklichkeit, der Mossad. Es war die CIA. Es war Gottes Strafe. Es war der Satan selbst. 14 ist die Quersumme von 09/11/2001, folglich waren es die Illuminaten. Die USA werden von einer geheimen Parallelregierung geführt, die sich in unterirdischen Bunkern versteckt hält. Man kann den neuen 20-Dollar-Schein so falten, dass „OSAMA" zu lesen ist"[130], fasst der Autor Ullrich Fichtner einige virulente Optionen zusammen. Die Juden, die Illuminati, die Bilderberg-Konferenz, die Rockefellers und die Rothschilds werden allesamt im Internet populär als Verschwörer angepriesen und sind per Mausklick keinesfalls weiter entfernt als die Gegenaufklärung der *debunker*. Gerade dies ist ja für jede Recherche im Internet konstituierend: Jeder weitere Klick ergibt potenziell einen weiteren Informationsbaustein. Keine Frage, vor allem nicht die Frage nach mächtigen und bösen Verschwörern, bleibt im Netz unbeantwortet. Die Beobachtung, dass die prominentesten Verfechter der Theorie der kontrollierten Sprengungen im Internet keinen abgeschlossenen wissenschaftlichen oder erkenntnistheoretischen Ansatz bieten, mag durchaus zutreffend sein. Dass dies zum Schaden der Verschwörungstheorien in Internet führt, ist aber nicht anzunehmen. So existiert seit 2006 auch eine empirische Studie zum Zusammenhang zwischen individueller Mediennutzung und Verschwörungsglaube, die bestätigt, dass der Glaube an Verschwörungstheorien zum 11. September 2001 vor allem mit der Nutzung von Blogs im Internet korreliert.[131]

Thomas Nachreiner wie auch der Autor dieser Arbeit selbst haben jüngst jeweils aus einer medienwissenschaftlichen Perspektive noch einmal das Internet als Medium der Verschwörungstheorie thematisiert. Beide Autoren resümieren eine positive Rolle des Internets für Verschwörungstheorien und betonen dabei

---

130 Fichtner, Ulrich: Die September-Lüge, in: Der Spiegel 55. 2002, 42, S. 76.
131 Stempel, C; Hargrove, T; Stempel, G. H.: Media Use, Social Structure, and Belief in 9/11 Conspiracy Theories, in: Journalism & Mass Communication Quarterly 84. 2007, 2, S. 353–372.

die Funktion des Internets, einen ‚parallaktischen Blick'[132] auf die mediale ‚Realität' beziehungsweise deren ‚paranoische Decodierung'[133] zu ermöglichen. Entscheidendes Kriterium ist hier die Differenz der medialen Kanäle und die Möglichkeit zur quasi unbegrenzten Bearbeitung medialer Artefakte.[134]

Einen weiteren – und für die vorliegende Arbeit eigentlich zentralen – Aspekt der Medialität von Verschwörungstheorien bildet deren Eigenschaft, selbst über Medien zu reflektieren.

1.3.10 Die ‚Medien-Verschwörungstheorie'

Dass Verschwörungstheorien auch gänzlich als ‚Medien-Verschwörungstheorien' verstanden werden können, macht als erster einmal mehr Karl Popper zum Thema, der in einer von der Forschung weitestgehend ignorierten Abhandlung von einer ‚Verschwörungstheorie der Unwissenheit' spricht: „Eine Theorie, die besagt, daß die Unwissenheit oder der Irrtum nicht bloß ein Nicht-Vorhandensein von Wissen ist, sondern das Werk von finsteren Mächten, Quellen von unreinen und bösartigen Einflüssen, die unsern Geist vergiften und vernebeln und uns einen Widerstand gegen alle Erkenntnis einpflanzen."[135] Popper spricht zwar keinesfalls von ‚Medien' – von einer Medienwissenschaft konnte zum Zeitpunkt des Verfassens, 1960, auch noch keine Rede sein – es ist aber die logische Konsequenz seiner Ausführungen, dass Medien hier eine zentrale Rolle spielen:

[…] jene Verschwörungstheorie der Unwissenheit, die ein bizarrer Auswuchs der Theorie von der offenbaren Wahrheit ist. […] wie ist es möglich, in Irrtum zu verfallen, wenn die Wahrheit offen zutage liegt? […] So kann die Unwissenheit das Werk dunkler Mächte

---

132 Nachreiner: Im Spiegellabyrinth.
133 Seidler, John: Digitale Detektive: Verschwörungstheorie im Internet, in: Lesen, Schreiben, Erzählen. Kommunikative Kulturtechniken im digitalen Zeitalter, hg. v. Henning Lobin; Regine Leitenstern; Jana Klawitter, Frankfurt am Main 2013.
134 Weitere nennenswerte Literatur zum Thema Internet und Verschwörungstheorie ist etwa: Lutter: Sie kontrollieren alles!; Soukup: 9/11 Conspiracy Theories on the World Wide Web: Digital Rhetoric and Alternative Epistemology; Gregory, Katherine; Wood, Emily: Controlled Demolitions: The 9/11 Truth Movement on the Internet, in: Internet fictions, hg. v. Ingrid Hotz-Davies; Anton Kirchhofer; Sirpa Leppänen, Newcastle upon Tyne 2009.
135 Popper: Vermutungen und Widerlegungen, S. 3.

sein, die sich gegen uns verschworen haben, um uns in Unwissenheit zu erhalten, um unseren Geist mit falschen Lehren zu vergiften, und um uns zu verblenden, so daß wir die offenbare Wahrheit nicht sehen können. Solche Vorurteile und solche bösen Mächte sind dann eben die Quellen unserer Unwissenheit, unseres Irrtums. Die Verschwörungstheorie der Unwissenheit in ihrer marxistischen Form ist bekannt: Die kapitalistische Presse unterdrückt die Wahrheit und füllt die Gehirne der Arbeiterschaft mit falschen Ideologien.[136]

Unklar bleibt, weshalb Popper hier überhaupt eine terminologische Differenzierung zwischen der von ihm vormals beschriebenen ‚Verschwörungstheorie der Gesellschaft' und der ‚Verschwörungstheorie der Unwissenheit' vornimmt. Es ist jedenfalls eine leitende These der vorliegenden Arbeit, das jenes Phänomen, welches Popper als ‚Verschwörungstheorie der Unwissenheit' beschreibt – und das vor allem eine ‚Verschwörungstheorie der Medien' darstellt –, auf quasi jede Verschwörungstheorie der letzten 200 Jahre zutrifft. Die ‚Verschwörungstheorie der Medien' – so die hier vertretene Annahme – ist keine Sonderform der Verschwörungstheorie sondern eines ihrer zentralen Strukturmerkmale, das deshalb auch im Fokus dieser Arbeit steht. Arno Meteling hat diese Feststellung folgendermaßen auf den Punkt gebracht.

Verschwörungstheorien [...] liefern Gegenmodelle zu einem konventionalisierten Wissen des Mainstreams. Medien bilden dabei einen zentralen Reflexionsgegenstand. Denn die Verschwörungstheorie thematisiert asymmetrische Wissensbestände zwischen verschiedenen Gruppen (Arkanwissen), die Zirkulation von Information und Desinformation zwischen ihnen (simulatio/dissimulatio) sowie die Techniken der Überwachung, Spionage, Infiltration und verborgene Kontrolle.[137]

Zu dieser Schlussfolgerung gelangen auch die Herausgeber des Sammelbandes *The Parallax View*, zu denen abermals Meteling gehört. Verschwörungstheorien, so ihre Ausgangsthese, „bringen sowohl eine prägnante Dynamik in die Ausbildung von Medien und medialen Formen ein und tragen zugleich in besonderer Weise zur Reflexion medialer Funktionen bei"[138]. Dadurch, dass Verschwörungstheorien „die Spannung zwischen Sichtbarem und Unsichtbarem, sowie, damit zusammenhängend, die Verlässlichkeit und generelle Lesbarkeit der Zeichen zur Diskussion stellen", so die Autoren, „berühren sie basale Fragestellun-

---

136 Ebd., S. 8–9.
137 Meteling: The Parallax View, S. 18.
138 Krause, Meteling, Stauff: Einleitung, S. 11.

gen medialer Kommunikation"[139]. So zeugen auch die insgesamt 18 Beiträge des Bandes davon, dass Verschwörungstheorien immer schon insofern medial verfasst sind, als dass sie selbst von Medien handeln: „Verschwörungstheorien, so könnte man diese Einsichten zusammenfassen, imaginieren Verschwörungen immer schon als komplexe Konstellationen, die von medialen, narrativen und rhetorischen Verfahren durchzogen sind; wenn deshalb Romane, Filme, Fernsehserien oder künstlerische Projekte Verschwörungstheorien entfalten, dann stehen dabei meist auch die Funktionsweisen der je eingesetzten Medien zur Diskussion."[140] Da die einzelnen Beiträge des genannten Sammelbandes sich aber fast ausschließlich darauf konzentrieren, wie ‚Romane, Filme, Fernsehserien oder künstlerische Projekte Verschwörungstheorien entfalten', bleibt eine systematische Untersuchung von Medienreflexionen in ‚nicht-fiktiven' Verschwörungstheorien im Band – wie überhaupt in der Forschungsliteratur – bislang aus.

Eine Ausnahme bildet lediglich ein politologisch interessierter Aufsatz des Kommunikationswissenschaftlers Adrian Quinn, der sich mit der konstitutiven Rolle von ‚Medien-Verschwörungstheorien' für die französische rechtspopulistische Partei *Front National* befasst: „Though it is the most porous of all the post-Siebert models that have been assembled to account for the media's role in society, the conspiracy theory ‚works' within the political space it occupies in ways that it (or any other model) never would on paper. For instance, though the idea that the media are conspirational by disposition is dismissed by the academy [...] this myth is the life blood of the Front. It constitutes their reality [...]."[141] Folgt man dieser Analyse von Adrian Quinn, kommt man nicht umhin, ‚Medien-Verschwörungstheorien' zunächst einmal überhaupt als Gegenstand ernst zu nehmen. Der Manipulationsverdacht, vielmehr dessen Artikulation in Verschwörungstheorien ist – etwa unter Bezugnahme auf die oben vorgestellte Propagandafunktion von Verschwörungstheorien – auch nach seiner spezifischen Mobilisierungsfunktion im Kontext politischer Debatten und Kontroversen zu befragen. Insbesondere die Forschung zu sozialen Bewegungen legt nahe, dass die Rede über Medien auch als Strategie der Mobilisierung und Rekrutierung politischer

---

139 Ebd.
140 Ebd., S. 12.
141 Quinn, Adrian: Tout est lié: the Front National and media conspiracy theories, in: The age of anxiety. Conspiracy theory and the human sciences, hg. v. Martin Parker; Jane Parish, Oxford 2001, S. 121.

Akteure fungieren kann.[142] Die soziale Bewegungsforschung untersucht grundsätzlich den Einsatz spezifischer Deutungsstrategien als Prozess der Mobilisierung von Zustimmung: „Bewegungsakteure konstruieren im Kontext öffentlicher Auseinandersetzungen über strittige Themen ihre Problemdeutungen in der strategischen Absicht, möglichst breite öffentliche Resonanz für ihr Anliegen zu erzielen und sich selbst als legitime, verantwortungsbewusste Akteure und Anbieter von Problemlösungen zu präsentieren [...]."[143] Medien eigen sich als Reflexionsgegenstand für solche strategischen Deutungsmuster in besonderer Weise, zumal sie selbst zentraler Ausgangspunkt von ‚Deutungsproduktion' sind. Wie Medien gedeutet, als was sie bestimmt werden, ist somit immer auch eine politische Frage.

So hat etwa die Soziologin Tanja Carstensen in ihrer Studie über ‚Das Internet' als Effekt diskursiver Bedeutungskämpfe gezeigt, wie politische Kontroversen am Thema Internet ausgehandelt werden und wie ‚das Internet' dabei erst interpretativ hergestellt wird.[144] Carstensen entwickelte unter Bezugnahme auf die Diskursforschung und die Forschung zu sozialen Bewegungen eine Perspektive auf (Medien-)Technik, die politische Redeweisen über solche Technik explizit als Kämpfe um ‚Deutungsmacht' versteht:[145] „Ein solches ‚In-Szene-Setzen' der Technik ermöglicht es, Deutungsgemeinschaften, Subkulturen oder politische

---

142 Zur Definition sozialer Bewegungen umreisst der *Blackwell companion to social movements* wie folgt: „Altlhogh the various definitions of movements may differ in terms of what is emphasized or accented, most are based on three or more of the following axes: collective or joint action; change-oriented goals or claims; some extra- or non-institutional collective action; some degree of organization; and some degree of temporal continuity." (Snow, David A; Soule, Sarah Anne; Kriesi, Hanspeter: Mapping the Terrain, in: The Blackwell companion to social movements, hg. v. David A. Snow; Sarah Anne Soule; Hanspeter Kriesi, Malden, MA 2004, S. 6).

143 Keller: Wissenssoziologische Diskursanalyse, S. 79.

144 Mit interpretativer Herstellung ist dabei eine ‚diskursive' Bedeutungsproduktion gemeint, die jenseits des materiellen Konstruktionsprozesses vonstattengeht. Vgl.: Carstensen, Tanja: ‚Das Internet' als Effekt diskursiver Bedeutungskämpfe, in: Kommunikation@gesellschaft 7. 2006, 7.

145 Deutungsmacht hier verstanden als Produkt einer Zuschreibung, die Akteuren zuteil kommt, die sich als Experten, moralische Instanzen o. Ä. inszenieren und somit als ‚legitimierte Stimmen' erschienen. Zu entsprechenden Fallstudien und philosophischen Klärungsversuchen des Begriffs siehe insbesondere: Deutungsmacht: Religion Und Belief Systems in Deutungsmachtkonflikten, hg. v. Philipp Stoellger, Tübingen 2014.

Gruppierungen zu stärken. Diese vergewissern sich anhand ritualisierter Verhaltensweisen gegenüber Technik ihrer gemeinsamen Werte und ihrer kollektiven Identitäten. Betrachtet man Technik somit auch als ‚kollektive Inszenierung eines bestimmten menschlichen Selbst- und Weltverständnisses' […], folgt daraus, dass wer über Technik spricht, auch immer Aussagen über sich selbst und über die eigene Wahrnehmung der Welt trifft."[146]

Carstensens techniksoziologische Perspektive auf das Internet als Thema öffentlicher Rede, ist allgemein auch auf das Feld der Medien zu übertragen. Die Rede über Medien in politischen Debatten ist dann unter Bezugnahme auf die soziale Bewegungsforschung immer auch ein möglicher Versuch, (potenzielle) Anhängerschaft und Unterstützer zu mobilisieren. Die grundlegenden Faktoren des spezifischen Mobilisierungspotenzials verschwörungstheoretischer Rede über Medien werden auch im Abschnitt über den theoretischen Rahmen der Arbeit nochmals verdeutlicht.

---

146 Carstensen: ‚Das Internet' als Effekt diskursiver Bedeutungskämpfe, S. 3.

1.4 Zur Forschungsstrategie

> „Im Übrigen ist eine Studie über Weltverschwörungstheorien eine ganz normale geistesgeschichtliche Untersuchung."
> DANIEL PIPES/VERSCHWÖRUNG

1.4.1 MEDIENKULTURWISSENSCHAFT ALS FORSCHUNGSPROGRAMM

Die grundlegende Perspektive dieser Arbeit leitet sich aus der Medienkulturwissenschaft ab. Auch wenn unter diesem Label, das ursprünglich auf einen Ansatz von Sigfried J. Schmid zurückgeht, kein einheitliches Forschungsparadigma firmiert, lässt sich verallgemeinernd festhalten, Medienkulturwissenschaft analysiert Medialität.[1] „Sie untersucht, wie Medien als Bedingungen für Zusammenhänge zwischen Zeichen, Technik, Mensch und Gesellschaft, für historische Ab-

---

1 Die Begriffe Medienkulturwissenschaft und insbesondere ‚kulturwissenschaftliche Medialitätsforschung' waren Gegenstand einer wissenschaftspolitischen Debatte, die durch die Empfehlungen des Wissenschaftsrats 2007 ausgelöst wurde. An dieser Stelle geht es allerdings nicht um Wissenschaftspolitik, sondern lediglich um die Art der Fragen, die Medienkulturwissenschaft überhaupt stellt, sowie das entsprechende forschungspraktische Selbstverständnis. Dazu gehört im vorliegenden Fall gerade keine klare Abgrenzung von einer sozialwissenschaftlichen Kommunikationswissenschaft. Siehe zum Stein des Anstoßes zur fraglichen Kontroverse: Wissenschaftsrat: Empfehlungen zur Weiterentwicklung der Kommunikations- und Medienwissenschaften in Deutschland, Köln 2007. Zu einer Kritik dieser Empfehlungen als ‚deutschen Sonderweg' siehe etwa einige Positionen zusammenfassend: Schorr, Angela: Auf Europastandard: Die Jungen Medienforscher und Ihre Perspektiven, Wiesbaden 2011, S. 25–27.

läufe und bestimmte Texte operieren."² Das bedeutet, dass hier danach gefragt wird, inwiefern Medien in ihrer sozialkommunikativen, ästhetischen und technischen Dimension stets zugleich auch mitkonstituieren, was sie nur zu vermitteln scheinen. Somit werden auch Phänomene, die im Zweifel zuvor gänzlich anders erklärt wurden, als Phänomene der Medienkultur beschrieben. Bereits bestehende Erklärungsansätze eines fraglichen Phänomens werden somit keinesfalls als ungültig betrachtet, tendenziell maßt die Medienkulturwissenschaft sich allerdings an, die ‚strukturelle Medienvergessenheit' anderer Disziplinen auszugleichen.³ Medienkulturwissenschaftliche Forschung zielt also darauf ab zu untersuchen, inwiefern Medien und vor allem den Prozessen des Medienwandels eine konstitutive Rolle bei der Herstellung von Kommunikation, der Vermittlung und Speicherung von Wissen sowie der Formation von Kultur zukommt. Wissen, Kultur und Transformation (der Medien) stehen somit im Fokus der Medienkulturwissenschaft. Die Logik medienkulturwissenschaftlicher Forschung sieht dabei einen perspektivischen Dreiklang vor, um dem komplexen Untersuchungsgegenstand Medienkultur gerecht werden zu können: „Ausgehend von einer Erweiterung der Literaturwissenschaft um drei Perspektiven: ‚Literarische Texte als Gegenstände der kulturellen Selbstwahrnehmung, Analyse von Medien und Medialität als konstitutive Elemente kultureller Kommunikation und Rekonstruktion und Konstruktion der Geschichte der Literatur' (Voßkamp 2003: 76ff.) hat sich eine Medienkulturwissenschaft herausgebildet, die im Kern aus den Forschungsfeldern Medientexte, Medientheorien und Mediengeschichten besteht."⁴

Bei der Beschäftigung mit Medientexten interessiert die Medienkulturwissenschaft nicht mehr nur Literatur im engeren Sinne sondern kulturelle Texte vielfältiger Art, die jeweils als kulturelle Selbstbeschreibungen von Gesellschaft aufgefasst werden. Gegenstand der Textanalysen sind ganz explizit auch triviale und nicht-literarische Texte, wobei primär nicht in einem wertenden Sinne deren Qualität interessiert, sondern deren generelles Aussagepotenzial bezüglich der Kultur, innerhalb derer sie hergestellt, verbreitet und rezipiert werden. Bedingung für die systematische Analyse dieser Medientexte ist der Bezug auf Medientheorie. Ohne entsprechende Medientheorien operiert Medienkulturwissenschaft im Blindflug, denn erst durch den expliziten Bezug auf Theorien der Medien werden Modelle, Perspektiven und Begrifflichkeiten zu Verfügung gestellt,

---

2   Bohnenkamp, Björn; Schneider, Irmela: Medienkulturwissenschaft, in: Einführung in die Medienkulturwissenschaft, hg. v. Claudia Liebrand; Irmela Schneider; Björn Bohnenkamp u.a., Münster 2005, S. 44.
3   Vgl.: Frahm, Wegmann: Medientheorien, S. 55.
4   Bohnenkamp, Schneider: Medienkulturwissenschaft, S. 43.

die neue Thesen und Fragestellungen diskutierbar machen. Medientheorien dienen in der Medienkulturwissenschaft somit eher dazu, Problemstellungen zu finden als Probleme zu lösen. Zum Selbstverständnis der Medienkulturwissenschaft gehört es, nicht nach *der einen* Medientheorie oder dem einen Medienbegriff zu fragen sondern auf ein breites Spektrum an Bezugstheorien – auch aus Nachbardisziplinen – zurückzugreifen.

Die medienkulturwissenschaftliche Forschungspraxis nimmt in ihrer Theoriebildung immer schon den Aspekt der historischen Transformation in besonderer Weise in den Blick, da hier – ausgehend von Harold Innis, prominent gemacht durch Herbert Marshall McLuhan und weitergeführt etwa durch Regis Debray – Geschichte als eine Abfolge kultureller Epochen verstanden wird, die jeweils von einem dominanten Kommunikationsmedium geprägt seien. Das somit zentrale Forschungsfeld der Mediengeschichte behauptet dementsprechend eine Zäsuren-bildende Funktion von Medien, beziehungsweise von Medienwandel oder ‚Medienumbrüchen'. Medienkulturwissenschaftliche Historiographie fragt daher immer nach den Effekten der Medien, wobei angenommen wird, dass diese Effekte gerade in konkreten Phasen des Medienumbruchs/Medienwandels – so etwa im Kontext der Digitalisierung – in besonderer Weise oder gar überhaupt erst zum Vorschein kommen. Medientheoretisch orientierter Kulturwissenschaft geht es bei der Beschreibung der Mediengeschichte also „um die Aktivitäten, die hier ermöglicht, und um die Mechanismen, die hier in Gang gesetzt werden".[5]

Der gleichzeitige Bezug auf Medientheorie, auf kulturelle Texte und auf eine reiche historische Empirie ist entsprechend der hier vorgestellten Programmatik Voraussetzung einer systematischen Medienkulturwissenschaft. Aus diesen drei Forschungsfeldern ergibt sich auch die Konzeption der vorliegenden Arbeit.

Das spezifische Erkenntnisinteresse, die wesentlichen Prämissen und Thesen sind im nun folgenden Abschnitt über den medientheoretischen Rahmen der Arbeit dargelegt. Das konkrete methodische Vorgehen erläutern die anschließenden Abschnitte über den gewählten Zugang zu den untersuchten Medientexten und zur Mediengeschichte.

---

5 Hartmann, Frank: Mediologie: Ansätze einer Medientheorie der Kulturwissenschaften, Wien 2003, S. 97–98.

1.4.2 Theoretischer Rahmen: Das Unbehagen in der Medienkultur

> „Der Verdacht, daß die Realität, die man serviert, nicht die sei, für die sie sich ausgibt, wird wachsen."
>
> T. W. Adorno/Prolog zum Fernsehen

> „Nur noch müde Zweifel sind übrig geblieben, ‚nichts ist wahr, alles ist möglich'."
>
> Golineh Atai/Rede zur Auszeichnung als Journalistin des Jahres 2014

Dass Medien nicht nur für Verschwörungstheorien sondern überhaupt für jegliche Art von Wissen und Wissensvermittlung von fundamentaler Bedeutung sind, gehört zu den Grunderkenntnissen der Kommunikations- und Medienwissenschaften. Gemeint sind hiermit also Medien als ‚Verbreitungsmedien', mithin als klassische Massenmedien, „die sich zur Verbreitung von Kommunikation technischer Mittel der Vervielfältigung bedienen"[6]. Massenmedien sind dabei nicht mit diesen technischen Mitteln oder ihren materiellen Trägern zu verwechseln. Sie sind vielmehr als Mediensysteme zu begreifen, „die in ihrer Vorkommensgesamtheit in einer Gesellschaft ein Prozess-System bzw. einen Wirkungszusammenhang i. S. der allgemeinen Systemtheorie bilden (=Gesamt-Mediensystem einer Gesellschaft)"[7]. Das Konzept von Medien als Mediensysteme verdeutlicht, „dass Medienangebote keine unabhängigen bzw. eigenständigen Objekte sind, sondern dass sie aus dem systemischen Zusammenwirken der Komponenten eines Mediensystems resultieren und im Verstehen entsprechend als Funktionen und nicht als Identitäten behandelt werden müssen"[8].

Massenmedien stellen Informationen und Wissen zu Verfügung und Öffentlichkeit her. Unter Öffentlichkeit versteht diese Arbeit ein Kommunikations- und gegebenenfalls auch Diskussionssystem, das im Gegensatz zur Sphäre der Privatheit tendenziell für alle, zumindest aber für große Teile einer Gesellschaft offen ist. Im Kontext dieser Arbeit genügt es, dabei zwischen zwei Formen zu unterscheiden, nämlich zum einen der Versammlungsöffentlichkeit und zum ande-

---

6 Luhmann: Die Realität der Massenmedien, S. 10–11.
7 Schmidt, Siegfried J.: Rekurrenzen der Mediengeschichte: Ein Versuch, Weilerswist 2012, S. 24.
8 Ebd., S. 60.

ren der medial hergestellten Öffentlichkeit. Letztere ist nicht mehr an Präsenz gebunden und ermöglicht ‚Kommunikation unter Abwesenden'.

Öffentlichkeit nimmt bestimmte Themen und Meinungen aus der Gesellschaft auf und verarbeitet diese. Aus der spezifischen Verarbeitung dieser Informationen in der Öffentlichkeit entsteht ‚öffentliche Meinung', das heißt, „eine Meinung die in öffentlichen Kommunikationen mit breiter Zustimmung rechnen kann [...]"[9]. Werden Meinungsbilder, die die öffentliche Meinung nicht repräsentiert, dennoch öffentlich vertreten, so ist von einer ‚Gegenöffentlichkeit' die Rede.[10] Öffentlichkeit als Verhandlungsort öffentlicher Meinungen gilt gemeinhin als zentrales Element demokratischer Systeme, da erst unter den Bedingungen von Öffentlichkeit große Teile der Gesellschaft informiert und entsprechend zu Meinungsbildung und Partizipation an politischen Debatten befähigt werden. Das Wort von der ‚Mediendemokratie' verweist auf die fundamentale Bedeutung, die dabei technischen Verbreitungsmedien heute für die Öffentlichkeit zukommt.

Bereits in den 1920er Jahren stellt der Journalist Walter Lippmann fest, dass erst Medien uns ermöglichen, in unseren Köpfen ein ‚Bild der Welt' herzustellen.[11] Mit der Formel „news and truth are not the same thing"[12] benannte Lippmann auch ein klassisches Problem medialer Wissensvermittlung. Dass Medien nicht eine unverfälschte ‚Realität' vermitteln, sondern gemäß ihrer inhärenten Logik eine eigene Realität erst konstruieren, ist heute längst akademischer Konsens. Niklas Luhmann hat diese Konstellation in seiner Medientheorie zur *Realität der Massenmedien* nochmals einschlägig auf den Punkt gebracht: „Was wir über unsere Gesellschaft, ja über die Welt, in der wir leben, wissen, wissen wir durch die Massenmedien"[13]. Von medientheoretischem Interesse ist dabei weniger die Frage nach der ‚Wahrheit' oder Manipulation medialer Wirklichkeits-

---

9 Gerhards, Jürgen; Neidhardt, Friedhelm: Strukturen und Funktionen moderner Öffentlichkeit: Fragestellungen und Ansätze, in: Öffentlichkeit, Kultur, Massenkommunikation. Beiträge zur Medien- und Kommunikationssoziologie, hg. v. Stefan Müller-Doohm; Klaus Neumann-Braun, Oldenburg 1991, S. 42.

10 Zur vertieften Diskussion und normativen Aufladung der genannten Begriffe siehe etwa: Habermas, Jürgen: Strukturwandel der Öffentlichkeit: Untersuchungen zu einer Kategorie der bürgerlichen Gesellschaft, Frankfurt am Main 1990; Negt, Oskar; Kluge, Alexander: Öffentlichkeit und Erfahrung: Zur Organisationsanalyse von bürgerlicher und proletarischer Öffentlichkeit, Frankfurt am Main 1990.

11 Vgl.: Lippmann, Walter: Public opinion, London 1922.

12 Ebd., S. 358.

13 Luhmann: Die Realität der Massenmedien, S. 9.

konstruktionen sondern die Tatsache, dass soziale Akteure und letztlich ganze soziale Systeme überhaupt auf diese Konstruktionsleistungen aufbauen. Die wohl entscheidende Frage zu dieser Grundbedingung unserer Wissensversorgung wird von Luhmann nicht abschließend beantwortet, sie bildet daher auch den Schlusssatz seines Massenmedien-Buchs: „Wie ist es möglich, Informationen über die Welt und über die Gesellschaft als Informationen über die Realität zu akzeptieren, wenn man weiß, wie sie produziert werden?"[14]

Die Unwahrscheinlichkeit der Akzeptanz eines medial vermittelten Wissens gründet laut Luhmann zunächst darin, dass wir so viel über die Medien als Träger unseres Wissens wissen, „daß wir diesen Quellen nicht trauen können"[15]. Daher wehren wir uns mit einem ‚Manipulationsverdacht' gegen dieses Wissen. Doch dieser Manipulationsverdacht bleibe lediglich ein folgenloser, da das den Massenmedien entnommene Wissen „sich wie von selbst zu einem selbstverstärkenden Gefüge zusammenschließt. Man wird alles Wissen mit dem Vorzeichen des Bezweifelbaren versehen – und trotzdem darauf aufbauen, daran anschließen müssen."[16] Anders gesprochen, da wir keine Wahl haben, operieren wir trotz des Verdachts mit dem manipulationsanfälligen Wissen der Massenmedien, um uns ein Bild von der Welt zu machen. Dieser Mechanismus, der doch einen fulminanten Widerspruch ‚glattbügelt', kann vereinfacht in den Worten des Volksmundes bestätigt werden, der da den Rat gibt ‚glaub nicht alles, was in der Zeitung steht', der aber ebenso die vermeintlichen ‚Fakten' als solche anerkennt, wenn sie eben ‚Fakten, Schwarz auf Weiß' bieten, was mithin auf die besondere Verbürgtheit von ausgerechnet Druckerzeugnissen – also massenmedial verbreiteten Realitätskonstruktionen – hinweist.

So unbefriedigend diese Ausgangssituation für den Anspruch an ein ‚wahres' Wissen auch sein mag, die Lösung des Problems, so abermals Luhmann, könne nicht „wie in den Schauerromanen des 18. Jahrhunderts, in einem geheimen Drahtzieher im Hintergrund gefunden werden, so gerne selbst Soziologen daran glauben möchten"[17]. Was Luhmann hier proklamiert, kann getrost als autoritäre Mahnung gedeutet werden, die Frage nach den Massenmedien tunlichst nicht mit einer Verschwörungstheorie zu beantworten. Dass eine sozialwissenschaftliche Analyse der Massenmedien dem Glauben an geheime ‚Drahtzieher im Hintergrund' anheimfallen könnte, hält Luhmann offensichtlich für naheliegend, aber

---

14 Ebd., S. 215.
15 Ebd., S. 9.
16 Ebd., S. 9–10.
17 Ebd., S. 10.

doch so falsch, dass er zu dieser Möglichkeit kein weiteres Wort verliert.[18] Natürlich gibt es auch in Rundfunkanstalten und anderen Medieninstitutionen ‚Macht', erläutert der Luhmann-Schüler Dirk Baecker: „Aber dass diese sich zu einem globalen Effekt aufaggregieren lässt, der dann ein ‚Empire', ein Imperium zu beschreiben erlaubt, das ist, glaube ich, Teil der Mythologie jener Welt, in der die Benutzer von Massenmedien zu Hause sind."[19]

---

18 Tatsächlich lässt sich insbesondere im Feld der Medientheorie überhaupt eine auffällige Analogie zur ‚Medien-Verschwörungstheorie' ausmachen. Hier ist insbesondere an ‚apokalyptische Medientheorien' im Sinne Umberto Ecos zu denken (vgl. Eco, Umberto: Apokalyptiker und Integrierte: Zur kritischen Kritik der Massenkultur, Frankfurt am Main 1987). Etwa auch an Medientheorien im Gefolge der Frankfurter Schule, in deren Arbeiten „weiterhin vornehmlich Techniken der Manipulation und des Betrugs benannt und inkriminiert werden" (Kittler, Friedrich A; Schneider, Manfred; Weber, Samuel: Editorial, in: Diskursanalysen 1. Medien, hg. v. Friedrich A. Kittler; Manfred Schneider; Samuel Weber, Opladen 1987, S. 8), wobei nach Ansicht ihrer Kritiker „die Faktizität der modernen Kommunikationsmedien derlei inhaltlich beschränkte Theoriebemühungen ins Feld des philosophischen Betrugs verwiesen [hat]" (ebd.). Dass die polemischen Formalisierungen von Friedrich Kittler selbst wiederum „zu verschwörungstheorieaffinen Totalisierungen und Monokausalisierungen führen" (Krause, Meteling, Stauff: Einleitung, S. 14) gilt allerdings ebenso. „Medientheorien – so könnte man zugespitzt formulieren – sind immer auch beziehungsweise immer schon Verschwörungstheorien", fassen Krause et al. zusammen (ebd., S. 12).

19 Baecker, Dirk; Bolz, Norbert; Hagen, Wolfgang: Über das Tempo der Massenmedien und die Langsamkeit ihrer Beobachter, in: Warum haben Sie keinen Fernseher, Herr Luhmann? Letzte Gespräche mit Niklas Luhmann, hg. v. Wolfgang Hagen, Berlin 2011, S. 134. Hier widerspricht allerdings der Medientheoretiker Norbert Bolz im Luhmann-Gespräch mit Dirk Baecker und Wolfgang Hagen. Nach Bolz ist dieser Punkt der Luhmannschen Medientheorie „ein bißchen blauäugig", da er die Faktizität konkreter Manipulationen negiere (ebd.). Bolz thematisiert hier „eine Art großes Bündnis deutscher Journalisten", die eine Meinungsdiktatur im Zeichen von ‚political correctness' errichtet habe (ebd.). „Denken Sie nur an die Fälle, die wir haben, regelmäßig, wenn es um Juden geht. Es ist fast unmöglich, hier eine abweichende Meinung in Deutschland zu vertreten, ohne die eigene Karriere zu ruinieren" (ebd., S. 135). Bolz beruft sich dabei auf die Arbeiten der ‚Mainzer Schule', vor allem die Erhebungen zu den Einstellungen politischer Journalisten in Deutschland von Hans Mathias Kepplinger (vgl. zuletzt: Kepplinger, Hans M.: Journalismus Als Beruf 2011). Kepplinger teilt politische Einstellungen in ein Links/Rechts-Schema und bilanziert eine

So fungiert Verschwörungstheorie, nicht nur bei Luhmann, bisweilen lediglich als ein Abgrenzungsgegenstand, anhand dessen die jüngere Medientheorie sich ihrer eigenen Redlichkeit und wohl auch Überlegenheit vergewissert, aber nicht etwa als untersuchungswürdiges Phänomen, das als Gegenstand selbst ein Aussagepotenzial bezüglich moderner Mediengesellschaften hätte.[20] Auch die Mediensoziologen David Altheide und Robert P. Snow kommen nicht über die zehnte Seite ihrer medientheoretischen Grundlegung von *Media Logic* hinaus, ohne das eigene Konzept explizit von Verschwörungstheorie abzugrenzen: „[...] there is a lingering fear that media can and will distort what they present. This fear of media has been defined by some as a conspiracy in which powerful media moguls willfully set out to determine the character of behaviour: how people vote, what they buy, what is learned, and what is believed. No doubt there is an intent to shape attitudes and ‚sell soap', but we contend that what the controlling

---

Dominanz eines ‚linksgerichteten' Journalismus in Deutschland, der sich etwa in ‚gezielten Medienkampagnen' gegen wertkonservative Akteure wie Bischof Tebartz-van Elst oder in der Tabuisierung bestimmter Meinungsbilder zu Themenbereichen wie Homosexualität, multikulturelle Gesellschaft oder ‚Rolle der Frau' zeige. Prominentester Verfechter dieser Theorie ist in Deutschland der SPD-Politiker Thilo Sarrazin, der sich wesentlich auf Kepplinger bezieht (Sarrazin, Thilo: Der neue Tugendterror: Über die Grenzen der Meinungsfreiheit in Deutschland 2014). An Kepplingers empiristischen Schlussfolgerungen lässt sich wiederum kritisieren, dass sie strukturelle Bedingungen von Medienproduktion und journalistischem Handeln außer Acht lassen und die Handlungsrelevanz von Einstellungen für journalistische Kommunikation lediglich unterstellen, aber nicht nachweisen (vgl.: Löffelholz, Martin: Theorien des Journalismus: Eine historische, metatheoretische und synoptische Einführung, in: Theorien des Journalismus, hg. v. Martin Löffelholz 2004, S. 45–46; siehe zu diesem Themenkomplex auch: Weischenberg, Siegfried; Malik, Maja; Scholl, Armin: Die Souffleure der Mediengesellschaft: Report über die Journalisten in Deutschland, Konstanz 2006). Dass insbesondere Fälle des medialen ‚Tabubruchs' wider die ‚political correctness' auch gänzlich anders zu bewerten wären, als dies Kepplinger und Bolz proklamieren, zeigt etwa: Lucke, Albrecht von: Populismus schwergemacht: Die Dialektik des Tabubruchs und wie ihr zu begegnen wäre, in: Deutsche Zustände. Folge 10, hg. v. Wilhelm Heitmeyer, Frankfurt am Main 2011.

20 Ausnahmen, die gerade auch Verschwörungstheorien in das Zentrum medientheoretischer Reflexion stellen bilden: Die Unsichtbarkeit des Politischen: Theorie und Geschichte medialer Latenz, hg. v. Lutz Ellrich, Harun Maye, Arno Meteling, Bielefeld 2009; Krause, Meteling, Stauff: The Parallax view.

agents of media intend to accomplish is not the critical factor in understanding media."²¹

Wenn in der vorliegenden Arbeit dennoch Verschwörungstheorien aus medienwissenschaftlicher Perspektive analysiert werden, geschieht dies nicht, um Luhmann oder Altheide und Snow zu widersprechen und die Verschwörungstheorie als Methode zur Analyse der Medien ‚zurückzuholen' (die Kritik der Medien und deren manipulativer Potenziale hat ihren genuinen Ort ohnehin in den Kommunikations- und Medienwissenschaften). Das Anliegen dieser Arbeit liegt schlicht in der Beobachtung begründet, dass – vollkommen unberührt aller wissenschaftlichen Distinktion und Verurteilung – Verschwörungstheorien in der öffentlichen Kommunikation über Medien bisweilen bestens ‚funktionieren' und in Mediengesellschaften eine Wirkmacht besitzen, die jede akademische Medientheorie bei Weitem übertrifft. „Und der Bürger ist allmählich misstrauisch gegenüber allen Ereignissen, die ihren Urhebern Publizität verschaffen, die dann als das eigentliche Motiv vermutet wird"²², beobachtete bereits der Soziologe Erving Goffman. Und um noch einmal Adrian Quinn zu zitieren: „Though it is the most porous of all the post-Siebert models that have been assembled to account for the media's role in society, the conspiracy theory ‚works' within the political space it occupies in ways that it (or any other model) never would on paper."²³

Wenn verschwörungstheoretische Vorstellungen der Medien tatsächlich besondere Relevanz in unserer Gesellschaft haben (dies legen die Meinungsumfragen zu Verschwörungstheorien zumindest nahe), sind sie bereits deshalb interessant, weil sich Vorstellungen der Welt bekanntermaßen auf die Welt selbst auswirken.²⁴ Dass Verschwörungstheorien zum Bereich des Sozialimaginären gehören, macht sie also nicht irrelevant sondern gerade relevant. Wie eine Mediengesellschaft funktioniert, ist nicht unabhängig davon zu denken, wie ihre Mitglieder dieses Funktionssystem wahrnehmen und konstruieren. In der spezifischen Thematisierung von Medien und (Geheim-)Wissen präsentieren sich in Verschwörungstheorien Wahrnehmungsstandards, die den Glauben an demokratische Systeme, mit Referenz auf mediale Strukturen, vollends unterlaufen. Mag die Verschwörungstheorie für die akademische Analyse der Mediengesellschaft auch nicht ‚die Lösung des Problems' sein, so ist sie doch ganz sicher ein unter-

---

21 Altheide, David L; Snow, Robert P.: Media logic, Beverly Hills, California 1979, S. 9–10.
22 Goffman: Rahmen-Analyse, S. 336.
23 Quinn: Tout est lié: the Front National and media conspiracy theories, S. 121.
24 Vgl. dazu etwa: Debray, Régis: Einführung in die Mediologie, Bern 2003, S. 137.

suchungswürdiges Phänomen, sofern sie selbst zur kulturellen Selbstverständigung über Mediengesellschaft und somit auch zu deren Funktionalität beiträgt.

1.4.3 DER MEDIENONTOLOGISCHE VERDACHT UND DER SUBMEDIALE RAUM

Der Medienphilosoph Boris Groys ignoriert die Verschwörungstheorie der Medien nicht als triviale Konkurrenz zu einer eigenen, ‚besseren' Medientheorie, sondern betrachtet sie als dominanten Wahrnehmungsstandard moderner Gesellschaften: „Die einzige Theorie, die unser reales Verhältnis zu den Medien beschreibt, ist die Verschwörungstheorie […]"[25], schreibt Groys in seinem Buch *Unter Verdacht – Eine Phänomenologie der Medien*.[26] Die Verdachtstheorie von Groys bildet den theoretischen Hintergrund dieser Arbeit, in dem Sinn, dass sie die eigene Thesenbildung inspiriert und das konsistente Vokabular zur Beschreibung des fraglichen empirischen Gegenstands zu Verfügung stellt.[27]

Nach Groys imaginiert der Betrachter von Medien quasi unumgänglich einen *submedialen Raum*. In diesem Raum, der als Träger des Archivs und Herstellungsort der Zeichen an der medialen Oberfläche zu verstehen ist – so Groys – verortet der Betrachter notorisch Verschwörung. Und zwar schlicht aus dem Grund, weil wir nicht – wie Luhmann glaubte – so viel über die Medien wissen, sondern weil wir im Gegenteil letztlich gar nicht wissen können, was sich hinter den medialen Zeichen verbirgt:

---

25 Groys, Boris: Der Verdacht ist das Medium, in: Endstation. Sehnsucht. Kapitalismus und Depression I, hg. v. Carl Hegemann, 2. Auflage, Berlin 2000b, S. 86. Groys verwendet den Begriff der Verschwörungstheorie, ohne ihn explizit zu bestimmen oder in irgendeiner Weise Bezug auf die Verschwörungstheorieforschung im engeren Sinne zu nehmen. Wie sich zeigen wird, existiert aber eine sehr deutliche strukturelle Analogie der Groys'schen Theoriearchitektur zur Definition von Verschwörungstheorie, wie sie in dieser Arbeit bestimmt ist.

26 Dass es sich dabei streng genommen gar nicht um eine Phänomenologie handelt, ist im hiesigen Kontext nicht von Belang.

27 Groys' Verdachtstheorie fungiert hier somit nicht als die Art ‚Theoriefolie', wie man sie gelegentlich in akademischen Arbeiten über einen empirischen Gegenstand legt, um deren Herleitung und Richtigkeit als geborgte These einmal ‚auf Herz und Nieren' zu überprüfen. Sie führt zur Bildung weiterer Thesen und stellt ein geeignetes Beschreibungsmodell und Vokabular zur Verfügung.

Der Archivträger ist dem Blick des Betrachters konstitutiv entzogen. Der Betrachter sieht nur die mediale Zeichenoberfläche des Archivs – den medialen Träger dahinter kann er nur vermuten. Das Verhältnis des Betrachters zum submedialen Raum ist deswegen seinem Wesen nach ein Verhältnis des Verdachts – ein notwendigerweise paranoides Verhältnis. Daraus entsteht beim Betrachter der Wunsch zu erfahren, was sich hinter der medialen Zeichenoberfläche ‚in Wahrheit' verbirgt – ein medientheoretischer, ontologischer, metaphysischer Wunsch.[28]

Groys erhebt somit ein medientheoretisch hinlänglich bekanntes Problem, nämlich dass „gerade das, was man Dokumente zu nennen pflegt (Magnetbänder, Fotografien, Filme), unter Dokumentationsgesichtspunkten mit Mißtrauen zu betrachten ist"[29], also „dass wir diesen Quellen nicht trauen können"[30] zu einem zentralen Aspekt moderner Kultur. Anders als Luhmann löst Groys diesen Verdacht nicht als folgenlos auf, sondern interpretiert ihn als umfassendes kulturprägendes Phänomen.

Zu dieser Feststellung kommt Groys zunächst dadurch, dass er Medien grundsätzlich darüber bestimmt, dass sie als Träger von Zeichen fungieren: „Weil das, was die Medien uns bieten, Zeichen sind oder Bilder"[31]. Erst durch ihre Eigenschaft, Zeichen zu speichern und zu übertragen, so könnte man zusammenfassen, werden Medien zu Medien. Medien sind hier also viel mehr als ‚Massenmedien'. Grundsätzlich fallen aber auch die Medienangebote der Massenmedien unter diesen Medienbegriff, können also ebenfalls mit Groys theoretisiert werden.

Als mögliche Zeichenträger nennt Groys selbst etwa Bücher, Leinwände, Filme, Computer, Museen, Bibliotheken sowie Steine, Tiere, Menschen, Gesellschaften und Staaten.[32] Diese Zeichenträger sind ihrerseits eingebunden in eine Hierarchie von ‚Medienträgern', die somit Anteil an der Herstellung der Zeichen haben:

Nun sind Museen, Bibliotheken oder Computernetze wiederum in verschiedene institutionelle, ökonomische und politische Zusammenhänge eingebunden, die ihr Funktionieren, d. h. die Auswahl, die Speicherung, die Prozessierung, die Übertragung oder den Tausch von

---

28 Groys, Boris: Unter Verdacht: Eine Phänomenologie der Medien, München 2000, S. 19–20.
29 Goffman: Rahmen-Analyse, S. 483.
30 Luhmann: Die Realität der Massenmedien, S. 9.
31 Groys: Der Verdacht ist das Medium, S. 85.
32 Vgl.: Groys: Unter Verdacht, S. 44–45.

Zeichen mitbestimmen. In diese Hierarchie der Medienträger gehören auch einzelne Menschen wie Völker, Klassen, Gruppen, Kulturen usw., die ihrerseits in komplizierte wirtschaftliche, politische und sonstige Prozesse inklusive der biologischen, chemikalischen und physikalischen Prozesse integriert sind – denn Menschen, Gesellschaften und Staaten bestehen bekanntlich wie andere Zeichenträger auch aus Protonen, Elektronen und anderen Elementarteilchen. Die Medienträger bilden somit komplizierte Hierarchien und Verbindungsstrukturen – einen riesigen dicht möblierten submedialen Raum, der allerdings strukturell den Augen desjenigen entzogen ist, der die Bewegung der Zeichen auf der medialen Oberfläche verfolgen will.[33]

Sobald Zeichenträger also als solche fungieren und als Medium wirksam werden, rückt das Zeichen selbst auf die mediale Oberfläche, verdeckt dabei aber den jeweiligen Träger des Zeichens, wie auch die gesamte dahinter stehende Hierarchie von Medienträgern verborgen bleibt. Das Zeichen, das zunächst ja Sichtbarkeit herstellt – nämlich die Sichtbarkeit seiner selbst –, ist somit gleichzeitig ein ‚Zeichen' der Unsichtbarkeit, nämlich seines verborgenen Ursprungs. Wie Groys exemplarisch ausführt, „verdeckt der Text in einem Buch das Buch, und nicht nur das Buch sondern auch die ganze Verlagspraxis hinter dem Buch. Bilder im Fernsehen verdecken sozusagen das Innere des Fernsehgerätes, aber gleichzeitig auch das ganze Medium Fernsehen und so geht es weiter und weiter."[34] Das ‚Dahinter' der Zeichenträger bleibt also demjenigen, der die Zeichen an der Oberfläche verfolgen will, strukturell verborgen. Dadurch, dass dieses ‚Dahinter' der Medien unsichtbar bleibt, das doch aber fundamental an die vollständige und ‚wahrhaftige' Bedeutung der Zeichen gebunden scheint, drängt sich demjenigen, der mit Zeichen an der medialen Oberfläche konfrontiert ist, die Frage nach der Beschaffenheit dieses Dahinter der Zeichenträger auf. Diese Frage ist kaum bereits mit einer Darlegung der technischen Struktur von Medien zufriedenstellend beantwortet, da natürlich auch diese technischen Strukturen selbst bestimmten übergeordneten Prinzipien – etwa der staatlichen Kontrolle von Massenmedien oder dem kapitalistischen System – unterliegen:

Unter den medialen Trägern des Archivs versteht man oft die technischen Mittel der Datenspeicherung wie Papier, Film oder Computer. Aber diese technischen Mittel sind ihrerseits Dinge im Archiv – hinter ihnen stecken wiederum bestimmte Produktionsprozesse, Elektrizitätsnetze und wirtschaftliche Vorgänge. Und was verbirgt sich hinter diesen Netzen und Prozessen? Die Antworten werden zunehmend vage: Geschichte, Natur, Substanz,

---

33 Ebd., S. 47–48.
34 Groys: Der Verdacht ist das Medium, S. 85.

Vernunft, Begehren, Gang der Dinge, Zufall, Subjekt. Hinter der Zeichenoberfläche des Archivs lässt sich also ein dunkler, submedialer Raum vermuten, in dem absteigende Hierarchien von Zeichenträgern in dunkle, undurchsichtige Tiefen führen.[35]

Dieser ‚submediale Raum' ist von zentraler Bedeutung, da er für Betrachter nicht erfahrbar ist und der Betrachter diesen Raum deshalb imaginieren muss. Weil sich dieser submediale Raum, der etwa als Atelier, als Redaktionsbüro, als Fernsehanstalt, oder als Datennetz vorstellbar ist, zwangsläufig bei der Betrachtung von Zeichen an medialen Oberflächen entzieht, entsteht das, was Groys den ‚medienontologischen Verdacht' nennt: Aus dem Umstand resultierend, dass der submediale Raum stets unsichtbar bleibt, ist der Betrachter auf Vermutungen über selbigen angewiesen. Es entstehen der Wunsch nach Aufklärung und die Hoffnung auf eine Offenbarung des submedialen Raums, vor allem aber entstehen Vermutungen und Befürchtungen darüber, wie der verborgene submediale Raum beschaffen ist. „Wenn wir nicht wissen, warum wir mit Texten und Bildern konfrontiert werden, dann ist das Einzige, was wir erwarten können, eine dunkle Verschwörung, eine verborgene Manipulation"[36]. Die Befürchtung, dass der submediale Raum sich verbirgt, um insbesondere seine schlechten, verschwörerischen Absichten nicht zu offenbaren, ist also der dominante Verdacht des Betrachters:

Hinter der Zeichenoberfläche der öffentlichen Archive und Medien vermuten wir in der Tat unweigerlich Manipulation, Verschwörung und Intrige. Daraus wird ersichtlich, welche Art von Antwort man auf die medienontologische Frage hin erwartet – die Beschaffenheit dieser Antwort hat nichts zu tun mit einer wissenschaftlichen Beschreibung jeglicher Art. Vielmehr hofft man als Betrachter der medialen Oberfläche, dass sich der dunkle, verborgene submediale Raum irgendwann preisgibt, verrät, offenbart. Eine freiwillige oder erzwungene Aufrichtigkeit ist das, worauf der Betrachter der medialen Oberfläche wartet.[37]

Der Betrachter wartet somit auf den ‚Ausnahmezustand' des Medialen, das heißt, auf einen temporären Moment, in dem sich der submediale Raum zeigt und somit auch die ‚Wahrheit' der durch ihn generierten Zeichen offenbart. Dieser ‚Effekt der Aufrichtigkeit' stellt sich vor allem dann ein, so Groys, wenn der

---

35 Groys: Unter Verdacht, S. 18.
36 Groys: Der Verdacht ist das Medium, S. 86.
37 Groys: Unter Verdacht, S. 21–22.

Betrachter das Gefühl hat, in seinem Verdacht bestätigt zu sein, also wenn der submediale Raum preisgibt Teil einer ‚Verschwörung' zu sein:

> Der Effekt der Aufrichtigkeit stellt sich nämlich gerade dann ein, wenn der medienontologische Verdacht bestätigt zu sein scheint, d. h. wenn der Betrachter einen Hinweis darauf bekommt, dass das submediale Innere in der Tat anders beschaffen ist als die mediale Fläche. In diesem Fall entsteht beim Betrachter der Eindruck, dass er endlich eine Leerstelle auf der medialen Oberfläche entdeckt und dadurch Einsicht ins Innere des submedialen Raums gewonnen – und eine Bestätigung seiner Vermutungen und Ängste gefunden hat. Der Einblick in den submedialen Raum wirkt also nur dann glaubwürdig, wenn er den anfänglich medienontologischen Verdacht reflektiert: Für den Verdacht sieht nur sein eigenes Abbild hinlänglich überzeugend aus.[38]

In der Suche des Betrachters nach einer ‚Leerstelle' auf der medialen Oberfläche entsteht somit exakt das, was Kelman als ‚*reading for the complot*' bezeichnet. Die Imagination des submedialen Raums im Zuge der Betrachtung medialer Zeichen an der Oberfläche – so lässt sich hier anfügen – entspricht exakt der narrativen Struktur von Verschwörungstheorien, die stets einen *invisible plot* thematisieren, der sich aber erst in den ‚Defekten' eines *visible plot* zeigt. Der *visible plot* besteht schließlich aus medialen Zeichen an der Oberfläche und erst der Einblick in den submedialen Raum beziehungsweise dessen Imaginationen ermöglichen die Konstruktion eines *invisible plot*, der durch den *visible plot* verborgen ist.

Groys interessiert sich grundsätzlich für die Frage, wann und unter welchen Bedingungen sich dieser Ausnahmezustand einstellt, also wann der Betrachter das Gefühl hat, einen authentischen und glaubwürdigen Blick auf den submedialen Raum zu werfen: „Warum, wie und unter welchen Bedingungen tritt eine solche auf den Betrachter überzeugend wirkende Selbstbespiegelung des medienontologischen Verdachts ein? Oder anders gefragt; Wie stellt sich der Effekt der Aufrichtigkeit, der medialen Wahrheit, der (Selbst-)Entlarvung des Medialen ein?"[39]

---

38 Ebd., S. 23.
39 Ebd. Dabei interessiert sich Groys für den ‚Effekt der Aufrichtigkeit' zunächst zugegebenermaßen nicht exklusiv im Zusammenhang mit Verschwörungstheorien im engeren Sinn, sondern vor allem im Kontext von Philosophie und insbesondere poststrukturalistischer Theoriebildung, etwa bei Foucault oder Derrida – dies lässt sich zumindest über sein Buch Unter Verdacht sagen. Erst Groys' Aufsatz Der Verdacht ist das Medium, der praktisch als kleines Beiwerk zu Unter Verdacht gelesen werden

Groys verweist dabei auf die prominente Figur des Privatdetektivs als den eigentlichen ‚Helden unserer Zeit' beziehungsweise unserer kulturellen Narrative. Anhand populärer Textsorten, die den medienontologischen Verdacht reflektieren, zeigt Groys das besondere Faszinationspotenzial des Verdachts auf und erörtert plastisch, wie sich der Effekt der Aufrichtigkeit herstellt:

> Man beginnt unglaubliche Anstrengungen zu unternehmen, um zu einem Ausnahmezustand zu kommen. [...] Man beginnt Reisen zu unternehmen bis zum Ende der Welt, wie in ‚Truman Show'. Oder man beginnt merkwürdige Pillen zu schlucken und Kämpfe auszutragen wie die Helden in ‚Matrix'. Man begibt sich in einen Konflikt, in einen Kampf, in einen Krieg, und man erzeugt eine Ausnahmesituation und man erzeugt sie weiter und weiter bis man plötzlich vor einer furchtbaren Bildrealität steht. Ein Bild, das die schlimmsten Befürchtungen des Privatdetektivs übertrifft. Man steht vor diesem Ausnahmezustand, man sieht dieses Bild des Schreckens – und ist erlöst und beruhigt weil man zum ersten Mal glaubt, was man sieht. Wann entsteht der Glaube an die Medien? Wenn ich mit einem Bild konfrontiert bin, das meine eigenen schlimmsten Befürchtungen und Verdächtigungen weit übertrifft, wenn ich den Verdächtigungswettbewerb mit den Medien verliere. Solange ich mit einem Bild konfrontiert bin, das meine Befürchtungen immer wieder verniedlicht oder unter der Ebene meiner prämedialen Verdächtigungen und Befürchtungen bleibt, bin ich unzufrieden. Erst, wenn ich weiter und weiter gehe und plötzlich verstehe, daß alles, was passiert, von Aliens schon längst geplant ist und kontrolliert wird, oder wenn ich feststelle, daß mein Kühlschrank mich plötzlich zu verfolgen beginnt und mich durch erfrieren vernichten will, bin ich sofort beruhigt und weiß: Jetzt bin ich bei der Wahrheit angekommen, jetzt weiß ich endlich, was Sache ist.[40]

Das Attraktionspotenzial der von Groys genannten Narrative und Situationen besteht also vor allem in der Bestätigung des medienontologischen Verdachts. „Was die Menschen genießen, ist die Selbstanzeigeerstattung des Mediums, die Rituale der Selbstentlarvung und Selbstdemaskierung, die dort stattfinden."[41]

Dies gilt freilich nicht nur für eine freiwillige Selbstentlarvung sondern auch für eine erzwungene Demaskierung des Zeichenträgers. Die besondere Leistung der entsprechenden Narrative ist es, durch die Inszenierung der Enthüllung eines submedialen Raums den Betrachter quasi wieder mit dem Medialen zu ‚versöh-

---

kann, verdeutlich einen weiteren Fokus, der nicht bloß philosophische Theoriebildung, sondern explizit auch Texte der Trivial- oder Populärkultur umfasst. Groys: Der Verdacht ist das Medium.
40 Ebd., S. 97.
41 Ebd., S. 96.

nen'. In Konsequenz dieser Enthüllung – so ließe sich anschließen – werden dann auch die medialen Zeichen als ‚wahrhaftig' interpretiert, da nun klar scheint, auf Grundlage welcher Vorgänge und Intentionen der Betrachter mit diesen Zeichen konfrontiert wird.

Der Ansatz dieser Arbeit liegt unter Bezugnahme auf die Verdachtstheorie von Groys nicht darin, Verschwörungstheoretiker ‚eines Besseren zu belehren' und nochmals aufzeigen zu wollen, wie die Medien ‚wirklich' funktionieren, „denn dadurch wird die Figur des Verdachts bloß noch einmal wiederholt – sowohl der medienontologische Verdacht selbst als auch seine Selbstbespiegelungen in der submedialen Tiefe lassen sich genauso wenig bestätigen wie widerlegen"[42].

Stattdessen fragt die Arbeit, inwiefern Verschwörungstheorien gerade als ‚Medien-Verschwörungstheorien' konstitutiv für Prozesse der Meinungsbildung in einer medialen Öffentlichkeit sind und wie sich das den Massenmedien entnommene Wissen dann eben nicht zwangsläufig – oder zumindest in einem gänzlich anderen Sinn – „wie von selbst zu einem selbstverstärkenden Gefüge zusammenschließt"[43]. Der Manipulationsverdacht, der laut Luhmann zu keinerlei Konsequenzen führt, erscheint in dieser Perspektive ganz und gar nicht als folgenlos sondern im Gegenteil, als konstitutiv für die Verschwörungstheorie als Meinungsbild innerhalb medial verfasster Öffentlichkeit.

Die Reflexionen medialer Konstellationen innerhalb von Verschwörungstheorien – so die hier aufgestellte These – verstärken deren Relevanz und wohl auch deren Glaubwürdigkeit und kommunikativen Erfolg, da sie an einen Verdacht anschließen, der nicht als paranoider Sonderfall sondern als typisches Kennzeichen unserer Medienkultur zu verstehen ist. Luhmanns Frage, wie es möglich sei, medial vermitteltes Wissen „als Informationen über die Realität zu akzeptieren, wenn man weiß, wie sie produziert werden"[44], verweist im Fall der Verschwörungstheorie dann weniger auf ein ‚selbstverstärkendes Gefüge', als vielmehr einen ‚Effekt der Aufrichtigkeit', der dieses Gefüge vermeintlich untergräbt, aber insofern noch stabilisiert, indem auch er letztlich immer nur eine Realität der Massenmedien herstellen kann.

---

42 Groys: Unter Verdacht, S. 23.
43 Luhmann: Die Realität der Massenmedien, S. 9.
44 Ebd., S. 215.

1.4.4 Thesenbildung

Die narrative Struktur verschwörungstheoretischer Erzählungen – so die Annahme dieser Arbeit – ist Abbild und Artikulation des medienontologischen Verdachts. Davon ausgehend stellt die vorliegende Arbeit die Frage, inwiefern die Konjunkturgeschichte der Verschwörungstheorie auch mit der Geschichte der Medien korreliert. Bilden Verschwörungstheorien möglicherweise eine Art ‚Abwehrmechanismus‘, der insbesondere in Phasen medialer Transformation und daraus resultierender Zunahme ‚medialer Zeichen‘ auf den medienontologischen Verdacht reagiert und somit an Relevanz gewinnt?

In Bezug auf die Theorie des medienontologischen Verdachts wird in dieser Arbeit angenommen, dass die Enthüllung des submedialen Raums, beziehungsweise deren Imagination, einen ‚Effekt der Aufrichtigkeit‘ erzeugt. In Hinsicht auf Verschwörungstheorien, wie sie in der vorliegenden Arbeit von Interesse sind, bedeutet dies, dass die dort vorzufindenden Vorstellungsbilder des Medialen also im Sinn einer ‚Enthüllung des submedialen Raums‘ erheblichen Anteil an deren Glaubwürdigkeit und Überzeugungskraft haben.

Unter Vorstellungsbildern des Medialen fasst diese Arbeit zunächst ganz grundsätzlich jegliche Kommunikation über Medien zusammen. Sämtliche explizite oder implizite Aussagen bezüglich einzelner Medienprodukte (etwa die *Frankfurter Zeitung*) wie auch ganzer Mediensysteme (etwa *die* Presse) fungieren letztlich als kulturelle Selbstbeschreibung einer Mediengesellschaft. Diese Aussagen können normativ, kritisch, zustimmend oder utopisch sein; wesentlich ist, dass sie irgendeine Art von Beobachtungsleistung hinsichtlich des Phänomens Mediengesellschaft liefern.

Mit ihren spezifischen Vorstellungsbildern des Medialen – so eine These dieser Arbeit – bündeln und ‚bedienen‘ Verschwörungstheorien den medienontologischen Verdacht, das heißt sie bieten die narrative Entsprechung für das Interpretationsschema, das Groys als ‚unser ‚reales‘ Verhältnis zu den Medien beschreibt. Dabei liefern sie nicht bloß eine Entsprechung des medienontologischen Verdachts, sie liefern sogar dessen ‚Befriedigung‘ und kehren ihn somit um: „Jetzt bin ich bei der Wahrheit angekommen, jetzt weiß ich endlich, was Sache ist."[45]

Dass der Verdacht tatsächlich derart konstant und ubiquitär sei, wie er von Groys beschrieben wird, ist eher unwahrscheinlich. Stattdessen ist die Annahme in dieser Arbeit, dass der Verdacht gegenüber den Medien nicht zu allen Zeiten, für alle Menschen und gegenüber allen Medien gleich ausgeprägt ist. Der Ver-

---

45 Groys: Der Verdacht ist das Medium, S. 97.

dacht gegenüber den Medien erstarkt und wächst zu einem gesellschaftlichen Phänomen größerer Relevanz mutmaßlich genau dann an, wenn eine bedeutsame Konfrontation oder Zunahme mit medialen Zeichen in der alltäglichen Lebenswelt gegeben ist. Das heißt, dass der Verdacht insbesondere unter den Vorzeichen dominanter ‚Medialisierungsschübe' zum Tragen und somit der Verschwörungstheorie entgegen kommt. Dass Medialisierungsprozesse – und nicht exklusiv: Einsamkeit, Arbeitslosigkeit, Machtlosigkeit et cetera – Verschwörungstheorien bestärken, mag zunächst kontraintuitiv klingen, deckt sich in der hiesigen Perspektive aber mit einer verbreiteten Feststellung: „Das Paradoxon besteht darin, dass die Furcht, ungenügend informiert zu sein, in dem Maße steigt, wie die Informationsmöglichkeiten zunehmen"[46], beobachtet der Medienhistoriker Jörg Requate. Ebenso beschreibt auch die Politikwissenschaftlerin Jodi Dean diese Korrelation als „[…] the paradox of the information age: that approach to political action which is most likely to enhance freedom contributes to the production of paranoia. In other words, when the truth is out there but we can trust no one, more information heightens suspicion"[47],

Mit Medialisierung – nicht etwa ‚Mediatisierung' – ist in dieser Arbeit jener Vorgang gemeint, in deren Folge Rezipienten einen Zugang zur Welt und zu Informationen über selbige in zunehmendem Maße medial und in abnehmendem Maße unmittelbar erhalten.[48] „Dieser Prozess ist seit Beginn der frühen Neuzeit beobachtbar"[49], attestiert Rudolf Stöber. Die Rede von ‚einem Prozess' ist dabei insofern problematisch, als die Mediengeschichte zeigt, dass sich Medialisierung nicht in einem konstanten Prozess sondern in zahlreichen verschiedenen Prozessen der Transformation und bisweilen auch in recht prägnanten Brüchen vollzieht. In Phasen des Medienumbruchs, so Ralf Schnell, „strukturiert sich ein zuvor dominantes Medienensemble um, mit dem Effekt, dass neue Medien sich

---

46 Requate, Jörg: Von der Gewißheit, falsch informiert zu werden, in: Obsessionen. Beherrschende Gedanken im wissenschaftlichen Zeitalter, hg. v. Michael Jeismann, Frankfurt am Main 1995, S. 276.
47 Dean, Jodi: Aliens in America: Conspiracy cultures from outerspace to cyberspace, Ithaca, N.Y 1998, S. 23.
48 Vgl. Zu dieser Definition: Stöber, Rudolf: Medialisierung vor 1945. Wie tragfähig ist der Begriff als kommunikationshistorisches Konzept für frühe Neuzeit und Moderne?, in: Von der Politisierung der Medien zur Medialisierung des Politischen? Zum Verhältnis von Medien, Öffentlichkeit und Politik im 20. Jahrhundert, hg. v. Klaus Arnold; Christoph Classen; Susanne Kinnebrock u.a., Leipzig 2010, S. 77.
49 Ebd.

durchsetzen und auf diese Weise zugleich die Perspektive auf ihre Vorgänger-Medien verändern, ohne diese zwangsläufig zu verdrängen"[50].

Das Konzept des Medienumbruchs ist in der Medienwissenschaft generell und so auch in dieser Arbeit von zentralem Interesse, da insbesondere im Kontext dieser Brüche – so die verbreitete medientheoretische Prämisse – die Medialität historischer Transformationen erforschbar und beschreibbar wird:

> Medienumbrüche sind [...] nicht nur heuristisches Beschreibungsmodell gegenwärtiger Veränderungen des Übergangs von analogen zu digitalen Medien; diese umfassende Medialisierung wird in Medientheorien kondensiert, die den Veränderungen früherer Epochen ebenfalls eine mediale Motivierung unterstellen. Weder das aufsteigende Bürgertum noch die Mentalität der Gefühlskultur sind dann Grund und Ursache der historischen Veränderungen, sondern Medientechnik und Mediensemantik stellen andere Kausalitätsmodelle bereit, deren verursachender Faktor die Ausbreitung von Buchdruck und Schrift und nicht diejenige von Innerlichkeit und Seele ist.[51]

Dabei geht die medienwissenschaftliche Forschung und Diskussion bei Weitem in der Annahme überein, vor allem die Phasen um 1800, um 1900 und um 2000 seien „wesentliche Medienumbrüche gewesen, Modernisierungsschübe, die Strukturen moderner Gesellschaften als Inhalt von Geschichte festlegen und verändern."[52] Wenn also in dieser Arbeit von Medienumbrüchen und Medialisierungsprozessen die Rede ist, verknüpft sich damit auch die medientheoretische bzw. medienhistorische These, nach der „mediale Veränderungen nicht mehr lediglich medientechnische und kulturell-ästhetische Veränderungen betreffen, sondern gesamtgesellschaftliche und gesamtkulturelle Konsequenzen zeitigen."[53]

These dieser Arbeit ist, dass auch Verschwörungstheorien auf solche medialen Transformationsphasen besonders reagieren und relevant werden, da sich in ihnen eine Abwehrhaltung hinsichtlich des Medialen manifestiert. Denn der medienontologische Verdacht, oder wie Nikolaus Wegmann formuliert, die ‚Glaubwürdigkeitslücke' der Massenmedien, ist ja „nicht Folge eines irgendwie

---

50 Schnell, Ralf: ‚Medienumbrüche' - Konfigurationen und Konstellationen: Zur Einleitung, in: MedienRevolutionen. Beiträge zur Mediengeschichte der Wahrnehmung, hg. v. Ralf Schnell, Bielefeld 2006, S. 7.
51 Käuser, Andreas: Historizität und Medialität: Zur Geschichtstheorie und Geschichtsschreibung von Medienumbrüchen, in: MedienRevolutionen. Beiträge zur Mediengeschichte der Wahrnehmung, hg. v. Ralf Schnell, Bielefeld 2006, S. 151.
52 Ebd., S. 148.
53 Ebd., S. 149.

abstellbaren Mißbrauchs dieser Einrichtungen. Sie ist vielmehr ein Effekt der normalen Operationen dieser Medien"[54]. Dementsprechend sollte dieser Effekt auch von Prozessen der Mediengeschichte betroffen sein, die diese Operationen der Massenmedien hervorbringen und transformieren.

Ob sich bei der Artikulation des medienontologischen Verdachts in Verschwörungstheorien tatsächlich ein Affekt artikuliert oder ob es sich um rein strategische Mobilisierungsversuche handelt, ist dabei zunächst unerheblich. Beide Fälle – so die Annahme – erlangen im Kontext von Medialisierungsschüben besondere Bedeutung.

Es besteht also mutmaßlich eine Korrelation zwischen historischen Prozessen der Medialisierung, medienontologischem Verdacht und den Konjunkturen von Verschwörungstheorie. Anders ausgedrückt, bestimmte Entwicklungen und Zustände moderner Mediengesellschaft begründen die Geschichte moderner Verschwörungstheorie, da diese in Form eines manifesten medienontologischen Verdachts genuin auf als problematisch empfundene Phänomene der Medialisierung reagiert. Diese These funktioniert also analog zur Prämisse der traditionellen sozialgeschichtlichen Literaturwissenschaft, die davon ausgeht, „daß es Texte gibt, die zentral von daher zu verstehen sind, daß sie auf bestimmte sozialhistorische Probleme antworten"[55]. Das sozialhistorische Problem, das in der vorliegenden Forschungsthese als der Textsorte ‚moderne Verschwörungstheorie' zugrunde liegend unterstellt wird, ist die Medialisierung unseres Wissens. Somit wird hier also behauptet, Verschwörungstheorien seien das Ergebnis einer Differenzierung des Gesamtsystems moderner Gesellschaft, welches die klassische Frage ‚Wie können wir wissen?' insbesondere seit der Konstituierung genuiner Mediengesellschaft zunehmend nur noch mit der generell problematischen Antwort ‚durch Medien' beantworten kann.

Die Forschungsfrage lautet also, inwiefern die Geschichte der Verschwörungstheorien mit der Geschichte der Medien korreliert. Im Fokus der Untersuchung stehen dabei die jeweiligen Vorstellungsbilder des Medialen als zentralem Strukturelement von Verschwörungstheorien, die es nach ihrer Koppelung mit medialen Konstellationen zu befragen gilt. „Was bedeutet die Tatsache, dass in Texten, Bildern, Artefakten oder Praktiken wiederholt bestimmte Phänomene zu

---

54 Wegmann, Nikolaus: Literarische Autorität: Common Sense oder literaturwissenschaftliches Problem? Zum Stellenwert der Literatur im Feld der Medien. 1996, http://www.culture.hu-berlin.de/verstaerker/vs001/, zuletzt geprüft am: 31.07.2014.

55 Schön, Erich: Sozialgeschichtliche Literaturwissenschaft, in: Literaturwissenschaft. Ein Grundkurs, hg. v. Helmut Brackert; Jörn Stückrath, Reinbek bei Hamburg 1992, S. 611.

beobachten sind, und was sagt dies möglicherweise über die Konstitution von Wissensformen, sozialen Beziehungen und kulturellen Bedeutungsnetzen aus?"[56], beschreibt Achim Landwehr eine zentrale Frage der ‚historischen Diskursanalyse', wie auch dieser Arbeit. Die Vorstellungsbilder des Medialen in Verschwörungstheorien als ‚wiederholt beobachtbare Phänomene' sind dabei ein besonderer medienwissenschaftlicher Untersuchungsgegenstand, da sie selbst als ein Spiegel von Medialisierungsprozessen und Medienumbrüchen, mithin als ‚Mediendiskurs', fungieren. „Das, was als revolutionäre Innovation beschrieben wird, vollzieht nicht selten auch eine weitreichende Bewegung der Rekursion. Dabei werden aus der Perspektive neuer Medien offensichtlich nicht nur alte Medien, sondern zugleich auch alte Vorstellungen und Theorien neu formatiert. Der Prozess der Remediation, der den Medien zugeschrieben wird, vollzieht sich zugleich auch auf der Ebene der Mediendiskurse – und konstituiert auf diese Weise nicht zuletzt auch das, was als Geschichte der Medien präsentiert wird."[57]

Die These dieser Arbeit unterstellt anhand der Medienreflexionen von Verschwörungstheorien ein Zusammenspiel zwischen der Geschichte moderner Mediengesellschaft und der Konjunkturgeschichte moderner Verschwörungstheorie. Diese Makrothese, die kaum umfassend empirisch überprüfbar aber durchaus mit empirischen Mitteln plausibel zu machen ist, steht in Tradition einer Mediengeschichtsforschung, die sich weniger für die materielle oder institutionelle Geschichte der Medien, als vielmehr für deren kulturhistorische Effekte interessiert. Hier ist insbesondere an eine klassische wie auch kontrovers diskutierte Studie der Disziplin zu denken, nämlich an *The printing press as an agent of change* von Elizabeth Eisenstein. Eisenstein bemerkt dort bereits 1979, „the effect of printing on collective psychopathology urgently needs further study"[58] und schlägt vor, Verschwörungstheorie-Forschung unter dem Gesichtspunkt der Medieneffekte neu zu betrachten. „Richard Hofstadter's suggestive work on the 'paranoid style in politics' as well as a spate of recent studies on the witch craze and the differences between medieval and modern anti-semitism ought to be reappraised from this angle"[59]. Eine Aufforderung, der in der vorliegenden Arbeit

---

56 Landwehr, Achim: Historische Diskursanalyse, Frankfurt am Main 2008, S. 106.
57 Schumacher, Eckhard: Revolution, Rekursion, Remediation: Hypertext und World Wide Web, in: Einführung in die Geschichte der Medien, hg. v. Albert Kümmel; Leander Scholz; Eckhard Schumacher, Paderborn 2004, S. 276.
58 Eisenstein, Elizabeth L.: The printing press as an agent of change: Communications and cultural transformations in early-modern Europe, Cambrigde 1979, S. 150.
59 Ebd.

– mit reichlicher Verzögerung und unter veränderten Vorzeichen – nachzugehen ist.

1.4.5 METHODISCHES VORGEHEN

1.4.5.1 Vorüberlegungen zum Vorgehen der Untersuchung

Die empirische Untersuchung befragt Verschwörungstheorien nach Aspekten ihrer Medialität, was im konkreten Fall bedeutet, es wird auf Ebene von Texten nach medialen Fremd- und Selbstreferenzen, allgemein nach Vorstellungsbildern des Medialen innerhalb von Verschwörungstheorien gesucht. Diese Vorstellungsbilder werden dann in einen ihnen korrespondierenden medienhistorischen Kontext gesetzt. Die Untersuchung fußt dabei auf drei aufeinander aufsetzenden Arbeitsthesen, die hier nochmals zusammengefasst sind:

- Vorstellungsbilder des Medialen bilden ein zentrales Strukturelement von modernen Verschwörungstheorien.
- Diese Vorstellungsbilder tragen zu Relevanz und zum kommunikativen Erfolg von Verschwörungstheorie bei, da sie an den medienontologischen Verdacht anschließen.
- Die Theorie des medienontologischen Verdachts wird hier zunächst als Beschreibungsmodell für mögliche Vorstellungsbilder des Medialen übernommen, jedoch hinsichtlich ihres Gültigkeitsanspruchs modifiziert: Nicht alle Menschen nehmen zu jeder Zeit jegliche Medien im Modus des Verdachts wahr. Stattdessen lautet die These, dass der Verdacht sich insbesondere unter den Vorzeichen medialer Wandlungsprozesse in Form von Verschwörungstheorien artikuliert.

Es besteht also mutmaßlich eine Korrelation zwischen medienontologischem Verdacht (in Verschwörungstheorien), historischen Prozessen der Medialisierung und der Konjunkturgeschichte der Verschwörungstheorie.

Die erste These – Verschwörungstheorien thematisieren Medien – ist für sich genommen noch relativ unspektakulär, da sie sich mit gelegentlichen Beobachtungen und Annahmen in der Forschungsliteratur deckt.[60] In der entsprechenden Literatur wurde diesem Aspekt von Verschwörungstheorie bislang aber wenig

---

60 Vgl. etwa: Horn: Der geheime Krieg; Meteling: The Parallax View; Quinn: Tout est lié: the Front National and media conspiracy theories.

Beachtung geschenkt und eine systematische Untersuchung steht noch aus. Diese Forschungslücke zu schließen ist bereits für sich genommen interessant, insofern hier ein Stück vernachlässigter Wahrnehmungsgeschichte des Medialen zu erschließen ist. Diese Wahrnehmungs- oder auch ‚Mentalitätsgeschichte' erhält durch die These vom medienontologischen Verdacht zentrale Bedeutung, da sich nun fragen lässt, inwiefern die Geschichte der Verschwörungstheorie mit der Mediengeschichte zusammenhängt. Aufgabe der dann auf diese Frage abzielenden Untersuchung ist es, Vorstellungsbilder des Medialen in Verschwörungstheorien entsprechend nicht isoliert zu betrachten, sondern in ihren medienhistorischen Kontext zu stellen. An diese Untersuchung stellen sich dabei die folgenden methodischen Anforderungen:

- Die Bestimmung historischer Fallbeispiele: Wann gab es nachweislich Konjunkturen von Verschwörungstheorie?
- Der medienhistorische Zugang: Wie sind die medialen Konstellationen zu beschreiben, die für diese Phasen ausschlaggebend waren (im Hinblick auf das Phänomen medial konstituierter Öffentlichkeit)?
- Die Auswahl der zu untersuchenden Texte: Welche Textsorten sind repräsentativ für die jeweilige Konjunktur von Verschwörungstheorie und wie ist das relevante Quellenmaterial zu bestimmen?
- Das Analyseinstrumentarium: Wie sind Vorstellungsbilder des Medialen in Verschwörungstheorien systematisch zu erheben und zu analysieren?

1.4.5.2 Zur Bestimmung der historischen Fallbeispiele

Verschwörungstheorien existieren kontinuierlich. Die verschwörungstheoretische Vorstellungswelt war wohl niemals ‚tot', es ist aber – so legt der Forschungsüberblick nahe – durchaus von Perioden der Latenz und des untergründigen Überlebens auszugehen, die immer wieder von ‚Hochphasen' unterbrochen werden. Die Bestimmung solcher Konjunkturen der Verschwörungstheorie, als Fallbeispiele für die Untersuchung in dieser Arbeit, wird im Folgenden grundsätzlich dargelegt. Detaillierte Daten finden sich dann in den jeweiligen Untersuchungsabschnitten. Die Auswahl der Fallbeispiele beschränkt sich grundsätzlich auf den deutschsprachigen Raum. Diese Einschränkung ist einerseits problematisch, da die Geschichte moderner Verschwörungstheorie von Beginn an auch eine Geschichte des Kulturtransfers über verschiedene Sprachgrenzen hinweg darstellt. Andererseits ist es nicht beabsichtigt, eine globale Geschichte der Verschwörungstheorie zu erfassen, sondern Verschwörungstheorie im Kontext deutschsprachiger Mediengesellschaften.[61] Hinsichtlich der hier zu untersuchenden Vorstellungsbilder ist im Übrigen zu vermuten, dass diese im Kontext vergleichbarer Mediengesellschaften nicht gleich, aber zumindest ähnlich konstituiert sind.[62] Befragt man die Geschichte moderner Verschwörungstheorie nach solchen Phasen, in denen verschwörungstheoretische Erzählungen von besonderer Popularität und Relevanz für die kulturelle Selbstbeschreibung waren, ergibt sich das erste Fallbeispiel praktisch von selbst. Natürlich muss eine Arbeit, die die Mediengeschichte der modernen Verschwörungstheorie thematisiert, zuallererst auch deren historische ‚Urszene' untersuchen. In der vorliegenden Arbeit bedingt bereits die Makrothese zur ‚modernen Verschwörungstheorie', dass der unterstellte historische Archetypus den Beginn der Untersuchung markiert. Die Genese moderner Verschwörungstheorie ist um 1800 dabei derart auffällig und auch prägend für die weitere Geschichte der Erzählform, dass sich ein gesonderter Beleg für deren Popularität fast erübrigt. Dass um 1800 die moderne Verschwörungstheorie überhaupt erst entstand, ist auch in dieser Arbeit noch zu diskutieren, dass sie in dieser Zeit ein auch für damalige Verhältnisse sehr stark verbreitetes Phänomen darstellte, ist allerdings allgemeiner Konsens der Forschung.

Die Rede von weiteren ‚Konjunkturen der Verschwörungstheorie' ist dennoch mit einem forschungspraktischen Problem konfrontiert. Die Verbreitung des Glaubens an Verschwörungstheorien – als zentraler Indikator einer Konjunktur – lässt sich jedenfalls kaum zufriedenstellend erfassen. Dass akademische und journalistische Beiträge etwa seit 20 Jahren von einer gegenwärtigen Konjunktur von Verschwörungstheorien sprechen, könnte zwar einen Hinweis liefern, es könnte aber auch lediglich Zeugnis von einem Modethema in journalistischen und akademischen Beiträgen ablegen. „Es ist also schwer zu sagen, ob, wie man gemeinhin annimmt, der Glaube einer großen Zahl von Menschen an die Existenz von Komplotten im Laufe der letzten zehn oder zwanzig Jahre wirklich in nennenswertem Umfang zugenommen hat", schreibt Luc Boltanski,

---

61 Nicht deutschsprachige Texte werden bei der Zusammenstellung des zu untersuchenden Quellenmaterials allerdings dann berücksichtigt, wenn diese nachgewiesenermaßen deutschsprachige Textsorten wesentlich beeinflusst haben oder trotz ihrer fremdsprachigen Herkunft im deutschsprachigen Raum stark rezipiert wurden.

62 Hinweise darauf etwa für die USA bei Michael Parenti und abermals bei Adrian Quinn für Frankreich: Parenti, Michael: Dirty truths: Reflections on politics, media, ideology, conspiracy, ethnic life and class power, San Francisco 1996; Quinn: Tout est lié: the Front National and media conspiracy theories.

der an diese These den Anspruch einer umfangreichen statistischen Erhebung stellt:

> Zur Untermauerung dieses Standpunktes müssten Längsschnittuntersuchungen vorgenommen werden, die es bisher nicht gibt und von denen man auch nicht recht sieht, wie sie vor allem in Bezug auf die Vergangenheit durchgeführt werden könnten. Es ist also möglich, dass sich die von einer weltweiten Paranoia-Epidemie zeugenden Verschwörungstheorien vor allem durch einen Repräsentationseffekt zu einem wichtigen Problem gemausert haben. [...] und zwar insbesondere eines beinahe allen zugänglichen Mediums wie des Internets, das letztendlich Überzeugungen, die bis dahin innerhalb kleiner geschlossener Gruppen zirkulierten, einer breiten Öffentlichkeit zugänglich macht.[63]

Solche Längsschnittuntersuchungen – die eine mögliche Verzerrung durch einen ‚Repräsentationseffekt' empirisch ausschließen könnten – sind zwar nicht vorhanden, doch für die jüngste Vergangenheit existieren immerhin verschiedene Meinungsumfragen, die eine recht hohe Verbreitung des Glaubens an Verschwörungstheorien nahelegen (vgl. Kap. 2). Alleine, es fehlen schon die entsprechenden Vergleichsdaten für eine mutmaßlich weniger hohe Verbreitung im Vorfeld dieser Umfragen. Für eine umfassendere Bestimmung von Konjunkturen in der weiteren Geschichte moderner Verschwörungstheorie, das heißt für die ältere Vergangenheit, fehlen solche Erhebungen gänzlich. Es ist daher forschungspraktisch vorerst nur möglich, von Konjunkturen der Verschwörungstheorie zu sprechen, wenn man als Indikator nicht den Glauben an Verschwörungstheorien sondern die Verbreitung und Rezeption verschwörungstheoretischer Textsorten heranzieht.[64] Auch dieses Vorgehen lässt zwar keine lückenlose und numerisch exakte Bestimmung von Konjunkturen zu, taugt aber durchaus grundsätzlich als Indiz für kulturelle Relevanz und Popularität, die wiederum eine wesentliche Grundlage für die Verbreitung des Glaubens an Verschwörungstheorien bildet.

---

63 Boltanski: Rätsel und Komplotte, S. 352.

64 Eine Möglichkeit, Längsschnittuntersuchungen über den Glauben an Verschwörungstheorien auch in Bezug auf die Vergangenheit zu erstellen, zeigt etwa eine Studie der Politikwissenschaftler Joseph Uscinski und Joseph Parent auf. Die Forscher werteten einen Materialkorpus von 100 000 Leserbriefen an die New York Times aus dem Zeitraum von 1897 bis 2010 sowie 10 000 Leserbriefen an den Chicago Tribune aus, und analysierten so verschwörungstheoretische Tendenzen in Leserbriefen aus über 100 Jahren. Vgl.: Uscinski, Joseph E; Parent, Joseph M; Torres, Bethany: Conspiracy theories are for loosers: Paper presented at the 2011 American Political Science Association annual conference, Seattle, Washington.

Auf Basis der einschlägigen Fachliteratur lassen sich zunächst verschiedene Phasen bestimmen, die allgemein als Konjunkturen von Verschwörungstheorien gelten (vgl. zur Historiographie der Verschwörungstheorie: Kap. 1.3.1). Die vorliegende Arbeit kommt somit zu weiteren Fallbeispielen, indem sie diese Phasen danach befragt, welche speziellen Varianten verschwörungstheoretischer Erzählungen für diese Phasen besonders relevant waren und inwiefern für diese Erzählungen von einer besonders hohen Reichweite auszugehen ist. Grenzt man diesen Gegenstand auf den deutschsprachigen Sprachraum ein – denn nur dieser soll hier ja beispielhaft untersucht werden – ergibt die einschlägige Forschungslage zur Historiographie der Verschwörungstheorie ein recht eindeutiges Bild. So ist gut belegt, dass auf die Verschwörungstheorien über Freimaurer und Illuminaten mit einigem zeitlichen Abstand eine regelrechte Welle von Erzählungen über die ‚Verschwörung der Juden' folgte. Diese antisemitische Verschwörungstheorie, deren Virulenz und Wirkmacht vor allem mit den *Protokollen der Weisen von Zion* assoziiert wird, bildet somit das zweite Fallbeispiel der Untersuchung. Die *Protokolle* verweisen auf eine verworrene Entstehungs- und Rezeptionsgeschichte, die eine Fokussierung auf einen spezifischen Zeitabschnitt zunächst problematisch erscheinen lässt. Diese vermeintliche ‚Mutter aller Verschwörungstheorien' ist hier gerade wegen ihres offenbar universellen und somit idealtypischen Charakters von Interesse. Zu ihrer Entstehungs-, Transformations- und Rezeptionsgeschichte gehören bereits der Simonini-Brief aus dem Jahr 1806, wie auch noch das antisemitische Deutungsmuster in Verschwörungstheorien nach dem 11. September 2001.[65] Sie stellt somit eine Art Bindeglied zwischen der Phase um 1800 und der Gegenwart dar. Die in dieser Arbeit vorgenommene zeitliche Zuordnung ‚um 1900' als Untersuchungszeitraum für die antisemitische Verschwörungstheorie ist also eher ein behelfsmäßiger Platzhalter, der wiederum insofern legitim ist, als die reguläre Erstveröffentlichung der *Protokolle* unter diesem Titel auf das Jahr 1905 datiert und deren Popularität in den folgenden Jahrzenten ausreichend dokumentiert ist. Dennoch ergibt sich logischerweise die Problematik, für diesen Text einen adäquaten, sprich exakten medienhistorischen Kontext zu bestimmen (siehe hierzu später im entsprechenden Kapitel 3.1).

---

65 Zum Simonini-Brief siehe etwa: Oberhauser, Claus: Simoninis Brief oder die Wurzeln der angeblichen jüdisch-freimaurerischen Weltverschwörung, in: Juden und Geheimnis. Verborgenes Wissen und Verschwörungstheorien, hg. v. Institut für Jüdische Geschichte Österreichs, St. Pölten 2012. Zum antisemitischen Deutungsmuster in Verschwörungstheorien der jüngeren Vergangenheit vgl. insbesondere: Jaecker: Antisemitische Verschwörungstheorien nach dem 11. September.

Im deutschsprachigen Raum beginnt nach 1945 zunächst eine Phase der Latenz und des untergründigen Überlebens der Verschwörungstheorie. Der kalte Krieg zwischen Ost und West mag eine Hochphase ‚politischer Paranoia' gewesen sein,[66] Konjunkturen verschwörungstheoretischer Erzählungen brachte er hier aber zunächst nicht hervor.[67] Selbst die ‚Klassiker' der Verschwörungstheorien der zweiten Hälfte des 20. Jahrhunderts – die Ermordung von John F. Kennendy 1963 und die erste bemannte Mondlandung 1969 – erreichten den deutschen Sprachraum nur mit einiger zeitlicher Verzögerung und vor allem zunächst weitaus weniger heftig, als es deren heutige Popularität vermuten lassen könnte. Hier sei auch daran erinnert, dass etwa der berüchtigte ‚Roswell-Zwischenfall' von 1947 über 30 Jahre lang praktisch überhaupt keine verschwörungstheoretische Bedeutung hatte. Der vermeintliche Absturz einer ‚fliegenden Untertasse' in Roswell befeuerte erst ab 1980 die verschwörungstheoretische Ufo-Folklore: Nachdem der Autor Charles Berlitz, der zuvor noch weithin ertraglos das Rätsel des Bermuda-Dreiecks beforschte, bei Recherchen nach weiteren ungeklärten Phänomenen auf Zeitungsartikel über den Absturz eines unbekannten Flugobjekts in Roswell stieß, machte sein dadurch inspiriertes Buch die Erzählung vom vertuschten Ufo-Absturz weltweit bekannt.[68] Eine Rückkehr der Verschwörungstheorie als Wirklichkeitserzählung registriert die Forschung erst seit den späten 1980er Jahren. Diese Welle hielt laut der Forschungsliteratur bis in die jüngste Vergangenheit an und ein Abklingen wurde zumindest noch nicht attestiert. Für den Zeitraum von 2003 bis 2010 existieren mehrere Meinungsumfragen, die eine hohe Verbreitung des Glaubens an einzelne Verschwörungstheorien in Deutschland belegen können (vgl. Kap. 4, S. 248). Betrachtet man verschiedene bekannte Verschwörungstheorien dieser Zeit, so stechen dabei die Verschwörungstheorien zum 11. September 2001 aus der Gesamtmenge virulen-

---

66 Vgl: Hofstadter: The paranoid style in American politics.
67 Das heißt nicht, dass es nicht dennoch entsprechende Verschwörungstheorien gab. Erwähnt sei hier etwa eine staatliche Kampagne in der DDR, die die bedrohliche Kartoffelkäfer-Plage in den 1950er Jahren durch gezielten Käfer-Abwurf aus amerikanischen Flugzeugen – als biologische Waffe – erklärte. Vgl. etwa: Haury, Thomas: Antisemitismus von links: Kommunistische Ideologie, Nationalismus und Antizionismus in der frühen DDR, Hamburg 2002, S. 358.
68 Auf die bemerkenswerte Latenzphase des Roswell-Incident wurde ich aufmerksam durch die Teilnahme am Workshop ‚Ufogeschichte' an der FU Berlin. Den Veranstaltern, der Emmy Noether-Forschergruppe ‚Die Zukunft in den Sternen: Europäischer Astrofuturismus und außerirdisches Leben im 20. Jahrhundert' sei hier nochmals für einen erfolgreichen Workshop gedankt.

ter Verschwörungstheorien deutlich heraus. Für diese Erzählungen ist abermals eine besonders hohe Verbreitung und Relevanz – keineswegs nur per Referenz auf das Internet – recht gut belegbar. Verschwörungstheorien zum 11. September bilden daher das dritte und letzte Fallbeispiel der Untersuchung.

1.4.5.3 Der medienhistorische Zugang

Die fraglichen Verschwörungstheorien sollen in der Untersuchung vorab in ihren medienhistorischen Kontext gesetzt werden, um die unterstellte Korrelation zwischen Medialisierung und den Vorstellungsbildern des Medialen in Verschwörungstheorien belegen zu können. Es geht darum, die medialen Konstellationen zu beschreiben, die in den ausgewählten Konjunkturphasen der Verschwörungstheorie für die Konstitution medialer Öffentlichkeit ausschlaggebend waren. ‚Mediale Konstellationen' meint hier historische mediale Infrastrukturen, die gesellschaftliche Organisation des Mediensystems, also vorrangig die Bedingungen, unter denen öffentliche Kommunikation zustande kommt. Dazu gehören technische, wirtschaftliche und organisationelle Bedingungen. Wie ist – in den jeweils untersuchten Phasen – öffentliche Meinung möglich, wie verändern sich in der jeweiligen Mediengesellschaft die Strukturen von Wissensgenerierung und Informationsvermittlung? Inwiefern sind anhand der medialen Konstellationen Prozesse der Medialisierung zu verzeichnen?

Da es sich hier um notwendiges Kontextwissen handelt, das durchaus über einen belastbaren Forschungsstand verfügt, präsentiert diese Arbeit keine eigene empirische Forschung zur Mediengeschichte, sondern konsultiert die entsprechende Forschungsliteratur. Eine eigene ‚empirische Beschreibung', wie sie der Kommunikationswissenschaftler Rudolf Stöber wohl zu Recht als Bedingung einer genuinen Mediengeschichtsschreibung voraussetzt, findet hier nicht statt.[69] Die Beschränkung auf Sekundärliteratur ist für die vorliegende Arbeit insofern vollkommen ausreichend, als es hier im Kern nicht um ‚medienhistorischen Fortschritt' geht, sondern um medientheoretisch interessierte Kulturwissenschaft unter Bezugnahme auf weithin beforschte Episoden der Mediengeschichte. Hinzuzufügen ist, dass die medienhistorischen Skizzen stets nach dem Motto ‚Prüfet alles und das Gute behaltet' auf Basis eines kritischen Vergleichs verschiedener ‚Mediengeschichten' und nicht bloß auf der Lektüre einzelner Überblicksarbei-

---

69 Vgl.: Stöber, Rudolf: Mediengeschichte: Ein subjektiver Erfahrungsbericht, in: Presse und Geschichte. Leistungen und Perspektiven der historischen Presseforschung, hg. v. Astrid Blome; Holger Böning, Bremen 2008, S. 414–415.

ten fundieren. Der Medienwissenschaftler Siegfried J. Schmidt beschreibt dieses Forschungsverständnis folgendermaßen:

Da das Material zur Mediengeschichtsschreibung keineswegs einheitlich ist und sich in vielen Fällen unterschiedliche Interpretationen von Quellen und Daten gegenüberstehen, bleiben dem Medienwissenschaftler nur zwei Optionen:
(a) Er muss alle Quellen und Daten nachrecherchieren (forschungspraktisch unmöglich)
(b) Er muss sich für die ihm anhand der Literaturlage als plausibelst erscheinende Interpretation entscheiden und geht damit das Risiko ein, von anderen Historiographen als inkompetent und unvollständig recherchierend überführt zu werden.[70]

Auch für die vorliegende Studie gilt dabei: „Nur (b) ist machbar. Zur Rechtfertigung von (b) taugt, dass es sich um eine medienwissenschaftliche Makrothese in Bezug auf Medienentwicklung handelt, die nicht jede Einzelheit berücksichtigen muss".[71]

Ein gewisser Tiefgang der Recherche, der über die Inanspruchnahme einschlägiger medienhistorischer Übersichtswerke hinausgeht, ist dabei insofern geboten, als die untersuchten verschwörungstheoretischen Texte sich ja gerade selbst als Geschichtsschreibung verstehen und deren Reflexionen oftmals erst mithilfe detaillierterer Kenntnisse der Mediengeschichte überhaupt einzuordnen sind.

1.4.5.4 Vorüberlegungen zum Umgang mit dem Textmaterial

Zur Analyse der fraglichen Vorstellungsbilder des Medialen in verschwörungstheoretischen Textsorten bedarf es zunächst eines methodischen Vorgehens, das große Textbestände systematisch erfassbar und bearbeitbar macht und somit eine ausreichende Menge repräsentativer Einzelfallanalysen ermöglicht. Die am Material anzuwendende textanalytische Methode soll dazu dienen, Vorstellungsbilder des Medialen herauszuarbeiten, die textübergreifend wiederkehren und somit tendenziell für den gesamten Bestand verschwörungstheoretischer Texte, die zu einer gegebenen Zeit zirkulieren, kennzeichnend sind. Die Analyse ist entsprechend dem Forschungsanliegen qualitativ und nicht quantitativ auszurichten.

Verfahren, die dem oben beschriebenen Forschungsanliegen entsprechen, bietet grundsätzlich das Feld der Diskursforschung beziehungsweise ‚Diskursanalyse'. Hinsichtlich der Analyse der hier fraglichen Vorstellungsbilder ist

---

70 Schmidt: Rekurrenzen der Mediengeschichte, S. 79.
71 Ebd.

dabei insbesondere an diskursanalytische Detailanalysen zu denken. Die Anwendung solcher Detailanalysen im Anschluss an Siegfried Jägers Vorschläge zu einer ‚kritischen Diskursanalyse' wurden von Tobias Jaecker bereits erfolgreich für die Erforschung bestimmter Vorstellungsbilder in Verschwörungstheorien erprobt: „Mit dieser Detailanalyse können [...] filigranere Formen und Inhalte des Diskurses erfasst und die Struktur des verschwörungstheoretischen Konstrukts deutlicher herausgearbeitet werden"[72], beschreibt Jaecker den Vorteil der Methode. „Dabei werden insbesondere die inhaltlich-ideologischen Aussagen, aber auch sprachlich-rhetorische Mittel untersucht."[73] Dies entspricht auch dem Analyseziel der vorliegenden Arbeit, die daher ein zur kritischen Diskursanalyse analoges Vorgehen wählt. Man wird die in dieser Arbeit vorgenommene Untersuchung somit in einem allgemeinen Sinne letztlich auch als ‚diskursanalytisches Verfahren' beschreiben können. Dabei bleibt aber festzuhalten, dass hier weiterhin ‚Erzählungen' und nicht ‚Diskurse' den Untersuchungsgegenstand bilden (daher entfällt an dieser Stelle auch eine vertiefte Diskussion des Diskurs-Begriffs. „In der Forschungspraxis präsentieren sich Diskurse zunächst als nichts anderes denn als Korpora von Einzeltexten"[74], pointiert der Historiker Achim Landwehr. Und nur diese forschungspraktische Realität ist an dieser Stelle wesentlich).

Den hier zugrunde liegenden medienkulturwissenschaftlichen Zugang, im Unterschied zu einer eher soziologisch konzipierten Diskursanalyse, verdeutlichen im Übrigen die verschiedenen Verwendungen des Begriffs ‚Mediendiskurs'. So betonen soziologisch geprägte Diskursanalysen mit dem Begriff des Mediendiskurses in aller Regel die Verortung bestimmter Redeweisen in den Massenmedien – als zentrale ‚Diskursträger' – und analysieren dann beispielsweise eine Auswahl überregionaler Tageszeitungen und Wochenmagazine.[75] Auch wenn dieses Feld dadurch nicht ausgeschlossen wird, hat der Begriff des Mediendiskurses in der medienkulturwissenschaftlichen Forschung eine speziellere Bedeutung, er steht genuin für Redeweisen ‚über Medien' als kulturelle Selbstbeschreibung innerhalb verschiedener Textsorten. „Medien erzeugen keineswegs von sich aus ein Wissen über das, was sie sind und können. Dieses Wissen stellen Mediendiskurse vielmehr aller erst her. Mediendiskurse formieren also die operative Logik von Medien und machen zugleich diese Logik

---

72 Jaecker: Antisemitische Verschwörungstheorien nach dem 11. September, S. 65.
73 Ebd.
74 Landwehr: Historische Diskursanalyse, S. 102.
75 Die Arbeit von Tobias Jaecker bildet übrigens selbst ein Beispiel für diesen Ansatz.

sichtbar"[76], umschreibt die Medienwissenschaftlerin Irmela Schneider dieses Begriffskonzept. Mediendiskurse sind dabei als Form des Kommentars zu verstehen, der die Technik, die ‚Programmierung' und die Funktion von Medienangeboten in einem ‚beobachtenden Medium' thematisiert. „Mediendiskurse meinen nicht nur ein einfaches und folgenloses Reden über Medien, sondern solche Diskurse formieren Medien und ihre Nutzung."[77]

Tanja Carstensen spricht in ihrer diskursanalytischen Studie über die Thematisierung des Internets in gewerkschaftlichen Mitgliederzeitschriften in ähnlicher Weise etwa von einer ‚interpretativen Herstellung' von Medien.[78] Die in dieser Arbeit interessierenden Vorstellungsbilder des Medialen in Verschwörungstheorien sind sicher auch solch ein ‚Mediendiskurs'. Korrekterweise ist aber dennoch von der Analyse eines narrativen Strukturelements zu sprechen.

Ausgehend von diesen grundsätzlichen Vorüberlegungen ist im Folgenden dargelegt, wie die Untersuchung zu ihrem Material – also den zugrunde liegenden Erzählungen – kommt, und wie die Analysen dieses Materials konzipiert sind.

1.4.5.5 Zur Materialerhebung

Die Auswahl des Materials basiert zunächst grundsätzlich auf den drei genannten Fallbeispielen. Während sich die älteren Textsorten dabei naturgemäß auf Printprodukte beschränken, finden für Verschwörungstheorien zum 11. September natürlich auch mediale Artefakte aus dem Bereich neuerer Medien Eingang in den Korpus.

Die systematische Zusammenstellung des Untersuchungskorpus orientiert sich jeweils an der Zugehörigkeit zur Textsorte ‚totale Verschwörungstheorie'. Dabei ergeben sich bestimmte Schwierigkeiten, wie sie auch aus dem Bereich der Gattungsforschung bekannt sind: „Gattungszuschreibungen unterliegen den natürlichen und den kulturellen Bedingungen des Kategorisierens, sie sind kulturrelativ und historisch flexibel, und sie beruhen auf der Wahrnehmung von besten Beispielen (Prototypen) und derjenigen von weniger trennscharfen als

---

76 Schneider, Irmela: Reiz/Reaktion – Vermittlung/Aneignung: Genealogische Spuren der Mediennutzung, in: Mediale Markierungen. Studien zur Anatomie medienkultureller Praktiken, hg. v. Simone Dietz; Timo Skrandies, Bielefeld 2007, S. 113.
77 Bohnenkamp, Schneider: Medienkulturwissenschaft, S. 44.
78 Carstensen: ‚Das Internet' als Effekt diskursiver Bedeutungskämpfe.

eher ‚verschwimmenden' Grenzen zu ‚besten Beispielen' anderer Kategorien. Daher haben sie also schon allein aus wahrnehmungspsychologischen Gründen keine scharfe, sondern eine prinzipiell schwankende Gestalt."[79]

Wie aus obigem Zitat ersichtlich, ist unter dem Paradigma der Intersubjektivität die Einordnung einzelner Texte als zu einem bestimmten Korpus zugehörig grundsätzlich nicht unproblematisch. Um der prinzipiellen Fragilität des Kategorisierens im Rahmen der Zusammenstellung des Untersuchungskorpus zu begegnen, orientiert sich die Materialauswahl nicht an einem starren Konzept von Gattungsstruktur, sondern an Ludwig Wittgensteins Konzept der Familienähnlichkeit:

Als fruchtbares Instrumentarium, sinnvolle systematische Einheiten zu schaffen bzw. zu rekonstruieren, hat sich in den letzten Jahren schließlich der Bezug auf Wittgensteins Konzept der 'Familienähnlichkeit' erwiesen. Hier braucht ein einzelnes literarisches Werk nicht alle Merkmale einer Gattung aufzuweisen, sondern lediglich so viele, dass man seine ‚Familienzugehörigkeit' erkennen kann. Es kann dabei auch mehreren ‚Familien' zuzurechnen sein [...]. Bei dem Modell der Familienähnlichkeit handelt es sich um ein sehr flexibles System, das die historische Variabilität von Gattungszuschreibungen ebenso zu erkennen gibt wie die offenkundige Konstruktionstätigkeit, die der einzelne Literaturwissenschaftler bei der Zuordnung einzelner Texte unweigerlich betreibt.[80]

Darüber hinaus kann für nahezu alle hier untersuchten Texte in Anspruch genommen werden, dass sie im Rahmen der Forschungsliteratur bereits als typische Verschwörungstheorien gekennzeichnet wurden, was bei aller Problematik des pejorativen und umstrittenen Begriffs der Verschwörungstheorie im Rahmen der Materialzusammenstellung durchaus von Bedeutung ist: „Eine solide Basis der Korpusbildung bietet eine rezeptionsästhetische Begründung [...]. Damit bemüht man sich darum, einen Korpus zusammenzustellen, dessen Texte von Zeitgenossen als zusammengehörig empfunden werden. Auf diese Weise können rezeptionsästhetische Verfahren Elemente des historischen Gebrauchs von Begriffen im Prozess der Korpusbildung einbeziehen."[81] Diese deduktive Zuordnung,

---

79 Zymner, Rüdiger: Zur Gattungstheorie des ‚Handbuchs', zur Theorie der Gattungstheorie und zum ‚Handbuch Gattungstheorie'. Eine Einführung, in: Handbuch Gattungstheorie, hg. v. Rüdiger Zymner, Stuttgart 2010, S. 3.

80 Dunker, Alex: Gattungssystematiken, in: Handbuch Gattungstheorie, hg. v. Rüdiger Zymner, Stuttgart 2010, S. 14–15.

81 Müller, Ralph: Korpusbildung, in: Handbuch Gattungstheorie, hg. v. Rüdiger Zymner, Stuttgart 2010, S. 24.

die sich offensichtlich auf Konstruktionsleistungen von schlicht als ‚Zeitgenossen' bezeichneten Akteuren beruft, kann wiederum durch induktive Verfahren ergänzt und abgesichert werden: „Induktive Verfahren gehen zur Korpusbildung von Einzelfällen aus, um zu allgemeinen Regeln oder Gesetzen einer Gattung und damit zu Gattungsbegriffen zu kommen. Wichtig kann daher der unterstellte bzw. vermutete ‚Archetypus einer Gattung als Ausgangspunkt' oder eine ‚klassische', kanonisch gewordene Ausprägung sein, wie sie sich etwa in der ersten historischen Realisation einer Gattung finden lässt."[82] Alle folgend untersuchten Textsorten müssen dementsprechend in Relation zu diesen historischen Archetypen den Faktor der Familienähnlichkeit erfüllen, um dem zugrunde liegenden Konzept von totaler Verschwörungstheorie als gattungsartiges Narrativ gerecht zu werden. Da die über das Strukturelement ‚Vorstellungsbilder des Medialen' hinausgehende Überprüfung von Familienähnlichkeit wiederum nicht Teil der eigentlichen Forschungsfrage ist, wird diese auch nicht im Rahmen der vorliegenden Untersuchungsdarstellung expliziert. Das heißt, diese Überprüfungen finden im Laufe des Forschungsprozesses statt, sind für den Leser dieser Arbeit aber nicht sichtbar. Dass diese Lücke hinsichtlich der Gütekriterien empirischer Forschung ein gewisses Problem darstellt, wird dabei bewusst in Kauf genommen. Hier gilt es abzuwägen zwischen einem umfassenden Transparenz-Anspruch und dem Anspruch einer konsequent verfolgten Forschungsfrage, die sich nicht in ausufernden Begründungsdarlegungen verlieren darf. Diese Leerstelle, die aus Gründen des Textflusses letztlich durchaus vorteilhaft ist, wird insofern methodisch aufgefangen, als die Auswahl des Materials alternativ zu einer umfassenderen Darlegung der Familienähnlichkeit deduktiv durch entsprechende Zuordnungen aus der Forschungsliteratur begründet wird. Diese konsensmäßigen Zuordnungen können ihrerseits je eigene Legitimierungsstrategien des Kategorisierens vorweisen, die im Zweifel dem Konzept der Familienähnlichkeit durchaus entsprechen.

Da außerdem selbstverständlich nicht die Gesamtheit der jeweiligen verschwörungstheoretischen Textsorten in dieser Arbeit zu verarbeiten ist, gilt es, einzelne Textsorten für die Analysen auszuwählen. Um möglichst repräsentative Einzelfälle zu selektieren, orientiert sich die Arbeit dabei an den jeweiligen arche- und idealtypischen Texten der fraglichen Zeitspanne, also am Prototypenprinzip, aber auch an der Reichweite jeweiliger Textsorten. Die Frage der Reichweite ist insofern relevant, als hier nicht die idealtypische Form der Verschwörungstheorie für sich selbst von Interesse ist, sondern der Faktor einer je-

---

82 Dunker, Alex: Methoden der Gattungsforschung, in: Handbuch Gattungstheorie, hg. v. Rüdiger Zymner, Stuttgart 2010, S. 26.

weiligen Konjunktur beziehungsweise Popularität. Im Idealfall existiert zu einer Verschwörungstheorie genau ein prototypischer Text und dieser erreicht gleichsam die nachgewiesenermaßen höchste Reichweite im Rahmen einer Konjunktur verschwörungstheoretischen Erzählens. Ist dieser Idealfall nicht gegeben, beziehungsweise lässt er sich nicht valide rekonstruieren, wird zwischen beiden Anforderungen abgewogen, um einen möglichst idealtypischen Textbestand zu rekonstruieren.

1.4.5.6 Zur Anwendung der Textanalysen

Ist ein Bestand repräsentativer Einzelfälle einer Verschwörungstheorie erfasst, gilt es zunächst, jeweilige Überblicksanalysen zu erstellen. Hier wird zum besseren Verständnis für das Material die historische Genese und das spezifische Narrativ einer jeweiligen Verschwörungstheorie vorgestellt. Bevor darauf folgend die konkreten Vorstellungsbilder des Medialen analysiert werden, ist für jede untersuchte Textsorte im Einzelnen darzulegen, inwiefern diese als repräsentativ gelten kann und welche Bedeutung ihr für die Genese einer Verschwörungstheorie zukommt. Hier fließen auch grundlegende Aspekte der Produktion, Distribution und Rezeption ein, jedoch ohne den Anspruch, diese Aspekte umfassend zu analysieren. Diese rahmenden Informationen zum spezifischen Kontext einzelner Textsorten werden den Detailanalysen in Textkästen vorangestellt. Detailanalysen meint hier die Erhebung und Auswertung der eigentlichen Vorstellungsbilder des Medialen. Infrage kommt dabei grundsätzlich jegliche ‚Kommunikation über Medien' in den fraglichen Textsorten. Von besonderem Interesse sind dabei, gemäß dem theoretischen Rahmen, solche Vorstellungsbilder, die einen submedialen Raum thematisieren, beziehungsweise den medienontologischen Verdacht repräsentieren. Ein recht idealtypisches Beispiel dafür bildet etwa die Zitation der bereits vorgestellten ‚Swinton-Rede', da hier quasi der submediale Raum selbst zur Sprache kommt und den medienontologischen Verdacht bestätigt.

Die Untersuchung der Vorstellungsbilder des Medialen, die entsprechend dem vorgestellten Konzept als typische Strukturelemente zu verstehen sind, sieht als ersten Schritt der Analyse eine intensive Lektüretätigkeit vor. Dabei gilt es, den gesamten Bestand der erfassten repräsentativen verschwörungstheoretischen Textsorten analytisch zu lesen und auf das interessierende Strukturelement hin abzusuchen. Um sicherzustellen, auch in den älteren historischen Quellen keine brauchbaren Textstellen zu übersehen, erfolgt die Suche im Übrigen nicht über die Schlagwortabfrage von digitalisierten Texten, sondern per ‚verstehendem' Lesen der originalen Printmedien. Ziel dieser Analyse ist es, möglichst idealtypische Strukturmerkmale herauszuarbeiten und diese hinsichtlich ihrer inhaltlichen sowie sprachlich-rhetorischen Merkmale zu beschreiben. Das heißt, die repräsentativen Fundstücke aus den drei historischen Fallbeispielen werden jeweils möglichst unverändert als originäre Quellen vorgestellt und unter Bezugnahme auf den theoretischen Rahmen der Arbeit beschrieben.[83] Die wesentlichen Ergebnisse dieser Analysen gilt es abschließend für jedes historische Schlaglicht zusammenzufassen und einer Gesamtaussage zuzuführen.

---

83 Bei der Zitation der fraglichen Textstellen werden auch etwaige Hervorhebungen wie Fettschrift oder Setzung in Großbuchstaben aus der Quelle übernommen.

2. Untersuchungsteil I: Aufklärung als Massenbetrug?

Zu den Archetypen moderner Verschwörungstheorie

Innerhalb der historischen Umbruchphase um 1800 entstanden jene Textsorten, die die Erzählform moderner Verschwörungstheorien erst begründen. Diese Erzählungen, die sich – wie zu zeigen sein wird – durchaus sinnfällig von vormodernen Phänomenen wie Hexenmuster und Teufelsglaube abgrenzen lassen, fungieren bis heute als Blaupause und Prototyp moderner Verschwörungstheorie. Umso mehr verdienen diese heute mehr als 200 Jahre alten Erzählungen eine Beschreibung, denn erst die Beachtung der historischen Anfänge ermöglicht ein umfassendes Verständnis für ein Phänomen der langen Dauer, wie es die Verschwörungstheorie ohne Zweifel darstellt.

Bereits die prototypischen Erzählungen über Geheimbund-Verschwörungen waren kein Phänomen der gesellschaftlichen Peripherie, sondern „eine der auffälligsten konservativen Erscheinungen im letzten Jahrzehnt des achtzehnten Jahrhunderts"[1]. Der dominante Prototyp dieser modernen Verschwörungstheorie war mitunter eine ‚Erfindung' aus dem deutschen Sprachraum, die – laut Forschungskonsens – auf die Französische Revolution von 1789 beziehungsweise den allgemein wahrgenommenen gesellschaftlichen Wandel jener Zeit reagierte (vgl. Abschnitt 1.3.2). Die Frage, inwiefern Verschwörungstheorien mit medialen Konstellationen zusammenhängen, führt in diesem ersten historischen Fallbeispiel zur These, dass die Entstehung moderner Verschwörungstheorie in deutscher Sprache überhaupt auch als Effekt medialer Konstellationen um 1800 verstanden werden kann. Im 18. Jahrhundert – und insbesondere nach der Französischen Revolution – entstand nicht zuletzt auch ein allgemeines Bewusstsein für die gesellschaftliche Funktion und Bedeutung von Medien: „Dieser Bewußt-

---

1 Epstein: Die Ursprünge des Konservatismus in Deutschland, S. 583.

seinssprung markiert kommunikationshistorisch den Initialpunkt jener permanenten ‚Medienrevolution', deren vorerst letzte Phase wir mit der Digitalisierung und globalen Vernetzung der Informationsströme aktuell erleben."[2] Die zunächst vage Zeiteingrenzung ‚um 1800' meint hier exakter den Zeitraum von 1786 bis 1804. In diesen Zeitabschnitt fallen die Veröffentlichungen der für die Erzählform ‚moderne Verschwörungstheorie' entscheidenden, weil musterbildenden Textsorten (vgl. Abschnitt 1.3.2).

Die folgenden Abschnitte skizzieren unter den Schlagworten ‚Vergesellschaftungswut' und ‚Print-Explosion' zunächst die zentralen medienhistorischen Entwicklungen, die diese Textsorten begleiteten beziehungsweise ihnen vorausgingen. Der daran anschließende Teil untersucht, inwiefern die verschwörungstheoretischen Textsorten um 1800 selbst Vorstellungsbilder des Medialen hervorgebracht und somit auf den spezifischen medialen Kontext um 1800 reagiert haben.

---

2 Fischer, Ernst; Haefs, Wilhelm; Mix, York-Gothart: Einleitung: Aufklärung, Öffentlichkeit und Medienkultur in Deutschland im 18. Jahrhundert, in: Von Almanach bis Zeitung. Ein Handbuch der Medien in Deutschland, 1700-1800, hg. v. Ernst Fischer; Wilhelm Haefs; York-Gothart Mix, München 1999, S. 9.

2.1 Medialer Kontext

Vergesellschaftungswut und Printexplosion

‚VERGESELLSCHAFTUNGSWUT' ALS STRUKTURELLE VORBEREITUNG NEUER ÖFFENTLICHKEIT

> „Vereinfacht lässt sich sagen, dass die Geheimbünde sich ihrer Verfassung nach zur Abschaffung des Absolutismus verschworen haben."
>
> NIELS WERBER/TECHNOLOGIEN DER MACHT

Ein zentraler Aspekt neuer Formen von Öffentlichkeit im 18. Jahrhundert, der bekanntermaßen auch als typischer Verdachtsgegenstand in die moderne Verschwörungstheorie einzog, war die zunehmende ‚Vergesellschaftung' in Gestalt tausender Bünde, Logen und Gesellschaften, die in Europa am Ende des 18. Jahrhunderts als ‚Vergesellschaftungswut' ihren Höhepunkt erreichte.[1]

Kommunikations- und medienhistorisch sind dabei keinesfalls bloß die einschlägigen sozialen Orte des Lesens und Vorlesens – die Salons und Lesegesellschaften – von Bedeutung.[2] Gerade auch die nach außen hin abgeschotteten (Geheim-)Bünde, (geheimen) Gesellschaften und Logen waren rückblickend be-

---

1 Vgl. dazu: Assmann, Aleida; Assman, Jan: Das Geheimnis und die Archäologie der literarischen Kommunikation, in: Schleier und Schwelle, hg. v. Aleida Assmann; Jan Assman, München 1997.

2 Im deutschsprachigen Raum sind für den Zeitraum zwischen 1760 und 1800 nahezu 500 Lesegesellschaften nachgewiesen (vgl. dazu: Wilke, Jürgen: 400 Jahre Zeitung: Zeitung und Zeitunglesen am Rhein. Vortrag im Rahmen der Festveranstaltung des Burg-Vereins e.V. Eltville am Rhein am 04. September 2005, Eltville am Rhein 2007, S. 17).

trachtet nicht trotz sondern aufgrund ihrer Prinzipien der Exklusion und Verschwiegenheit eine wichtige Frühform bürgerlicher Öffentlichkeit. Reinhart Koselleck beschrieb in seiner klassischen Studie *Kritik und Krise* die primäre Funktion des Logen-Geheimnisses als Schutzmechanismus: „[...] bürgerliche Freiheit war in dem absolutistischen Staat nur zu verwirklichen, solange sie sich weiterhin auf einen geheimen Innenraum beschränkte."[3] Erst das Geheimnis ermöglichte im absolutistischen Staat eine soziale Praxis der *Ègalité*, die dem Einfluss von kirchlichen Instanzen wie dem politischen Zugriff der herrschenden Staatsgewalt entzogen blieb. „Solche Geheimnisenklaven können zu vorweggenommenen Öffentlichkeitsenklaven werden [...]"[4], erklären Jan und Aleida Assmann und ergänzen: „[I]m Zuge fortschreitender Demokratisierung und Ökonomisierung von Öffentlichkeit können sie aber auch zu Foren intimer (Gegen-)Öffentlichkeit (von den Männerbünden bis zur Mittwochsgesellschaft) werden"[5]. Klaus-Rüdiger Mai merkt dazu an, es fehle noch immer „an einem Verständnis der Geheimbündelei, die das 18. Jahrhundert fest im Griff hatte und paradoxerweise zur eigentlichen Öffentlichkeit dieses Jahrhunderts wurde".[6] Diese Vergesellschaftung unter den Vorzeichen des Geheimen ermöglichte nämlich erst eine Rede- und Meinungsfreiheit, die außerhalb dieser Organisationsstrukturen noch keine staatliche Duldung hatte. Das entsprechende Assoziationswesen, als Sonderform einer ‚Versammlungsöffentlichkeit', bildete selbst noch keine ‚mediale Öffentlichkeit' im engeren Sinne, bereitete diese aber entscheidend vor. Nicht zuletzt verbreitete sich auch über und aus den fraglichen Gesellschaften eine unüberschaubare Menge von Medientexten. Medialen Charakter hatten letztlich auch die Assoziationen selbst, indem sie als ‚Träger medialer Zeichen' – etwa eigene Symboliken oder assoziationseigene Printerzeugnisse – fungierten.

---

3 Koselleck, Reinhart: Kritik und Krise: Ein Beitrag zur Pathogenese der bürgerlichen Welt, 2. Aufl, Freiburg 1959, S. 60.

4 Assmann, Assman: Das Geheimnis und die Archäologie der literarischen Kommunikation, S. 15.

5 Ebd.

6 Mai, Klaus-Rüdiger: Geheimbünde und Freimaurergesellschaften im Europa der Frühen Neuzeit, in: Europa in der frühen Neuzeit. Festschrift für Günter Mühlpfordt. Unbekannte Quellen; Aufsätze; Personenregister der Bände 1-7, hg. v. Erich Donnert, Weimar 2008, S. 271.

Die herausragende Institution unter diesen Bünden und Gesellschaften war sicherlich die Freimaurerei, deren erste Großloge 1717 in London eröffnete.[7] Zweck der bald in ganz Europa verbreiteten Logen war die Begegnung ihrer Mitglieder in einer – wie Daniel Pipes schreibt – durch „Deismus, Toleranzdenken und stete Weiterbildung geprägten egalitären Atmosphäre"[8]. Die Freimaurerei war somit auch ein zentrales „Medium bürgerlicher Wertevermittlung"[9] im 18. Jahrhundert.

Doch nicht nur für das Prinzip einer bürgerlichen Öffentlichkeit, sondern auch für das damit verknüpfte Projekt der Aufklärung selbst war die Vergesellschaftung ein wichtiger Impulsgeber:

> Die Funktionsweise dieser willkürlichen und quirligen Verbände ohne Vorbild suggerierte ihren Mitgliedern durch eine Art Spontanübertragung, dass eine Neubegründung der Gesellschaft mit Hilfe von Dekreten und durch die Nachahmung des Kleinen im Großen möglich und erstrebenswert war. Das heißt, der stufenweise Übergang der Gesellschaften Gleichgestellter, deren Selektionsprinzip die Intelligenz war, zu einer philosophisch begründeten Gesellschaft der Gleichheit. Die Kraft dieser Ideen lag in der Organisation ihrer ‚Träger', und die Sozialisierung einer Doktrin findet ihren Transformator (der im Gegenzug wieder sie transformiert) in den neuen Bindungen jener, die sich selbst auf unerwartete Weise resozialisieren, indem sie sozialisieren.[10]

Durch das Prinzip der Verschwiegenheit nach außen entwickelten sich die Logen bald als – im weitesten Sinne – ‚Medien' der Freien Rede und in Ansätzen auch der offenen Begegnung über Standes- und Konfessionsgrenzen hinweg und trugen so zu einer allgemeinen Aufklärungsdynamik bei.[11]

---

7 Zur Funktion der Geheimhaltung im Kontext der Freimaurerei siehe insbesondere auch: Gregory, Stephan: Mysterienfieber: Das Geheimnis im Zeitalter der Freimaurerei.
8 Pipes: Verschwörung, S. 100.
9 Müller, Gerhard: Von der arkanen Sozietät zum bürgerlichen Verein: Die Freimaurerei in Weimar-Jena als Medium bürgerlicher Wertevermittlung (1744-1844), in: Bürgerliche Werte um 1800: Entwurf, Vermittlung, Rezeption, hg. v. Hans Werner Hahn; Dieter Hein, Weimar 2005.
10 Debray: Einführung in die Mediologie, S. 200.
11 Die Freimaurerlogen bewegten sich in Sachen Offenheit und Toleranzdenken zunächst durchaus in engeren Grenzen. Frauen wie auch Juden waren in der Freimaurerei des 18. Jahrhunderts weitestgehend unerwünscht.

Neben dieser gesellschaftlichen Funktion als vorweggenommene Öffentlichkeitsenklave war die Freimaurerei ab Mitte des 18. Jahrhunderts allerdings auch ein Hort irrationaler und tendenziell esoterischer Praktiken. Komplexe hierarchische Systeme im Rahmen der sogenannten Hochgradfreimaurerei und geheime Rituale ließen die Freimaurerei dabei suspekt erscheinen.[12] Die geheimen Rituale der Freimaurer führten in Kontinentaleuropa, wo die in England verbotene esoterische Variante der Hochgradfreimaurerei sich entfaltete, bisweilen zu kruden Auswüchsen: „Die Konkurrenz unter den verschiedenen Systemen der Freimaurerei nahm zu, und es schlug die Stunde der Scharlatane"[13], schreibt Klaus-Rüdiger Mai. „Diese Betrüger verstanden es hervorragend, den Geltungsdrang und die Sucht nach geheimen Verbindungen und Geheimwissen in klingende Münze umzusetzen"[14].

Insbesondere die phantastischen Figurationen von ‚geheimen Meistern' und ‚unbekannten Oberen', im Kontext des von Karl Gotthelf von Hund und Altengrotkau begründeten ‚Ritus' beziehungsweise ‚Ordens der strikten Observanz', der die Freimaurer fälschlicherweise als Nachfahren der Templer interpretierte, führten zu einer eher obskuren und irrationalen Variante der Freimaurerei:

> Für einige waren die ‚unbekannten Oberen' zudem keine normalen Männer, die in gehobener Stellung Macht ausübten, sondern Wesen, die aus einer anderen Welt stammten. So wurden im mystagogischen Maurertum des Antoine-Joseph Pernety die Befehle nicht von einen Mitmaurer, sondern von einer extramundänen Entität, die ‚das Ding' genannt wurde, erteilt. Ein anderer mystagogischer Maurer, Jean Baptiste Willermoz, erhielt von einem ‚unbekannten Beauftragten' Engelsbefehle, die durch eine sich im Trancezustand wiegende Gruppe von Frauen, den sogenannten Crisiaques, übermittelt wurden.[15]

Wohl auch aufgrund derartiger Auswüchse nahmen die Freimaurerlogen „seit Mitte des 18. Jahrhunderts in der Phantasie monarchischer Regierungen und in

---

12 Hier ist insbesondere auch an den Orden der Rosenkreuzer zu denken, der sich intensiv mit Alchimie, Magie und unsichtbarer Geisterwelt beschäftigte und sich innerhalb der Hochgradfreimaurerei etablierte. Vgl. dazu: Edighoffer, Roland: Die Rosenkreuzer, München 2002.
13 Mai: Geheimbünde und Freimaurergesellschaften im Europa der Frühen Neuzeit, S. 269.
14 Ebd.
15 Lachman, Gary: Nichts ist wahr: Eine kurze Geschichte der Geheimgesellschaften, in: Geheimgesellschaften. Secret societies, hg. v. Cristina Ricupero; Matthias Ulrich, Köln 2011, S. 28.

der entstehenden politischen Publizistik gegenaufklärerischer, ja präventiv konterrevolutionärer Couleur die Gestalt einer ständig größer und bedrohlicher werdenden Bedrohung an"[16]. War das primäre Feindbild konservativer Publizistik zunächst die aufklärerische Philosophie, gelangten nach der Französischen Revolution zunehmend Logen und Bünde als geheime Drahtzieher in Verdacht. „Parallel zu der Zuspitzung der politischen Konflikte in Frankreich konkretisierte sich das antifreimaurerische Verschwörungsdenken."[17]

Der von Adam Weishaupt 1776 begründete radikal-aufklärerische Illuminaten-Orden stand zur Freimaurerei in gewisser Verbindung, da es ihm nicht nur gelang, zahlreiche Freimaurer gezielt anzuwerben, sondern auch – infolge einer anhaltenden Krise der strikten Observanz – einige Logen systematisch zu unterwandern (die Illuminaten entlehnen teilweise auch Riten und Symbolik bei der Freimaurerei). Der Orden rekrutierte 1000 bis 2000 Anhänger, darunter mehrheitlich höhere Beamte und auch einige wenige bedeutende Persönlichkeiten der Zeit.[18] Im hiesigen Kontext erwähnenswert ist etwa die Mitgliedschaft des auf-

---

16 Groh: Verschwörungen und kein Ende, S. 19.
17 Rogalla von Bieberstein: Die These von der Verschwörung, 1776-1945, S. 98.
18 So etwa auch der in diesem Zusammenhang immer wieder genannte Geheimrat Johann Wolfgang von Goethe. Die ältere Standardliteratur zum Thema nahm noch an, dass Goethes Mitgliedschaft sich auf einen einzigen Besuch in der Weimarer Loge – und zwar zum Zwecke des Ausforschens – beschränkte. Bei diesem Treffen solle Goethe sich lediglich gelangweilt haben (dazu: Weis, Eberhard: Der Illuminatenorden (1776-1786): Unter besonderer Berücksichtigung der Fragen seiner sozialen Zusammensetzung, seiner politischen Ziele und seiner Fortexistenz nach 1786, München 1987, S. 10). Die Erschließung zuvor unzugänglicher Quellen seit den 1990er-Jahren (im Wesentlichen die so genannte ‚Schwedenkiste') belegt dagegen, dass Goethe, nachdem er förmlich in den Orden aufgenommen wurde, den Kontakt zu den Illuminaten – und zwar keinesfalls zu Gunsten des Ordens – durchaus aufrecht hielt. Gemeinsam mit dem ebenfalls aufgenommenen Herzog Carl August verhinderte Goethe „nicht nur eine aktive Arbeit der Illuminaten, sondern auch die Berufung des Ordensgründers Adam Weishaupt als Professor an die Universität Jena" (Richert, Thomas: Der Geheime Rat Goethe als Freimaurer und Illuminat, in: Sprache und Geheimnis. Sondersprachenforschung im Spannungsfeld zwischen Arkanem und Profanem, hg. v. Christian Braun, Berlin 2012, S. 243). Zur allgemeinen Aufarbeitung der neueren Quellenlage zu den Illuminaten siehe insbesondere die einschlägigen Arbeiten von Hermann Schüttler (Johann Joachim Christoph Bode: Journal von einer Reise von Weimar nach Frankreich im Jahr 1787, hg. v. Hermann Schüttler, Neuried 1994; Der Illuminatenorden, 1776-1785/87: Ein politischer Geheimbund der Aufklärungszeit,

klärerischen Berliner Verlagsbuchhändlers und ‚Pressepapstes' Friedrich Nicolai. Prägende Führungsmitglieder des Ordens wurden neben Weishaupt selbst vor allem Adolph Knigge, Jakob Mauvillon und Johann Joachim Christoph Bode, der bereits zuvor einen Meisterstuhl innerhalb der strikten Observanz innehatte. Im Gegensatz zu den toleranten aber eher unpolitischen und gemäßigten Freimaurerlogen sah der Illuminaten-Orden in einem sogenannten ‚Operationsplan' tatsächlich eine radikale Umwälzung der Gesellschaft vor: „Aus der Stätte der Zuflucht wird eine Zentrale des Angriffs"[19], beschreibt Koselleck die Differenz zwischen Freimaurertum und Illuminatenwesen. „Die im illuminatischen ‚Operationsplan' niedergelegte Taktik bestand darin, durch eine zielstrebige Personalpolitik in den Freimaurerlogen sowie im Bildungswesen Fuß zu fassen und überdies auf ‚Militär-Schulen, Academien, Buchdruckereyen, Buchläden, Domcapitel' Einfluss zu nehmen"[20]. Klaus-Rüdiger Mai erkennt im Illuminaten-Orden somit gar die „Vorform der modernen Kaderpartei"[21] und Hermann Schüttler bemerkt, „die Idee des ‚langen Marschs durch die Institutionen' wurde hier entdeckt und zum ersten Mal praktiziert"[22].

Ein durchaus bemerkenswerter Befund im Rahmen der Aufarbeitung der Aktivitäten des Illuminaten-Ordens ist deren ehemaliges Wirken in der zentralen bayerischen Zensurbehörde, die mit der Überwachung der Presse beauftragt war. Das 1769 gegründete kurfürstlich bayerische Zensurkollegium – personell unterbesetzt, ehrenamtlich organisiert und angesichts der zeitgenössischen Fülle an Publikationen heillos überfordert – war eine „höchst merkwürdige Behörde"[23],

---

hg. v. Helmut Reinalter, Hermann Schüttler, Frankfurt am Main, New York 1997; Die Korrespondenz des Illuminatenordens, hg. v. Monika Neugebauer-Wölk, Hermann Schüttler, Berlin, Boston, Massachusetts 2013). Auf die Kontroverse, die W. Daniel Wilsons Auswertungen und Interpretationen des Schwedenkisten-Materials unter dem Titel Geheimräte gegen Geheimbünde auslöste sei nur der Vollständigkeit halber verwiesen, sie ist hier nicht weiter relevant (dazu: Wilson, W. Daniel: Geheimräte gegen Geheimbünde: Ein unbekanntes Kapitel der klassisch-romantischen Geschichte Weimars, Stuttgart 1991).

19 Koselleck: Kritik und Krise, S. 76.
20 Rogalla von Bieberstein: Die These von der Verschwörung, 1776-1945, S. 75.
21 Mai: Geheimbünde und Freimaurergesellschaften im Europa der Frühen Neuzeit, S. 270.
22 Schüttler: Johann Joachim Christoph Bode: Journal von einer Reise von Weimar nach Frankreich im Jahr 1787, S. 56.
23 Weis, Eberhard: Montgelas: Erster Band. Zwischen Revolution und Reform 1759-1799, 2. Auflage, München 1988, S. 22.

die in geradezu anarchischer Weise ihr Tätigkeitsfeld interpretierte: „Die Zensoren waren äußerst weitherzig und begünstigten diejenigen Schriften, die sie nach ihrem Auftrag eigentlich hätten bekämpfen sollen, auch solche die gegenüber den bestehenden staatlichen und kirchlichen Institutionen eine gewagte Sprache führten. Sie verfolgten dagegen Schriften, die gegen die Aufklärung polemisierten, auf der anderen Seite allerdings auch revolutionäre Pamphlete."[24] Diese Tendenz der Behörde verstärkte sich in den Jahren von 1780 bis 1784, nachdem 12 neue Zensurräte berufen wurden, von denen 10 Mitglieder des Illuminaten-Ordens waren.[25] Eine Verschwörung von Illuminaten, die darauf abzielte, den submedialen Raum zu kontrollieren, um Zensur im Zeichen der Aufklärung zu praktizieren, hat es also tatsächlich gegeben (obgleich die eigentliche ‚Medienmanipulation' hier wohl bereits mit der Einrichtung eines Zensurkollegiums selbst beginnt).

Diese Episode des Wirkens der Illuminaten – so erhellend sie im Kontext dieser Untersuchung auch ist – soll hier nicht darüber hinweg täuschen, dass Organisation und Zusammenarbeit der Illuminaten im Wesentlichen niemals richtig funktionierten. Die Diskrepanz zwischen aufklärerischem Selbstbild und sozialer Realität der Illuminaten entbehrte von Anfang an nicht einer gewissen Lächerlichkeit, wie Koselleck attestiert: „Auf dem beschränkten Hintergrund wirkt die utopische Großplanung als bramarbasierende Wichtigtuerei"[26].

Die ‚Entdeckung' und darauf folgende erfolgreiche Zerschlagung des Ordens ab 1784 war nicht zuletzt dem Umstand geschuldet, dass sich der Geheimbund

---

24 Ebd.
25 Interessant ist, dass allerdings auch die Nicht-Illuminaten innerhalb der Behörde die gleiche Politik verfolgten. Diese teilten, „soweit man aus den Protokollen [des Zensurkollegiums] schließen kann, offenbar alle mehr oder weniger die Ansichten ihrer illuminatischen Kollegen. Sie verboten Schriften von Ex-Jesuiten und andere nicht aufklärerische kirchliche Schriften, sogar Gebetbücher, und empfahlen wärmstens aufklärerische Literatur" (Weis: Der Illuminatenorden (1776-1786), S. 17). Eine drastische Wende erfuhr die Behörde erst 1791 unter dem Eindruck der Französischen Revolution. Die Zensurbestimmungen wurden allgemein verschärft und auch die bayerische Kommission neu besetzt, so dass nun streng religiöse Akteure wieder an Einfluss gewannen (siehe hierzu: Haefs, Wilhelm: Zensur und Bücherpolizei: Zur Kommunikationskontrolle im Alten Reich und in Frankreich im 18. Jahrhundert, in: Geheimliteratur und Geheimbuchhandel in Europa im 18. Jahrhundert, hg. v. Christine Haug; Franziska Mayer; Winfried Schröder, Wiesbaden 2011).
26 Koselleck: Kritik und Krise, S. 75.

nach noch nicht einmal 10 Jahren bereits in einem Zerfallszustand befand.[27] Das Verbot des Illuminatenordens im Jahr 1785 besiegelte allerdings noch nicht – wie bisweilen angenommen – dessen endgültiges Schicksal. Unter Federführung des von nun an führenden Christian Bode kam es insbesondere in der ‚Weimar-Gotha-Fraktion' nach der offiziellen Suspendierung des Ordens zu einer zeitweiligen Reorganisation des illuminatischen Projekts, die auch auf eine Erweiterung über die Grenzen des Reiches hinaus abzielte. So ist heute etwa belegt, dass Christian Bode während seiner Reise nach Paris im Jahr 1787 offensichtlich versuchte, im Umfeld der dortigen Freimaurerlogen die Grundsätze des Illuminaten-Ordens zu verbreiten.[28] Im Kontext eines zunehmend anti-illuminatischen Klimas im Reich verlegt Bode seine Aktivitäten dann allerdings in den neu gegründeten ‚Bund der deutschen Freimaurer' und konnte hier ab 1790 einige Logen hinzugewinnen. Mit dem Tod Bodes im Jahr 1793 endet auch dieses Projekt. Einige ehemalige Mitglieder gründeten 1794 den in illuminatischer Tradition stehenden Geheimbund ‚Der moralische Bund und die Einverstandenen', über den heute wenig bekannt ist, außer dass wohl Krieg und Besetzung einen nennenswerten Erfolg dieses Bundes verhinderten.[29] Eberhard Weis beschließt seine Ausführungen zur Frage der Fortführung der Illuminaten nach ihrem Verbot entsprechend mit der Bemerkung, der Illuminatenbund „war eine Erscheinung des vorrevolutionären Europas, über die die Geschichte hinwegging"[30].

Das schrittweise Verschwinden des Ordens führte jedoch nicht zu seinem Vergessen, sondern beflügelte die konservative Publizistik umso mehr, innerhalb derer sich europaweit eine „Phobie vor Geheimbünden"[31] entwickelte. Die Idee, dass der Illuminaten-Orden lediglich in den Untergrund abgetaucht sei und die Freimaurerlogen bereits weltweit unterlaufen hätte, um eine ‚Weltbürgerrepublik' zu errichten, vermittelte eine noch weitaus größere Gefahr als die faktische Vergesellschaftung Gleichgestellter in den Freimaurerlogen.

Anhand der bereits damals kolportierten Indizienbeweisführung, dass der Illuminat Bode 1787 eine Reise nach Paris unternahm – und dort den Grundstein

---

27 Vgl. dazu: Weis: Der Illuminatenorden (1776-1786), S. 6.
28 Vgl. dazu einschlägig: Schüttler: Johann Joachim Christoph Bode: Journal von einer Reise von Weimar nach Frankreich im Jahr 1787.
29 Vgl.: Schüttler, Hermann: Die Mitglieder des Illuminatenordens, 1776-1787/93, München 1991, S. 8.
30 Weis, Eberhard: Der Illuminatenodern in Bayern (1776-1785) und die Frage seiner Fortwirkung in der späteren Zeit, in: Die Weimarer Klassik und ihre Geheimbünde, hg. v. Walter Müller-Seidel; Wolfgang Riedel, Würzburg 2003, S. 106.
31 Pipes: Verschwörung, S. 10.

für die vermeintlich planmäßige Revolution gelegt hätte – beginnt um 1800 eine bis heute nicht endende Jagd nach dem Phantom der Illuminaten-Verschwörung. „Es gibt keine Art von Verschwörung, die nicht irgendwann den Freimaurern zugeschrieben wurde"[32] schreibt Jacob Katz. Gleiches trifft wohl für die Illuminaten zu.

Heutzutage mitnichten so populär wie die Illuminaten – aber nach seiner Enthüllung 1788 durchaus einer breiten Öffentlichkeit bekannt – war der 1783 von Karl Friedrich Bahrdt unter Mitwissen von Adam Weishaupt gegründete quasi-illuminatische Geheimbund ‚Deutsche Union der XXII' oder auch ‚Gesellschaft der 22 verbündeten Männer' (im Folgenden ‚Deutsche Union' genannt). Die *Deutsche Union* ist im hiesigen Kontext hervorzuheben, da dieser radikalaufklärerische und genuin philanthropisch verfasste Geheimbund vor allem als Netzwerk zum Vertrieb aufklärerischer Schriften angelegt wurde.[33] „Diese Union verknüpft das maurerische Modell mit dem Modell eines literarischen Klubs und sucht damit das klassische Modell der Lesegesellschaften zu radikalisieren. Sie ist eine Art genossenschaftlicher Selbstverlag der Autoren, in dem Lesegesellschaften eine Multiplikatorfunktion für radikal-aufklärerisches Schrifttum haben."[34] Über sogenannte ‚Kommunalbibliotheken' sollte somit nicht nur die allgemeine Volksbildung befördert, sondern auch Vertrieb und Absatz der unionseigenen Verlagsprodukte – durchaus auch mit Profitabsicht – gesichert werden.[35]

Der geheime Plan der *Deutschen Union* sah vor, in jeder größeren deutschen Stadt Bibliotheken zum Vertrieb von Schriften ‚zum Wohle des Menschengeschlechts', das heißt, verfasst von den aufklärungsaffinen Mitgliedern der Deut-

---

32 Jacob Katz zitiert nach: Benz, Wolfgang: Die Protokolle der Weisen von Zion: Die Legende von der jüdischen Weltverschwörung, München 2007, S. 17.

33 Siehe hierzu etwa : Haug, Christine: Geheimbündische Organisationsstrukturen und subversive Distributionssysteme zur Zeit der Französischen Revolution: Die Mitgliedschaft des hessischen Buchhändlers Johann Christian Konrad Krieger in der "Deutschen Union", in: Leipziger Jahrbuch zur Buchgeschichte, hg. v. Mark Lehmstedt; Lothar Poethe, Wiesbaden 1997, Böck, Dorothea: Von der Aufklärung zur Unterhaltung: Netzwerke im Arkanen, in: Strong ties/weak ties. Freundschaftssemantik und Netzwerktheorie, hg. v. Natalie Binczek; Georg Stanitzek, Heidelberg 2009, Hahn, Torsten: Parasitäre Netze des 18. Jahrhunderts: Karl Bahrdts Projekt ‚Deutsche Union', in: Strong ties/weak ties. Freundschaftssemantik und Netzwerktheorie, hg. v. Natalie Binczek; Georg Stanitzek, Heidelberg 2009.

34 Eder: Geschichte als Lernprozess? S. 174.

35 Vgl.: Böck: Von der Aufklärung zur Unterhaltung, S. 133–134.

schen Union, zu errichten. Die *Deutsche Union* sollte in ihrem Hauptsitz über eine eigene Druckerei verfügen und außerdem eine eigene Zeitung, ein *allgemeines politisch-literarisches Intelligenzblatt* herausgeben, in der die von Unionsmitgliedern verfassten Schriften zu empfehlen waren. Optimistisches Ziel der *Deutschen Union* war es, letztlich den gesamten deutschen Buchhandel zu kontrollieren. Es handelt sich, wie Dorothea Böck festhält, um „eine Art ‚Medienkartell' avant la lettre"[36].

Die Deutsche Union kam allerdings niemals über den Status eines Projekts beziehungsweise eines Diskussionsforums philanthropisch gesinnter Akademiker hinaus. Die Enthüllung der Deutschen Union durch eine 1788 von Bode veröffentliche Kampfschrift (Bode empfand die Deutsche Union als törichtes Konkurrenzmodell), führte zur Auflösung der *Deutschen Union*. Bahrdt selbst veröffentlichte bereits 1790 die ehemals geheimen und überaus optimistisch zu nennenden Pläne der *Deutschen Union* in seiner Schrift *Geschichte und Tagebuch meines Gefängnisses nebst geheimen Urkunden und Aufschlüssen über Deutsche Union*[37].

Beide Assoziationen – sowohl die *Deutsche Union* als auch die Illuminaten zeigten im Übrigen auch erhebliches Interesse an einem konspirativen Zugriff auf das zentrale Kommunikationsnetz ihrer Zeit, die Post. Dies war zunächst schlicht dem speziellen Kommunikationsbedarf der Assoziationsform Geheimbund geschuldet.[38] Die Kommunikation zwischen den Mitgliedern und ihren Oberen verlief primär auf dem Postweg, der Fortbestand und die Expansion der geheimen Assoziationen war somit abhängig vom Kommunikationsnetz der Post. Die damit verbundenen Kosten waren nicht zu unterschätzen und bereiteten den verantwortlichen Oberen – als zentrale Knotenpunkte im Kommunikationsnetz ihrer Geheimbünde – ernste finanzielle Probleme. Sowohl Weishaupt wie auch später Bahrdt waren daher bemüht, mittels Unterwanderung der Postfilia-

---

36 Ebd., S. 131.

37 Bahrdt, Karl Friedrich: Geschichte und Tagebuch meines Gefängnisses nebst geheimen Urkunden und Aufschlüssen über Deutsche Union, Frankfurt am Main 1790.

38 Zum Interesse der Deutschen Union an der Post siehe: Hahn: Parasitäre Netze des 18. Jahrhunderts. Zum Verhältnis der Illuminaten zur Post findet sich ein Abschnitt in der ausführlichen kultur- und medienwissenschaftlichen Studie über die Funktionsmechanismen des Illuminatenordens von Stephan Gregory: Gregory, Stephan: Wissen und Geheimnis: Das Experiment des Illuminatenordens, Frankfurt am Main 2009, S. 62–79. Nicht zuletzt suchten die Illuminaten auch die Nähe zum Netzbetreiber Thurn und Taxis, dessen Vertreter bereits im freimaurerischen Logenwesen aktiv waren.

len, das Porto zu umgehen. Im Falle des Illuminatenordens angeblich sogar auch, um „Briefe zu öffnen und wieder zuzuschließen, ohne daß man's merke"[39].

Wesentlich für die weitere Tradierung und Popularisierung der Geheimbund-Verdächtigungen ist letztlich nicht deren reale gesellschaftliche Einflussnahme und Ausrichtung. Ausschlaggebend für die zahlreichen Verdächtigungen bis in unsere Gegenwart ist die Funktion der Logen und Bünde als universelle Projektionsfläche des Verschwörungsverdachts. Geheimgesellschaften machen sich schließlich bereits qua Prinzip verdächtig, weil sie eben ‚geheime Gesellschaften' sind. „Das Imaginäre, das sich sowohl von staatlicher wie von bürgerlicher Seite dabei auf diese neuen Gemeinschaften bezieht, stiftet einen verschwörungstheoretischen Diskurs des Verdachts, der sich in zahlreichen politischen, theoretischen und fiktionalen Narrativen bis heute manifestiert."[40]

PRINT-EXPLOSION

> „The conspiratorial myths that have been woven around masonic lodges, reading societies and the French Revolution could themselves be better understood if various effects produced by printing were taken into account."
> ELIZABETH EISENSTEIN/THE PRINTING PRESS AS AN AGENT OF CHANGE

Neben den diversen Formen von Vergesellschaftung entstand im 18. Jahrhundert – als Zeitspanne, „die einen nahezu brutalen Aufschwung der Kommunikationstechnik erfuhr"[41] – eine neue Form von Öffentlichkeit insbesondere im Bereich der Printmedien (‚Aufschwung der Kommunikationstechnik' meint hier wohl

---

39 Cosandey, Johannes Sulpitius von; Renner, Vitus; Utzschneider, Joseph von: Drey merkwürdige Aussagen die innere Einrichtung des Illuminatenordens in Baiern betreffend, München 1786, S. 48.

40 Meteling, Arno: Verschwörungstheorien: Zum Imaginären des Verdachts, in: Die Unsichtbarkeit des Politischen. Theorie und Geschichte medialer Latenz, hg. v. Lutz Ellrich; Harun Maye; Arno Meteling, Bielefeld 2009, S. 179.

41 Bois, Pierre-Andre: Vom Jesuitendolch und -gift zum Jakobiner- bzw. Aristokratenkomplott: Das Verschwörungsmotiv als Strukturelement eines neuen politischen Diskurses, in: Verschwörungstheorien. Theorie, Geschichte, Wirkung, hg. v. Helmut Reinalter, Innsbruck 2002, S. 122–123.

eher die zunehmende Verbreitung printbasierter Publizistik als ‚Kulturtechnik', nicht aber produktionstechnische Innovation: „Satz- und Druckverfahren blieben im ganzen Jahrhundert fast unverändert, weitgehend auch die Papierherstellung"[42]).

Im Jahrhundert der Aufklärung entwickelte sich – so etwa Holger Böning zusammenfassend für den deutschen Sprachraum – „mit Zeitung, Zeitschrift und Intelligenzblatt nahezu explosionsartig ein Verbund der periodischen Presse, der für Information und Diskussion eines rasch wachsenden Lesepublikums und für die Herausbildung einer Öffentlichkeit von großer Bedeutung war"[43]. Inwiefern hier nicht bloß von einem längeren und komplexen Prozess – einem allmählichen ‚Strukturwandel der Öffentlichkeit' – sondern berechtigterweise auch von einer ‚Explosion' zu sprechen ist, wird vor dem Hintergrund der Französischen Revolution von 1789 deutlich.[44] Die Mediengeschichte der deutschsprachigen Territorien im ausgehenden 18. Jahrhundert lässt sich kaum abgesondert von den Entwicklungen in Frankreich betrachten:

Die neuzeitliche Ausprägung der Opposition von ‚Öffentlichkeit' und ‚Geheimnis' entstand im Europa des achtzehnten Jahrhunderts im Zuge eines Prozesses, den Jürgen Habermas in seinem grundlegenden Werk als ‚Strukturwandel der Öffentlichkeit' bezeichnet hat. Frankreich spielte in diesem Prozess – neben England – eine Vorreiterrolle mit Modellwirkung auf alle übrigen Staaten Europas [...]. Der Begriff ‚opinion publique', mit dem in Wörterbüchern und Traktaten der französischen Aufklärung ‚Öffentlichkeit' bezeichnet wird, lässt sich wohl erstmals 1715 nachweisen [...].[45]

---

42 Fischer, Haefs, Mix: Einleitung, S. 10.
43 Böning, Holger: Presse, in: Lexikon der Aufklärung. Deutschland und Europa, hg. v. Werner Schneiders, München 1995, S. 328.
44 Einen pointierten Überblick über die Französische Revolution als ‚Medienrevolution' bietet der einschlägige Essay von Rolf Reichardt: Reichardt, Rolf: Plurimediale Kommunikation und symbolische Repräsentation in den französischen Revolutionen 1789-1848, in: Revolutionsmedien - Medienrevolutionen, hg. v. Sven Grampp, Konstanz 2008. Ein beeindruckendes Panorama der Presse in Frankreich von 1775 bis 1800 findet sich in den Beiträgen des englischsprachigen Sammelbandes Revolution in print: The press in France, 1775-1800, hg. v. Robert Darnton, Daniel Roche, Berkeley 1989.
45 Lüsebrink, Hans-Jürgen: Öffentlichkeit/Privatheit/Geheimnis - begriffshistorische und kulturanthropologische Überlegungen, in: Schleier und Schwelle, hg. v. Aleida Assmann; Jan Assman, München 1997, S. 111.

Die Entwicklungen medial vermittelter Öffentlichkeit im revolutionären Frankreich wurden auch im deutschsprachigen Raum mit besonderer Aufmerksamkeit beobachtet und je nach Standpunkt als Vorbild oder als abschreckendes Beispiel bewertet. Zur Mediengeschichte deutscher Territorien im ausgehenden 18. Jahrhundert gehört die parallele Mediengeschichte des Nachbarlands Frankreich allerdings nicht bloß als aus der Ferne beobachteter Wahrnehmungsgegenstand sondern auch als handfester materieller Einfluss auf die eigene Print-Öffentlichkeit. So wurden in den durch die Französische Republik annektierten Gebieten etwa Zeitungen, wie der *Pariser Zuschauer* (die deutsche Übersetzung des quasi direktoriumseigenen *Rédacteur*), kostenlos an die Leser verteilt.[46] Von besonderer Bedeutung für die Verflechtung der deutschen und der französischen Medienkultur um 1800 war die strategisch günstig gelegene elsässische Pressestadt Straßburg, wo bereits 1605 die erste periodische Zeitung überhaupt erschien.[47] Straßburg fungiert „während des gesamten 18. Jahrhunderts als Einfallstor für verbotene Bücher"[48], wird nach der Revolution zum zentralen Pressezentrum der Jakobiner-Bewegung[49] und somit nicht zuletzt zum „Zentrum der auf das Reich abzielenden Revolutionspropaganda"[50].

ENTWICKLUNGSLINIEN DER PRINT-ÖFFENTLICHKEIT IN FRANKREICH

Zur Illustration der allgemein zunehmenden Bedeutung von ‚öffentlicher Meinung' als Effekt einer Print-vermittelten Öffentlichkeit hebt Jean Mondot für Frankreich die *Callas-Affäre* (1762-65) als eine erste Zäsur hervor:

---

46 Vgl.: Lachenicht, Susanne: Information und Propaganda: Die Presse deutscher Jakobiner im Elsaß (1791-1800), München, Heidelberg, S. 66.

47 Einschlägig zum Beginn der periodischen Presse: Welke, Martin: Johann Carolus und der Beginn der periodischen Tagespresse, in: 400 Jahre Zeitung. Die Entwicklung der Tagespresse im internationalen Kontext ; [1605-2005], hg. v. Martin Welke; Jürgen Wilke, Bremen 2008).

48 Gersmann, Gudrun: Im Schatten der Bastille: Die Welt der Schriftsteller, Kolporteure und Buchhändler am Vorabend der Französischen Revolution, Stuttgart 1993, S. 73.

49 Siehe dazu: Lachenicht: Information und Propaganda.

50 Dumont, Franz: Jakobinische Medien, in: Von Almanach bis Zeitung. Ein Handbuch der Medien in Deutschland, 1700-1800, hg. v. Ernst Fischer; Wilhelm Haefs; York-Gothart Mix, München 1999, S. 106.

Voltaire gelang es, die französische Justizmaschinerie zu einem unrühmlichen Rückzug zu zwingen; er bewies der ganzen Welt, welch eine Macht die öffentliche Meinung selbst in Monarchien haben konnte. Malesherbes, der Leiter der Librairie und Freund der Philosophen, konnte dann im Jahre 1775 in seiner Akademie-Antrittsrede behaupten: ‚die *Gens-de-Lettres* sind mitten unter dem zerstreuten Publikum, was die Tribune Roms und Athens mitten unter dem versammelten Volk waren'. Die Publizität der Politik war nun allgemeine Forderung. Die Presse wurde zum unverzichtbaren Instrument der Vermittlung zwischen Regierenden und Regierten.[51]

In der zweiten Hälfte des 18. Jahrhunderts entstand somit zum ersten Mal ein „allgemeines Bewußtsein von der Macht und der gesellschaftsverändernden Wirkung von Medien"[52]. Infolge dieser Entwicklung entdeckten das Bürgertum, aber auch der Adel zunehmend die Printmedien als Kampfplatz, um für ihre Interessen zu werben: „Beide versuchen, die ‚öffentliche Meinung' für sich zu gewinnen, und zwar beide mit denselben Mitteln einer neuen Öffentlichkeitsarbeit, insbesondere der des Journals, des Pamphlets, der Broschüre und des Buchs, im Inland wie im Ausland, oft pseudonym oder anonym."[53] Den vorläufigen Kulminationspunkt dieser Medialisierung europäischer Gesellschaften zeitigte auch hier das Revolutionsjahr 1789, das gleichsam auch für eine Explosion medial vermittelter Öffentlichkeit steht.[54]

Die Erklärung der Menschen- und Bürgerrechte am 26. August 1789, die auch die Pressefreiheit als Menschenrecht festlegte, führte zu einer in der bisherigen Weltgeschichte einmalig rasanten Ausbreitung der Presse. In den ersten Jahren der Revolution entstanden jährlich über 300 neue Zeitungen und Zeitschriften, sodass bis 1799 rund 2000 verschiedene Printmedien publiziert wurden, dazu rund 40.000 Flugschriften [...]. Ihr Seitenumfang wuchs, und die Auflagen schnellten schlagartig hoch.[55]

---

51 Mondot, Jean: Pressefreiheit, in: Lexikon der Aufklärung. Deutschland und Europa, hg. v. Werner Schneiders, München 1995, S. 331–332.
52 Fischer, Haefs, Mix: Einleitung, S. 9.
53 Schrader, Fred E.: Zur sozialen Funktion von Geheimgesellschaften im Frankreich zwischen Ancien Régime und Revolution, in: Schleier und Schwelle, hg. v. Aleida Assmann; Jan Assman, München 1997, S. 181.
54 Für eine ausführliche Detailgeschichte der Presse im Kontext der Französischen Revolution siehe etwa: Gough, Hugh: The newspaper press in the French Revolution, London 1988.
55 Bösch, Frank: Mediengeschichte: Vom asiatischen Buchdruck zum Fernsehen, Frankfurt am Main 2011, S. 92.

So erlangten Begriffe wie ‚Propaganda' und ‚öffentliche Meinung' aber auch ‚Enthüllung' um 1789 neue und vor allem zentrale Bedeutung.[56] Die printvermittelte Kommunikation im Kontext der Revolution führte – folgt man Pierre-Andre Bois – zu einer grundsätzlich neuen Form der Kommunikation: „Wir haben es sowohl bei den revolutionären Publizisten als auch bei den Anhängern der Gegenrevolution mit einem Kommunikationsprozess neuen Typus zu tun, der einseitig funktioniert: Kommunikation ist nicht mehr Gedankenaustausch, sie ist Waffe."[57]

Aufklärung und insbesondere die Französische Revolution gaben der Entwicklung des Pressewesens somit – nicht nur in Frankreich – entscheidende Impulse: „Die Französische Revolution veränderte nicht nur in Frankreich die Medienlandschaft. In zahlreichen europäischen Ländern kam es vielmehr zu einem ähnlichen Wechselbad zwischen Modernisierung und Restauration. So führte die Revolution in den Nachbarländern zu einer deutlich stärkeren Parteinahme und politischen Polarisierung der Presse, wobei die ausführlichen täglichen Berichte ihre Auflagen in die Höhe schießen ließen."[58]

Mit der Revolution, die wohl selbst das transnationale Medienereignis des 18. Jahrhunderts darstellt, entwickelte sich nicht nur in Frankreich ein neues journalistisches System, das ganz im Zeichen der aktuellen politischen Umwälzungen stand. „Junge ambitionierte Ankömmlinge aus der Provinz fanden neben etablierten Goldfedern des hauptstädtischen Journals seit dem Sommer 1789 vielfältige Gelegenheit, Neues zu kreieren."[59] Die publizistischen Akteure bezo-

---

56 Im Rahmen der Französischen Revolution kommt es etwa zu einer Umbestimmung des Propagandabegriffs von seiner vorherigen religiösen Bedeutung (Propagieren des Christentums) zu einer nunmehr pejorativen Verwendung. „The new word referred to a new phenomenon [...], the scale of the revolutionary media campaign was something new" (Briggs, Asa; Burke, Peter: A social history of the media: From Gutenberg to the Internet, 2. Auflage, Cambridge 2005, S. 87–88). Eines der „am häufigsten benutzten Wörter" ist fernerhin ‚Enthüllung', „oft in der Pluralform ‚Enthüllungen'. Hier spielt das Verschwörungsmotiv eine entscheidende Rolle. Die Befreiung des Wortes involviert das Recht, ja die Pflicht, das vor Augen zu führen, was bisher ‚geheim' war" (Bois: Vom Jesuitendolch und -gift zum Jakobiner- bzw. Aristokratenkomplott: Das Verschwörungsmotiv als Strukturelement eines neuen politischen Diskurses, S. 127).

57 Ebd.

58 Bösch: Mediengeschichte, S. 94.

59 Middell, Matthias: Auf der Suche nach neuen Ausdrucksformen: Die Gegner der Französischen Revolution 1788-1792, in: Medienereignisse im 18. und 19. Jahrhun-

gen in der Öffentlichkeit deutlich Stellung. In zuvor ungekannter Weise gerieten Medien zu ‚Meinungsblättern':

> Das Selbstverständnis dieser Journalisten unterschied sich markant von denen vor 1789. Sie verstanden sich selbst nicht mehr als Chronisten, sondern als politische Erzieher und Anwälte des Volks. Vor allem die radikalen Journalisten sahen sich nun auch als Richter und investigative Kämpfer gegen Korruption und Konterrevolution [...]. Kampagnen der radikalen Medien förderten Ereignisse, wie den berühmten ‚Marsch der Marktfrauen' nach Versailles, und gaben ihnen eine kollektive Bedeutung.[60]

Für eine kurze Zeit etablierte sich in Frankreich tatsächlich eine allgemeine Pressefreiheit, die auch antirevolutionäre, offenherzig monarchistische Protestformate zuließ.[61] Wie Matthias Middell feststellt, waren außerdem 1789 „für eine Konzentration der Medienmacht in den Händen weniger kaum Voraussetzungen vorhanden"[62]. Der kaum regulierte Mediensektor jener Zeit ermöglichte ein freies Unternehmertum mit geringen Anfangsinvestitionen für viele politisch bewegte Akteure, die ihre Tätigkeit als Verleger oftmals nur nebenberuflich ausübten. „Für eine meinungsfreudige Zeit waren dies zweifellos günstige Voraussetzungen für das Aufblühen einer breit gefächerten Presselandschaft."[63]

Die gewährte Freiheit bestand aber nur kurze Zeit und bereits 1792 konnte von freier Meinungsäußerung für Konterrevolutionäre keine Rede mehr sein (die Möglichkeiten der zensorischen Kontrolle von Medienprodukten waren um 1800 allerdings schon aus logistischen Gründen prinzipiell begrenzt). Zur nun folgenden zweiten Phase der Revolution und insbesondere zur Terrorherrschaft der Jakobiner (1793-1794) gehörte auch eine brutale Kontrolle der Presse. Unerwünschte Meinungen wurden mit der Guillotine geahndet und eine eigene jakobinische Propaganda forciert: „Die Französische Revolution bescherte freilich nur ein kurzes Aufblühen des freien Medienmarktes. Bereits 1792 wurde eine neue Zensur eingeführt, die die monarchistische Presse unterdrückte. [...] Nach

---

dert. Beiträge einer interdisziplinären Tagung aus Anlass des 65. Geburtstages von Rolf Reichardt, hg. v. Christine Vogel; Herbert Schneider; Horst Carl, München 2009, S. 78–79.

60 Bösch: Mediengeschichte, S. 93.
61 Die monarchistische Presse profitierte ebenso von der Pressefreiheit und startete insbesondere ab 1790 eigene Protestkampagnen. Vgl.: ebd., S. 94).
62 Middell: Auf der Suche nach neuen Ausdrucksformen: Die Gegner der Französischen Revolution 1788-1792, S. 79.
63 Ebd.

Robespierres Hinrichtung entstand wieder eine größere Pressefreiheit, die auch der politischen Rechten eine öffentliche Präsenz ermöglichte. Spätestens unter Napoleon Bonaparte kam es jedoch erneut zu einer schrittweisen Rückkehr der Zensur."[64]

Trotz der Schließung der Jakobinerklubs am Ende der neunziger Jahre blieb insbesondere Straßburg ein Zentrum der jakobinischen Bewegung: „Diese artikulierte sich zunächst über ihre ab 1796 neu geschaffenen Periodika, an deren Produktion deutsche Jakobiner in erheblichen Umfang beteiligt waren."[65] Der umstrittene Begriff der ‚deutschen Jakobiner' steht dabei für revolutionsbegeisterte Deutsche, die nach 1789 nach Frankreich migrierten und sich vorzugsweise in Paris oder in Straßburg als Journalisten niederließen:[66]

> Unter ihrer Ägide entstanden meist deutschsprachige Zeitungen und Zeitschriften, die vor allem für den Export nach Deutschland sowie in die Schweiz, aber auch für die deutschsprachige Bevölkerung im Elsass und in Lothringen bestimmt waren. Mittels dieser Periodika wurden nicht nur Nachrichten, revolutionäre Propaganda, Werbung für französische Produkte und ähnliches transportiert, sondern ein durch die Revolution und ihr Vokabular veränderter Diskurs, der die LeserInnen nicht nur mit einem revolutionierten Lexikon, sondern auch mit einer neuen Semantik alter Begriffe konfrontierte.[67]

In den Medienkulturen der deutschen Staaten herrschte während der (post-)revolutionären Phasen in Frankreich grundsätzlich ein anderes Bild.

PRINTMEDIEN IN DEN DEUTSCHSPRACHIGEN TERRITORIEN

Auch wenn im deutschsprachigen Raum die Printmedien nicht dermaßen explosionsartig wie in Frankreich die mediale Öffentlichkeit veränderten, erhöhte sich auch hier etwa die Zeitungsdichte insbesondere gegen Ende des 18. Jahrhunderts eklatant.[68] Holger Böning hat diese Entwicklung zahlenmäßig anschaulich beschrieben:

---

64 Bösch: Mediengeschichte, S. 94.
65 Lachenicht: Information und Propaganda, S. 57.
66 Zu Ausmaß und Intensität der jakobinischen Publizistik siehe ausführlich: ebd.
67 Lachenicht, Susanne: Die Revolution des Diskurses: Begriffs- und Kulturtransfer zur Zeit der Französischen Revolution, in: Historische Diskursanalysen. Genealogie, Theorie, Anwendungen, hg. v. Franz X. Eder, Wiesbaden 2006, S. 323.
68 Vgl. etwa: Wilke: 400 Jahre Zeitung, S. 14.

Die Zahl der Nachrichtenblätter nimmt im 18. Jahrhundert ebenso stark zu wie Erscheinungshäufigkeit und Umfang der einzelnen Zeitungen. Auf der Grundlage des im 17. Jahrhundert entstandenen Fundaments kommt es zu einer Vervielfachung der Leserzahl. Suchen um 1700 etwa 60 Zeitungen ihre Leser, so sind es um 1750 schon 100. Am Ende des Jahrhunderts erscheinen knapp 250 Zeitungen gleichzeitig. Die Zeit der größten Expansion ist mit einer Verdoppelung der Titel das letzte Jahrhundertdrittel. Selbst in kleineren Orten beginnen jetzt Wochenzeitungen ihr Erscheinen, zahlreiche Blätter suchen den ‚gemeinen Mann' als Leser.[69]

Ähnlich wie in Frankreich nutzten dabei die deutschsprachigen Journalisten und politischen Schriftsteller Zeitungen und Zeitschriften zunehmend zur Verbreitung ihrer politischen Ansichten: „Wer [...] in dieser Zeit ein Journal gründete, tat dies nicht unter dem Signum der Unparteilichkeit."[70] Von einer allgemeinen Pressefreiheit war man um 1800 im Heiligen Römischen Reich Deutscher Nation allerdings noch weit entfernt, die Zensur richtete sich jedoch im Wesentlichen gegen jegliche Nähe zur Französischen Revolution. Publizistische Tätigkeit stellte für konservative, antirevolutionäre Akteure hingegen keinerlei Gefahr dar. Vielmehr waren selbige – mit Blick auf die Entwicklungen der Printmedien in Frankreich – sogar starke Befürworter einer Zensur:

Die in der Tradition des aufgeklärten Absolutismus stehende politische Propaganda, für die in Deutschland das einflußreiche, von Moritz Trenck von Tonder herausgegebene Journal ‚Das politische Elysium oder die Gespräche der Todten am Rhein' das repräsentativste Beispiel ist, propagierte keine ausgeformte Verschwörungsthese. Sie beschränkt sich vielmehr auf die Geißelung der zersetzenden Wirkung revolutionärer Ideen [...]. Da der Herausgeber [...] davon ausgehen zu können meinte, dass ‚alle Mühe, die man sich in den revolutionierenden Landen gibt, die Opininionen in eine andere Richtung zu bringen' umsonst sei, wurde er zu einem dezidierten Befürworter einer unverhüllten Repressionspolitik. ‚Man muss die Opinionen nicht karessieren wie ein Mädchen, man muß sie mit Bajonetten und Kanonen erobern'. Konterrevolutionäre jeglicher Couleur maßen folglich einer

---

69 Böning, Holger: Ohne Zeitung keine Aufklärung, in: Presse und Geschichte. Leistungen und Perspektiven der historischen Presseforschung, hg. v. Astrid Blome; Holger Böning, Bremen 2008, S. 169.

70 Requate, Jörg: Journalismus als Beruf: Entstehung und Entwicklung des Journalistenberufs im 19. Jahrhundert: Deutschland im internationalen Vergleich, Göttingen 1995, S. 393–394.

einschneidenden Pressezensur eine besondere Bedeutung zu, da ihnen dies ein geeignetes Mittel schien, der ideologischen Infizierung der Bevölkerung vorzubeugen.[71]

Konservative Publizisten riefen infolge der Französischen Revolution vermehrt ihre Regierungen dazu auf, die Presse einzuschränken, um somit einer unerwünschten Meinungsbildung entgegenzutreten. Bereits hier deutlich zu erkennen ist die Betonung einer besonderen Gefahr, die von Drucksachen ausgeht: „Der Ex-Jesuit und bayerische Zensurrat Stattler forderte daher in einer anonymen Schrift [...]: ‚Der Fürst muss daher mit seiner ganzen Macht, die ihm Gott gegeben hat, es zu verhindern suchen, daß jeder Bösewicht sein Gift ausstreuen, und Seelen verführen kann'. Denn – so meinte er – ‚eine That ist vorübergehend, ein Buch ist etwas beständiger; eine That kann 10, 20 etwa auch hundert verführen, ein Buch kann ganze Länder und Königreiche, ja halbe Welttheile verführen'."[72] Grund zur Vorsicht war hier also allenfalls bei Befürwortern der Revolution geboten, deren publizistische Freiheiten auch bald eingeschränkt wurden.

Im Deutschen Reich nahmen im Zuge der Berichte über die Revolution lokale Proteste zu [...]. Die Tagespresse übersetzte oft einfach Artikel aus französischen Zeitungen oder Flugblätter. Mitunter rechtfertigte sie sogar die Gewalt mit dem Kampf für die Freiheit, räsonierte über die Ereignisse oder mahnte, die Revolution zeige Folgen von unterlassenen Reformen [...]. Wenn auch vorsichtig, ergriffen die deutschen Zeitungen damit kritisch Partei. [...] Nachdem die Französische Revolution europaweit zu einem Aufblühen von publizistischen Diskussionen geführt hatte, sorgte sie ab Mitte der 1790er für deren europaweite Einschränkung. Verantwortlich dafür war zunächst die Revolutionsfurcht der Regierungen.[73]

In den deutschen Territorien war 1791 das Wendejahr in der Zensurpolitik, die nun wieder weitaus strenger als zuvor organisiert wurde. Bemerkenswert ist die darauf folgende Reaktion des Buchgewerbes in Bayern. In einer Kollektivschrift wandten sich Buchhändler und Drucker an ihren Kurfürsten, um sich gegen die Zensur zu wehren. Ihr zentrales Argument war dabei die Negierung der These einer negativen Medienwirkung:

Es werden die von der Obrigkeit (und von den meisten Zensoren) unterstellten Wirkungen, nämlich 'Sittenverderbnis' und ‚Areligiosität' in Frage gestellt: Nicht schlechte Bücher und

---

71 Rogalla von Bieberstein: Die These von der Verschwörung, 1776-1945, S. 41.
72 Ebd., S. 42.
73 Bösch: Mediengeschichte, S. 95.

eine falsche Aufklärung, wird nun argumentiert, seien dafür verantwortlich zu machen, sondern einzig und allein soziale Gründe: die Verfassung und Verfasstheit einer Gesellschaft *spiegele* sich vielmehr in den Veröffentlichungen. Die Verfasser insistieren darauf, die Literatur und die Wissenschaften und ihre Verbreitung durch Bücher hätten dagegen grundsätzlich positive Wirkungen.[74]

Dass eine solche grundsätzliche Diskussion der Wechselwirkung von ‚Medien und Gesellschaft' im deutschsprachigen Raum zu diesem Zeitpunkt überhaupt stattfand, zeugt allerdings weniger von einem wirksamen Aufhalten von Medialisierungsprozessen als vielmehr von einem besonderen Aufblühen einer allgemeinen Medienkultur im deutschsprachigen Raum:

Der Aufstieg der Zeitungen und Zeitschriften sowie der Almanache, Taschenbücher und Kalender zu Leitmedien der Aufklärung ergab im Zusammenwirken mit den traditionellen Gattungen des gedruckten Buches um 1800 in Deutschland eine Medienkultur, die in ihrer Ausbreitung, Dichte und Differenziertheit in Europa konkurrenzlos gewesen sein dürfte. England und Frankreich, die auf dieser Ebene zweifellos eine Vorreiterrolle gespielt hatten, wiesen aufgrund der stark hauptstadtzentrierten Kommunikationsverhältnisse keine vergleichbare mediale Infrastruktur auf.[75]

Die Entstehung moderner Verschwörungstheorie im deutschsprachigen Raum zwischen 1786 und 1804 fiel also mit einem Medialisierungsprozess zusammen, der aus heutiger Perspektive wohl zu Recht als Initialpunkt einer permanenten Medienrevolution angenommen wird.[76] Der folgende Abschnitt untersucht, ob und inwiefern die prototypischen Verschwörungstheorien um 1800 diese Entwicklungen aufgreifen und in ihren Argumentationsgang einfügen.

---

74 Haefs: Zensur und Bücherpolizei, S. 53–57.
75 Fischer, Haefs, Mix: Einleitung, S. 10.
76 Vgl.: ebd., S. 9.

2.2 „Sonderlich hatte ich Büchertrödler im Verdacht"

Vorstellungsbilder des Medialen in Verschwörungstheorien um 1800

ZU GENESE UND URHEBERSCHAFT KLASSISCHER VERSCHWÖRUNGSTHEORIE UM 1800

> „Aufklärung? Gut. Wissenschaft? Forschung? Gut, gut! Doch wer klärt auf über den Aufklärer?"
>
> PETER SLOTERDIJK/KRITIK DER ZYNISCHEN VERNUNFT

Die Erzählform Verschwörungstheorie entwickelt – parallel zu den oben beschriebenen Entwicklungen – um 1789 zunächst im deutschsprachigen Raum die prototypischen Muster voll ausgeprägter moderner Verschwörungstheorie. Die im Rahmen dieser Genese ausschlaggebenden Werke werden auf den folgenden Seiten untersucht. Zu Popularität, Leserzahlen und Verbreitung dieser Bücher und Zeitschriften kann, der vorhandenen Datenlage entsprechend, kaum umfassend und numerisch exakt informiert werden. Die Forschung deutet aber ohne Zweifel auf die besondere Relevanz der hier behandelten Schriften hin. Informationen zur Bedeutung der Texte sind jeweils in Textkästen den einzelnen Analysen vorangestellt. Die Untersuchung deckt chronologisch einen Zeitraum von fast 20 Jahren ab (1786-1804). Die Weiterentwicklung der Verschwörungstheorie innerhalb dieses Zeitraums war kaum ein zufälliges Phänomen, sondern das systematische Produkt eines sich zunehmend vernetzenden Kreises gegenrevolutionärer, anti-aufklärerischer Publizisten. Herausragende Bedeutung im deutschsprachigen Raum kam dabei einer Gruppe von Autoren zu, die nach der Französischen Revolution mit finanzieller Unterstützung des Landgrafen von Hessen-Kassel und des Markgrafen Karl Friedrich von Baden nach dem Vorbild von Geheimbünden die *Gesellschaft patriotischer Gelehrter* gründeten.[1] Aus diesem Zusammenschluss ging im Winter 1794/95 die Zeitschrift *Eudämonia oder deutsches Volksglück – Ein Journal für Freunde von Wahrheit und Recht* hervor.

Zu den bekannten, meist anonymen Autoren der *Eudämonia* gehörten die populären Revolutionsgegner Johann August Starck (Darmstadt), Johann Georg Ritter von Zimmermann (Hannover), Gottlob Benedikt Schirach (Altona), Heinrich August Ottokar Reichard (Gotha), Christoph Girtanner (Göttingen), Heinrich Martin Gottfried Köster (Gießen), Karl von Eckartshausen (München), Ernst August Anton von Göchhausen (Eisenach), Leopold Alois Hoffmann (Wien) und „deren geistiger Vater"[2], Ludwig August Christian von Grolman (Gießen). Die hier versammelten Autoren bildeten somit ein bemerkenswertes Netzwerk, das in den neunziger Jahren des 18. Jahrhunderts systematisch die Nord-Süd-Achse des deutschsprachigen Raums abdeckte (Abbildung 2).

Somit wählten die Eudämonisten also selbst die genuine Form einer Verschwörung – nämlich ein diskretes strategisches Netzwerk – um ihre politischen Vorstellungen in die Öffentlichkeit zu tragen. Dabei nahmen die Eudämonisten – ganz wie ihre Gegner – durchaus gesellschaftlich privilegierte Positionen innerhalb der neu formierten bürgerlichen Öffentlichkeit ein. In ihrer publizistischen Arbeit protegiert und finanziell gefördert durch das Fürstentum, hatten sie oftmals auch wichtige politische Ämter inne.[3] So etwa der hessische Wegbereiter der Verschwörungstheorie, Ludwig Adolf Christian von Grolman, der das Amt des Gießener Regierungsdirektors innehatte. Ebenfalls zu nennen ist der bekannte Publizist und Verschwörungstheoretiker Leopold Alois Hoffmann, der auch die antiaufklärerische *Wiener Zeitschrift* herausgab und von Leopold II. zum Sonderbeauftragten für Informationsangelegenheiten benannt wurde. Als Ernst August Anton von Göchhausen 1786 sein einschlägiges Werk *Enthüllung des*

---

1 Vgl. hierzu: Donnert, Erich: Antirevolutionär-konservative Publizistik in Deutschland am Ausgang des Alten Reiches: Johann August Starck (1741 - 1816), Ludwig Adolf Christian von Grolman (1741 - 1809), Friedrich Nicolai (1733 - 1811), Frankfurt am Main 2010, S. 25.

2 Ebd., S. 24.

3 Zu den Biographien der klassischen deutschen Verschwörungstheoretiker, insbesondere der Eudämonisten siehe: ebd., S. 10ff. Ausführlicher zu Johann August Starck: Oberhauser, Claus: Die verschwörungstheoretische Trias: Barruel-Robison-Starck, Innsbruck 2013.

Systems der Weltbürger-Republik publizierte, bekleidete er ein Amt als Abteilungsdirektor des Weimarer Gesamtministeriums.

Abbildung 2: Netzwerk der Eudämonisten 1794-1798

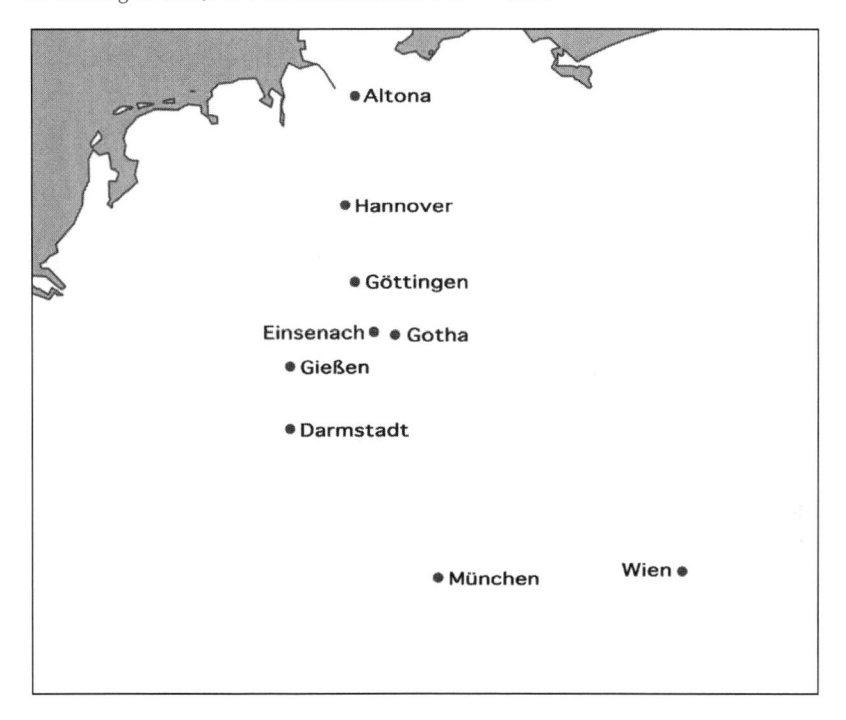

[Karte mit folgenden Orten: Altona, Hannover, Göttingen, Einsenach, Gotha, Gießen, Darmstadt, München, Wien]

Quelle: Eigene Darstellung

Zur historischen Bedeutung dieses Netzwerks für Genese und Verbreitung der Verschwörungstheorie gehört auch die Verbindung der *Eudämonisten* zum französischen Antiaufklärer *Abbé* Augustin Barruel, aus der ein historisch folgenschwerer Kulturtransfer hervorging. Der im Londoner Exil lebende und dort von Edmund Burke protegierte Barruel veröffentlichte ab 1797 sein vierbändiges Werk *Mémoires pour servir à l'histoire du Jacobinisme*. In den ersten beiden Bänden unterstellte Barruel zunächst eine Verschwörung der Philosophen zum Umsturz von ‚Thron und Altar'. „Während in Deutschland bereits vor 1789 eine Prädisposition dafür bestand, den Freimaurern und Illuminaten alle unerwünschten Entwicklungen zur Last zu legen, erwähnte der französische Abbé Barruel, als er sich 1798 darum bemühte, die ‚wahren Ursachen der Revolution' aufzudecken, die Freimaurerei bezeichnenderweise noch mit keinem Wort. Vielmehr beschränkte er sich auf die Geißelung der ‚philosophie ennemie du trône autant que de l'autel'."[4]

Die Eudämonia veröffentlichte umgehend Exzerpte der ersten beiden Original-Ausgaben von Barruel, der somit als französischer Kronzeuge einer umfassenden Verschwörung fungierte. Im Gegenzug versorgten die Eudämonisten Barruel mit ihrem Archiv anti-geheimbündlerischer, primär anti-illuminatischer Verschwörungstheorie und brachten den erfolgreichen Autor somit auf die Spur der längst aufgelösten Illuminaten, mit denen er sich dann in den letzten beiden Bänden seiner *Denkwürdigkeiten des Jakobinismus* befasste. „Daß Barruel sein ursprüngliches Konzept entscheidend abänderte, geht unmittelbar auf die Aktivitäten der deutschen *Eudämonisten* zurück. Als nämlich Johann August Starck den ersten Band der Denkwürdigkeiten erhalten hatte, stellte er – unterstützt von Grolman und weiteren Eudämonisten – eine umfangreiche Kollektion der verstreuten und für Ausländer praktisch unzugänglichen anti-illuminatischen Publizistik zusammen und übersandte sie Barruel."[5] Dieser Transfer zwischen den Eudämonisten und Augustin Barruel war ausschlaggebend für die transnationale Verbreitung der Erzählung einer Illuminaten-Verschwörung und des bis heute quasi weltweit virulenten Grundmusters moderner Verschwörungstheorie. Denn somit wich das Konstrukt von einer Verschwörung französischer Philosophen gegen Thron und Altar bei Barruel dem Konzept einer umfassenden wie geheimen Steuerungszentrale tendenziell globalen Ausmaßes. Hatte Barruel ursprünglich die einschlägigen großen französischen Philosophen der Aufklärung als Urheber allen Unheils im Visier, so waren nun auch die Philosophen lediglich Marionetten einer noch gigantischeren Verschwörung im Verborgenen.

Rogalla von Bieberstein hat bereits darauf aufmerksam gemacht, daß die beiden letzten der vier Bände der zwischen 1800 und 1804 in Münster und Leipzig erschienenen ‚Denkwürdigkeiten zur Geschichte des Jakobinismus' des Abbé Augustin Barruel im Prinzip eine um umfangreiche Warnungen und Kommentare erweiterte Kompilation von Schriften darstellen, die ihm von dem Gießener Regierungsdirektor und seinem Freund, dem Darmstädter Oberhofprediger Johann August Starck, zugesandt worden waren. [...] Durch den jetzt nachweisbaren Zusammenhang der ‚Nachrichten von einem unsichtbaren Bunde' und damit Grolmans mit den Kösterschen ‚Neuesten Religionsbegebenheiten' können wir nun das Bild insofern komplettieren, als die [...] 1797 erschienene Schrift des Edinburgher Professors John Robison mit dem Titel ‚Proofs of a conspiracy against all the religions and governments of Europe, carried on the secret meetings of free masons, illumi-

---

4 Rogalla von Bieberstein: Die These von der Verschwörung, 1776-1945, S. 95.
5 Ebd., S. 112.

nati and reading societies' nämlich ebenfalls ihre Kernthesen der Grolmanschen Artikelserie in den ‚Neusten Religionsbegebenheiten' Kösters schuldet. Wenn man nun noch bedenkt, daß Barruels Werk zwischen 1797 und 1827 nicht nur ins Deutsche, sondern auch ins Englische, Italienische, Niederländische, Polnische, Portugiesische, Russische, Schwedische und Spanische und darüber hinaus die Schrift Robisons zwischen 1798 und 1800 ihrerseits wieder ins Französische, Deutsche und Niederländische übersetzt worden ist, so ist die Schlußfolgerung wohl gerechtfertigt, daß Grolman als der wahrscheinlich wirkungsvollste Kolporteur der ‚noch heute von rechtsradikalen sowie antimodernistisch-klerikalen Kreisen propagierten Verschwörungsthese' um 1800 zu betrachten ist.[6]

Diese Genese moderner Verschwörungstheorie – von Gießen in die Welt – ist im Rahmen der folgenden Analysen chronologisch nachgezeichnet. Die Auswahl des Materials zielt notwendigerweise auf Repräsentativität und nicht auf Vollständigkeit aller thematisch zugehörigen Schriften (vgl. Abbildung 4).

Die Analyse des Textmaterials fragt danach, inwiefern die Entwicklungen medialer Öffentlichkeit um 1800 hier ein Echo finden. Die These lautet, dass die prototypische Verschwörungstheorie um 1800 im Wesentlichen – und dies markiert die Differenz zu vormodernen Verschwörungstheorien – als genuine Medien-Verschwörungstheorie verfasst ist. Überspitzt ausgedrückt war die ‚Erfindung' moderner Verschwörungstheorie nicht einfach – wie die Forschung im Konsens behauptet – eine Reaktion auf die Französische Revolution und die damit assoziierten gesamtgesellschaftlichen Veränderungen aller Art, sondern – und dies ist ein feiner aber bedeutsamer Unterschied – insbesondere auf die spezifischen sie begleitenden medienhistorischen Konstellationen.[7]

---

6 Haaser, Rolf: Spätaufklärung und Gegenaufklärung: Bedingungen und Auswirkungen der religiösen, politischen und ästhetischen Streitkultur in Giessen zwischen 1770 und 1830, Darmstadt, Marburg 1997, S. 65–66.

7 Wie bereits gezeigt, ist die Französische Revolution auch als Phase einer ‚Medienrevolution' zu lesen. In den Geschichtswissenschaften wurde – federführend durch den US-amerikanischen Historiker Robert Darnton – intensiv diskutiert, inwiefern eine unzensierte Publizität letztlich ausschlaggebend für die Ereignisse der Französischen Revolution von 1789 gewesen sei. Nach Darntons These war für den Ausbruch der Revolution vor allem eine weit verbreitete und in allen Schichten rezipierte triviale wie vulgäre Untergrund-Literatur von zentraler Bedeutung. Indem in diesen Schriften und Pamphleten etwa sexuelle Eskapaden zu Hofe thematisiert wurden, sei die Autorität der höchsten Stände derart untergraben worden, dass die Revolution erst möglich wurde. „Es seien die literarischen Stiefkinder, die Verfasser von Schmähschriften und obszönen Werken gewesen, die als kulturelle Mittler gewirkt, den Keim des Aufruhrs

Abbildung 3: Ausklappbare Illuminatenliste in Band drei von Barruels ‚Denkwürdigkeiten zur Geschichte des Jakobinismus' (1803). Die besondere Form der medialen Präsentation betont die Bedeutung der ‚geleakten' Illuminatenlisten für Barruels verschwörungstheoretische Arbeiten. Die Abbildung zeigt die einzige Ausklappseite wie auch die einzige Grafik oder Illustration überhaupt in allen vier Bänden.

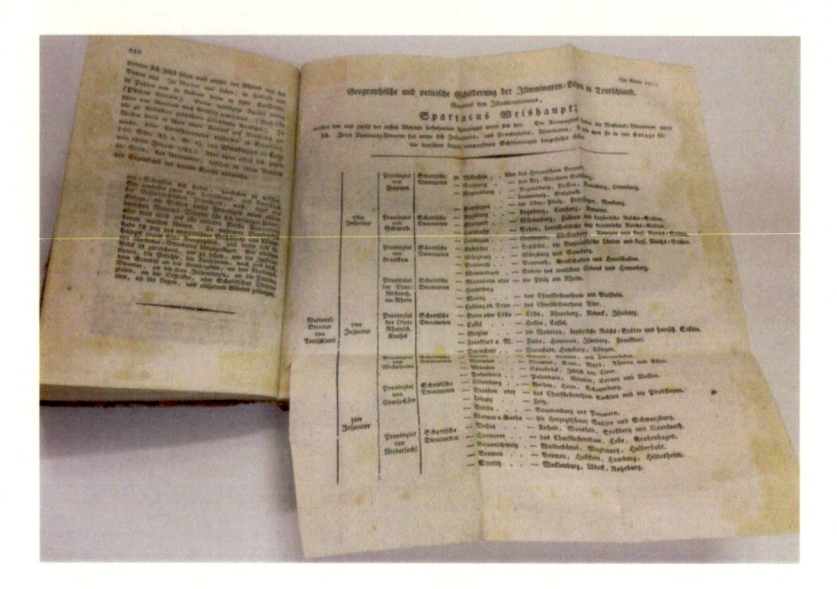

Quelle: Eigenes Foto

gesät und das Establishment in der Revolution liquidiert hätten", fasst Gudrun Gersmann zusammen, die Darntons Studie als „bestechend eingängige Verschwörungstheorie" bezeichnet (Gersmann: Im Schatten der Bastille, S. 11). Die allgemeine Geschichtswissenschaft lehnt Darntons Dialektik heute als unbewiesene Vision ab – ohne die Welt der Literatur als Faktor gänzlich zu negieren – und verweist auf komplexere Gründe für die Französische Revolution (die Debatte um Darntons Thesen wurde in einem eigenen Sammelband zum Thema – The Darnton Debate – ausführlich gewürdigt: The Darnton debate: Books and revolution in the eighteenth century, hg. v. Haydn Trevor Mason, Oxford 1998). Der Begriff ‚Vulgarität' ist im Übrigen tatsächlich eine Neuschöpfung aus dem Jahr 1800, die dazu dienen soll, „die im Verlauf der Revolution eingetretene Lockerung des literarischen Geschmacks zu brandmarken" (Starobinski, Jean: 1789: Die Embleme der Vernunft, hg. v. Friedrich A. Kittler 1981, S. 200).

Abbildung 4: Rekonstruktion der Genese totaler Verschwörungstheorie in deutscher Sprache (Auswahl, 1784-1804).

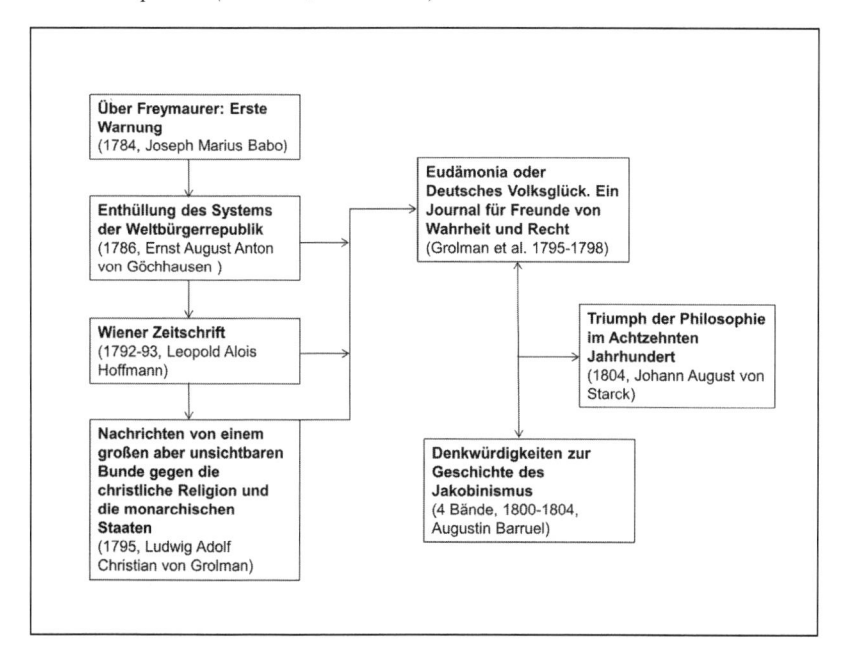

```
┌─────────────────────────────────────────────────────────────────────────┐
│                                                                         │
│  ┌──────────────────────┐                                               │
│  │ Über Freymaurer: Erste│                                              │
│  │ Warnung              │                                               │
│  │ (1784, Joseph Marius Babo)│                                          │
│  └──────────┬───────────┘                                               │
│             ↓                                                           │
│  ┌──────────────────────┐      ┌───────────────────────────┐            │
│  │ Enthüllung des Systems│     │ Eudämonia oder            │            │
│  │ der Weltbürgerrepublik│ →→→→│ Deutsches Volksglück. Ein │            │
│  │ (1786, Ernst August Anton│  │ Journal für Freunde von   │            │
│  │ von Göchhausen )     │  →→→→│ Wahrheit und Recht        │            │
│  └──────────┬───────────┘      │ (Grolman et al. 1795-1798)│            │
│             ↓                  └───────────────────────────┘            │
│                                              ↑                          │
│  ┌──────────────────────┐                    │  ┌────────────────────┐  │
│  │ Wiener Zeitschrift   │                    │  │ Triumph der Philosophie│
│  │ (1792-93, Leopold Alois│ →→→→→→→→→→→→→→→→→│→→│ im Achtzehnten     │  │
│  │ Hoffmann)            │                    │  │ Jahrhundert        │  │
│  └──────────┬───────────┘                    │  │ (1804, Johann August von│
│             ↓                                │  │ Starck)            │  │
│                                              │  └────────────────────┘  │
│  ┌──────────────────────┐      ┌───────────────────────────┐            │
│  │ Nachrichten von einem │     │ Denkwürdigkeiten zur      │            │
│  │ großen aber unsichtbaren│   │ Geschichte des            │            │
│  │ Bunde gegen die      │      │ Jakobinismus              │            │
│  │ christliche Religion und│   │ (4 Bände, 1800-1804,      │            │
│  │ die monarchischen    │      │ Augustin Barruel)         │            │
│  │ Staaten              │      └───────────────────────────┘            │
│  │ (1795, Ludwig Adolf  │                                               │
│  │ Christian von Grolman)│                                              │
│  └──────────────────────┘                                               │
│                                                                         │
└─────────────────────────────────────────────────────────────────────────┘
```

Quelle: Eigene Darstellung

Quellenanalyse: Ernst August von Göchhausen: Enthüllung des Systems der Weltbürgerrepublik (1786)

> Die betrachteten Textstellen aus dem *System der Weltbürgerrepublik* fungieren als Blaupause für das Konstrukt einer totalen (Medien-)Verschwörung um 1800. Sie wurden in Teilen später auch wortwörtlich in den *Nachrichten von einem großen aber unsichtbaren Bunde gegen die christliche Religion und die monarchischen Staaten* übernommen. Die *Nachrichten von einem unsichtbaren Bunde* gelten wiederum als „ideologische Grundlage und konzeptuelle Ausgangsbasis für die Redaktion der Zeitschrift Eudämonia"[8], auf die im Folgenden ebenfalls einzugehen sein wird. Der Abteilungsleiter im Weimarer Gesamtministerium, Ernst August von Göchhausen, fügt seiner Enthüllung des Systems der Weltbürgerrepublik den Untertitel *In Briefen aus den Hinterlassenschaften eines Freimaurers* hinzu. In dem öffentlich heftig kritisierten Werk entwirft von Göchhausen, der selbst zeitweilig Freimaurer war, das Bild einer tendenziell weltumspannenden Verschwörung von Freimaurern, die die Gesellschaft auf sämtlichen Ebenen unterläuft.

In einem längeren Abschnitt des Buches verfasst Ernst August von Göchhausen zur Illustration seiner Verschwörungsthesen ein fiktives Gesprächsprotokoll. Die imaginäre Szene dreht sich um die Ausführungen eines hohen Meisters des Freimaurerordens, der einen neugierigen Anwärter in die Geheimnisse des Ordens einweiht. „Im Reich der Wissenschaften und der Literatur geben wir den Ton an"[9], sagt der Meister, welcher redend eingeführt wird: „[...] folglich haben wir die besten Köpfe jedes Volks, jeder Confeßion, auch der Ihrigen, mein lieber Lutherischer Bruder, in unsrer Gewalt, ohne daß sie es wissen."[10] Was jene besten Köpfe, die sich in der Gewalt der Freimaurer befinden sollen, dabei hauptsächlich hervorbringen, weiß der Meister exakt zu bestimmen: „Das große einfältige Thema, woraus jeder Virtuose unserer Tage seine Abhandlung spinnt, ist Philosophie!"[11] Der beflissene Anwärter unterbricht den Meister an dieser Stelle, um in die Diskreditierung des allgemeinen Unwesens der Philosophie einzu-

---

8 Haaser: Spätaufklärung und Gegenaufklärung, S. 60.
9 Göchhausen, Ernst August Anton von: Enthüllung des Systems der Weltbürgerrepublik, Rom 1786, S. 249.
10 Ebd.
11 Ebd.

stimmen: „Ist nicht jeder Narr, der sich Philosoph zu seyn dünckt, und, qua talis, eben so gut sein Scherflein Aufklärung in unsrer philosophischen Schreibe- und Plauderperiode beytragen zu müssen glaubt, als der wohlgeordneteste kälteste Kopf, – ist er nicht an der Einbildung kranck?"[12] Auf diese Bemerkung, die ja unterstellt, dass im Rahmen der zuvor behaupteten kulturellen Hegemonie der Freimaurerverschwörung doch zahlreiche fragwürdige – weil von kranken Köpfen produzierte – Literatur zirkuliert, erwidert der Meister:

> Lass sie schreiben! Sie schreiben zwar wie der Blinde von der Farbe; aber sie thun uns doch wesentliche Dienste. Sie erhalten Duldung, Rede- Schreib- und Preßfreyheit im Gang, predigen das Kreuz gegen ihren christlichen und bürgerlichen Despotism und Aberglauben, reden Volkssprache der Freyheit mit dem Pöbel und Matrosenvolk, und selbst ihr deraisoniren, ihr hißigfieber-Gewäsch, hat seinen Nutzen. Es gewöhnt die Polizey, die immer nur auf den gegenwärtigen Moment sieht, litterarischen Unfug für Armseligkeit hält, und beym äusserlichen stehen bleibt, daran die ungeheuersten Dinge laut sagen und schreiben zu lassen. Die Würckung davon liegt nicht offenbar vor ihrer Nase, also würdigt sie dies alles keiner Aufmerksamkeit. Sie läßt die Köpfe des Volcks behandeln und drehen, so lange es, ihrem Begriff nach, nur nicht über die bürgerliche Obedienz, im engsten Verstande, nicht über ihre Persönlichkeit, hergeht. Treibt es aber ja einer unsrer Weltbürger-Kalmucken zu weit, nun – so bezahlt er mit seiner Person. Wird er bey den Ohren genommen, so geht es auf seine Rechnung. An uns, als CORPUS, als ZUNGE IN DER WAGE [Herv. i. O.], denckt kein Mensch. Indeß ist die Sache geschehen. Die Schandschrift wird zwar abgenommen, der Pasquillant, der Rebell – und wie die Weidesprüchlein der ernsten Dame: Bürgerpflicht, heissen, wird eingesperrt; aber das Volk hatte die Schrift doch gelesen, nahm den Geist davon mit nach Hause, und – kannegieserte über Pfaffen und Fürsten, und obrigkeitliche Gewalt.[13]

Die knappe Antwort des Meister-Anwärters bezeugt die Stringenz der Ausführungen: „Ein edler Plan, und sehr verständig angelegt!".[14] Was dem fiktiven Freimaurermeister hier in den Mund gelegt wird, dürfte der zeitgenössischen Leserschaft allerdings kaum als ‚edler Plan' erschienen sein. Die Rede enthält zwischen den Zeilen Elemente einer geradezu apokalyptischen Medientheorie. Denn die Freimaurer verdanken ihre offensichtliche Vormachtstellung einer Medienpolitik, die sich verschleierter Medienwirkungen bedient. Durch ihre Dominanz in Literatur und Presse errichten sie eine unsichtbare Meinungsdiktatur. Sie be-

---

12 Ebd., S. 249–250.
13 Ebd., S. 250–251.
14 Ebd., S. 251.

fördern den Missbrauch der Pressefreiheit durch die falsche Philosophie und sind selbst noch Nutznießer von gelegentlicher Zensur, die ihnen als Ablenkungsmanöver dienlich ist. Auch dass man sich überhaupt in einer ‚Schreibe- und Plauderperiode' befinde – was offensichtlich den allgemeinen Medialisierungsschub reflektiert – wird somit letztlich dem Wirken der Freimaurer kausal zugeordnet. Thematisiert wird außerdem eine mediale ‚Würckung', die nicht offenbar vor der Nase liegt, aber qua Lesekontakt einen bedrohlichen Geist – nämlich eine aufklärerisch-oppositionelle Haltung gegenüber der alten Ordnung – in die Haushalte der Leserschaft transportiert.

Gemäß der Logik des Verschwörungsverdachts beschreibt der Text auch eine notorische Grundannahme jeder Medienreflexionen, nämlich dass sich hinter dem medialen ‚Welttheater' etwas ganz anderes als das Offensichtliche verbirgt. Im hiesigen Falle verbergen sich hinter dem Medialen eben die Freimaurer, als ‚Zünglein an der Waage' vom Rest der Menschheit nicht registriert. In einfacher wie wirkmächtiger Form wird in der Idee, dass ‚die besten Köpfe' in der Gewalt der Verschwörer sind – und sogar ohne dass dies gewusst wird – eine Unterstellung formuliert, die für die verschwörungstheoretische Rede über Medien wegweisend ist.

In den im Folgenden vorgestellten *Nachrichten von einem großen aber unsichtbaren Bunde* werden die obigen Abschnitte wörtlich wiedergegeben und um ein ausuferndes Kompendium zahlreicher Details und Hintergründe der Medienverschwörung ergänzt.

QUELLENANALYSE: ANONYMUS: NACHRICHTEN VON EINEM GROSSEN ABER UNSICHTBAREN BUNDE GEGEN DIE CHRISTLICHE RELIGION UND DIE MONARCHISCHEN STAATEN (2. AUFLAGE, 1797)

Die anonyme Urheberschaft dieses Werks kann „mit einiger Sicherheit"[15] dem hessischen Regierungsdirektor Ludwig Adolf Christian von Grolman zugeschrieben werden. Rolf Haaser identifiziert Grolman als Verfasser der Schrift unter anderem anhand eines Briefes von Grolman an Johann Georg von Zimmermann, der eine von ihm eingereichte Denkschrift an den Landgrafen Ludwig X. erwähnt, „[...] denn hier wie dort wird ‚das abscheuliche litterarische Schriftsteller und Buchhändler Komplott mit seinen Ränken und Absichten' gebrandmarkt"[16]. Die Nachrichten von einem großen aber unsichtbaren Bunde gelten, wie bereits erwähnt, als ideologische Grundlage und konzeptuelle Ausgangsbasis für die Redaktion der Eudämonia. Sie fungierten als „Manifest des Konservatismus Grolmans und seiner Gießener Gefolgschaft"[17] und fassen die zentralen Aspekte der Verschwörungstheorie zusammen, wie sie 1795, als die ‚Eudämonia' zu erscheinen begann, entwickelt war.[18]

Rolf Haaser ist es zu verdanken, den Autor Grolman als den zentralen, weil einflussreichsten Autor der Verschwörungstheorie um 1800 zu identifizieren: „Seine [Grolmans] These von der Weltverschwörung der Illuminaten, die er in seinen ‚Nachrichten von einem unsichtbaren Bunde' offensiv vertrat, wurde in verschiedenen konservativen und anti-revolutionären deutschsprachigen Zeitschriften auszugsweise kolportiert und hatte dank der umtriebigen Energie Grolmans Auswirkungen u. a. bis nach Frankreich und England"[19]. Die vorliegenden Zitate entstammen der erweiterten zweiten Auflage des Titels aus dem Jahr 1797 (die erste Auflage erschien 1795).

---

15 Haaser: Spätaufklärung und Gegenaufklärung, S. 297.
16 Ebd.
17 Ebd., S. 60.
18 Ebd., S. 63.
19 Ebd., S. 65–66.

In der anonym – und bisweilen in gewöhnungsbedürftigem Konjunktiv – verfassten Schrift ist zunächst die Rede von einer so bezeichneten ‚Aufklärergilde', „die die Freyheit der Presse nur für sich anführe [...]"[20]. Die Auswüchse der Pressefreiheit werden – gemäß der unterstellten Okkupierung der Presse durch die Verschwörer – scharf angegriffen:

Eine Menge von Sophistereyen, Lästerungen, Narrheiten, Tollheiten, Ausgeschämtheiten sey seit ohngefähr 20 Jahren durch die Presse in Deutschland verbreitet worden. [...] Die Staaten seyen zu indoleat oder zu kurzsichtig gewesen, sich das Directorium über die Presse vorzubehalten. [...] Wenn Irreligion laut gepredigt, wenn die größten Injurien gegen Fürsten geduldet, authorisirt, und endlich durch die Presse allgemein gemacht werden sollten, so sey Preßfreyheit, da man sie von Seiten des Staates in Preßfrechheit habe ausarten lassen, ein trauriges Geschenk für die Menschheit.[21]

Unter dem Deckmantel von Philosophie und Aufklärung, so wird beklagt, kommt es zu einer inflationären Print-Publizität und die zeitgenössischen Autoren würden dabei vorwiegend Diffamierungen und überhaupt Unverschämtheiten verfassen: „In Deutschland wolle ein jeder Schreibler das Recht haben, von seinem Bodenloche geistige Ardüren, Geckereyen, Pasquillen, Unsinn u. s. f. herabzuwerfen, zu geifern, sie drucken zu lassen, und das Freymüthigkeit, Philosophie und Aufklärung zu nennen."[22]

Das journalistische Prinzip, nach dem auch Spekulation eine bisweilen sinnvolle und legitime publizistische Tätigkeit darstellt, wird vehement abgelehnt, da hieraus eine ungerechte Diffamierung potenziell Unschuldiger resultiere:

Man gieng weiter und behauptete, daß man alles öffentlich sagen und schreiben dürfe, was wahr sey, wobey sich aber die Schriftsteller das Recht der Entscheidung: ob dieses oder jenes wahr sey, selbst vorbehielten; so daß die von ihnen angegriffenen oder verleumdeten Personen übel genug daran waren. Weil aber dieses noch nicht auslangen wollte; so gab man weiter vor, daß man auch unerwiesene Beschuldigungen ausbreiten dürfe, weil man dadurch Gelegenheit geben könne, daß die Wahrheit an den Tag komme, und die Beschuldigten sich nun auch öffentlich vertheidigen könnten; womit man ihnen allen Rech-

---

20 Anonymus [d.i. vmtl. Christian Grolman]: Nachrichten von einem großen aber unsichtbaren Bunde gegen die christliche Religion und die monarchischen Staaten, Zweyte vermehrte und mit Belegen versehene Auflage 1797, S. 19.
21 Ebd., S. 20.
22 Ebd.

ten zuwider den Beweis, den zu führen der Schriftsteller abgelegen hätte, aufbürdete; und wenn die Vertheidigung demungeachtet erschien, so wendete man alle Künste an, dieselbe zu unterdrücken.[23]

Der ausschlaggebende Faktor für eine vollständige Negierung der Pressefreiheit ist jedoch nicht die journalistische Spekulation. Die Pressefreiheit wird deshalb abgelehnt, weil der große Bund mit seinen ‚Instrumenten' das Mediensystem unter seine Gewalt gebracht hätte:

Bey dem Allem ist es so gut, als wenn wir gar keine Preßfreyheit hätten, da die Männer des großen Bundes durch Hülfe ihrer [...] Instrumente, alle Schriften für das Christenthum und die herkömmlichen Staatsverfassungen zu unterdrücken, oder ausser Kurs zu setzen wissen, die Preßfreyheit nur für sich und ihre Meynungen geltend zu machen suchen, allen übrigen ehrlichen Leuten aber auf eine hinterlistige Art rauben, und somit einen wahren, unerträglichen, und wenn es so fortgeht, für die Ruhe der Staaten, und alle bürgerliche Ordnung höchst gefährlichen Despotismus über das Publicum ausüben.[24]

Die Verschwörer hätten sich mithilfe von Schriftstellern und Journalisten die Medien der Öffentlichkeit zum willfährigen Werkzeug gemacht. Mit diesem mächtigen Werkzeug würden nun bereits Regierungen erpresst:

Um die Regenten noch weiter von aller Einsicht in dieses Unwesen abzuhalten, unterstehen sie sich sogar, ihnen zu drohen. Sie drohen ihnen mit der nämlichen Publicität, die sie bisher so unverdienter Weise begünstigt haben, und lehren ihre eignen Wohlthaten wider sie. Sie drohen ihnen, sie für dem ganzen Publico, welches sie durch ihre vielen Anhänger, und vornehmlich Journalisten auch leicht ins Werk richten können, als unaufgeklärte Leute, oder gar als Tyrannen an den Pranger zu stellen, (Beleg XIV.) und erreichen damit ihren Zweck um so mehr, als man befürchten muß, die Schriftsteller werden, wenn man ihnen an einem Ort das Handwerk legt, an einen anderen hingehen, und daselbst zehnmal ärger, als vorher, schreyen, schimpfen und lästern und dabey sogar bey anderen Obrigkeiten Schutz finden.[25]

Fernerhin wird auf eine mediale Aufwiegelei des Volkes aufmerksam gemacht, die dazu animiere, sich mit den Mitteln der Gewalt für die trügerische Pressefreiheit einzusetzen: „Sogar giebt es schon umher schleichende Flugschriften,

---

23 Ebd., S. 69.
24 Ebd., S. 70–71.
25 Ebd., S. 71.

worin eine jede Einschränkung der Presse, wie auch die Aufsicht über die Lesegesellschaften, deren sich einige Obrigkeiten anzunehmen anfangen, ebenfalls als allgemeine Bedrückungen des ganzen Volks, das also doch wohl lesen muß, vorgestellt, und die Leute ermahnt werden, solches nicht mehr zu leiden, sondern sich mit Gewalt entgegenzusetzen."[26]

Erkennbar, in der Fokussierung auf den Missbrauch der Presse durch die vermeintliche Verschwörung, wird das Konstrukt des ‚großen Bundes' hier eingesetzt, um vor allem gegen die Pressefreiheit zu polemisieren. Aufrufe zur Rebellion, Erpressung der Regenten und immer wieder Diffamierungen seien das eigentliche Wesen dieser Pressefreiheit. Die Freiheit der Meinung wird mit einer geplanten ‚Umstürzung der Religion' und Herabsetzung der Fürsten assoziiert. Die verantwortlichen Regierenden seien dabei bereits zu geblendet, um die Bedrohung überhaupt noch zu erkennen. Sie wüssten nicht, in welchem Grade und wie oft sie selbst „entweder auf eine versteckte Art unter allerley Bildern und Erzählungen, oder ganz offenbar, [...] spöttisch und beißend durchgezogen"[27].

Dann mit ihnen den Regenten spricht man nur von den Vortheilen, welche für die Aufklärung und Vervollkommnung des menschlichen Geschlechts von der Preßfreyheit zu erwarten stünden, welches an sich wahr und gut ist, auch gut geblieben seyn würde, wenn sich nicht Leute, die gegen das Christenthum und die hergebrachten Verfassungen der Staaten feindselig gesinnt sind, mit der Schriftstellerey abgegeben, und was noch schlimmer war, nicht das ganze Schriftstellerwesen in ihre Gewalt zu bringen gesucht und gewusst hätten.[28]

Dass sich das gesamte Schriftstellerwesen unter der Gewalt antichristlicher Akteure befände, zeugt von der Idee eines bereits totalitären Medienapparats, dem in Gänze nicht mehr zu trauen ist. Der submediale Raum der Textöffentlichkeit sei vollends okkupiert durch Verschwörer. Die *Nachrichten*, deren knapp 90-seitiger Hauptteil auf jeder Einzelseite als ‚Geschichts-Erzählung' überschrieben ist, enthalten als zweiten Teil einen 130-seitigen Anhang, der als *Belege zu den Nachrichten von einem großen aber unsichtbaren Bunde* betitelt ist. Die insgesamt 20 Belege beginnen mit einem ‚Zeugnis der Mutterloge in Berlin 1784' und bestehen ansonsten aus einer Zusammenstellung einzelner Artikel aus diversen antiaufklärerischen Schriften.

---

26 Ebd., S. 72.
27 Ebd., S. 67–68
28 Ebd., S. 68.

Unter Beleg XV verweist das Werk auf die antirevolutionäre Schrift *Revolutionsalmanach, fliegende Blätter, und politisches Journal von 1793 und 1794*:

> Schon seit 10-12 Jahren schleichen die Aufklärungs-Complotte in Deutschland wie eine Pest im Finstern. Lange schon dauerten sie, ehe man noch das Ding durchsah [...]. Lange hat man die gottlosen Künste nicht verstanden, nicht gewusst, wohin sie arbeiteten: wer hat wohl begriffen, warum seit langer Zeit schon, gegen einige verdiente Männer von allen vier Winden her, aus beynahe allen Journalen und Zeitungen, nichts als Beleidigungen, Verhöhnungen, Schimpf und Bosheit sprühete, und indessen ergossen sich aus den selben Kanälen Ströme von Lob und Preis auf einige höchst mittelmäßige Scribenten. Aber das Complott ward aufgedeckt, und nunmehr sieht jeder, der sehen will.[29]

Der Hinweis, dass nunmehr ‚jeder sieht, der sehen will' ist besonders instruktiv. Denn das Wirken von Illuminaten im bayerischen Zensurkollegium wie auch die durch Bahrdt selbst offenbarten Pläne der Deutschen Union sind bereits seit Jahren Geschichte und tatsächlich sind ja 1793/1794 – also in der Phase einer wieder repressiveren Zensurpolitik im deutschen Reich – keinesfalls Evidenzen jedweder Art für ein vermeintliches ‚Complott' im Mediensystem sichtbar zu machen.[30] Wer also ‚sehen' will, betrachtet weiterhin lediglich die Zeichen der medialen Oberflächen, die Journale, Zeitungen und Produkte des Schriftstellerwesens. Der Umschlagprozess, den das ‚nunmehr' im letzten Satz markiert, bezieht sich nicht etwa auf tatsächlich neu ermittelte Beweise, sondern auf eine nun eingenommene Verdachtshaltung gegenüber Medien, die jetzt quasi per se als

---

29 Ebd., S. 107 der Belege im Anhang.

30 Der Begriff der Evidenz leitet sich etymologisch von lat. visio/videre ab (das Sehen, der Anblick, die Erscheinung) und steht somit für eine augenscheinliche Gewissheit (Duden Herkunftswörterbuch: Etymologie der deutschen Sprache, hg. v. Dudenredaktion, 3. auf der Grundlage der neuen amtlichen Rechtschreibregeln, völlig neu bearb. und erw. Aufl, Mannheim 2001). Die jüngeren Medienwissenschaften befassen sich mit dem Begriff im Kontext des pictorial turn (so etwa Evidenz – ‚... das sieht man doch!', hg. v. Rolf F. Nohr, Münster 2004.); betonen aber auch die mannigfaltigen Formen der Evidenz jenseits von Visualisierungsprozessen (Mediologie: Die Listen der Evidenz. Schriftenreihe des kulturwissenschaftlichen Forschungskollegs ‚Medien und kulturelle Kommunikation', hg. v. Ludwig Jäger, Köln 2006). Im hiesigen Fall lässt sich Evidenz grundsätzlich als ‚Zeigehaltung' verstehen, „die mediengestützt [...] eine Art von Wahrheitsbeweis mit dem Medium im Medium herstellt" (Nohr, Rolf F.: Einleitung, in: Evidenz – ‚... das sieht man doch!', hg. v. Rolf F. Nohr, Münster 2004, S. 9).

‚gottlose Künste' wahrgenommen werden. Die Medien werden selbst zum entscheidenden Nachweis der Verschwörung, indem sie als perfide Manipulationsmaschine im System der Verschwörung entlarvt werden. Wer also das Wirken des unsichtbaren Bundes ‚sehen' möchte, schaut weiterhin in Zeitungen und Journale. Der eingeweihte Betrachter erkennt eben hier – im ganz Offensichtlichen der medialen Oberflächen – nunmehr die ‚Pest im Finstern'.

Der Autor zitiert im Anschluss weiter aus dem *Revolutions-Almanach*, nun aus der Rubrik ‚Deutsche Buchhändler-Aristocratie'. Hier gibt der Text vor, enthüllende Einblicke in das Verschwörungssystem im submedialen Raum zu gewähren:

Man weiß anjetzt allgemein, daß die von den deutschen Propagandisten so lange geläugnete französische Propaganda, nämlich der französischen National Convent, dreyzig Millionen baares Geld zum Beßten auswärtiger guter Freunde in allen Ländern verwendet hat, und noch verwendet. Einige deutsche Buchhändler und sonstige litterarische Entreprenneurs haben dann auch dabey, wie man anjetzt an einigen der größten deutschen Höfe zu wissen glaubt, ihren kleinen Vortheil. Auch dienen sie dafür ihren französischen Freunden auf mancherley Art, theils durch Beförderung der Nichtachtung der christlichen Religion, theils durch Ausbreitung der Jacobiner-Grundsätze unter allen möglichen Gestalten, und zumal unter der jetzt beliebten Firma des Moderantismus, und endlich durch Unterdrückung aller Journale, Zeitungen und Zeitschriften, die nicht die Carmagnole mittanzen. Ein Kunsterfahrner versicherte mir daher in der gegenwärtigen Leipziger Ostermesse 1794: ‚So oft ein neues Journal, das doch immer mehr durch die Buchhandlungen als durch die Posten verbreitet wird, erscheine, so oft pflege der Theil, der in diesen Bund eingeweihten Buchhändler das erste, zweyte und auch wohl das dritte Stück dieses neuen Journals, nicht auszugeben, sondern das Daseyn desselben in ihren Buchläden zu läugnen, bis sie sähen, zu welcher Parthey entgegen, so schickten sie es dem Verleger oder Spediteur unter dem Vorwand zurück, daß es kein Mensch verlange, so oft es auch gefordert worden [...].[31]

Der Leser erfährt also, dass das dominante mediale Distributionssystem – die Buchhandlungen – zu einem wohl dramatischen Anteil vom ‚großen aber unsichtbaren Bund' kontrolliert würden.[32] Dieser ‚eingeweihte' Teil des Distributi-

---

31 Anonymus [d.i. vmtl. Christian Grolman]: Nachrichten von einem großen aber unsichtbaren Bunde gegen die christliche Religion und die monarchischen Staaten, S. 108 der Belege im Anhang.

32 Korrekterweise ist anzumerken, dass Buchhandlungen vor allem in stadtnahen Gebieten als dominantes Distributionssystem fungierten. In provinziellen Gebieten bestand

onssystems habe die Presselandschaft somit nahezu gleichgeschaltet. Medien, die nicht ‚die Carmagnole mittanzen' – also die Politik der Französischen Republikaner befürworteten – würden verleugnet und gelangten nicht in den Handel. Die fraglichen Buchhändler und sonstige ‚litterarische Entreprenneurs' tanzten die Carmagnole dabei keineswegs aus Sympathie mit den Idealen der Aufklärung. Deren Motivation sei schlichter: ‚Dreyzig Millionen baares Geld' soll der Französische Nationalkonvent in seine Auslandspropaganda investiert haben: „Ein rechtschaffener Mann hat schon vor mehr als einem Jahre in der Wiener Zeitschrift, die Existenz einer geheimen Kasse bekannt gemacht, aus welcher Buchhändler entschädigt würden, wenn sie auf Befehl der hohen und erlauchten Obern Schriften supprimieren müssen. Ja, die deutsche Union, die auf nichts geringeres abzweckte, als die ganze Litteratur dem eisernen Despoten-Cepter der Freyheit predigenden Illuminaten zu unterwerfen [...], was war sie anders als ein Illuminatenprojekt?"[33]

Einer Logik des Medienmarktes entsprechend, stünden nun hungrige wie demütige *Gelehrtlinge* großen Bücherdespoten gegenüber, die, gemäß dem Willen der Illuminaten, die gesamte deutschsprachige Literatur kontrollierten:

Leicht zu denken ist es, daß nun die Rotte der Gottes- und Fürstenfeinde ausserordentlich an Kräften zunahm. Sie konnte ja nun auf Gewalt und Herrschaft über die Meynungen sicher rechnen, und ist wohl eine Eroberung größer als diese? Die ganz große Aufklärerparthie in Deutschland, der ganze Anhang, den Nicolai [gemeint ist der populäre Berliner Aufklärer und Buchhändler Christian Friedrich Nicolai] in derselben an Mitarbeitern an der allgemeinen deutschen Bibliothek und an deren Lesern hatte, war nun gewonnen. Die hungrigen oder demüthigen Gelehrtlinge, die den großen Bücherdespoten ihre Geistesgeburten verkauften, und nach Zeitungslob ängstlich haschten, die Zeitungs-Comtoire, die Journal-Fabriken, die Censurtribunäle, die Buchhändler-Bude, die Lesebibliotheken und Lesegesellschaften – kurz alles, was nur den Anstrich von Crudition vertragen konnte, alles war nun vom Geiste des Illuminatismus imprägniert [...] Daraus erklärt sich nun von

---

dagegen eine eher geringe Buchhandlungsdichte und zumindest der ‚gemeine Mann', so Reinhart Siegert, beschaffte sich seine Lesestoffe in der Regel nicht beim Buchhändler: „Heftchenliteratur wurde vor allem bei Kolporteuren erstanden, während der Buchbinder in kleineren Ortschaften das Monopol für die ‚seriöse' Literatur innehatte. (Siegert, Reinhart: Der ‚gemeine Mann' und die Welt der Bücher um 1800, in: Jahrbuch für Kommunikationsgeschichte 4. 2002, 4, S. 32–51, S. 35).

33 Anonymus [d.i. vmtl. Christian Grolman]: Nachrichten von einem großen aber unsichtbaren Bunde gegen die christliche Religion und die monarchischen Staaten, S. 126 der Belege im Anhang.

selbst der Gang und die Wendung, welche die deutsche Litteratur von nun an mit Riesenschritten nahm.[34]

Die bereits zuvor kolportierten ‚dreyzig Millionen baares Geld' werden im Anschluss sogar als jährliches Budget angegeben[35]. Genug Geld, wie betont wird, um mittels der Schriftsteller und Buchhändler ganz Deutschland ins Verderben zu stürzen: „[...] erzählt der Verfasser, daß nach Dumouriez eignen Aussage jährlich dreyzig Millionen auf die auswärtigen Clubs von den Franzosen verwendet würden, und setzt hinzu: Geld genug, um in geheimen Zirkeln sich Anhänger zu erwerben, wo der Fanatismus allein nicht vollständig wirken möchte! Geld genug, um hungrige Schriftsteller zu besolden, Buchhändler für nöthige Suppressionen schadlos zu halten, [...] um über Deutschland ähnliches Verderben auszuschütten."[36]

Insgesamt zeugen *die Nachrichten von einem großen aber unsichtbaren Bunde* von einer besonderen Fokussierung auf Literatur, Schriftstellerei und immer wieder auf den Buchhandel als Zentrum der Verschwörung. So habe die Verschwörung „auch schon manche Buchhändler an sich gezogen"[37] und „die Buchhändler werden, wenn sie dieses Joch nicht bald abschütteln, zuletzt bloße Knechte werden"[38]. Die Verschwörer hätten schon große Fortschritte gemacht, „um die Buchhändler zu fesseln"[39] und sie „dirigiren den Buchhändler, welcher die Gesellschaft mit Schriften und Journalen versorgt"[40].

---

34 Ebd., S. 125 der Belege im Anhang.
35 Unklar ist, woraus sich die verschiedenen Variationen um dreyzig Millionan baares Geld eigentlich speisen. Meiner Vermutung nach handelt es sich bei der Summe um ein Budget, das im Rahmen der militärhistorisch bedeutsamen Levée en masse, des sogenannten Volksaufgebots vom 23. August 1793 vom französischen Nationalkonvent beschlossen wurde, um dem Kriegsministerium 30 Millionen Livres zum Zweck einer verstärkten Waffenproduktion zu Verfügung zu stellen (zu einer deutschen Übersetzung der entsprechenden Original-Dekrete des Nationalkonvents siehe etwa: Behschnitt, Wolf D.: Die Französische Revolution: Quellen und Darstellungen, Stuttgart 1978, S. 84 ff.).
36 Anonymus [d.i. vmtl. Christian Grolman]: Nachrichten von einem großen aber unsichtbaren Bunde gegen die christliche Religion und die monarchischen Staaten, S. 127 der Belege im Anhang.
37 Ebd., S. 19.
38 Ebd., S. 42.
39 Ebd., S. 55 der Belege im Anhang.
40 Ebd., S. 44.

Die wahrgenommene Konvergenz der publizierten Meinungen, die als gezielte Gleichschaltung beschrieben wird, dient dabei als zentraler Nachweis der Verschwörung. Tendenziell wird somit jede verfügbare aufklärerische Schrift als Produkt und somit als Nachweis des Komplotts lesbar.

QUELLENANALYSE: EUDÄMONIA ODER DEUTSCHES VOLKSGLÜCK. EIN JOURNAL FÜR FREUNDE VON WAHRHEIT UND RECHT (1795-1798)

> „Südwärts hinter euch heulen der Hekate nächtliche Hunde, Eudämonia genannt, und der Professor zu W."
> XENIEN/FRIEDRICH SCHILLER
> MIT JOHANN WOLFGANG VON GOETHE

Die *Eudämonia* war von der *Gesellschaft patriotischer Gelehrter* als radikal gegenrevolutionäre Propagandaplattform konzipiert. Man wollte explizit einer ‚jakobinisierten Stimmung der öffentlichen Meinung' entgegentreten. „Um gegen das ‚Geschrei der Journalisten' vorgehen zu können, ist man gezwungen, selber zu ‚schreien'"[41], fasst Klaus Eder Logik und Selbstverständnis der Eudämonisten treffend zusammen: „Das Reden, der Diskurs, wird zum Mittel für einen dem Diskurs fremden Zweck, nämlich die Erhaltung der gegebenen Ordnung. Damit ist zugleich eine eigenartige Umfunktionierung aufklärerischer Organisationsprinzipien verbunden."[42] In der zeitgenössischen Rezeption wurde die Zeitschrift auch als Anti-Revolutions- und Anti-Illuminatenjournal bezeichnet.[43] Scharfe Kritik am Journal äußerte etwa die Aufklärungszeitschrift *Merkur*, was die Logik der Eudämonisten nur bestätigte.[44] Bemerkenswert an der Propaganda der Eudämonia ist darüber hinaus der frühe deutsch-

---

41 Eder: Geschichte als Lernprozess?, S. 172.
42 Ebd.
43 Vgl.: Donnert: Antirevolutionär-konservative Publizistik in Deutschland am Ausgang des Alten Reiches, S. 28.
44 Vgl.: Schaeper-Wimmer, Sylva: Augustin Barruel, S.J. (1741-1820): Studien zu Biographie und Werk, Frankfurt am Main, New York 1985, S. 231.

nationalistische Tonfall. Die Erstbelege für die Begriffe ‚Nationalismus' und ‚Vaterlandsverräter' finden sich in der *Eudämonia*.[45] Ähnlich wie die Belege von einem ‚großen aber unsichtbaren Bunde' besteht die Eudämonia aus einem Wust von Zitaten, kommentierten Übernahmen, Wiederabdrucken und Ausschnitten aus bereits veröffentlichtem Material. Die Eudämonia fungiert somit als eine Art Archiv verschwörungstheoretischer Quellen. Hier wird zusammengetragen und editiert, was der Markt bis dato hervorgebracht hat. Letztlich werden somit immer wieder die gleichen Thesen wiederholt, die wohl gerade durch ihre Wiederholung an Evidenz gewinnen sollen. Jürgen Voss hat bereits 1999 eher beiläufig den Sonderstatus des Medialen in der Ausrichtung der Eudämonia zusammengefasst: „Die Welt der Literatur, das Buchwesen, die Lesegesellschaften und die Journalistik waren den Eudämonisten besonders suspekt. Sie sahen in der Ausweitung der Leserschichten eine besondere Gefahr und bekämpften alle Einrichtungen des 18. Jahrhunderts, die auf diesem Gebiet tätig geworden sind. Im Visier ist quasi die gesamte literarische und geistige Produktion der Zeit, von der man sich aus ideologischen Gründen distanziert: ‚die tausenderlei Romanen, Reisen, Gedichte, gelehrte Zeitungen, Journale, Bibliotheken und wie die Producte aus den Fabriken der Aufklärung weiter heißen, hier zu erinnern, die man der noch unvorsichtigen Jugend mit allen Kunstgriffen in die Hände geliefert hat'".[46]

Im wegweisenden ‚Prospectus' der ersten Ausgabe der *Eudämonia* beschreibt sich das Blatt selbst explizit als Widerstandsorgan im Kampf um die öffentliche Meinung: „Wer nur einen flüchtigen Blick auf Frankreichs litterarische Geschichte wirft, der sieht bald, daß die jezzigen Franzosen die Wahrheit reden, wenn sie behaupten, daß die Revolution durch Schriftsteller, dereineinige den Altar, andere den Thron untergruben, vorbereitet worden. Eben dieses geschieht auch durch eine Menge von Schriften in Deutschland. [...] Sollte es da nicht we-

---

45 Siehe dazu auch: Voss, Jürgen: Die Eudämonia (1795-1798), in: Voix conservatrices et réactionnaires dans les périodiques allemands de la Révolution française à la restauration. Études, hg. v. Pierre-André Bois; Raymond Heitz; Roland Krebs, Bern, New York 1999, S. 298.
46 Ebd., S. 287.

nigstens den Anders-Denkenden erlaubt seyn, auch ihre Meinung über Gegenstände zu sagen, von welchen das Wohl oder Wehe von Deutschland abhängt?"[47] Obgleich das Recht auf die Verbreitung einer eigenen Meinung also ganz vorne in der eigenen Agenda angestellt ist, wird auch in der *Eudämonia* vehement die Pressefreiheit angegriffen, denn, „Was man sonst Mißbrauch der Presse und Preßfrechheit genannt haben würde, heißt gegenwärtig literarische Freyheit,"[48] Und diese Freiheit führt zu Exzessen: „Wer unsere Literatur kennt, den Gang, den sie besonders in den letzten 10 - 15 Jahren genommen, und ihre Produkte übersieht, wird einräumen müssen, daß die Exzesse der Schriftstellerey und Pressfreyheit bey uns unendlich weitergehen, als je in Frankreich, auch selbst damals nicht als bereits der Philosophismus daselbst die Oberhand gewonnen hatte."[49]

Die Theorie um das anhaltende ‚abscheuliche litterarische Schriftsteller und Buchhändler Komplott mit seinen Ränken und Absichten' wird variiert und zum Hauptbeweis ausgebaut. Dabei gerät nicht nur die Literatur im engeren Sinn in den Fokus der Verdächtigungen, sondern auch des gesamte journalistische System. In Band IV heißt es unter der Überschrift: *Anfrage, den Journalisten- und Recensenten-Unfug betreffend*:

Seitdem der Illuminatenorden beinahe alle gelehrte Journale sich zu eigen gemacht hat, ist der Recensenten- und Journalistenunfug in ein völliges System gebracht worden. Jedermann der nur sehen will, sieht es jetzt klar genug. Die abscheuliche, nunmehro öffentlich für ächt erklärte, documentirte, und von keinem Illuminaten widersprochene Illuminatenregel, die man, wie mit Recht gesagt ist, diesen verworfenen Menschen nicht oft genug vorhalten kann, hieß: Wenn ein Schriftsteller Sätze lehrt, die wenn man sie auch wahr find nicht in unsern Plan passen, so soll man den Schriftsteller zu gewinnen suchen, oder ihn verschreyen, (Pfuy der Infamie!!).
Ferner:

---

47 Anonymus: Prospectus, in: Eudämonia, oder deutsches Volksglück, ein Journal für Freunde von Wahrheit und Recht, hg. v. Anonymus, Leipzig 1795, S. III–IV.

48 Anonymus: Eine wichtige Obscuranten-Entdeckung über die Zwecke und das Wirken des Lichtreichs, aus einigen Original-Briefen von Mauvillon: Mitgetheilt aus dem Herzoglich-Braunschweigischen Archiv, in: Anonymus (Hg.) 1796 – Eudämonia, oder deutsches Volksglück, S. 291.

49 Anonymus: Fortsetzung des im vorigen Stücks abgebrochenen Commentars zu Asmus Rath an Andres: Kannst auch Meer-Rettig reiben!, in: Eudämonia, oder deutsches Volksglück, ein Journal für Freunde von Wahrheit und Recht, hg. v. Anonymus, Frankfurt am Main 1796, S. 199.

> Wenn es darauf ankomme einen von unseren Leuten empor zu helfen; so soll man alle in Bewegung setzen. Unsere unbekanten Mitglieder müssen angewiesen werden, aller Orten seinen Ruhm auszuposaunen. (Pfuy des niederträchtigen Kunstgriffs!)
> In diesen beiden Geboten liegt die ganze Recensentenregel, und alles was sie [...] vornehmen, ist nur eine Befolgung und Amplification dieses würklich sanctionirten und schändlichen Illuminatengesetzes. Von A bis Z, von der Berliner Monatsschrift bis zur Jenaischen Literaturzeitung, bis zu Hennings Genius der Zeit, Hübners Salzburger Zeitung u. s. w.: was thun und treiben sie anders als die Befolgung jener Regeln?[50]

Die Ansicht, dass der ‚Recensenten- und Journalistenunfug' in ein ‚völliges System' gebracht worden sei, und zwar in ein System des Illuminatenordens, reflektiert zunächst offensichtlich die bekannten Pläne der bereits historisch gewordenen radikal-aufklärerischen Geheimbündler, insbesondere der quasi-illuminatischen *Deutschen Union*. Denn das geplante Netzwerk zur Mediendistribution der *Deutschen Union* hätte ja genau in dem oben beschriebenen Sinne funktioniert, nämlich derart, dass in der hauseigenen Rezensionspublikation Autoren, die den aufklärerischen Zielen der Union nahestanden, hochgelobt und unliebsame Schriften verschwiegen und unterdrückt worden wären. Anstatt von enthüllten und spätestens somit zunichte gemachten Plänen der Geheimbündler auszugehen, gilt der geheime Operationsplan hier aber als vollendet. Die Eudämonia begreift das Bahrdtsche Projekt als die eigentliche Struktur, die den Status quo der Print-Öffentlichkeit bestimmt. Sämtliche gelehrte und aufklärerische Zeitungen und Journale würden dem Plan der Illuminaten folgen, nämlich wohlgesonnene Autoren zu gewinnen und zu fördern und unliebsame Autoren zu unterdrücken und somit ‚mundtot' zu machen. Quasi der gesamte Printmarkt sei somit systematisch manipuliert und der Beweis für diese Manipulation sei im wahrsten Sinne offensichtlich, denn jedermann könne ja klar sehen, was in den Journalen und Zeitungen geschrieben stehe. Und jeder als aufklärerisch wahrgenommene Text wäre somit ein weiterer ‚niederträchtiger Kunstgriff' und Beweis für die Medienmanipulation durch das illuminatische Komplott.

Die Eudämonia kolportiert außerdem auch die These eines Buchhändlerkomplotts, wofür die Zeitschrift allerdings in anderen Printmedien kritisiert wird, was die Eudämonia wiederum zum Anlass nimmt, sich zu rechtfertigen:

---

50 Anonymus: Anfrage, den Journalisten- und Recensenten-Unfug betreffend, in: Eudämonia, oder deutsches Volksglück ein Journal für Freunde von Wahrheit und Recht, hg. v. Anonymus 1797, S. 85–86.

So wird diesem Journal die Behauptung vorgeworfen, daß eine Kasse zur Entschädigung für Buchhändler existiere, welche auf Befehl der Obern Bücher unterdrücken; und doch wurde an der angezogenen Stelle [...] nichts behauptet, sondern nur zu beurtheilen überlassen, ob man durch die Beyspiele von Bücher-Unterdrückungen auf sonderbare Vermuthungen geführt, am Ende wohl sehr gegründet finden müsse, was schon von einigen Schriftstellern angeregt worden, daß eine solche Entschädigungs oder Suppressions Kasse existiere. Und daß schon mehrere Schriftsteller eine solche Vermuthung angeregt, darüber wollen wir nur die Wiener Zeitschrift 4tes Heft S. 20 und das Endliche Schicksal S. 31 jetzt anführen. Daß wir einen Schriftsteller anzeigen sollen, der zur Parthey Peter Philipp Wolfs gehört, wird man nicht verlangen. Wir wissen aber aus eigener Erfahrung, daß Bücher jahrelang auf allen möglichen Buchhändler-Wegen vergeblich verlangt worden sind. Wer verschiedene Beweise von solchen geschehenen Suppressionen begehrt, der lese nur die Relig. Begeb. 1789. S. 184-186. 362-365. 910-915. 1790. S. 272. 1791. S. 360. 1792. S. 690-692. 1793. S. 464-469. 467. 1794. S. 254 wo auch mehrere Schriftsteller angeführt werden, die bereits dieses Verfahren zur Sprache gebracht. Desgleichen des seel. Zimmermanns Fragmente. Th. 3 S. 192. Sollte denn itzt gar nicht mehr aus der häufigen Erfahrung der Wirkungen auf das Daseyn der wirkenden Ursache nur eine Vermuthung gebauet werden können?[51]

Hier findet sich am Gegenstand des Buchhändlerkomplotts eine frühe Blaupause für die gängige Argumentationsstrategie zur Verteidigung verschwörungstheoretischer Thesen. Wegen die Kolportage einer unbewiesenen These angegriffen, rechtfertigt man sich mit dem Modus der Spekulation. Die fragliche These, die in den einschlägigen Medien gebetsmühlenartig als zentrales Moment des eigenen Gesamtkonstrukts wiederholt wird, habe man ‚nur zu beurtheilen überlassen'. Die Anschuldigung, ‚man hätte behauptet', wird mit dem Verweis zurückgewiesen, man habe lediglich ‚vermutet'. Gleichzeitig wird Empörung darüber inszeniert, für eine harmlose Vermutung öffentlich angegriffen zu werden. ‚Sollte denn itzt gar nicht mehr'? Letztlich wird somit auch jene Pressefreiheit eingeklagt, gegen die die Eudämonia selbst entschlossen ins Feld zieht. Ebenfalls programmatisch ist das ausufernde Auflisten von Quellen, die bei aller Vermutung dann wohl doch als ‚Beweise' und nicht als ‚Vermutungen' fungieren sollen.

Der 1797 von der Eudämonia veröffentlichte Artikel *Memoire an einen deutschen Fürsten* widmet sich ausschließlich der Welt der Medien und stellt diese als zentrale Institution der Verschwörung heraus. Der Beitrag beschreibt eingehend ein deutsches ‚Buchwesen', in dem qua Marktgesetz die Illuminaten und

---

51 Eudämonia, oder deutsches Volksglück, ein Journal für Freunde von Wahrheit und Recht, hg. v. Anonymus, Frankfurt am Main 1796, S. 238–239.

Jakobiner herrschen und „der Buchhändler, wenn er leben will, Jakobinerschriften drucken und verkaufen muß"⁵².

Die Zahl der wohlgesinnten Buchhändler ist ohnehin nicht gar groß. Viele derselben z. B. Nicolai in Berlin, Hammerich in Altona, die Braunschweigische Schulbuchhandlung, Bohn in Kiel, Gundermann in Hamburg, und die meisten, mittelst eines Zunftausdrucks bezeichneten sogenannten soliden Buchhandlungen, stehen mit den Jakobinischen Schriftstellern in offenbarem Verkehr, und vertrödeln ihre Strateten in alle Städte Deutschlands: Denn sie verdienen hierdurch einen ebenso ansehnlichen Gewinn, als durch die Unterdrückung und Verheimlichung anderer Schriften, welche von anderen Verlegern auf die Messe geschickt, und von da großentheils als Makulatur an diese Verleger zurückgeschickt werden.⁵³

Die Unterstellung einer absoluten Wirkmacht der hier thematisierten Schriften gipfelt in der Annahme, dass dergleichen Werke kausal zur Revolution und zur Errichtung der jakobinischen Schreckensherrschaft geführt haben: „Darum mussten die Jakobiner siegen; ihre Aufruhrs- und Verleumdungsschriften gegen den Hof zirkulierten in allen großen und kleinen Städten des ganzen Frankreichs umsonst herum; die allgemeine Meinung des Volkes wurde unmerklich durch diese Schriften gegen den Hof und für die Jakobiner gestimmt. So stand auf einmal die Revolution in hellen Flammen da."⁵⁴ Konsequenterweise gilt das publizistische Feld als der eigentliche Konflikt-Ort der Zeit und die militärischen Interventionen der französischen Revolutionsarmee seien lediglich Ablenkungsmanöver um im Geheimen den wahren Krieg zu gewinnen: „Die Jakobiner führen den Krieg der Meinungen, und ihr Waffenkrieg ist (die dabey intendirten Verheerungen und Plünderungen abgerechnet) im Grunde nichts anderes, als eine Diversion, welche man den Höfen im Großen macht, um den geheimen Krieg der Meinungen zu decken. [...] Dies ist die Quintessenz der Jakobinerpolitik."⁵⁵ Die ‚Quintessenz der Jakobinerpolitik', die hier gleichzeitig als Illuminatenpolitik gilt, sei also eine konspirative Medienpolitik, die es vehement zu bekämpfen gelte: „Man hat [...] bisweilen gesagt: es sey nicht gut, Streitschriften gegen die Jakobiner zu schreiben: denn dies stifte Unfrieden und erbittere die

---

52 Anonymus: Memoire an einen deutschen Fürsten, in: Eudämonia, oder deutsches Volksglück, ein Journal für Freunde von Wahrheit und Recht, hg. v. Anonymus, Frankfurt am Main 1797, S. 195.
53 Ebd., S. 196–197.
54 Ebd., S. 199.
55 Ebd., S. 199–200.

Gemüther; man solle die Meinungen nur ihrem Schicksale überlassen: denn am Ende werde sich doch alles von selbst legen! Wer diese Rede je [...] gesagt haben sollte, war ein Jakobiner der ersten Classe, und von der feinsten Extraction."[56]

QUELLENANALYSE: AUGUSTIN BARRUEL: DENKWÜRDIGKEITEN ZUR GESCHICHTE DES JAKOBINISMUS (VIER BÄNDE, 1800-1804)

Augustin Barruels *Denkwürdigkeiten*, in denen die Verschwörungstheorie nach von Biebersteins Auffassung „erstmalig eine ausgebildete und systematisierte Form erhält"[57], sind wohl „eines der meistgelesenen Bücher seiner Zeit"[58]. Die Barruelsche Ausarbeitung der Verschwörungstheorie machte „sowohl Verfasser als ihren Verleger zu reichen Leuten."[59]. Barruels Verschwörungstheorie kann als eine Art Verteidigungsschrift eines konservativen Klerikers gegen Aufklärung und Revolution gedeutet werden. Durchgängiges Thema ist die verschwörerische Demontage der christlichen Lehre, letztlich des einen wahren heiligen Buches durch zahllose gottlose Schriften, die der Feind mittels eines Systems aus ‚Büchertrödlern, Haupt-Redacteuren und der ganzen Philosophen-Secte' verbreitet. „Es entging den Verschwornen gegen das Christenthum der große Vortheil nicht, welchen sie von dieser mächtigen Einwürkung ziehen konnten"[60]. Barruel gibt an, seine Enthüllungen über dieses System auf Basis eines Geheimwissens zu machen, das „aus den Archiven der Verschwornen selbst" stammt.[61]

Im ersten Band der *Denkwürdigkeiten* entwickelt Augustin Barruel noch keine „Drahtzieher-Theorie"[62] im Sinn einer transnationalen Illuminatenverschwörung, wie sie etwa von den Eudämonisten bereits im deutschsprachigen Raum kolpor-

---

56 Ebd., S. 201.
57 Rogalla von Bieberstein: Die These von der Verschwörung, 1776-1945, S. 11.
58 Epstein: Die Ursprünge des Konservatismus in Deutschland, S. 584.
59 Ebd, S. 110.
60 Barruel, Augustin: Denkwürdigkeiten zur Geschichte des Jakobinismus, Münster, Leipzig 1800, S. 303.
61 Ebd., S. 370.
62 Rogalla von Bieberstein: Der Mythos von der Verschwörung, S. 99ff.

tiert wird. Stattdessen hebt Barruel hervor, inwiefern allein Frankreich für die traumatischen Entwicklungen der Revolution prädestiniert gewesen sei. Die entscheidende Voraussetzung der Revolution wird in einer genuin französischen Medienkultur verortet: „[...] so ist es wenigstens durch die That erwiesen, daß Frankreich den großen Mißbräuchen der Presse, einer wahren Ueberschwemmung von Anfangs bloß religionswidrigen, dann religionswidrigen und aufrührerischen Büchern zugleich alles Unglück seiner Revolution zuzuschreiben hat; es sind sogar noch besondere Ursachen vorhanden, welche die Mißbräuche der Presse in Frankreich viel nachtheiliger machen als in anderen Staaten."[63] Eine gewissermaßen populärer Stil sei Kennzeichen der französischen Medienkultur, die daher auch gefährlicher sei als andernorts: „Ohne unsere Schriftsteller über andere erheben zu wollen, so merkt man, und Fremde haben mir geäussert, daß eine gewisse Klarheit, ein fester Gang und strengere Methode, unsere französische Schriften allgemein verständlicher, gewissermaßen populärer und eben darum gefährlicher mache, wenn sie böse sind."[64]

Auch eine spezifisch französische ‚Lesesucht' – unter diesem Schlagwort diskutiert man das fragliche Phänomen jedenfalls zeitgleich im deutschsprachigen Raum – findet bei Barruel Erwähnung: „Überhaupt lieset das Volk in Frankreich mehr. Der einfältigste Bürger muss seine Bibliothek haben. Blos in Paris konnte jeder Buchhändler darauf rechnen, von dem elenden Geschreibsel so viel Exemplare abzusetzen, als man in London von Werken gewöhnlicher Güte für ganz England verkauft."[65]

Um eine konspirative Mediendistribution in Frankreich vor der Revolution aufzuzeigen, zitiert Barruel aus den Memoiren des Minister Bertin, der von einer eigenen Recherche berichtet: „Festentschlossen dem König endlich einen sicheren Beweis in die Hände zu geben, daß man ihn betrüge, suchte ich das Vertrauen der Krämer und Hausirer zu gewinnen. Sonderlich hatte ich Büchertrödler in Verdacht, daß sie bloß die Unterhändler der Philisophasterey bey diesem guten Volke wären. Auf meinen Reisen aufs Land machte ich mich vorzüglich an Letztere."[66] Erstaunt stellt der Minister fest, dass die mobile Buch-Distribution von unbekannten aber wohl Philosophie-affinen Akteuren manipuliert wird:[67]

---

63 Barruel: Denkwürdigkeiten zur Geschichte des Jakobinismus, S. 254.
64 Ebd.
65 Ebd., S. 255.
66 Ebd., S. 331.
67 Hier sei nur knapp auf die exzellente Studie von Gudrun Gersmann über den keineswegs imaginären geheimen Buchhandel am Vorabend der Französischen Revolution verwiesen (Gersmann: Im Schatten der Bastille). Insgesamt beschreibt Gersmann den

Wenn sie mir Bücher zum Kauf anboten sagte ich zu ihnen: Was für Bücher könnt ihr haben? Katechismusse, Gebetsbücher, ohne Zweifel! Denn was lieset man sonste auf den Dörfern? Bey diesen Worten sah ich einige lächeln. Nein, antworteten sie mir, das sind unsere Bücher nicht; wir verdienen mehr bey den Schriften eines Voltaire, Diderot und anderer Philosophen. Ich entgegnete: Wie? Bauern kaufen den Voltaire und Diderot? Wo nehmen sie denn das Geld her, sich so theure Bücher anzuschaffen? Ihre Antwort auf diese Einwendung war immer: Wir haben sie zu wohlfeilern Preisen als die Gebetsbücher. Wir können den Band für zehn Sols geben, und gewinnen doch noch hübsch daran. Als ich mit neuen Fragen in sie drang, gestanden mir mehrere, daß diese Bücher ihnen selbst nichts kosteten; daß sie ganze Stöße davon zugeschickt bekämen, ohne zu wissen woher? Und daß sie bloß in dem Aviso gebeten würden, sie auf ihren Wanderungen zu dem mäßigsten Preis zu verkaufen.[68]

Barruel bezeugt diese planmäßige Manipulation durch eigene Erfahrung und betont abermals die verheerende Wirkung philosophischer Schriften: „Alles was er von diesen Hausirern erzählte, trifft vollkommen mit dem überein, was ich selbst aus dem Munde verschiedener Pfarrer in kleinen Städten und Dörfern gehört habe. Sie betrachten überhaupt diese, das Land durchziehende, Büchertrödler, als das Verderben ihrer Kirchsprengel, als die Colporteurs, deren sich die sogenannten Philosophen bedienten, um das Gift ihrer Gottlosigkeit auszustreuen."[69] Ähnlich wie in den *Nachrichten von einem großen aber unsichtbaren Bunde* stehen auch bei Barruel hungrige Autoren einer bösen ‚Secte' gegenüber, die somit die öffentliche Meinung zu lenken vermag:

Durch die Kunst, Lob und Tadel nach ihrem Interesse zu vertheilen, schaltete und waltete die Secte über den Ruf der Schriftsteller. Ihre Journale gewährten ihr den doppelten Vortheil, den nach Ruhm und Brod hungrigen Autoren Parthey anzugeben, zu welcher sie sich zu schlagen hatten, um durch die litterarische Posaune zu ihrem Zwecke zu gelangen, und dann der Neugierde des Publikums keine anderen Bücher zur Auswahl vorzulegen, als solche, welche die Secte begünstigte, oder deren Circulation sie nicht fürchtete.

---

geheimen Buchhandel als florierendes Geschäft, das zwangsweise konspirative Züge annehmen musste: „Je obszöner, je radikaler, je verbotener und vor allem je aktueller eine Schrift, desto begehrter war sie gewöhnlich beim Publikum" (ebd., S. 149). Auch die Figur des fahrenden Buchhändlers, der mit Pferd und Wagen durch Frankreich reist und (unter anderem) verbotene Bücher vertreibt, findet hier Erwähnung (zwei bekannte Namen sind etwa Noël Gilles und Alexis Marais, vgl. ebd., S. 79).

68 Barruel: Denkwürdigkeiten zur Geschichte des Jakobinismus, S. 331–332.
69 Ebd., S. 332.

Durch dieser Kunstgriffe beschleunigten die La Harpe die Conspiration eben so sehr und noch mehr, als die thätigsten Sophisten und ihre gottlosesten Schriftsteller. Der Adept Verfasser zerrieb und knätete das Gift in seinem Buche; der Adept Journalist rief es aus, vertheilte es in allen Ecken der Hauptstadt und bis in die äussersten Enden der Provinzen.[70]

Das fünfte Kapitel des zweiten Bandes stellt abermals die verschwörerische Mediendistribution in den Fokus, nun allerdings primär als „Ueberschwemmung mit Büchern gegen das Königthum"[71] von internationalem Ausmaß:

Das Mittel, welches unter allen am meisten beygetragen, den Geist der Gottlosigkeit zu verbreiten, war auch dasjenige, dessen sich die Sophisten am meisten bedienten, um den Geist des Aufruhrs und der Meuterey auszusäen. [...] Die Ueberschwemmung mit Schriften, die bestimmt waren, in dem Geist der Völker alle Zuneigung zu ihren Königen zu vertilgen, und das Gefühl des Zutrauens und der Ehrfurcht, durch das Gefühl der Verachtung und des Hasses gegen ihren Souverän zu verdrängen, ist derselbe giftige Kunstgriff, dessen ich bey der Verschwörung gegen Christum, unter dem Titel: Ueberschwemmung mit antichristlichen Büchern, gedacht habe.[72]

In bereits vertrauter verschwörungstheoretischer Logik wird die gesamte (aufklärerische) Publizistik der Zeit selbst, „dies monströse Ganze von Grundsätzen der Gottlosigkeit und Grundsätzen des Aufruhrs, zum klaren und unwiderlegbaren Beweis, daß eben diese Sophisten, mit dem ruchlosesten Komplott gegen den Gott des Christenthums, den hassenswürdigsten Komplott gegen die Könige vereinigt hatten".[73]

Die letzten zwei Bände der Denkwürdigkeiten werden in dieser Untersuchung nicht vorgestellt, da sie im Wesentlichen wiederholen, was die bereits analysierten Werke aus dem Umfeld der Eudämonisten propagieren. Abschluss der Untersuchung bildet stattdessen Johann August von Starcks *Triumph der Philosophie im achtzehnten Jahrhunderte*, das eine nochmalige Eskalation der Medienverdächtigungen um 1800 markiert.

---

70 Ebd., S. 304.
71 Barruel, Augustin: Denkwürdigkeiten zur Geschichte des Jakobinismus, Münster, Leipzig 1801, S. 153.
72 Ebd., S. 153–154.
73 Ebd., S. 154.

Quellenanalyse: Johann August von Starck: Triumph der Philosophie im achtzehnten Jahrhunderte (zwei Bände, 1803/1804)

Zur bemerkenswerten Biographie des Eudämonisten und ‚Philosophen-Gegners' Johann August von Starck gehört die Anekdote, dass dieser seit 1769 der Nachbar Immanuel Kants in Königsberg war und dort auch gleichzeitig mit Kant im Sommersemester 1770 an der philosophischen Fakultät zu lehren begann. Darüber hinaus war Starck selbst zeitweilig führendes Mitglied der Freimaurerei und trat dem berüchtigten Orden der strikten Observanz bei. Starck war „eine der umstrittensten Persönlichkeiten Deutschlands"[74] und – dies macht ihn hier bedeutsam – „einer der meistgelesenen deutschen politischen Schriftsteller seiner Zeit"[75]. Sein zweibändiges antiaufklärerisches Spätwerk *Triumph der Philosophie* schließt gewissermaßen den wechselseitigen Kulturtransfer zwischen Barruel, Robison und den Eudämonisten ab und treibt die Idee einer Medienverschwörung auf die Spitze.

Starcks *Triumph der Philosophie* stellt eine Art umfassender Zerfallstheorie der Kulturen Europas dar. Den Beginn dieses Zerfallsprozesses setzt Starck nicht zufällig im 15. Jahrhundert an, denn neben jenem Feld, das Starck unter dem Begriff Philosophie oder ‚Philosophismus' subsumiert, ist das zentrale Thema des Werks, medientheoretisch gesprochen, nichts anderes als die ‚Gutenberg-Galaxis', also jene Welt, die seit Gutenbergs Druckerpresse durch das Medium Buch geprägt ist.[76] Unter der Überschrift ‚Anfänge des Philosophismus vom fünfzehnten bis zum siebzehnten Jahrhunderte' heißt es im ersten Band:

Um das Jahr 1440 ward zu Mainz von Guttenberg und Gensfleisch die Buchdruckerkunst erfunden, wozu, wie von holländischen Schriftstellern behauptet wird, Lorenz Koster von Harlem einige Jahre zuvor durch Erfindung hölzerner Typen die nächste Veranlassung gegeben haben soll. Traun! Eine für die Wissenschaften und die Bildung des Geistes ausnehmend wichtige und wohlthätige Erfindung! Denn ausserdem, daß dadurch nützliche Schriften ohne große Mühe und Kosten ins Unendliche vervielfältiget, und also auch mehr in Umlauf gebracht werden konnten, wurden auch die bisher in den Bibliotheken der

---

74 Epstein: Die Ursprünge des Konservatismus in Deutschland, S. 587
75 Ebd., S. 584.
76 Vgl.: McLuhan, Marshall: Die Gutenberg-Galaxis: Das Ende des Buchzeitalters, Düsseldorf 1968.

Klöster verborgenen Schriften der Griechen und Römer aus der Vergessenheit hervorgezogen und gemeinnüzziger gemacht. Wie es indessen mit so vielen Dingen unter dem Monde geht, daß auch die allernuzbarsten fürchterlich gemisbraucht werden können, so sehr, daß man unschlüssig bleiben muß, ob es nicht viel besser gewesen, wenn sie nie bekannt geworden wären; so gieng es auch mit dieser sonst in so vieler Hinsicht großen und nuzbaren Erfindung. Wie in ihr das Mittel zur schnelleren und leichteren Verbreitung und Allgemeinmachung großer und nüzlicher Wahrheiten lag; so lag auch in dieser Erfindung das Mittel, die schädlichsten Schriften aufs schnellste und unendlich zu vervielfältigen, ihre gänzliche Unterdrückung fast unmöglich zu machen, und ein großes Hindernis, was vormals der Erhaltung und Fortpflanzung des Philosophismus entgegengestanden hatte, war damit aus dem Wege geräumt [...].[77]

In den Textstellen zu den Effekten des Buchdrucks ist Starck wohl überdeutlich als Medientheoretiker *avant la lettre* zu erkennen, denn Starck stellt ein mediales, letztlich gar medientechnisches Apriori ins Zentrum seiner Analysen. Wer die Geschichte verstehen will – so lässt sich Starck hier lesen – der muss sie zunächst als Medien- und Technikgeschichte begreifen. Warum die alte Ordnung gefallen ist, lässt sich dann auf die Mechanisierung des Buchdrucks zurückführen. Somit proklamiert Starck medientheoretische Prämissen, deren Bedeutung für die neuere Medientheorie, wenn nicht gar für deren Begründungs- und Legitimierungsargumentation kaum zu überschätzen sind (zur Übersicht über diesen disziplinären Komplex sei hier nur auf die einschlägige Dissertation von Sven Grampp über den Buchdruck als ‚historiographische Referenzfigur in der Medientheorie' verwiesen)[78]. In der Annahme, dass Gutenbergs Buchdruck als Effekt eine ‚Veränderung im Denken' bewirkt habe, nimmt Starck vorweg, wofür in den Medienwissenschaften heute etwa die (freilich anders konnotierten) Arbeiten von McLuhan[79], Eisenstein[80], Kittler[81], Giesecke[82] oder Luhmann[83] als Refe-

---

77 Starck, Johann August: Der Triumph der Philosophie im achtzehnten Jahrhunderte, Augsburg 1803, S. 35–36.
78 Grampp, Sven: Ins Universum technischer Reproduzierbarkeit: Der Buchdruck als historiographische Referenzfigur in der Medientheorie, Konstanz 2009.
79 McLuhan: Die Gutenberg-Galaxis.
80 Eisenstein: The printing press as an agent of change.
81 Kittler, Friedrich A.: Aufschreibesysteme 1800/1900, München 1985.
82 Giesecke, Michael: Der Buchdruck in der frühen Neuzeit: Eine historische Fallstudie über die Durchsetzung neuer Informations- und Kommunikationstechnologien, Frankfurt am Main 1991.

renzen herangezogen werden: „Die große Veränderung, die im fünfzehnten Jahrhunderte in den Wissenschaften vorgieng, hatte wie in anderen Ländern, also auch in Deutschland die Wirkung, daß Meynungen und Gründsätze bekannt wurden und in Umlauf kamen, an welche man bisher gar nicht gedacht hatte [...]."[84] Starck erkennt, dass bereits „die Protestanten ihre Existenz und ihr Emporkommen der eingerissenen Druck- und Preßfreyheit vorzüglich verdankten"[85], dass also auch den christlichen Konfessionen ein mediales Apriori – nämlich die Mechanisierung des Buchdrucks – zugrunde liegt. Die Möglichkeiten einer auf ‚Massenproduktion' ausgerichteten Technik stellten allerdings für alle christlichen Konfessionen auch eine große Gefahr dar. Dieser Gefahr wussten sich die Gesellschaften in Deutschland über 200 Jahre mit genauer Aufsicht und im Zweifel „mit dem Schwerdte"[86] zu erwehren. Im 18. Jahrhundert habe allerdings die über Printmedien ermöglichte „nähere Bekanntschaft der Deutschen mit der Literatur der Ausländer"[87] eine zunehmend ‚eclectische Philsophie' begünstigt und somit allgemein „schreckliche Folgen"[88]. Starcks apokalyptische Geschichtserzählung kulminiert in ausführlichen Berichten über eine vielgestaltige ‚Propaganda' am Ende des 18. Jahrhunderts, die bei ihm nicht mehr bloß für eine ‚philosophische Schwärmerey' sondern für eine umfassend institutionalisierte Einrichtung zum Umsturz in allen Staaten steht. „Alle illuminirte Freymaurerlogen, alle unter den verschiedenen Masken literarische Societäten, Lesegesellschaften, correspondirender Zirkels u. dergl. versteckte Illuminatenspelunken konnten freylich als eben so viele Propaganden angesehen werden. Man hatte aber daran noch nicht genug; sondern es wurde eine eigene Propaganda errichtet."[89]

Diese Propaganda ist nach Starck „gewissermaßen als der innere Orden des Jacobinismus oder der illuminierten Freymaurerey der Franzosen zu betrachten [...]"[90]. Es handelt sich dabei um ein vom angeblichen Illuminaten Maire Dietrich geleitetes ‚Institut' mit Sitz in Straßburg, dessen Mitgliederzahl mit 60.000

---

83 Luhmann, Niklas: Die Gesellschaft der Gesellschaft, Frankfurt am Main 1997, S. 291–301.
84 Starck: Der Triumph der Philosophie im achtzehnten Jahrhunderte, S. 1.
85 Ebd., S. 4.
86 Ebd., S. 5.
87 Ebd., S. 9.
88 Ebd., S. 11.
89 Ebd., S. 437.
90 Ebd., S. 402.

angegeben wird.[91] Auch ist hier abermals zu lesen, „daß auf die Operationen der Propaganda jährlich dreyzig Millionen verwendet worden wären"[92]. Starck hält dies allerdings für übertrieben und schätzt die Kasse auf 20 Millionen.[93]

Aus dieser ‚Höhle der Propaganda' schreibt sich nun ein tausendfacher Verrat, Aufruf zu Meuchelmord, allgemeiner Aufruhr et cetera. Dabei unterhält die Propaganda-Zentrale in Straßburg genaueste Verbindung zu den Illuminaten in Deutschland, die dort die Französische Revolution ‚verbreiten'. Ähnliche Konstellationen beschreibt Starck auf den folgenden Seiten für ganz Europa und letztlich den Rest der Welt. Die Propaganda ist dabei die Quelle vermeintlich ‚geheimer Ursachen' und ‚verdeckter Machinationen' und dient dem Zweck „die ganze Welt zu revolutionieren"[94]. Starck beendet sein Werk mit den Worten „Wer Augen hat, der sieht's"[95].

2.3 ZWISCHENERGEBNIS UND REFLEXION

Die Untersuchung für den Zeitraum um 1800 zeigte zunächst noch einmal auf, inwiefern hier ein epochaler Medialisierungsschub Kultur und Gesellschaft (im deutschsprachigen Raum) unter fundamental veränderte Vorzeichen setzte und somit eine Öffentlichkeit, wie wir sie heute verstehen, erst hervorbrachte. Der entscheidende Umstellungsprozess von einer zuvor nur zu erahnenden ‚Mediengesellschaft' zu einer Kultur, die ihre Welt in immer stärkerem Maße als eine medial vermittelte wahrnimmt, lässt sich anhand der beschriebenen Printexplosion um 1800 deutlich erkennen. Die hier betrachtete mediale Öffentlichkeit, die sich im historischen Kontext von Spätaufklärung und Französischer Revolution entfaltete, kann in weiten Teilen als eine politische verstanden werden, innerhalb derer die medialen Akteure ‚Kommunikation als Waffe' entdeckten und so versuchten, das gesellschaftliche Klima gemäß ihrer jeweiligen Faktion zu beeinflussen. Die radikal-aufklärerischen Geheimbünde der Illuminaten und der *Deutschen Union* – dies hat die Medienwissenschaft wie auch die einschlägige historische Forschung bisher wenig beachtet – lassen sich dabei nicht zuletzt als ‚Medienverschwörungen' verstehen. Sind diese relativ kurzlebigen Unternehmungen rückblickend zu einem Großteil auch als zeittypische ‚Projektmacherei' mit

---

91 Vgl.: ebd., S. 439 ff.
92 Ebd., S. 403.
93 Vgl.: ebd.
94 Ebd., S. 496.
95 Ebd., S. 528.

überschaubarer Erfolgsbilanz zu verbuchen, zeugen sie doch davon, dass der Entstehung bürgerlicher Öffentlichkeit die moderne Idee einer politisch-pädagogischen ‚media control' auf den Fuß folgte. Dass die genannten deutschen Geheimbünde auf eine Art aufklärerisches Medienkartell abzielten, dient innerhalb der vorgestellten gegenaufklärerischen Schriften als ideale Referenz, um das letztlich seit hunderten Jahren tradierte Sündenbock-Muster mittels des Einschubs der Projektionsfläche ‚Medien' zu einer radikal neuen Erzählform – der modernen Verschwörungstheorie – umzugestalten. Dies ist der erste wesentliche Befund obiger Untersuchung. Denn wo vormals Teufel und Hexen sich noch in allerlei Phänomenen der Natur, am üblen Gestank, an ‚Hexenproben' und dergleichen mehr nachweisen lassen sollten, schaltet die moderne Verschwörungstheorie auf ein System der (massen-)medialen Beweisführung um. Diese neue Art der Evidenzführung erfolgt auf zweierlei Wegen, die beide genuin medial verfasst sind. Zunächst ist augenscheinlich, dass die untersuchte Erzählform in besonderem Maße durch ausufernde Querverweise, Zitate und Belege – oftmals in Form ‚geleakter' Dokumente – gekennzeichnet ist und somit ihre Authentizität und Glaubwürdigkeit herstellt.[96]

Das zweite an ‚neue Medien' gekoppelte Strukturelement dieser Erzählungen ist eine mehr oder weniger explizit gemachte ‚Lektüreanweisung', die sich auf die immer präsentere Welt medialer Oberflächen im Allgemeinen bezieht. ‚Wer Augen hat der sieht's' schreibt stellvertretend Johann August Starck, und in jenem mehrfach thematisierten ‚Sehen' der Verschwörung zeigt sich die entscheidende Neukonfiguration zur vormodernen Verschwörungstheorie. Denn diese Lektüreanweisung richtet sich offensichtlich ganz generell auf all jene explosi-

---

96 Die Einbindung konkreter Nachrichten von tagesaktuellem Geschehen diente gelegentlich bereits im 16. Jahrhundert einer Authentizitätserzeugung und ‚Beweisfunktion' in Verschwörungstheorien (vgl.: Schäfer: Auf den Spuren der Französischen Religionskriege, S. 223). Dies mag darauf hinweisen, dass Entwicklungen, die genuin dem ‚Jahrhundert der Aufklärung' zugeschrieben werden, ihren Ursprung in Tendenzen und Frühformen bereits lange vor dem 18. Jahrhundert nahmen. „Das 17. Jahrhundert geht dem Zeitalter der Aufklärung nicht nur chronologisch voran, sondern [...] in wesentlichen Zügen bereitet es jenes auch vor." (Böning: Ohne Zeitung keine Aufklärung, S. 143). Dies negiert allerdings nicht den Umstand, dass diese Tendenzen erst gegen Ende des 18. Jahrhunderts begannen, endgültig die europäischen Gesellschaften zu durchdringen und entsprechende Effekte zu zeitigen. Erst in den modernen Verschwörungstheorien des 18. Jahrhunderts erlangte der Verweis auf das mediale Feld seinen heutigen, zentralen Status innerhalb der verschwörungstheoretischen Erzählstruktur.

onsartig erscheinenden Journale, Zeitungen, Bücher und Pamphlete, an deren medialen Oberflächen sich eine totale Verschwörung verrate. Somit entspricht die Verschwörungstheorie um 1800 auch bereits der in der Arbeitsdefinition vorgestellten narrativen Struktur von Verschwörungstheorie: Als ‚sichtbarer Plot' fungiert hier das Voranschreiten von Aufklärungsprozessen und der Verlauf der Französischen Revolution als deren grausame Eskalation. Sämtliche medialen Angebote, die irgendwie mit dem Schlagwort der Aufklärung assoziierbar waren, stellte die verschwörungstheoretische Perspektive nun unter Verdacht und befragte sie nach Hinweisen auf einen unsichtbaren Plot. Entscheidend war dabei, dass die verschwörungstheoretischen Textsorten die Aufklärungsprozesse, beziehungsweise die damit verbundenen gesellschaftlichen Veränderungen und nicht zuletzt die Französische Revolution selbst, als kausales Ergebnis der explosionsartigen Verbreitung von Printmedien und deren geringer obrigkeitlicher Kontrolle interpretierten. Dass hinter diesen medialen Konstellationen wiederum ein großer Plan und eine ‚Pest im Finstern' steckte, verriet sich dann wie von selbst an den Hinweisen auf geheime Netzwerke der Aufklärung, deren Mitglieder selten geheim blieben und typischerweise im publizistischen Feld aktiv waren.

Mit diesem fortlaufend reproduzierten Argwohn im Blick auf die medialen Konstellationen ihrer Zeit zeugt die ‚Geburt des modernen Konspirationismus' von einem ausgeprägten medienontologischen Verdacht. Im submedialen Raum dominanter Medien der Zeit verorten die Schriften bereits um 1800 die eigentliche Schaltstelle einer Verschwörung, die sich am ‚Despotismus über das Publicum' erkennen lasse. Der medienontologische Verdacht zeigt sich in den durchgängigen Reflexionen über das ‚abscheuliche Schriftsteller- und Buchhändler-Komplott, mit all seinen Ränken und Absichten'. Als zentrales mediales Distributionssystem steht vor allem der submediale Raum des Buchhandels im Verdacht, von Illuminaten, Freimaurern und ‚deutschen Jacobinern' unterwandert zu sein. So gilt die neuartige ‚Preßfreyheit' vielmehr als ‚Preßfrechheit' und das freimütig geschriebene Wort wird überhaupt als Bedrohung von Recht und Ordnung empfunden.

Die um 1800 entwickelte Verschwörungstheorie, die offensichtlich als (präventiv) konterrevolutionäre ‚Widerstandpropaganda' und bisweilen als planmäßig orchestrierte Kampagne gegen Revolution und Aufklärung konzipiert war, ist somit im Kern auch eine Frühform – wenn nicht gar der Erstentwurf – einer ‚apokalyptischen Medientheorie', die unter Annahme eines vorwissenschaftlichen Reiz-Reaktions-Modells die Medialisierung unserer Kultur als Ursprung eines totalen Zerfalls der Gesellschaft interpretiert. Jenseits ihres konkreten religiösen und politischen Kontextes ist die prototypische moderne Verschwörungstheorie vor allem eine Medien-Verschwörungstheorie. Die Zäsur von einer vormodernen zu einer modernen Verschwörungstheorie – so schrieb Dieter Groh – sei nur „als Übergang von metaphysischen zu innerweltlichen Verschwörungstheorien wahrnehmbar, obwohl letztere auch schon vorher existiert haben"[97]. Begreift man die spezifische ‚Innerweltlichkeit' moderner Verschwörungstheorie im Anschluss an obige Untersuchung nun auch als Koppelung des erzählerischen Prinzips an mediale Konstellationen um 1800, so kann diese augenscheinlich nicht bereits zuvor existiert haben. Eine Form der ‚Wirklichkeitserzählung', die in ihrem Kern – nämlich in Fragen ihrer Evidenzführung – vollends auf die Welt der Medien verweist, kann es erst geben und wird erst für die Leserschaft interessant, seit die Differenzierung moderner Gesellschaften ein ausgeprägtes System der Massenmedien hervorgebracht hat. Es ist somit der epochale Medialisierungsschub am Ende des 18. Jahrhunderts, jener um 1800 verortete ‚Initialpunkt einer permanenten Medienrevolution', der – als zentraler Reflexionsgegenstand – die moderne Verschwörungstheorie letztlich erst hervorbringt.

Reflexion

Pünktlich zur Französischen Revolution erschien 1789 das Buch *Fragmente über den Ideenumlauf* von Josias Ludwig Gosch. Erst in der jüngeren Vergangenheit wurde dieser Titel wiederentdeckt und neu aufgelegt. Die Herausgeber dieser Wiederentdeckung, Georg Stanitzek und Hartmut Winkler, hoben 2006 vor allem die theoriehistorische Bedeutung der *Fragmente* hervor. „Quer zu seiner Zeit, die alle Sorgfalt auf die Ideen selbst verwenden würde, schlägt Gosch vor, die Mechanismen des Ideenumlaufs selbst zum Thema zu machen; und damit die Sphäre jener ‚Kommunikation', die heute Gegenstand der Medienwissenschaften ist."[98] Somit „[...] liegt nun zumindest *eine* ‚Medientheorie der Aufklärung' vor'"[99], betonten Stanitzek und Winkler.

Mit Goschs am Vorabend der Französischen Revolution erschienenen *Fragmenten* treffen wir hier die Aufklärung in einem ihrer letzten unbefangenen Momente an – ‚Aufklärungsoptimismus': Das Aufklärungsprojekt insgesamt wird hier noch einmal als einheitli-

---

97 Groh: Verschwörungen und kein Ende, S. 18.
98 Stanitzek, Georg; Winkler, Hartmut: Eine Medientheorie der Aufklärung, in: Josias Ludwig Gosch: Ideenumlauf, hg. v. Georg Stanitzek; Hartmut Winkler, Berlin 2006, S. 7–8.
99 Ebd., S. 8.

ches und als Glück und Wechsel auf die Zukunft gefasst, Medien als seine Instrumente, als im Dienst der menschlichen ‚Glückseligkeit' zu entfesselnde Produktivkräfte.[100]

Von diesem Befund ausgehend, rekonstruieren die beiden Medienwissenschaftler eine zuvor unentdeckte Traditionslinie innerhalb der Medientheorie. Mit seiner Theorie der Verbreitungsmedien wurde Gosch so etwa als Vorgänger von Harold Innis und dessen Beschäftigung mit Wegenetzen und Zirkulation lesbar. Insbesondere aber deuten Stanitzek und Winkler die *Fragmente* in ihrem Aufklärungsoptimismus und euphorischen Blick auf Distributionsmedien als eine genuine Medientheorie der Aufklärung, die somit auch im Kontext der auf einer Metaebene angesiedelten *Dialektik der Aufklärung* von Horkheimer und Adorno – als neueren „Klassiker der Medientheorie"[101] – zu diskutieren ist:

Wenn es also auch um die Frage geht, wie Vernunft und Kultur, Glück und kalkuliertes Vergnügen sich zueinander verhalten, so liegt es nahe, und zwar gerade weil Horkheimer/Adorno dieses nicht tun, Medienüberlegungen aus der Phase der Aufklärung selbst zu Rate zu ziehen. Wurden die Medien als reine Fortschritts- und Befreiungsorgane gedacht? Mit Goschs Fragmenten liegt nun, […] tatsächlich eine solche Medientheorie der Aufklärung vor. Und allein um in der Frage eines Umschlags von Massen-Aufklärung in Massenbetrug Klarheit zu gewinnen, lohnt die Lektüre. […][102]

Unter dem Horkheimer/Adorno-Schlagwort von ‚Aufklärung als Massenbetrug', so lässt sich anschließen, lohnt allerdings auch die Lektüre von Verschwörungstheorien um 1800, jedenfalls wann man das Schlagwort wortwörtlich nimmt und nicht als Kritik am Verlust ästhetischer Differenz. Bilden die analysierten Vorstellungsbilder des Medialen auch keine kritischen Theorien im Sinne Horkheimers/Adornos, konstruieren sie doch den schwarzen Gegenentwurf zu einer zeitgleichen Medientheorie von Gosch. Mit seiner Thematisierung der Mechanismen des Ideenumlaufs war Gosch eben keinesfalls quer zu seiner Zeit, die vermeintlich nur die Ideen, aber nicht deren Umlauf reflektierte. Genau jenen Umlauf reflektieren die untersuchten Vorstellungsbilder um 1800 fortlaufend in der Rede über ‚die Buchhändlerbude', die Lesegesellschaften, die Büchertrödler und endlich ‚das abscheuliche litterarische Schriftsteller und Buchhändler Komplot mit seinen Ränken und Absichten'.

---

100 Ebd., S. 23.
101 Ebd., S. 22.
102 Ebd., S. 23.

„Aeusserst viel verdanken wir wahrlich der Erfindung der Buchdruckerkunst. Durch sie sind wir in den Stand gesetzt worden uns die mühsamen Bildungen der grossen Geister für eine Kleinigkeit zu verschaffen"[103], heißt es medieneuphorisch in den *Fragmenten*. Es sind diese Medienüberlegungen aus der Phase der Aufklärung selbst, zu denen die Verschwörungstheorie das negative Gegenstück konstruiert. Denn mag dem Buchdruck auch das von Gosch gepriesene „Mittel zur schnelleren und leichteren Verbreitung und Allgemeinmachung großer und nüzlicher Wahrheiten" zu verdanken sein, wie etwa Johann August Starck einräumt, „so lag auch in dieser Erfindung das Mittel, die schädlichsten Schriften aufs schnellste und unendlich zu vervielfältigen, ihre gänzliche Unterdrückung fast unmöglich zu machen, und ein großes Hindernis, was vormals der Erhaltung und Fortpflanzung des Philosophismus entgegengestanden hatte, war damit aus dem Wege geräumt [...]"[104]. Verschwörungstheorien stehen um 1800 praktisch in einem dialogischen Verhältnis zu einer ‚Medientheorie der Aufklärung' nach Gosch. Indem sie deren Thematik aufgreift und deren Pointe eine negative Wendung gibt, ist Verschwörungstheorie um 1800 ebenfalls eine Medientheorie der Aufklärung und auch sie ist entsprechend theoriehistorisch einzuordnen. Die verschwörungstheoretischen Vorstellungsbilder des Medialen offenbaren dann eine Frühform jener apokalyptischen Medientheorien, die im 20. Jahrhundert überhaupt erst als Medientheorien gelesen und kanonisiert wurden.[105]

Zum medientheoretischen Erbe der Aufklärung gehört daher nicht bloß die Vorstellung eines intersubjektiven Raums, der ein System der Ideen beherbergt und hervorbringt, sondern gleichfalls die Erfindung des submedialen Raums, die einen zynischen Blick und die Figur des ‚scharfsinnigen Beobachters' hervorbringt, der jeden verdachtslosen Blick auf Medien mit dem Vorwurf der Naivität kontert.

---

103 Josias Ludwig Gosch: Ideenumlauf, hg. v. Georg Stanitzek, Hartmut Winkler, Berlin 2006, S. 158.
104 Starck: Der Triumph der Philosophie im achtzehnten Jahrhunderte, S. 35–36.
105 Der Begriff der apokalyptischen Medientheorie geht zurück auf Umberto Ecos Überlegungen ‚zur kritischen Kritik der Massenkultur'. Eco bestimmt apokalyptische Theoriebildung über die Vorstellung von Massenkultur als Zeichen eines unwiderruflichen Zerfalls, „angesichts dessen der ‚Kulturmensch' (der letzte Überlebende der zum Untergang bestimmten Vorgeschichte) ein letztes Zeugnis im Sinne der Apokalypse zu geben hat" (Eco: Apokalyptiker und Integrierte, S. 16). Man subsumiert heute eine Reihe durchaus disparater Autoren unter diesem Begriff, so etwa neben den erwähnten Horkheimer und Adorno auch Günther Anders, Paul Virilio, Vilém Flusser und Neil Postman.

3. Untersuchungsteil II: Die antisemitische Verschwörungstheorie im langen 19. Jahrhundert[1]

Mit der Konjunktur von Verschwörungstheorien um 1800 hatten sich die typischen Erzählmuster und Motive moderner Verschwörungstheorie etabliert. Kennzeichnend für Fortführung und Modifizierung dieser Erzählform war im 19. Jahrhundert vor allem die Einarbeitung und Popularisierung antijüdischer Verschwörungsstereotype.[2] Zunächst vorwiegend innerhalb klerikaler Schriften, ver-

---

1   Die Arbeit folgt Jürgen Osterhammels Prämisse, nach der das ‚lange 19. Jahrhundert' bis in die frühen 1920er-Jahre andauerte. Siehe dazu: Osterhammel, Jürgen: Die Verwandlung der Welt: Eine Geschichte des 19. Jahrhunderts, München 2009, S. 84–88.

2   Hier ist bemerkenswert, dass die moderne antisemitische Verschwörungstheorie als Idee bereits im zuvor beleuchteten Untersuchungszeitraum um 1800 existiert hat. In der Forschung einschlägig bekannt ist in dieser Hinsicht der sogenannte *Simonini-Brief* (siehe insbesondere: Oberhauser: Simoninis Brief oder die Wurzeln der angeblichen jüdisch-freimaurerischen Weltverschwörung). 1806 erhielt Augustin Barruel einen Leserbrief von einem Jean-Baptiste Simonini, der Barruel zunächst zu den Erkenntnissen in seinen Mémoires gratulierte, um ihn dann auf die ‚wahren' Geheimnisse der großen Verschwörung aufmerksam zu machen. Denn die Illuminaten und Freimaurer selbst seien bloß gelenkte Agenten in der Hand von Juden, so die zentrale Information des Simonini-Briefes. Barruel war von dieser Information offenbar äußerst beeindruckt. In Folge des Briefes wandte er sich nicht bloß an den Chef der Pariser Geheimpolizei sondern auch an Papst Pius VII. persönlich, um sich die Glaubwürdigkeit des Briefes dort überprüfen – und tatsächlich auch bestätigen zu lassen. Trotz belegter weiterer Beschäftigung in Richtung einer jüdischen Verschwörung bis zu seinem Tode 1820 veröffentliche Barruel letztlich aber weder den Brief, noch eine ent-

mischte sich in der zweiten Hälfte des 19. Jahrhunderts zunehmend auch in einer breiteren Publizistik das Freimaurer/Illuminaten-Motiv mit einem antijüdischen Feindbild oder wurde vollständig durch letzteres ersetzt. „Die Entwicklung des antijüdischen Verschwörungsgerüchts im 19. Jahrhundert lässt sich [...] als ein Prozess der allmählichen diskursiven Anreicherung begreifen"[3], schreibt Stephan Gregory. Ab der zweiten Hälfte des 19. Jahrhunderts prägte diese antijüdische beziehungsweise antisemitische Variante nicht nur in Deutschland eine abermalige Konjunktur von Verschwörungstheorien.

Die Entstehung und Durchsetzung der modernen antisemitischen Verschwörungstheorie fiel somit mit der Entstehung des modernen Antisemitismus zusammen. Es kann ohne Zweifel behauptet werden, dass die Verschwörungstheorie dabei konstitutiv für den modernen Antisemitismus war; beide Felder sind letztlich kaum voneinander zu trennen. „Einen ‚modernen' Antisemitismus", so der Politikwissenschaftler und Historiker Peter Pulzer, „gibt es erst, seit es ‚moderne' Politik im deutschsprachigen Raum gibt, d. h. seit ca. 1870 [...]"[4]. Und im Unterschied zur traditionellen Judenfeindschaft stecke „im modernen Antisemitismus stets der Keim einer verschwörungsgeleiteten Welterklärung"[5], stellen die Historiker Dan Diner und Nicolas Berg fest.[6]

---

sprechende Verschwörungstheorie. Somit bleibt der *Simonini-Brief* hier lediglich eine Anekdote.

3 Gregory, Stephan: Die Fabrik der Fiktionen: Verschwörungsproduktion um 1800, in: Die Fiktion von der jüdischen Weltverschwörung. Zu Text und Kontext der ‚Protokolle der Weisen von Zion', hg. v. Eva Horn; Michael Hagemeister, Göttingen 2012, S. 59.

4 Die Entstehung des politischen Antisemitismus in Deutschland und Österreich 1867 bis 1914, hg. v. Pulzer, Peter G. J., Vom Autor durchges. und um einen Forschungsbericht erw. Neuausgabe, Göttingen 2004, S. 48.

5 Diner, Dan; Berg, Nicolas: Nachwort zur Neuausgabe, in: Die Entstehung des politischen Antisemitismus in Deutschland und Österreich 1867 bis 1914, hg. v. Pulzer, Peter G. J., Vom Autor durchges. und um einen Forschungsbericht erw. Neuausgabe, Göttingen 2004, S. 336.

6 Die Deutung, dass der moderne Antisemitismus auf das Argument einer jüdischen Weltverschwörung zurückgreife, findet sich etwa auch bei Léon Poliakov (vgl. Poliakov, Léon: Geschichte des Antisemitismus, Frankfurt am Main 1988, S. 10). Als zentrales Unterscheidungsmerkmal des modernen Antisemitismus gilt im Allgemeinen allerdings auch, dass dieser die vormals religiös motivierte Judenfeindschaft durch eine Rassenideologie ersetzte.

Dabei stellt sich die Frage, wann und inwiefern die antisemitische Verschwörungstheorie, die in Deutschland insbesondere ab den 1870er-Jahren ein fester Bestandteil politischer Debatten war, den verschwörungstheoretischen Prototypen des 18. Jahrhunderts überhaupt je irgendetwas hinzugefügt hat. Die simple Addition des antisemitischen Judenstereotyps als weiteres Feindbild war jedenfalls – wenn auch kaum massenwirksam – bereits vor dem *Simonini-Brief* von 1806 ein gelegentliches Motiv in Verschwörungstheorien des 18. Jahrhunderts.[7]

Abbildung 5: In der NS-Zeit längst etabliertes Verschwörungs-Stereotyp: „Logenbrüder sind Judenknechte", proklamiert die 30-seitige Broschüre.

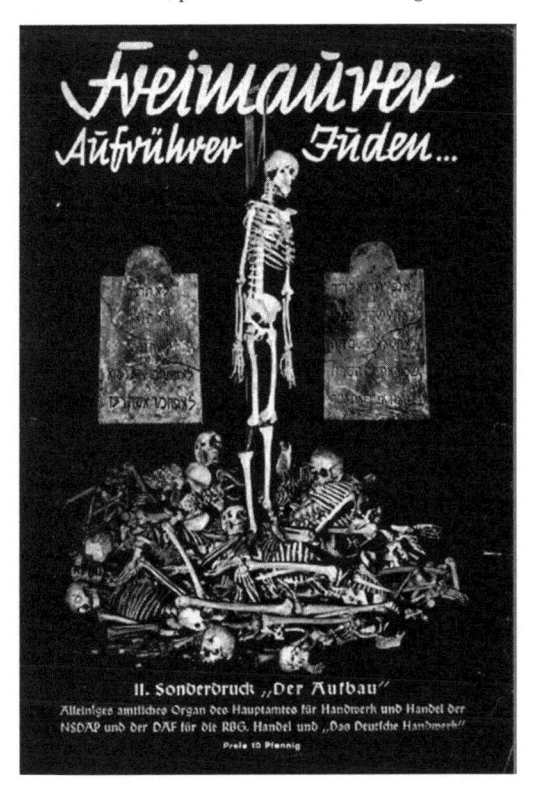

Quelle: Tancred, Hans: Freimaurer, Aufrührer, Juden, 1937

---

7   Vgl.: Gregory: Die Fabrik der Fiktionen.

Eine These ist hier, dass die antisemitische Verschwörungstheorie den prototypischen Verschwörungstheorien des 18. Jahrhunderts zunächst einmal gar nichts hinzufügte, sondern, im Gegenteil, eher das moderne verschwörungstheoretische Muster auf seinen Kern reduzierte.[8] Die antisemitische Verschwörungstheorie hat die Verschwörungstheorien des 18. Jahrhunderts von ihren konkreten Bezügen – die latente Bedrohung für ‚Thron und Altar' durch die Aufklärung und die Französische Revolution als entsprechenden Katastrophenfall – zugunsten einer zunehmenden ‚Universalisierung' entbunden. Während die dominanten Verschwörungstheorien um 1800 stets auf die Französische Revolution als zentrales Ereignis der Epoche referierten, thematisiert die antisemitische Verschwörungstheorie in der zweiten Hälfte des 19. Jahrhunderts praktisch keine Ereignisse mehr. Ihr Thema ist ein Zustand. Die Ur-Katastrophe ist in der antisemitischen Verschwörungstheorie keine Revolution mehr, sondern die moderne Welt an sich. Damit fungiert diese Verschwörungstheorie wiederum besser als ihre Vorgänger als eine universelle Folie, mittels der jedes Ereignis – vom Gründerkrach bis zum ersten Weltkrieg – als Ergebnis der jüdischen Verschwörung darstellbar wurde.

Woran es dieser Erzählung somit im Vergleich zu den historischen Verdächtigungen von Illuminaten und Freimauren gewissermaßen mangelte, war zwangsläufig das Indizienmaterial. Wo man im 18. Jahrhundert zumindest noch echte Geheimbünde und deren schriftlich fixierte Unterwanderungspläne entdecken und enthüllen konnte, fehlte der antisemitischen Verschwörungstheorie jegliche Dokumentation konspirativer Aktivitäten.[9]

Dass diese Folie dennoch so gut funktionierte, das heißt, dass sie bis in die ‚Kampfzeit' der NSDAP hinein ganze Bewegungen rekrutieren und mobilisieren konnte, ist monokausal kaum erklärbar. Die stets populäre ‚Krisentheorie', die den modernen Antisemitismus als Antwort auf die Krisen des Kapitalismus erklärt, kann nur den Anfang, aber nicht bereits den Abschluss der Erforschung dieses Komplexes bilden: „Von solchen vereinfachenden Interpretationsmustern

---

8   Natürlich ist hier der im 19. Jahrhundert sich entfaltenden Nationalismus zumindest in Rechnung zu stellen. So ist es nun in zunehmendem Maße die gute, eigene Nation, die durch eine externe Weltverschwörung bedroht sei. Auch dieses Element war allerdings bereits in den Verschwörungstheorien des 18. Jahrhunderts präkonfiguriert, wie der deutschnationalistische Tonfall und die Erstbelege für die Begriffe ‚Nationalismus' und ‚Vaterlandsverräter' in der *Eudämonia* zeigen (Vgl. Textkasten auf S. 160).

9   Zwar gab es seit 1807 mit der Frankfurter Loge ‚Zur aufgehenden Morgenröthe' die erste Freimaurerloge, die die Zugangsbeschränkungen für Juden aufhob, für ein universelles Herrschaftsprojekt war dies aber doch recht dürftig.

ist die Antisemitismusforschung jetzt weit entfernt. Damit soll nicht gesagt werden, daß es keinen Zusammenhang gibt zwischen den Phasen der wirtschaftlichen Konjunktur und dem Zulauf zu antisemitischen Parteien und Verbänden, aber eine Eins-zu-eins-Korrelation dieser Art erklärt zu wenig und läßt zu viele Variablen außer Acht."[10]

Ob die Vorstellungsbilder des Medialen bei Entstehung und Verbreitung der modernen antisemitischen Verschwörungstheorie eine solche Variable darstellen, die zum Verständnis des Phänomens beitragen können, ist die zentrale Frage in der folgenden Untersuchung. „The effect of printing on collective psychopathology urgently needs further study. [...] the differences between medieval and modern anti-semitism ought to be reappraised from this angle"[11], empfahl bereits Elizabeth Eisenstein. Dabei geht es hier – um einem Missverständnis vorzubeugen – selbstverständlich nicht um den Antisemitismus an sich, sondern um den Sonderfall der Entstehung und Popularisierung moderner antisemitischer Verschwörungstheorie. Letzteres bildet eine Erzählform und ist somit bei aller Überschneidung nur ein Bestandteil des modernen Antisemitismus als Gesamtphänomen.

Eva Horn schreibt, die „notorische ‚Jüdische Weltverschwörung', wie sie in den sogenannten *Protokollen der Weisen von Zion* phantasiert worden ist", sei „immer schon eine Medien-Verschwörung: Die Weltverschwörung der Juden und Freimaurer ist ein Netzwerk der heimlichen Transfers von Geld und Informationen, vor allem aber ein Imperium der Massenmedien, dessen gezielte Meinungsmache die Gesellschaften Europas in nutzlose innere Kämpfe verwickeln soll"[12]. Dies gilt es im Folgenden zu überprüfen und in Kontext zu setzen. Die These dabei ist, dass die antisemitische Verschwörungstheorie nicht deshalb zuallererst eine Medien-Verschwörungstheorie ist, weil der Vorwurf ‚die Gesellschaften Europas in nutzlose innere Kämpfe zu verwickeln' an sich so entscheidend wäre. Zentral – und von anderen Vorwürfen in ihrer Funktion abzugrenzen – ist die Darstellung einer Medienverschwörung vor allem deshalb, weil sie sich an einer zeitgenössischen Kritik an der Transformation medialer Konstellationen

---

10 Pulzer, Peter G. J.: Die Entstehung des politischen Antisemitismus in Deutschland und Österreich 1867 bis 1914, S. 14–15.
11 Eisenstein: The printing press as an agent of change, S. 150.
12 Horn, Eva: ‚Danach vmtl. Geschlechtsverkehr': Überwachungsmedien bei Fritz Lang und Florian Henckel von Donnersmarck, in: The Parallax view. Zur Mediologie der Verschwörung, hg. v. Marcus Krause; Arno Meteling; Markus Stauff, München 2011, S. 316.

beteiligt. Erst somit wird auch eine mediale Evidenzführung, als Surrogat für fehlende Indizien, möglich.

Um im Folgenden den medialen Kontext der Entstehung moderner antisemitischer Verschwörungstheorie darzustellen, ist es sinnvoll, nicht direkt in der Zeit der historischen Zäsur des Antisemitismus einzusteigen.[13] Die Darstellung beginnt stattdessen in der Phase, die die damaligen medialen Konstellationen ermöglicht, vorbereitet und geprägt hat, somit abermals in einem Revolutionsjahr, 1848.

---

13 Dies wäre ca. 1870 (vgl. Pulzer, Peter G. J.: Die Entstehung des politischen Antisemitismus in Deutschland und Österreich 1867 bis 1914, S. 48).

3.1 Medialer Kontext

Aufstieg der Massenpresse

WEISSES PAPIER: MEDIALE ÖFFENTLICHKEIT NACH 1848

Zu Beginn des 19. Jahrhunderts „taucht die moderne Welt aus einem anschwellenden Strom von Ereignissen, Ideen und Informationen empor"[1], so Manfred Schneider: „Sie wird durch immer mehr Wissen unerkennbar. Diese Unerkennbarkeit resultiert paradoxerweise aus der Unmenge von Daten, Informationen, Berichten, Bildern und Lesarten: aus theologischen, philosophischen, politischen, utopischen, literarischen, sektiererischen, journalistischen Deutungen. Dieser Babylonismus der Interpretationen, der die Welt der Kontingenz der Ereignisse und der Deutungen aussetzt, ruft die Metadeuter auf den Plan."[2]

Um diese eskalierende Vielfalt des Wissens und der Welt-Deutungen – und insbesondere ein zugehöriges mediales und journalistisches System – zu ermöglichen, bedurfte es zunächst aber der entsprechenden Grundlagen. Die Pressefreiheit war in den deutschen Ländern während der ersten Hälfte des 19. Jahrhunderts – mit wechselnder Intensität und insbesondere nach den Karlsbader Beschlüssen von 1819 – grundsätzlich stark eingeschränkt. Alle periodisch erscheinenden Schriften und im Normalfall alle Schriften unter 320 Seiten Buchformat waren einer zumeist streng gehandhabten Vorkontrolle durch den Zensor unterworfen.[3] Die meisten Zeitungen waren dementsprechend politisch neutrale,

---

1   Schneider: Das Attentat, S. 22.
2   Ebd.
3   Vgl.: Kohnen, Richard: Pressepolitik des Deutschen Bundes: Methoden staatlicher Pressepolitik nach der Revolution von 1848, Berlin 1995, S. 90.

‚farblose' Nachrichtenblätter von beschränkter Bedeutung für die öffentliche Sphäre.[4]

Dies änderte sich mit der Revolution von 1848 schlagartig. Das Revolutionsjahr 1848 war – wie bereits für das Jahr 1789 skizziert und wie wohl überhaupt charakteristisch für Revolutionen – auch für die Konstellationen medialer Öffentlichkeit eine historische Zäsur. Auch wenn die Revolution von 1848 bekanntermaßen in einer Phase der politischen Restauration mündete, erlebte die Tagespresse praktisch umgehend einen erheblichen Aufschwung, der sich nicht mehr rückgängig machen ließ. So spricht die Forschung mit Blick auf die Märzrevolution abermals von einer ‚Leseexplosion' und einem ‚publizistischen Dammbruch'.[5] Kennzeichnend für die sich nun entfaltende Mediengesellschaft war vor allem die zentrale Rolle des Mediums Zeitung: „Die Märzrevolution 1848 mit der prinzipiellen Abschaffung der Pressezensur steht für einen grundsätzlichen Wandel der Zeitung als öffentlichkeitskonstituierendes Medium [...]."[6] Ab der Mitte des 19. Jahrhunderts wandelte sich die Bedeutung der Zeitungspresse in den deutschen Territorien somit von einem reinen Informationsmedium zur zentralen medialen Sozialisationsagentur: „Aus einem Volk von Nicht-Zeitungslesern wird ein Volk von Zeitungslesern. [...] Nicht mehr Gemeinde, Beruf und Kirche, sondern die Zeitung setzt den Menschen alltäglich und kontinuierlich mit dem Allgemeinen – ja wie Hegel meinte, mit dem Weltgeist – in Beziehung"[7]. Die Bedeutung der Massenpresse für Informationsgewinnung und Wissensvermittlung in der zweiten Hälfte des 19. Jahrhunderts ist somit kaum zu überschätzen.

In den meisten pressegeschichtlichen Darstellungen wird deshalb die Zeit von der Mitte des 19. Jahrhunderts bis in die 1930er-Jahre als ‚goldenes Zeitalter der Presse' bezeichnet:[8] „Es war die Zeit des Monopols der Presse im Bereich

---

4   Natürlich gab es Ausnahmen. Zu nennen sind hier etwa der Rheinische Merkur von Joseph Görres oder die oppositionell-liberalen Töne in einigen Zeitungen des Vormärz (vgl. dazu etwa Dussel, Konrad: Deutsche Tagespresse im 19. und 20. Jahrhundert, Münster 2004, S. 23–40).

5   Vgl.: Wilke, Jürgen: Grundzüge der Medien- und Kommunikationsgeschichte: Von den Anfängen bis ins 20. Jahrhundert, Köln 2000, S. 223.

6   Faulstich, Werner: Medienwandel im Industrie- und Massenzeitalter, 1830-1900, Göttingen 2004, S. 42.

7   Nipperdey, Thomas: Deutsche Geschichte 1800-1866: Bürgerwelt und starker Staat, München 1983, S. 589.

8   Vgl.: Göbel, Christian: Der vertraute Feind: Pressekritik in der Literatur des 19. und frühen 20. Jahrhunderts, Würzburg 2011, S. 10.

der Massenkommunikation und die Zeit der großen kapitalistischen Zeitungsunternehmen. Sie prägte die Struktur des modernen Pressewesens."[9] Jürgen Osterhammel spricht zu Recht vom „Zeitalter der konkurrenzlosen Dominanz der Presse"[10].

Diese beachtliche Mobilisierung medialer Öffentlichkeit basierte – neben der Pressefreiheit, als erzwungenes Eingeständnis an die Revolution – auch auf einer Reihe weiterer Einflussgrößen. Als wichtigste Faktoren des Aufstiegs der Massenpresse nennt Faulstich das enorme Bevölkerungswachstum, die umfassende Ökonomisierung und die Ausdifferenzierung des Mediums Zeitung.[11] Hinzu kommen die Verstädterung, die Alphabetisierung und Bildungszunahme, die Massenherstellung und der damit verringerte Preis von Zeitungen sowie ein allgemein zunehmendes Informations- und Nachrichtenbedürfnis.[12]

Nicht zuletzt entwickelte sich die medial vermittelte Öffentlichkeit im ‚Jahrhundert der Erfindungen' auch auf Basis neuer technischer Errungenschaften in neue Dimensionen. Die Erfindung der dampfbetriebenen Schnellpresse, die industrialisierte Papierverarbeitung, die Zeilensetzmaschine von Ottmar Mergenthaler und schließlich die Rotationsmaschine ermöglichten erst die enorm ansteigenden Massenauflagen der Presse im 19. Jahrhundert.[13]

Als direktes Ergebnis der Revolution von 1848 baute man im gleichen Jahr außerdem die erste elektrische Telegrafenstrecke im deutschen Bund. Dieser nachrichtentechnischen Innovation kam eine kardinale Rolle für die Entwicklung des Zeitungwesens zu, da sich somit nicht nur die Geschwindigkeit von Nachrichten sowie deren Verbreitung erhöhte, sondern auch weil die elektrische Telegrafie als ‚Geburtshelfer' der großen und monopolartigen Nachrichtenagenturen fungierte.

Das Jahr 1848 war somit Grundlage einer – mit Ausnahme der Französischen Revolution 1789 beispiellosen – „Entfesselung der Massenkommunikation"[14]. In

---

9 Bollinger, Ernst: Pressegeschichte II: 1840-1930. Die goldenen Jahre der Massenpresse, Freiburg, Schweiz 1996, S. Vorwort.
10 Osterhammel, Jürgen: Die Verwandlung der Welt: Eine Geschichte des 19. Jahrhunderts, Sonderausgabe, München 2011, S. 64.
11 Vgl.: Faulstich: Medienwandel im Industrie- und Massenzeitalter, 1830-1900, S. 41.
12 Ebd.
13 Vgl. etwa: ebd., S. 32. Diese Erfindungen wären noch mit einer umfangreichen Zeitleiste ebenfalls relevanter technischer Entwicklungen im 19. Jahrhundert zu ergänzen; da hier aber nicht die Technikgeschichte der Medien an sich, sondern die Rekonstruktion medialer Konstellationen interessiert, sind diese Daten hier zu vernachlässigen.
14 Wilke: Grundzüge der Medien- und Kommunikationsgeschichte, S. 287.

deren Zentrum stand das Medium Zeitung und das sich herausbildende professionelle journalistische System.[15]

Abbildung 6: Entwicklung der Tagespresse im langen 19. Jahrhundert.

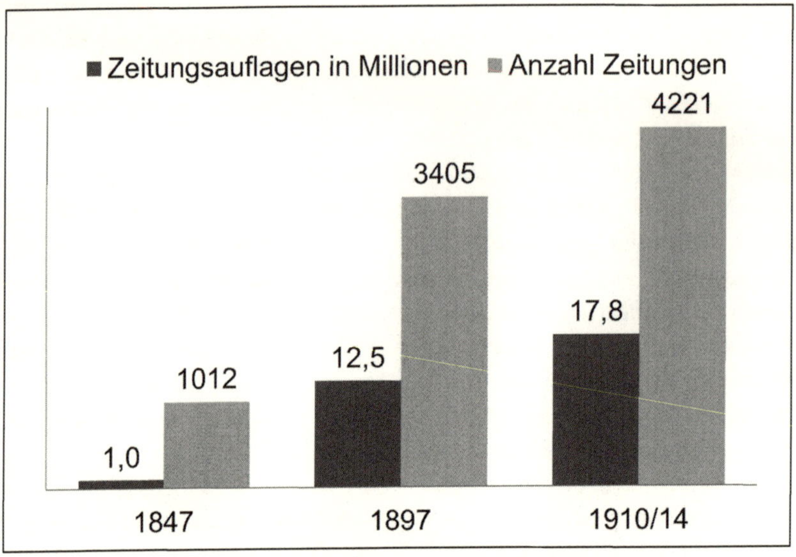

	Zeitungsauflagen in Millionen	Anzahl Zeitungen
1847	1,0	1012
1897	12,5	3405
1910/14	17,8	4221

Quelle: Eigene Grafik, Daten entnommen aus Dussel: Deutsche Tagespresse im 19. und 20. Jahrhundert.

DIE MEINUNGS-, PARTEI- UND TENDENZPRESSE

Ein charakteristisches Kennzeichen der Presse nach 1848 ist deren sukzessive Ausdifferenzierung. Dies betrifft die zunehmende Professionalisierung des Journalismus – wozu etwa auch eine Ausdifferenzierung der Blattgestaltung in einzelne Ressorts gehört – wie auch die Differenzierung einer zuvor dominierenden ‚neutralen' oder auch ‚allgemeinen' Presse in eine segmentierte Meinungs-, Partei- oder Tendenzpresse, deren Organe jeweils bestimmte politische Strömungen vertraten.[16] Neue Zeitungen entstanden ab 1848 somit vor allem als Träger un-

---

15 Einschlägig dazu: Requate: Journalismus als Beruf.
16 Konrad Dussel bestimmt Parteipresse als Teilmenge des Begriffs Meinungspresse. Beide Zeitungstypen ergreifen klar Partei und sind parteilich, aber nur die Parteipresse

terschiedlicher politischer Richtungen und Positionen; auch ältere Zeitungen ‚politisierten' sich. Die Zeitung wurde „zur zentralen ‚Sozialisationsagentur' für je unterschiedliche gefärbte politische Werte, damit verbunden war eine zunehmende politische Polarisierung"[17]. Die besondere Sozialisationsfunktion der Parteipresse im 19. Jahrhundert wird wohl nirgends besser illustriert als im berühmten Zitat von Bernhard Becker, dem Präsidenten des *Allgemeinen Deutschen Arbeitervereins*, aus dem Jahr 1865: „Man nehme unserem Verein die Organisation, und es bleibt nichts anderes übrig, als die Partei der Zeitungsleser, über welche der ‚Social-Democrat' gebietet."[18]

Langlebig und von besonderer Bedeutung für die politischen Milieus waren neben dem 1864 gegründeten *Social-Democrat* etwa die *Frankfurter Zeitung* (1856) und das *Berliner Tageblatt* (1872) als bürgerlich-liberale Stimmen, die *Germania* als Organ der Zentrumspartei und für das konservative Lager insbesondere die 1848 gegründete *Neue Preußische Zeitung*, die das beste Beispiel für die Tendenzpresse jener Zeit bildet. Letztere Zeitung – wegen eines ‚eisernen Kreuzes' im Titel auch *Kreuzzeitung* genannt – ist im hiesigen Kontext von mehr als nur exemplarischen Interesse. Das Blatt berichtete bereits im Revolutionsjahr 1848, „180 Juden und andere Jungen, bankrotte Handwerker und Säufer"[19] hätten die Märzrevolution in Berlin angezettelt. Für die Ausformung und Verbreitung der antisemitischen Verschwörungstheorie kam der Redaktion in späteren Jahrzenten eine kardinale Rolle zu. Als „schillerndste Persönlichkeit"[20] in den

---

ist auch organisatorisch mit einer Partei verbunden (vgl.: Dussel: Deutsche Tagespresse im 19. und 20. Jahrhundert, S. 93). Rudolf Stöber unterscheidet idealtypisch in Blätter, die ‚Partei nehmen', die ‚Partei sind' und ‚Partei bilden' (Stöber, Rudolf: Deutsche Pressegeschichte: Einführung, Systematik, Glossar, Konstanz 2000, S. 305). Richard Kohnen wendet sich allerdings dagegen, bestimmte dominante Blätter der 1850er-Jahre als – wie es in der Forschungsliteratur üblich ist – Archetypen moderner Parteipresse zu betrachten. Aufgrund ihrer Abhängigkeiten von monarchischen Kreisen oder der Ministerialbürokratie wäre hier anstatt von Partei- treffender von Tendenzpresse zu sprechen (Kohnen: Pressepolitik des Deutschen Bundes, S. 161–168).

17 Faulstich: Medienwandel im Industrie- und Massenzeitalter, 1830-1900, S. 31.
18 Zitiert nach: Koszyk, Kurt; Eisfeld, Gerhard; Heine, Fritz: Die Presse der deutschen Sozialdemokratie, Hannover 1966, S. 4.
19 Zitiert nach: Meyer, M. A; Brenner, M; Breuer, M; Leo Baeck Institute: Deutschjüdische Geschichte in der Neuzeit: Emanzipation und Akkulturation 1780-1871, München 1996, S. 290.
20 Bussiek, Dagmar: „Mit Gott für König und Vaterland!": die Neue Preußische Zeitung (Kreuzzeitung) 1848-1892, Münster 2002, S. 70.

Redaktionsstuben der Kreuzzeitung bezeichnet die Historikerin Dagmar Bussiek das Gründungsmitglied Herman Ottomar Friedrich Goedsche, der als nebenberuflicher Verfasser der berüchtigten Romanszene auf dem Prager Judenfriedhof gewissermaßen als Vater der modernen antisemitischen Verschwörungstheorie gelten kann. Spätestens seit den ‚Ära-Artikeln' Franz Perrots von 1875 und zahlreicher folgender Beiträge, insbesondere unter Chefredakteur Hammerstein (ab 1881), war die *Kreuzzeitung* selbst ein Massenorgan des modernen Antisemitismus und entsprechender verschwörungstheoretischer Verweise.[21]

Die *Kreuzzeitung* hatte sich das Leitwort *Mit Gott für König und Vaterland* in den Untertitel geschrieben, trat 1848 explizit mit dem Ziel an, Demokratie und Revolution zu bekämpfen und bildete das Gründungsorgan der späteren *Konservativen Partei*. „Die Vorgänge um die Gründung der Kreuzzeitung", so Kurt Danneberg, „stellen eines der instruktivsten Beispiele einer konservativen Elitenbildung dar, die sich eben – und das ist das völlig neue – durch eine Zeitungsgründung vollzieht"[22].

Mit den Redakteuren Ludwig von Gerlach und Otto von Bismarck gehörten zwei der populärsten konservativen Persönlichkeiten der Zeit der Gründungsredaktion an.[23] „Ein leitendes Komitee der Geldgeber [...] bestimmte die politische Tendenz des Blattes und legte die Themen fest, die in den Kommentaren besprochen werden sollten."[24] Man wollte als Gegengewicht zu den liberalen und demokratischen Tendenzen der Zeit ein ‚Organ des gegenrevolutionären Konservatismus' schaffen. Eine gewisse Parallele der Gründung der *Kreuzzeitung* zur Entstehung der *Eudämonia* in den 1790er Jahren ist dabei offensichtlich. Auch die inhaltlichen Überschneidungen waren bereits Zeitgenossen aufgefallen. Die *Eudämonia*, so etwa der Theologieprofessor Karl Hase rückblickend im Jahr 1856, sei „von ähnlicher Tendenz wie jetzt die Kreuzzeitung"[25]. Als Zentralorgan der *Konservativen Partei* (ab 1876 *Deutschkonservative Partei*) bildete das *Kreuzzeitungs*-Umfeld – Hermann Geodsche, Franz Perrot, Wilhelm Joachim Baron von Hammerstein und nicht zuletzt der Hofprediger Adolf Stö-

---

21 Vgl.: ebd.

22 Danneberg, Kurt: Die Anfänge der ‚Neuen Preussischen -Kreuz-Zeitung' unter Hermann Wagener 1848-1852, Berlin 1943, S. 37.

23 Ab 1860 trat auch der ‚Scriblifax' Theodor Fontane für ein Jahrzehnt als festes Redaktionsmitglied bei (vgl. Berbig, Roland: Theodor Fontane im literarischen Leben: Zeitungen und Zeitschriften, Verlage und Vereine, Berlin 2000, S. 61–70).

24 Kohnen: Pressepolitik des Deutschen Bundes, S. 162.

25 Hase, Karl: Jenaisches Fichte-Büchlein, Bremen 2012, S. 17.

cker, selbsternannter ‚Vater der antisemitischen Bewegung' – ebenfalls ein Netzwerk von Verkündern der antisemitischen Verschwörungstheorie.

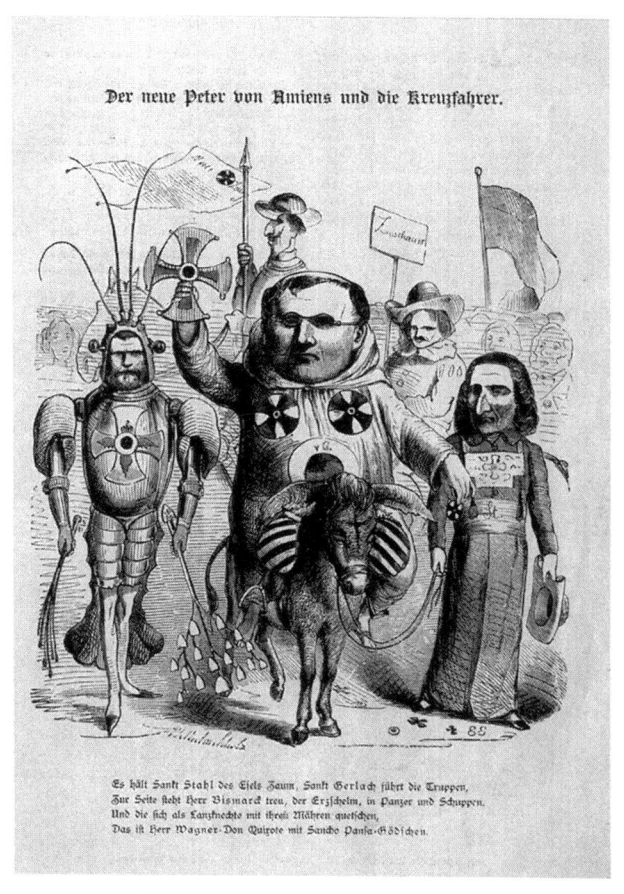

Abbildung 7: Karikatur auf die Gründung der Kreuzzeitung.[26]

Quelle: Zeichnung von Wilhelm Scholz aus der Satire-Zeitschrift Kladderadatsch, 1849.

---

26 Die Zeichnung spielt auf den ‚Kreuzzug' der monarchisch gesinnten Konservativen gegen die liberal-demokratischen Ziele der Revolution an. Unter dem Bild ist der folgende Vers über die Redakteure der Kreuzzeitung zu lesen: „Es hält Sankt Stahl des Esels Zaum, Sankt Gerlach führt die Truppen, zur Seite steht Herr Bismarck treu, der Erzschelm, in Panzer und Schuppen. Und die sich als Lanzknechte mit ihren Mähren quetschen, das ist Herr Wagner-Don Quixote mit Sancho Pansa-Gödschen."

Waren die publizistischen Gegner der *Kreuzzeitung* in den Anfangsjahren noch Liberale und Demokraten – denen Goedsche 1849 mit gefälschten Beweisen eine Verschwörung zum Königsmord anhing – trat in späteren Jahren zunehmend das Bild des Juden an deren Stelle.[27]

PRESSE UND JUDENTUM

Zur Ausdifferenzierung der Presse im 19. Jahrhundert gehörte prinzipiell auch die Entstehung einer genuin jüdischen Presse.[28] Blätter wie etwa die *Allgemeine Zeitung des Judentums* (1831-1923) waren zunächst weniger parteipolitisch einzuordnen, als vielmehr als Effekt und Stimme der sukzessiven Emanzipation der Juden in Europa. Diese jüdische Presse informierte über das jüdische Leben und richtete sich an Juden. Sie war nicht selten zweisprachig, in Hebräisch und Jiddisch, verfasst. Die jüdische Teilöffentlichkeit war der bürgerlichen nicht zuletzt

---

27 Um in seinem Ressort nach der Revolution die demokratische Bewegung mit ‚brisanten' Informationen diskreditieren zu können, bezahlte Goedsche im Lager der Demokraten einen Spitzel. Dieser Spitzel, der Berliner Weinhändler Ohm, sollte für 60 Taler im Monat dabei helfen, die ‚Geheimnisse' der demokratischen Bewegung zu entlarven. Da es Ohm aber nie gelang, in die Führungsriege des demokratischen Lagers vorzudringen, ging dieser dazu über, Goedsche mit fingierten Informationen und frei erfundenen Erzählungen zu beliefern, die Goedsche wiederum in der Kreuzzeitung als ‚Enthüllungen' publizierte. Dieses System fand 1849 seinen Höhepunkt, als Goedsche eine Intrige gegen Benedikt Waldeck, den führenden Linksliberalen in der Berliner Nationalversammlung in die Tat umsetzte. Geodsche informierte den Berliner Polizeipräsidenten über eine angebliche Verschwörung zur Ermordung des Königs. Entsprechende Belege befänden sich bei Ohm. Der Kreuzzeitungs-Redakteur hatte allerdings selbst dafür vorgesorgt, dass die Ermittler bei der folgenden Hausdurchsuchung tatsächlich auf entsprechende Hinweise stießen. Der dabei sichergestellte Brief, der den Plan eines Königsmordes und Benedikt Waldeck als eingeweihten Mitverschwörer enttarnte, war eine von Goedsche selbst angefertigte Fälschung. Dies klärte sich wiederum erst nach Waldecks Inhaftierung im Laufe eines Gerichtsprozesses auf (vgl. dazu: Bussiek: "Mit Gott für König und Vaterland!": die Neue Preußische Zeitung (Kreuzzeitung) 1848 - 1892, S. 71–72). Goedsche hatte somit gewissermaßen Verschwörungstheorie in die Praxis umgesetzt.

28 Vgl. dazu etwa: Kouts, Gideon: Jewish Media and Communication in the Modern Age, in: Handbook of communication history, hg. v. Peter Simonson, New York 2013.

von ihren Medien her sehr ähnlich und kaum von ihr abzugrenzen. Beide waren der bürgerlichen Bildungskultur verpflichtet.[29] Die jüdische Presse war somit also ein Beispiel unter vielen anderen für die Herausbildung zahlreicher Teilöffentlichkeiten im 19. Jahrhundert. Auf die mediale Gesamtkonstellation bezogen, war sie letztlich fast eine kulturelle Marginalie. In stärkerem Maße charakteristisch für die medial hergestellte Öffentlichkeit war nicht die eigentliche jüdische Presse, sondern der – im Vergleich zu anderen Konfessionen – überproportionale Anteil von Juden im journalistischen Feld. Die hohe Anzahl der Juden im Zeitungswesen war für die grundsätzlichen Konstellationen des Mediensystems gewiss eher nebensächlich. Sie führte auch nicht wirklich zu einem ‚jüdischen Übergewicht' – es gab stets ausreichend nichtjüdische Konkurrenz – und die jüdischen Journalisten führten ihren Beruf wohl überhaupt als Journalisten, nicht als Juden aus. Im gegebenen Kontext verdient der Aspekt hier aber ohne Zweifel Erwähnung.

Kein Berufszweig war mehr von den Juden beherrscht als der Journalismus. Die meisten führenden Organe der Meinungsbildung – die *National-Zeitung* in Berlin, die *Frankfurter Zeitung*, die *Neue Freie Presse* in Wien – wurden von Juden herausgegeben und gehörten ihnen. [...] Von den einundzwanzig während der siebziger Jahre in Berlin erscheinenden Tageszeitungen waren dreizehn in jüdischem Besitz, vier hatten bedeutende jüdische Mitarbeiter und nur vier hatten keine Verbindung zu Juden. In den humoristischen Zeitschriften Ulk, Kladderadatsch und Berliner Wespe hatten Juden ein Monopol auf dem Gebiet der politischen Satire. [...] Die ‚liberale Presse', die mit der Industrie und dem parlamentarischen System heranwuchs und mit Hilfe des Anzeigewesens und der sensationellen Berichterstattung gedieh, verdankte ihr Entstehen fast völlig den Juden.[30]

Diese Konstellation erklärt sich einerseits aus der Verankerung insbesondere des säkularisierten Judentums im Bildungsbürgertum und war nicht zuletzt ein Ergebnis der prä-emanzipatorischen Gesetzgebung. „Der Beruf des Journalisten hatte freilich für viele Juden eine starke Anziehungskraft, gab es doch für akademisch Ausgebildete in dieser Zunft keine Schranken und konnte man auch als Jude zum Chefredakteur oder Herausgeber aufsteigen."[31]

---

29 Vgl.: Jensen, Uffa: Gebildete Doppelgänger: Bürgerliche Juden und Protestanten im 19. Jahrhundert, Göttingen 2005, S. 113–114.
30 Pulzer, Peter G. J.: Die Entstehung des politischen Antisemitismus in Deutschland und Österreich 1867 bis 1914, S. 79.
31 Escher, Clemens: Judenpresse, in: Handbuch des Antisemitismus. Judenfeindschaft in Geschichte und Gegenwart, hg. v. Wolfgang Benz, München 2010, S. 157.

Uffa Jensen hat darauf aufmerksam gemacht, dass sich insbesondere im speziellen Fall der bürgerlichen Öffentlichkeit, die die allgemeine Fragmentierung in Teilöffentlichkeiten als Bedrohung empfand, „Wahrnehmungen des beginnenden Strukturwandels mit Wahrnehmungen des jüdischen Aufstiegs in die öffentliche Sphäre"[32] verbanden. Das Unbehagen gebildeter Bürger gegenüber der Gegenwart, die von einer darwinistisch-materiellen Weltanschauung und nicht vom Ideal bürgerlicher Ordnung geprägt schien, verstärkte sich ab 1871 und manifestierte sich in einer ersten Welle bürgerlicher Medienkritik:

Die Krisenwahrnehmung in der bürgerlichen Bildungskultur offenbarte die tiefe Verunsicherung der gebildeten Bürger, die sich daher umso stärker dafür einsetzten, ihrer Kultur gesellschaftlichen Einfluss zu verschaffen. Die medienkritische Haltung war einer jener Auswüchse des dabei entstehenden Kampfes um Hegemonie, den die gebildeten Bürger im Namen der Bildungskultur führten und der auch alle Diskussionen über die ‚Judenfrage' überwölbte.[33]

Prominente Kritikpunkte an den medialen Konstellationen waren seitens des bürgerlichen Lagers die Topoi vom Verfall der öffentlichen Meinung durch unpersönliche, von Individuen abgekoppelte Massenkommunikation, die Reizüberflutung durch Informationsfülle und die Nicht-Anerkennung von Autoritäten in Form von Meinungsführern.[34] „Diese Art bürgerlicher Medienkritik muss als Teil umfassender Wandlungsprozesse in der Teilöffentlichkeit gelesen werden. Im neuen Reich war die hegemoniale Stellung der bürgerlichen Bildungskultur umstritten, so dass sich gebildete Bürger gezwungen glaubten, den öffentlichen Raum zu ihrer Verteidigung einzusetzen."[35] Eine besondere Angriffsfläche erhielt diese erste Welle bürgerlicher Medienkritik mit dem neuen Zeitungsformat der ‚Generalanzeiger'.

---

32 Jensen: Gebildete Doppelgänger, S. 137 ff.
33 Ebd., S. 127.
34 Zur allgemeinen Geschichte der Pressekritik im 19. Und 20. Jahrhundert siehe etwa Göbel: Der vertraute Feind.
35 Jensen: Gebildete Doppelgänger, S. 125–126.

GENERALANZEIGER:
DIE ‚KAPITALISIERUNG' DER PRESSE

Die Gründung des Kaiserreichs 1871 brachte die rechtliche Gleichstellung der Juden, wie auch eine Weiterentwicklung der medialen Öffentlichkeit: „Wenn man die bürgerliche Teilöffentlichkeit in ihren medialen Formen zu beschreiben versucht, kann man eine beachtliche Mobilisierung in der zweiten Hälfte des 19. Jahrhunderts beobachten. Dieser Prozess setzte mit der Revolution 1848 ein, in deren Folge viele Zeitungen und Zeitschriften gegründet wurden. [...] Nach der Reichsgründung 1871 fällt ein weiterer Schub auf, [...]."[36]

Ab den 1870er Jahren erhielt die Meinungspresse allmählich Konkurrenz von einem neuen Zeitungs-Typus. Die ‚Generalanzeiger' lösten die Meinungspresse in ihrer dominanten Stellung auf dem Zeitungsmarkt spätestens in den 1880er Jahren ab. Die Durchsetzung des Generalanzeiger als die eigentliche „Urform der tagesaktuellen Presse"[37] war das Ergebnis der konsequenten Ökonomisierung beziehungsweise ‚Kapitalisierung' des Mediums Zeitung und einem wirtschaftlichen Aufblühen im Kaiserreich.[38]

---

36 Ebd., S. 111.
37 Stöber: Deutsche Pressegeschichte, S. 310.
38 Für die zunehmende Ökonomisierung der Presse war bereits das Gesetz zur Aufhebung des Insertionszwangs im Dezember 1849 eine entscheidende Zäsur. Bis zu diesem Zeitpunkt war die Anzeigenannahme beziehungsweise der Verkauf von Annoncen das Privileg der amtlichen ‚Intelligenzblätter', die somit als dankbare staatliche Einnahmequelle fungierten. Mit der Auflösung dieses staatlichen Anzeigenmonopols eröffnete sich für Zeitungen und Zeitschriften nun zum ersten Mal die Möglichkeit der Querfinanzierung. Auch wenn sich das Format der überwiegend anzeigenfinanzierten Generalanzeiger in Deutschland erst ab den 1870er Jahren durchsetzen sollte, war doch hier der Grundstein für die ‚Kapitalisierung' der Tagespresse bereits gelegt: „Seit der Aufhebung des Insertionszwangs von 1850 hatten sich in Preußen die Anzeigenumfänge enorm gesteigert. Das absolute Anzeigaufkommen hatte sich in den 1860er-Jahren gegenüber 1850 fast verdreifacht, bei der 1855 gegründeten ‚Börsen-Zeitung' bis in die Gründerzeit sogar verzwanzigfacht (ebd., S. 156–157). Die Kommerzialisierung der Presse setzte sich mit einem konzentrierten Prozess im letzten Drittel des 19. Jahrhunderts durch (vgl. auch Requate, Jörg: Protesting against ‚America' as the Icon of Modernity: The Reception of Muckraking in Germany, in: Atlantic communications. The media in American and German history from the seventeenth to the twentieth century, hg. v. Norbert Finzsch; Ursula Lehmkuhl, Oxford, New York 2004, S. 212).

Wenn von einer Entfesselung der Massenkommunikation im Deutschen Kaiserreich die Rede sein kann, so gründet dies auf der quantitativen Expansion des Pressewesens, die nach 1871 stattfand. [...] Es war nämlich eine besonders günstige Ausgangslage für die Presse, dass ein Gewinn an Freiraum mit starken ökonomischen Antriebskräften zusammenkam. Dass die sogenannte ‚Gründerzeit' dem Deutschen Kaiserreich [...] einen großen wirtschaftlichen Aufschwung bescherte, wirkte sich jedenfalls auch im Pressewesen äußerst förderlich aus.[39]

Im Gegensatz zum in der Parteipresse geläufigen System basierte der Generalanzeiger vollkommen auf dem System der Querfinanzierung, das heißt, der Subventionierung des Verkaufspreises durch Anzeigeneinnahmen.[40] „Der Zeitungsverleger sah die Zeitung primär als Ware, konnte zugleich die Einnahmen aus dem boomenden Anzeigengeschäft dazu nutzen, sich von politischem Einfluss zu befreien, das Zeitungsangebot zu optimieren, über eine Verbilligung des Bezugspreises den Leserkreis erweitern und damit die Auflage zu steigern – womit sich wiederum die Anzeigeneinnahmen erhöhten."[41] Kennzeichen der Generalanzeiger waren somit die starke Präsenz von Reklame, der damit verbundene billige Verkaufspreis, eine nachrichtenorientierte Berichterstattung und selbstdeklarierte Überparteilichkeit.[42] Auch ein allgemeiner Unterhaltungsschwerpunkt, die Aufnahme von Leserbriefen, Preisausschreiben und Ähnlichem waren typisch für den Generalanzeiger.[43]

Die Zeitung als Massenmedium war nicht mehr einer bürgerlich-aufklärerischen, einer obrigkeitlich-herrschaftlichen oder einer politisch-parteilichen Öffentlichkeit zuzuordnen, sondern einer kommerzialisierten oder Scheinöffentlichkeit: das meint den Zerfall des ursprünglichen, nachrichten- und informationsbezogenen Gebrauchswerts und die Verwandlung der Zeitung ‚einerseits in einen Motor der kapitalistischen Reichtumsproduktion und andererseits in ein nach dem Muster der bürgerlichen Parteien gegliedertes Sammelbecken und eine soziale Auffangstation für die deklassierten Massen.[44]

---

39 Wilke: Grundzüge der Medien- und Kommunikationsgeschichte, S. 259.
40 „Die Einnahmen aus dem Anzeigenverkauf wurden genutzt um den Abopreis der Zeitungen herabzusetzen und breite Schichten erreichen zu können" Stöber: Deutsche Pressegeschichte, S. 156–157.
41 Faulstich: Medienwandel im Industrie- und Massenzeitalter, 1830-1900, S. 40.
42 Vgl.: Stöber: Deutsche Pressegeschichte, S. 310.
43 Vgl.: Faulstich: Medienwandel im Industrie- und Massenzeitalter, 1830-1900, S. 41.
44 Ebd., S. 42.

Die nun zunehmende Finanzierung von Zeitungen durch Anzeigen machte aus Zeitungen mehr denn je attraktive Geschäftsmodelle, und zum Bild vom ‚ehrenwerten Journalisten' gesellte sich das Bild vom Zeitungs-Kapitalisten. Dies führte zu einer weit verbreiteten und noch heute bekannten Kritik an einer Vermengung von medialer Öffentlichkeit mit Privat- und Kapitalinteressen. „Der Irrglaube, die Zeitungen hätten die Menschen besser informiert, bevor findige Zeitungsunternehmer [...] begannen, das Geschäft mit Nachrichten und Meinungen lukrativer zu machen, als es bis dahin war, gehört seit dem 19. Jahrhundert zum festen Bestandteil der Diskussion um die Presse."[45] Während bereits die zeitgenössische Kritik den Generalanzeigern ‚Amerikanisierung', ‚Sensationsmache' und ‚Gesinnungslosigkeit' vorwarf[46] – und auch Habermas hier bekanntermaßen den Verfall der räsonierenden Öffentlichkeit zum konsumierenden Publikum beklagte[47] – betonen Medienhistoriker heute eher, dass sich die Zeitungen durch Anzeigenfinanzierung von politischem Einfluss unabhängig machen und ihre journalistische Leistung steigern konnten.[48] Auch die These einer Verschiebung von der Abhängigkeit von staatlicher Obrigkeit zur Abhängigkeit von mächtigen Anzeigenkunden wird in der Forschung heute abgelehnt:

Der Erfolg, den die Massenpresse hatte, machte neidisch. Den Generalanzeigern wurde die Subventionierung des Verkaufspreises als Annoncenabhängigkeit vorgeworfen, die zum Einfluss der Inserenten auf den redaktionellen Text führe. ‚Amerikanisierung' hieß das Stichwort. Dabei dürfte diese Bedrohung der redaktionellen Unabhängigkeit [...] kleinere Zeitungen viel stärker betroffen haben, als wirtschaftlich gesunde. So beschied der Generalanzeiger-Verleger Wilhelm Girardet einem unzufriedenen Kunden: ‚Daß Sie Ihre Annoncen-Aufträge anderen Zeitungen zuwenden wollen, nehme ich nicht ernst. Denn ein kluger Kaufmann gibt nur den Zeitungen seine Aufträge, in welchen er die meiste Aussicht auf Erfolg seiner Inserate erwarten kann'.[49]

Dass sämtliche Presseerzeugnisse somit prinzipiell frei von äußerer Einflussnahme waren, kann allerdings nicht behauptet werden. Die ‚Kapitalisierung' der Zeitungen mag kein zwangsläufiges Einfallstor in die mediale Öffentlichkeit für

---

45 Requate: Von der Gewißheit, falsch informiert zu werden, S. 275.
46 Vgl.: Stöber: Deutsche Pressegeschichte, S. 310.
47 Vgl.: Habermas: Strukturwandel der Öffentlichkeit, S. 148 ff.
48 Siehe dazu etwa: Faulstich: Medienwandel im Industrie- und Massenzeitalter, 1830-1900, S. 40; Wilke: Grundzüge der Medien- und Kommunikationsgeschichte, S. 267.
49 Stöber: Deutsche Pressegeschichte, S. 159.

Privatinteressen gewesen sein. Die Politik hatte sich ihr Einfallstor allerdings längst gesichert.

MEDIA CONTROL 1848: ZUR ENTSTEHUNG MODERNER PRESSEPOLITIK

Während die Zeitungsforschung rückblickend von ‚goldenen Jahren' spricht, bedeutete die freie und meinungsfreudige Presse für die konservativen Regierungen im deutschen Bund zunächst weniger eine lobenswerte Errungenschaft als vielmehr eine problematische Herausforderung: „Durch die Gewalt des revolutionären Schocks und durch die enge Verknüpfung von Revolution mit frei agierender Presse wurde die Wirkung der Presse irreal von den Regierungen überschätzt. In der Publizistik [...] wurde das Zentrum einer neuen Revolution vermutet. Jede publizistische Meinungsäußerung, die sich gegen die Politik des Staates richtete, wirkte wie ein Aufruf zu Widerstand und Ungehorsam."[50] Die prinzipielle Aufhebung der Pressenzensur von 1848 war somit kein Garant für die Unantastbarkeit der Presse; das Gegenteil war der Fall: Die Abschaffung der Vorzensur – angesichts der Fülle des nun erscheinenden Materials eh eine schwierige logistische Herausforderung – führte seitens der Regierungen erst zum Ausbau einer intensiven, bürokratisch organisierten Pressepolitik. Zu dieser staatlichen Pressepolitik nach 1848 gehörten stabsmäßig organisierte Methoden der Repression, Regulierung und nicht zuletzt Propaganda:

Zweifellos wurde von den Regierungen der nachrevolutionären Ära die periodische politische Publizistik als ein potentiell feindliches Gebilde angesehen. Da sich die Erkenntnis durchgesetzt hatte, daß die Wiedereinführung der Zensur kaum von der Öffentlichkeit als zeitgemäß akzeptiert worden wäre und daß eine rein repressive Einwirkung keinesfalls ausreichen konnte, auf die neue Macht im Staate einzuwirken, wurde bereits sehr früh von den beiden Großstaaten eine bürokratisch organisierte Pressebeeinflussung vorgenommen.[51]

Innerhalb der internen Kommunikation der nach 1848 mit der Presse befassten Staats- und Regierungsorgane war bezeichnenderweise von einem publizistischen ‚Kampf', von ‚friedlicher Eroberung' und von ‚Krieg' gegen die ‚Rotte' [der Journalisten] die Rede. Aus den pressepolitischen Institutionen wurde eine

---

50 Kohnen: Pressepolitik des Deutschen Bundes, S. 182.
51 Ebd., S. 134.

,Rüstkammer', aus der heraus die Regierung die willfährige Presse mit ,loyalen Waffen' versehen sollte.[52] Zentrale Schaltstelle dieser Pressepolitik und Vorbild späterer Institutionen war etwa im Machtzentrum Preußen neben verschiedenen Vorläufern ab 1860 das ,Literarische Büro'.[53] Aufgabe dieser Institutionen war außer der täglichen Zusammenstellung von Presseartikeln aus dem In- und Ausland auch die Herstellung offizieller Presseorgane und die Beeinflussung offiziöser Presse.[54]

Als offizielles Presseorgan fungierte ab 1863 die *Provinzial-Correspondenz*, die zahlreichen Tageszeitungen auch außerhalb Preußens als Beilage zugefügt wurde und etwa regierungsamtliche Verlautbarungen, Richtigstellungen und Parlamentsreden veröffentlichte. Gleichzeitig konnte die *Provinzial-Correspondenz* auch als Agentur fungieren und die Tagespresse mit Artikeln versorgen. Ziel der *Provinzial-Correspondenz* war es „der fortschreitenden Irreleitung und Verführung der öffentlichen Meinung seitens der demokratischen Presse durch Gründung und Beförderung von Blättern einer konservativen Richtung"[55] zu begegnen. Die *Provinzial-Correspondenz* war ab 1863 das wohl größte politische Wochenblatt seiner Zeit: „Die erste Ausgabe der ,Provinzial-Correspondenz' hatte eine Auflage von 18.000 Exemplaren und wurde von 71 Abonnenten bezogen.

---

52 Vgl. dazu: ebd., S. 70.

53 Nicht zu verwechseln ist das hier gemeinte Literarische Büro mit den gelegentlich ebenfalls so bezeichneten und parallel entstehenden Pressestellen von Unternehmen, Handelshäusern und Banken. Diese waren ein Effekt der zunehmenden Bedeutung der Wirtschaftsberichterstattung in der Presse und dienten ebenfalls dazu, die Zeitungen im eigenen Sinne mit Informationen zu versorgen (vgl. dazu Stöber: Deutsche Pressegeschichte, S. 178).

54 Richard Kohnen bestimmt offizielle und offiziöse Presse wie folgt: „Unter einer offiziellen Zeitung versteht man ein finanziell, editorisch und redaktionell direkt von der Regierung abhängiges Blatt, das auch in der Öffentlichkeit diesen Charakter deutlich erkennen läßt. Demgegenüber ist eine offiziöse oder halbamtliche Zeitung ein Organ, das zwar prinzipiell von einem unabhängigen Herausgeber publiziert wird und auch in der Öffentlichkeit den Charakter eines neutralen Blattes behauptet, aber de facto durch finanzielle, ideelle und zumeist vertraglich geregelte Bindungen dem Staat verpflichtet ist und sein gesamtes Erscheinungsbild von dieser – im Regelfall geheimgehaltenen – Bindung dominieren läßt" Kohnen: Pressepolitik des Deutschen Bundes, S. 150.

55 Geheimes Staatsarchiv Preußischer Kulturbesitz Merseburg, 2.3.3.5, Literarisches Büro, Nr. 177, Blatt 1. zitiert nach: Nöth-Greis, Gertrud: Das Literarische Büro als Instrument der Pressepolitik, in: Pressepolitik und Propaganda. Historische Studien vom Vormärz bis zum Kalten Krieg, hg. v. Jürgen Wilke, Köln 1997, S. 17.

Die Abnahme stieg in den folgenden Jahren an. 1867 wurde mit 162 Abonnenten der Höhepunkt erreicht, doch die Auflage, die zu diesem Zeitpunkt mehr als 30.000 Exemplare betrug, konnte in den siebziger Jahren weiter erhöht werden."[56] Auch unter der Woche wahrte die *Provincial-Correspondenz* ihren Einfluss, indem sie als Quasi-Nachrichtenagentur agierte und Tendenzartikel an Tageszeitungen weiterreichte. „Das Korrespondenzwesen bestand in der Lancierung fertiger Artikel aus dem Innenministerium oder auch aus anderen Ressorts in verschiedenen, meist regierungsnahen Zeitungen."[57] Die Verbreitung dieser Korrespondenzen war angesichts der Tatsache, dass sie von offiziellen Stellen erarbeitet wurden, beachtlich. Die amtlichen Artikel fanden in den Zeitungsredaktionen Anklang und Verwertung, da sich die wenigsten Zeitungen entsprechende Informationsquellen (Korrespondenten) selbst leisten konnten.[58] Die Verwendung dieser Quellen blieb der Leserschaft zum Ärger ihrer Urheber allerdings selten verborgen, was schlicht an der Gleichförmigkeit der Korrespondenzen lag.[59]

Wesentlich erfolgreicher als die offiziösen Korrespondenzen – und laut Kohnen bis in die heutige Zeit gängige Praxis – „war die in geheim gehaltenen Kanälen durchgeführte Subventionierung von Zeitungen, Chefredakteuren und Herausgebern mit dem Ziel einer normierenden Einflussnahme auf Form und inhaltliche Gestaltung des Blattes"[60]. Das Literarische Büro unterhielt ein entsprechendes System von Strohmännern in Zeitungen verschiedener politischer Richtungen, die sich Berichte in die Feder diktieren ließen und somit die Vertretung von Regierungsansichten in Zeitungen ermöglichten, die sich ihnen ansonsten verschlossen.[61]

Der korrupte Journalismus hatte bereits 1854 mit der Figur des Juden Schmock in Gustav Freytags Lustspiel *Die Journalisten* seine literarische Manifestation erhalten: „Ich habe geschrieben links, und wieder rechts. Ich kann

---

56 Wilke: Grundzüge der Medien- und Kommunikationsgeschichte, S. 236.
57 Nöth-Greis: Das Literarische Büro als Instrument der Pressepolitik, S. 49.
58 Vgl.: Kohnen: Pressepolitik des Deutschen Bundes, S. 155.
59 Vgl.: Nöth-Greis: Das Literarische Büro als Instrument der Pressepolitik, S. 28.
60 Kohnen: Pressepolitik des Deutschen Bundes, S. 156.
61 Vgl.: Nöth-Greis: Das Literarische Büro als Instrument der Pressepolitik, S. 19. Erst 1872 wurde im preußischen Abgeordnetenhaus eingehend die Tätigkeiten des literarischen Büros debattiert: „Dabei standen besonders die Fragen nach den versteckten und feinsinnig gesponnenen Fäden in die Presse sowie nach deren Finanzierung im Vordergrund" ebd., S. 26.

schreiben nach jeder Richtung"[62], lässt Freytag seinen jüdischen Journalisten Schmock sagen. Und wie etwa der Schriftsteller und Journalist Theodor Fontane in einer brieflichen Kommunikation freimütig einräumt, war dies grundsätzlich kein aus der Luft gegriffenes Stereotyp: „Ich habe mich heut der Reaction für monatlich 30 Silberlinge verkauft und bin wiederum angestellter Scriblifax [...]. Man kann nun 'mal als anständiger Mensch nicht durchkommen."[63]

Die geheime finanzielle Unterstützung von Schriftleitern, Publizisten, Literaten und Korrespondenten erwies sich jedenfalls als „leisere, insgesamt recht effiziente Methode der publizistischen Infiltration"[64]. Sie war nicht zuletzt ein bevorzugtes Instrument des ab 1862 amtierenden Ministerpräsidenten Bismarck und dessen berüchtigter Pressepolitik. Bismarck selbst definierte ‚offiziöse Presse' einschlägig als solche Blätter, die der Regierung ‚stets ein Quantum weißes Papier zur Disposition' zu stellen hatten, um dann die offizielle Meinung als die eigene auszugeben.[65] Die somit gewissermaßen unsichtbaren Auswüchse der Pressepolitik finanzierte Bismarck aus eigens organisierten schwarzen Kassen, die später als ‚Reptilienfonds' berühmt wurden.[66]

„Der offiziöse Presseapparat", so Gertrud Nöth-Greis in Bezug auf den preußischen Staat, „war so verschachtelt, daß man im Ausland schließlich glaubte, keine Meldung in der Presse sei ohne die Direktiven der preußischen Regierung zustande gekommen"[67].

---

62 Freytag, Gustav: Die Journalisten. Lustspiel in vier Akten, Leipzig 1854, S. 8.
63 Theodor Fontane an Bernhard von Lepel, 31.10.1851, zitiert nach: Fontane, Theodor; Lepel, Bernhard von; Radecke, Gabriele: Der Briefwechsel: Kritische Ausgabe, Berlin 2006, S. 302.
64 Kohnen: Pressepolitik des Deutschen Bundes, S. 159.
65 Vgl. ebd., S. 149.
66 Die Bezeichnung ging zurück auf den von Bismarck 1869 geprägten Begriff der ‚Pressreptilien', als Pejorativum für die ihm feindlich gesinnte ‚giftige' Presse. Die kritisch eingestellte Öffentlichkeit verkehrte den Begriff ins Gegenteil und bezeichnete die regierungstreuen, offiziösen, konservativen, nationalliberalen Blätter als ‚Pressreptilien'. Der Reptilienfonds bestand aus Zinseinkünften der nach dem deutsch-deutschen Krieg von 1866 beschlagnahmten Vermögen des Königs von Hannover und des Kurfürsten von Hessen-Kassel. Er diente der Finanzierung offiziöser Zeitungen, der Bestechung von Journalisten und Personen des öffentlichen Lebens. Erst im Jahr 1891 wurde der Reptilienfonds geschlossen (vgl. Stöber: Deutsche Pressegeschichte, S. 321).
67 Nöth-Greis: Das Literarische Büro als Instrument der Pressepolitik, S. 1.

DIE ELEKTRISIERUNG DER PRESSE

Eine nicht unwesentliche Rolle im offiziösen Presseapparat spielte auch das seit 1848 in den deutschen Ländern aufgebaute System der elektrischen Telegrafie. Der elektrische Telegraf gilt gemeinhin als ‚Geburtshelfer' der großen Nachrichtenagenturen[68], und das traf auch im Deutschen Bund zu.[69] 1849 eröffnete Bernhard Wolff, der im Jahr zuvor noch in der Pariser Pionieragentur *Havas* als Übersetzer tätig war, das erste *Telegraphische Correspondenz-Bureau*, das später in *Wolffs Telegraphisches Bureau* (WTB) umbenannt wurde.[70] Wolffs Nachrichtenagentur errichtete schnell ein vergleichbares regionales Monopol für telegrafisch zugestellte Nachrichten in den deutschen Ländern, wie die *Havas* in Frankreich und später *Reuters* in Großbritannien.

Die Vormachtstellung der weltweit größten Nachrichtenagenturen führte zu einem Nachrichtenkartell, das bereits 1859 in einem ersten schriftlichen Abkommen fixiert und 1870 vertraglich besiegelt wurde:[71] Reuter, Havas und Wolff schlossen einen Austauschvertrag für Nachrichten ab, der die Aufteilung der Welt in exklusive Berichterstattungsgebiete vorsah.[72] *Reuters* übernahm die Nachrichtenkorrespondenz im britischen Kolonialreich und im Fernen Osten, *Havas* spezialisierte sich auf Frankreich und Südeuropa, die französischen Kolonialgebiete, den Nahen Osten und Südamerika. *Wolffs Telegraphisches Bureau*

---

68 Vgl.: Faulstich: Medienwandel im Industrie- und Massenzeitalter, 1830-1900, S. 57.

69 Einen Überblick zur Geschichte der deutschen Nachrichtenagenturen bietet etwa: Wilke, Jürgen: Deutsche Telegraphenbureaus und Nachrichtenagenturen, in: Vom Flügeltelegraphen zum Internet. Geschichte der modernen Telekommunikation, hg. v. Hans Jürgen Teuteberg; Cornelius Neutsch, Stuttgart 1998, S. 163–178.

70 Zur Geschichte des WTB siehe insbesondere die Monographie von Basse: Basse, Dieter: Wolff's Telegraphisches Bureau 1849 bis 1933: Agenturpublizistik zwischen Politik und Wirtschaft, München, New York 1991.

71 Zu Entstehung und Bedeutung der Kartellbildung siehe auch: Bollinger: Pressegeschichte II, S. 13.

72 Dieses Kartell war so auch möglich geworden, da im Jahre 1866 die erste dauerhaft funktionierende Seekabelverbindung zwischen Europa und den USA fertiggestellt wurde. In den folgenden Jahrzehnten wurde ein Netz interkontinentaler Kabellinien mit weitreichender ökonomischer, gesellschaftlicher, politischer und militärisch-strategischer Bedeutung aufgebaut (vgl. Neutsch, Cornelius: Erste ‚Nervenstränge des Erdballs': Interkontinentale Seekabelverbindungen vor dem ersten Weltkrieg, in: Vom Flügeltelegraphen zum Internet. Geschichte der modernen Telekommunikation, hg. v. Hans Jürgen Teuteberg; Cornelius Neutsch, Stuttgart 1998, S. 47).

behielt die Nachrichtenhoheit in den deutschen Staaten, in Österreich-Ungarn, Russland und Skandinavien. Die ursprünglich aus dem Handel mit Schiffsmeldungen hervorgegangene *New York Associated Press* – ab 1892 *Associated Press* – schloss sich später ebenfalls dem Kartell an und deckte ganz Nordamerika ab. „Man kann ohne Übertreibung behaupten", so Dieter Basse, „dass niemals in der Geschichte der internationalen Marktabsprachen ein Sektor von so wenigen Unternehmen in so dauerhafter und umfassender Weise beherrscht worden ist wie, als Folge des Kartellvertrages, der des internationalen Nachrichtenaustausches"[73]. Und wie sich in den folgenden Jahrzehnten herausstellte, „hatte man mit dieser wirtschaftlich begründeten Entscheidung zugleich eine solche von großer politischer Tragweite getroffen. Denn damit war festgelegt, wer die ‚Informationshoheit' über die verschiedenen Regionen der Welt besaß und durch entsprechende Filterung und Nachrichtengebung dort politischen Einfluß ausüben konnte"[74].

Aufgrund ihrer Beherrschung des Welt-Nachrichtenmarkts waren die ‚großen Vier' mit dem Abschluss des Kartellvertrags „so etabliert und dominant, daß man in der zweiten Hälfte des 19. Jahrhunderts tatsächlich von ‚der' Presseöffentlichkeit sprechen konnte [...]"[75]. Das Agenturwesen hatte somit auch international einen Effekt, der sich bereits in den regionalen Zeitungsmärkten mit ansteigender Zunahme der telegrafischen Depeschen bemerkbar machte: Die Telegramme führten zu einer ‚Homogenisierung' der Zeitungen.[76] Auch wenn Jürgen Wilke sich dagegen ausspricht, in den deutschen Staaten eine ‚Agenda-Setting-Funktion' der Agenturen zu unterstellen[77], ist doch gut belegt, dass im Laufe der Zeit verbindliche Verabredungen getroffen wurden, um den Nachrichtenfluss des WTB der Regierungs-Agenda anzupassen.[78] 1865 wurde das WTB auf Anregung höchster Regierungskreise und unter Beteiligung verschiedener Banken in eine

---

73 Basse: Wolff's Telegraphisches Bureau 1849 bis 1933, S. 49.

74 Wilke: Deutsche Telegraphenbureaus und Nachrichtenagenturen, S. 172.

75 Faulstich: Medienwandel im Industrie- und Massenzeitalter, 1830-1900, S. 59.

76 Vgl.: ebd., S. 57–58.

77 Vgl.: Wilke, Jürgen: The Telegraph and Transatlantic Communication Relations, in: Atlantic communications. The media in American and German history from the seventeenth to the twentieth century, hg. v. Norbert Finzsch; Ursula Lehmkuhl, Oxford, New York 2004, S. 130.

78 Zum offiziösen Status des WTB siehe etwa: Stöber: Deutsche Pressegeschichte, S. 126–127; Bollinger: Pressegeschichte II, S. 11–12; Faulstich: Medienwandel im Industrie- und Massenzeitalter, 1830-1900, S. 59 und Wilke selbst:Wilke: Deutsche Telegraphenbureaus und Nachrichtenagenturen, S. 170–171.

Kommanditgesellschaft umgewandelt. Damit war die journalistische Unabhängigkeit des WTB aufgegeben. Durch die Konstruktion des Unternehmens als Kommanditgesellschaft blieb der Öffentlichkeit allerdings zunächst verborgen, dass sich das WTB fortan im Besitz monarchisch-konservativer Bankkreise und unter dem Einfluss der Pressepolitik Bismarcks befand.[79] Das WTB ließ sich infolge vom preußischen Staatsministerium finanziell unterstützen und begab sich in fortwährende staatliche Abhängigkeit:

Das WTB wurde zur offiziösen preußisch-deutschen Nachrichtenagentur. 1869 schloss sie mit der preußischen Regierung einen Vertrag auf zehn Jahre, der dieser weitgehende Kontrollmöglichkeiten einräumte: Politische Artikel mussten vorher von Beamten des Staatsministeriums genehmigt werden. Bis 1879 entwickelte sich eine Zusammenarbeit, mit der die preußischen Ministerien insgesamt zufrieden waren. Nun standen Vertragsverlängerungen an [...]. Die Laufzeit wurde auf fünf Jahre festgesetzt bei jeweiliger stillschweigender Verlängerung, wenn der Vertrag nicht ein Jahr vorher gekündigt wurde (Art. 17) Anstelle des Staatsministeriums trat der Reichskanzler als Vertragspartner: Ihm stand jetzt die Kontrolle der politischen Nachrichten zu (Art. 5), er hatte den verantwortlichen Redakteur und die Wahl neuer Vorstands- und Aufsichtsratsmitglieder zu bestätigen (Art. 8).[80]

Doch nicht nur durch Vorzensur war das WTB der Reichs- und preußischen Staatsregierung von Nutzen. Die preußische Regierung bezahlte das WTB dafür, einer Reihe Zeitungen das Nachrichtenmaterial unentgeltlich zur Verfügung zu stellen. Somit sollte unerwünschtes ausländisches Agenturmaterial aus den Zeitungen verdrängt werden.[81] Und da die Telegrafie im 19. Jahrhundert das schnellste Mittel der Nachrichtenübertragung war, nutzte die preußische Regierung das WTB bei Bedarf auch als ‚Rundfunk', um kurzfristig auf die Stimmung in der Öffentlichkeit einzuwirken:

Im Krieg gegen Frankreich 1870/71 verbreitete sie über das WTB ihre offiziellen Nachrichten. Diese sollten sofort in ortsansässigen Druckereien als Plakate gedruckt und von den Behörden an öffentlichen Plätzen und Gebäuden angeschlagen werden. Ausdrücklich waren solche Stellungnahmen als Korrektiv zu ‚den in solchen [Kriegs]-Zeiten erfahrungsgemäß in großer Zahl umlaufenden, irrthümlichen oder übertriebenen Gerüchten' gedacht. Noch während des ersten Weltkrieges nutzten preußische und Reichsbehörden

---

79 Vgl.: Basse: Wolff's Telegraphisches Bureau 1849 bis 1933, S. 28–35.
80 Stöber: Deutsche Pressegeschichte, S. 126–127.
81 Vgl.: ebd., S. 126.

unentgeltlich die Dienste des WTB. In Weimarer Zeit glitt das Büro allmählich aus der offiziösen in die Stellung einer offiziellen Agentur. 1920 half die Regierung dem WTB aus seinen Finanznöten und erhielt dafür die direkte Kontrolle über den Auslandsnachrichtendienst, das WTB wurde zur ‚Abteilung der [Reichs-] Pressestelle', entsprechend wuchs die Kritik.[82]

Die Kritik am Status des WTB wurde zum ersten Mal 1888 öffentlich. Nachdem die Budgetkommission des Reichstages die Privilegien des WTB diskutiert hatte, berichtete das *Berliner Tageblatt* über die staatliche Abhängigkeit des Nachrichtenbüros.[83] Der Politiker und Publizist Eugen Richter äußerte 1891 im Rahmen einer Haushaltsdebatte scharfe öffentlich Kritik an der Staatsnähe des WTB: „Jede Agitation, jede Kundgebung im Sinne der Regierung wurde aufgebauscht und mitgetheilt, und jede Kundgebung, die anders lautete, wurde unterdrückt und nicht mitgetheilt. Auf diese Weise hat dieses Telegraphenbureau in gewissen Situationen einen ganz falschen Eindruck der öffentlichen Meinung hervorgebracht [...]"[84]. Insbesondere nach 1900 verschärfte sich die Kritik am WTB und ‚Den Mantler nach dem Winde hängen' wurde zu einem gängigen Journalistenwort (Heinrich Mantler war bis 1929 Direktor des WTB). Der ‚Mantler-Spruch' kritisierte zwar die Offiziösität der wichtigsten Nachrichtenagentur, so Stöber, „jedoch nicht so sehr Nachrichtenpolitik durch Nachrichtenauswahl, als vielmehr durch Kommentierung und Formulierung"[85].

Ähnliche Konstellationen trafen auch für die anderen großen Nachrichtenagenturen im 19. Jahrhundert zu. So stand *Reuters* etwa unter dem Einfluss der britischen Krone und die *NYAP* fungierte während der amerikanischen Bürgerkriegsjahre als Sprachrohr der Kriegsregierung.[86] Nach Faulstich arbeiteten die Kartell-Agenturen „ausnahmslos nach Maßgabe und im Interesse der jeweiligen nationalen Regierung"[87], was Selektionen und Manipulationen Tür und Tor öffnete: „Kapitalinteressen und Staatsinteressen reichten sich einvernehmlich und

---

82 Ebd.
83 Vgl.: Basse: Wolff's Telegraphisches Bureau 1849 bis 1933, S. 91.
84 Richter, Eugen zitiert nach: Stöber: Deutsche Pressegeschichte, S. 126–127.
85 Ebd.
86 Vgl.: Blondheim, Menahem: ‚Slender Bridges' of Misunderstanding: The Social Legacy of Transatlantic Cable Communications, in: Atlantic communications. The media in American and German history from the seventeenth to the twentieth century, hg. v. Norbert Finzsch; Ursula Lehmkuhl, Oxford, New York 2004, S. 164.
87 Faulstich: Medienwandel im Industrie- und Massenzeitalter, 1830-1900, S. 59.

erfolgreich die Hand. Nachrichten mussten also gar nicht mehr zensiert werden, da sie nur noch weitergereicht wurden, wenn sie genehm waren."[88]

Der Politik stand im deutschen Bund somit letztlich ein ganzes Medienverbundsystem zu Verfügung. Dessen Verwendung lässt sich etwa an der inszenierten Auslösung des deutsch-französischen Kriegs illustrieren, die nichts anderes als ein von Bismarck kalkuliertes Spiel mit der Presse war. Die geschichtsnotorisch gewordene ‚Emser Depesche' – eine ursprünglich regierungsintern telegrafierte und dann von Bismarck selbst redigierte und verschärfte Darstellung der diplomatischen Verhandlungen in Bad Ems – war ein gezielt lancierter ‚Mediencoup'. Zunächst in einer Sondernummer der qua ‚Reptilienfonds' finanzierten *Norddeutschen Allgemeinen Zeitung* veröffentlicht, druckten die anderen Zeitungen das von Bismarck überarbeitete Telegramm umgehend nach. Der diplomatische Affront in Bismarcks Depesche führte Frankreich, „gedemütigt und getrieben von der dort durch die Presse aufgewiegelten öffentlichen Stimmung"[89], zwei Tage später zur Kriegserklärung an Preußen.[90]

Nach der auf den deutsch-französischen Krieg folgenden Gründung des Kaiserreichs, dessen mächtigster Akteur wiederum der nun als Reichskanzler amtierende Bismarck war, kam es zu dem bereits thematisierten zweiten Medialisierungsschub im 19. Jahrhundert, der auch eine Neuorientierung der Pressepolitik brachte.

PRESSEPOLITIK IM KAISERREICH

„Genaugenommen war die medienhistorische Zäsur in Deutschland nicht bereits das Jahr der Reichsgründung 1871 sondern erst 1874, als das Reichspressegesetz

---

88 Ebd. Auch die gezielte Streuung von Falschmeldungen durch Korrespondenzbüros war um 1900 durchaus verbreitet. Isabell Voigt nennt etwa die ‚Londoner Kabelkorrespondenz' als populäres Beispiel für ‚gefakte' Beiträge (vgl.: Voigt, Isabell: Korrespondenzbüros als Hilfsgewerbe der Presse: Entstehung, Aufgaben und Entwicklung, in: Unter Druck gesetzt. Vier Kapitel deutscher Pressegeschichte, hg. v. Jürgen Wilke, Köln 2002, S. 123).

89 Wilke: Grundzüge der Medien- und Kommunikationsgeschichte, S. 251.

90 „Die Medienwirkung beschränkte sich keineswegs auf die Emser Depesche allein", hält Jürgen Wilke fest. „Vielmehr spielten Zeitungen, und zwar gerade französische, bei der Eskalation des Konflikts seit Anfang Juli eine nicht zu unterschätzende Rolle" (ebd.).

erlassen wurde", schreibt Wilke[91]: „Erst dieses hat der Presse einen größeren Spielraum verschafft und die rechtlichen Voraussetzungen dafür gelegt, dass man in Deutschland im späten 19. Jahrhundert von einer Entfesselung der Massenkommunikation sprechen kann, obschon es auch später nicht an retardierenden Momenten fehlte"[92].

Wie programmatisch breit das Zeitungsangebot bereits vor dem Reichspressegesetz war, verdeutlicht ein Beispiel von Werner Faulstich: „So gab es im Curhaus zu Wiesbaden 1873 in drei Lesezimmern neben zahlreichen Büchern (Medizin, Reiseführer) sowie 43 Zeitschriften und Lieferungswerken nicht weniger als 53 ausländische Zeitungen aus 13 Ländern sowie 43 deutsche Zeitungen, teils in mehreren Exemplaren."[93]

Die ‚Entfesselung' der Presse im frühen Kaiserreich fand allerdings rechtlich betrachtet bereits 1878 mit dem so genannten ‚Sozialistengesetz' ein jähes Ende. Das ‚Gesetz gegen die gemeingefährlichen Bestrebungen der Sozialdemokratie' richtete sich in wesentlichen Teilen gegen die sozialdemokratische Presse und setzte das Reichspressegesetz weitestgehend außer Kraft.[94]

1881 bewegten die Ergebnisse der Reichstagswahl Bismarck zu einer neuen Presseoffensive, die sich von 1882 bis 1894 in den *Neuesten Mitteilungen* manifestierte. Dieses Format löste als verdeckte Propaganda die bereits erprobte offizielle *Provincial-Correspondenz* ab, die Bismarck wegen ihrer erkennbaren Regierungsnähe für uneffektiv hielt. Viele Zeitungen versahen die Korrespondenzen aus dem Literarischen Büro mittlerweile mit der Überschrift ‚Offiziös wird uns geschrieben'.[95] Dies verstärkte eher die Kritik am offiziösen Korrespondenzwesen als es der Regierung zuträglich gewesen wäre und Bismarck suchte nach einer neuen, effizienteren Strategie: „Mit den ‚Neuesten Mitteilungen' wurde eine Geheimkorrespondenz verfertigt, zweimal wöchentlich im Umfang von vier Seiten [...]. Damit sollte die gesamte preußische Kreisblattpresse bedient werden. Aus Scheu vor der Öffentlichkeit wurde dies konspirativ aufgezogen. Die finanziellen Mittel für die ‚Neuesten Mitteilungen' stammten aus dem Welfenfonds."[96]

---

91 Ebd., S. 253.
92 Ebd.
93 Faulstich: Medienwandel im Industrie- und Massenzeitalter, 1830-1900, S. 30.
94 Vgl.: Wilke: Grundzüge der Medien- und Kommunikationsgeschichte, S. 256.
95 Vgl.: Nöth-Greis: Das Literarische Büro als Instrument der Pressepolitik, S. 56.
96 Wilke: Grundzüge der Medien- und Kommunikationsgeschichte, S. 271.

Anfang 1894 gingen die Neuesten Mitteilungen insgesamt noch an 148 Redaktionen regionaler Kreisblätter.[97] Die Regierungen im Kaiserreich nach 1894 verzichteten auf ein eigenes, verdeckt finanziertes Organ, führten aber die Tradition der stillen finanziellen Subventionierung einzelner Presseakteure mit umso größerem bürokratischem Eifer fort.[98] So erstellte beispielsweise das preußische Landwirtschaftsministerium um 1910/1911 eine umfangreiche Liste mit amtlichen Einschätzungen zur Zugänglichkeit – genauer zu ‚politischer Richtung', und ‚Charakteristik des Leiters' – einzelner Zeitungen. Über die *Berliner politische Nachrichten* hieß es dort etwa ‚dient allen Parteien' und dessen Herausgeber wurde als ‚diskret' eingestuft. Das liberale *Berliner Tageblatt* war aus Sicht der Behörde dagegen ‚beinahe sozialdemokratisch', mithin ein ‚Judenblatt' und für dessen Chefredakteur galt: ‚sehr vorsichtiger Verkehr geboten. Nur zu benutzen, wenn Angriffe auf die Verwaltung erwünscht sind'.[99] Dieser akribischen Planung zum Trotz war die Beeinflussung der Presse zu keinem Zeitpunkt auch nur annähernd absolut und umfassend. Dies lag nicht zuletzt auch an der chronischen Finanznot der staatlichen Pressepolitik, die sich in der Post-Bismarck-Ära mit dem Wegfall schwarzer Kassen verschärfte.[100] Zur Bewilligung von Geldern mussten die pressepolitischen Ressorts deren genaue Verwendung transparent machen; dabei war das allgemeine Wissen um die staatliche Pressepolitik ohnehin schon längst als zentrale Schwachstelle des Systems erkennbar: „Die Summe der Zeitungs- und Zeitschriftenartikel, die zwischen 1890 und 1914 zu diesem Thema erschienen sind, wird kaum je zu erfassen sein; und auch in der parlamentarischen Diskussion wurde darauf immer wieder rekurriert."[101] In zahlreichen Zeitungen und Zeitschriften – die sich mit der Pressepolitik alleine aus eigener Erfahrung auskannten – wurde „die ganze Palette der staatlichen Presseroutine mehr oder weniger ausführlich behandelt"[102].

---

97 Vgl.: Stöber, Gunda: Pressepolitik als Notwendigkeit: Zum Verhältnis von Staat und Öffentlichkeit im wilhelminischen Deutschland 1890-1914, Stuttgart 2000, S. 51.

98 Vgl : ebd .S 60–63

99 Siehe dazu umfassend die entsprechende Aktenanalyse bei Gunda Stöber: „Charakteristik von Korrespondenzen, Korrespondenten und Zeitungen, o. D. [nach Akten-Chronologie um 1910/1911], Geheimes Staatsarchiv Preußischer Kulturbesitz Berlin-Dahlem, Rep. 87 ZB, Nr. 87 (Verkehr mit der Presse, 1903-1917), Bl. 51-54." In: ebd., S. 63–64.

100 Vgl.: ebd., S. 77–83.

101 Ebd., S. 202.

102 Ebd.

Mit dem Ausbruch des ersten Weltkrieges 1914 kam es selbstverständlich auch zu einer medialen und pressepolitischen Zäsur.[103] Der erste Weltkrieg brachte in Form einer regelrechten ‚Überschüttung' mit In- und Auslandspropaganda geradezu einen eigenen Medialisierungsschub hervor. Ein Novum war dabei, dass die Kriegsmächte vermehrt die Entwicklung von Fotografie und Kinematographie für Strategien der Film- und Bildpropaganda nutzten.[104] Mittels eines zentralen Pressereferats zur Weiterleitung oder Unterdrückung von Informationen mutierte praktisch die gesamte Presse wie auch das WTB zum Propagandainstrument. Die Berichterstattung zielte auf Manipulation und Täuschung, um den ‚Hurra-Patriotismus' zu schüren. Dass Zensur und Propagandamaßnahmen verschärft wurden, dass der erste Weltkrieg generell auch ein ‚Medienkrieg' war, ist wohl bekannt, und muss hier nicht im Detail ausgeführt werden.[105] Während des ersten Weltkriegs war der Offizier Erhard Deutelmoser Chef des Kriegspresseamts bei der Obersten Heeresleitung, Leiter der Presseabteilung im Auswärtigen Amt und Pressechef des Reichskanzlers. Er wusste somit, wovon er sprach, als er später resümierte, „Kein Mensch kann bestreiten, daß die deutsche Öffentlichkeit in der Tat verhängnisvoll irregeführt worden ist"[106]. Mit dem Wort von den ‚geliebten Lügen' des Militärhistorikers Klaus-Jürgen Bremm lässt sich hier allerdings festhalten, dass die ‚Irreführung' der Öffentlichkeit zu weiten Teilen auch einer Art Selbstmanipulation geschuldet war, der sich die Öffentlichkeit in patriotischer Kriegseuphorie hingab. Eine zentral gelenkte Kriegspropaganda ‚von oben', so urteilt Bremm, hätte „gar nicht einmal stattfinden müssen"[107]. Eine allgemeine Distanzierung von den ‚geliebten Lügen' der Weltkriegspropaganda fand erst statt, „als man nach Kriegsende wie aus einem bizarren Traum wieder zu sich gekommen war und jetzt nur noch Scham und Reue über sein Tun empfand".[108]

---

103 Siehe dazu etwa auch Faulstich, Werner: Die Mediengeschichte des 20. Jahrhunderts, Paderborn 2012, S. 55–70.
104 Vgl. dazu: Barkhausen, Hans: Filmpropaganda für Deutschland im Ersten und Zweiten Weltkrieg, Hildesheim, New York 1982.
105 Siehe dazu die Habilitation von Kurt Koszyk: Koszyk, Kurt: Deutsche Pressepolitik im Ersten Weltkrieg, Düsseldorf 1968.
106 Erhard Deutelmoser 1919, zitiert nach: ebd., S. 19.
107 Bremm, Klaus-Jürgen: Propaganda im Ersten Weltkrieg, Stuttgart 2013, S. 34.
108 Ebd., S. 171.

3.2 „Durch die Presse kamen wir zu Einfluß, und blieben doch selbst im Schatten"
Vorstellungsbilder des Medialen in antisemitischen Verschwörungstheorien des langen 19. Jahrhunderts

> „The image of the never-sleeping newspaper office with couriers upon every road may have been inspiring to a later generation of journalists. But the image of a never-sleeping all-powerful machine with tentacles reaching all over the world also tented to excite the paranoid imagination, [...]."
> ELIZABETH EISENSTEIN/
> DIVINE ART, INFERNAL MACHINE

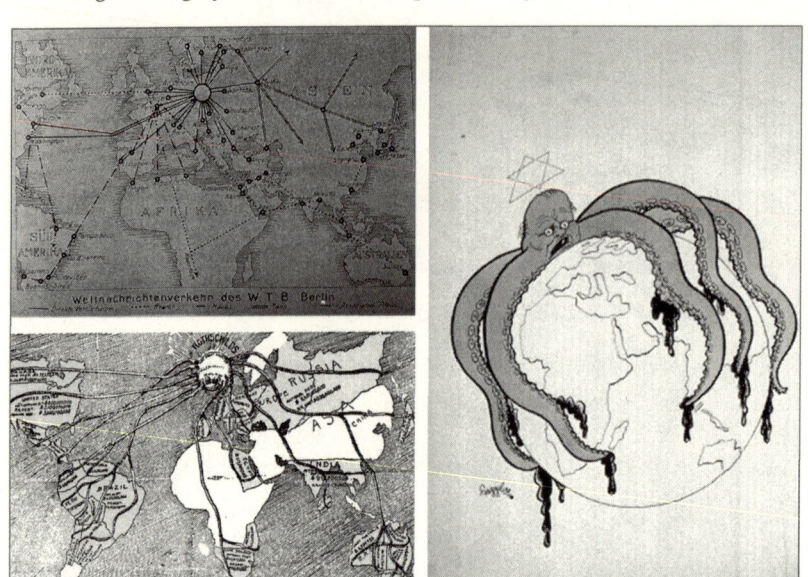

Abbildung 8: Telegrafen und Tentakel (eigene Collage)

Quellen: Links oben: Globale Telegrafenverbindungen des WTB, ca. 1930.[1] Links unten: Anti-Rothschild-Karikatur ‚The english octopus' von 1894.[2] Rechts: Karikatur der ‚jüdischen Krake' als Symbol der Weltverschwörung, ca. 1938.[3]

Die Forschungsliteratur nennt einhellig die berüchtigten *Protokolle der Weisen von Zion* als zentralen Referenztext antisemitischer Verschwörungstheorien. Sie wurden auch als „Inkunabel der Verschwörungsphantasien vom jüdischen Streben nach Weltherrschaft"[4] oder als „Mutter aller Verschwörungstheorien"[5] bezeichnet. Die *Protokolle der Weisen von Zion* sind – um zunächst das Wesentliche zusammenzufassen – ein Text, der vorgibt, die Mitschrift einer programmatischen Versammlung der ‚Jüdischen Weltverschwörung' zu sein. Somit sind die *Protokolle* streng genommen gar keine Verschwörungstheorie, sondern ein gefälschtes (und plagiiertes) Dokument, das als Referenz für Verschwörungstheo-

---

1 Basse: Wolff's Telegraphisches Bureau 1849 bis 1933, S. 6.
2 Harvey, William Hope: Coin's financial school, Chicago 1894, S. 124.
3 Plank, Josef: Cartoons by Josef ‚Seppla'Plank. Circa 1938, Library of Congress, Third Reich Collection. http://worldcatlibraries.org/wcpa/oclc/144228724.
4 Benz: Die Protokolle der Weisen von Zion, S. 8.
5 Tobias Jaecker: Will Eisner: Die hartnäckigste Lügengeschichte der Welt.

rien fungiert. Über dieses Dokument ist derart viel geschrieben worden, wie wohl über kaum einen anderen Text im Zusammenhang mit Verschwörungstheorien.[6] Insbesondere widmete sich die zahlreiche Literatur zu diesem Text immer wieder der NS-Zeit und betonte die Propaganda-Funktion der *Protokolle* bei der Vorbereitung der nationalsozialistischen Vernichtungspolitik, was häufig zu einem – heute strittigen – Kurzschluss der *Protokolle* mit dem Holocaust führte.[7] ‚Hitlers Chefideologe' Alfred Rosenberg kommentierte die *Protokolle* persönlich und verlegte sie in zahlreichen Auflagen im Zentralverlag der NSDAP, im Dritten Reich erschien selbst eine ‚Volks- und Schulausgabe' als Pflichtlektüre an allen deutschen Schulen.[8]

Dass diese Erzählform in der NS-Zeit populär war, ist somit offensichtlich. „Der Text als solcher", bemerkt Eva Horn, ist aber „gerade kein Dokument jenes

---

[6] Einschlägige Titel sind etwa: Stein: Adolf Hitler, Arendt, Hannah: Elemente und Ursprünge totaler Herrschaft, Frankfurt am Main 1955, Cohn: Die Protokolle der Weisen von Zion, Eco: Im Wald der Fiktionen, Sammons, Jeffrey L.: Die Protokolle der Weisen von Zion: Die Grundlage des modernen Antisemitismus - eine Fälschung ; Text und Kommentar, Göttingen 1998, Ben-Itto, Hadassa: The lie that wouldn't die: The protocols of the Elders of Zion, London 2005, Benz: Die Protokolle der Weisen von Zion, Levy. Eine sorgfältige Aufarbeitung und Aktualisierung des Forschungsstandes bietet der Sammelband von Eva Horn und Michael Hagemeister: Die Fiktion von der jüdischen Weltverschwörung. Zu Text und Kontext der ‚Protokolle der Weisen von Zion', Göttingen 2012.

[7] Vgl. etwa den prägenden Klassiker Warrant for Genocide: Cohn: Die Protokolle der Weisen von Zion. Die These, dass von den Protokollen ein ‚gerader Weg nach Auschwitz führte', wie die Literatur oftmals annahm, wird heute bisweilen als Überbewertung der medialen Wirkung zurückgewiesen. Es sei mehr als unwahrscheinlich, dass zwischen der Rezeption der Protokolle und dem industriellen Massenmord ein kausaler Zusammenhang bestünde. Die Protokolle führten nicht zwangsläufig zum Holocaust, sondern die NS berief sich im Vorfeld ihrer Vernichtungspolitik auf die Protokolle. Dass die Protokolle im Gesamtkomplex Holocaust zumindest eine Rolle spielten, ist anzunehmen – auch dies lässt sich allerdings forschungspraktisch kaum näher eruieren (So argumentiert abermals Horn: Horn, Eva: Das Gespenst der Arkana: Verschwörungsfiktion und Textstruktur der ‚Protokolle der Weisen von Zion', in: Die Fiktion von der jüdischen Weltverschwörung. Zu Text und Kontext der ‚Protokolle der Weisen von Zion', hg. v. Eva Horn; Michael Hagemeister, Göttingen 2012).

[8] Vgl.: Retcliffe, John [d.i. Hermann Goedsche]; Meiner, Max: Die Geheimnisse des Judenkirchhofes in Prag: Die Verschwörung der Weisen von Zion von John Retcliffe, Volks- u. Schulausgabe hg. v. Max Meiner, Großdeuben 1934.

neuen, auf Vernichtung angelegten, rassistischen und kulturellen Antisemitismus des 20. Jahrhunderts, sondern ein später Abkömmling der Verschwörungstheorien des 19. Jahrhunderts [...]"[9]. Die Entstehungsgeschichte der verschiedenen Quellen, Vorlagen und Erstentwürfe der *Protokolle* gilt notorisch als besonders verworren und undurchsichtig.[10] Die Frage, wer, wann, wo und warum ein Manuskript mit dem Titel *Protokolle der Weisen von Zion* erstellte, ist zumindest im vorliegenden Kontext vollkommen unerheblich. „Die wiederholten Nachweise, daß es sich bei den *Protokollen* um eine Fälschung handelt, wie auch die unermüdlichen Enthüllungen ihrer wirklichen Entstehung, sind ziemlich irrelevant"[11], äußerte bereits Hannah Arendt. Nicht der Titel und sein Ursprung, sondern zuerst der Text – dessen Frühformen ja bereits zuvor unter anderen Titeln zirkulierten – ist hier von Interesse. Und dieser war bekanntermaßen eine Adaption verschiedener Vorlagen, zu denen Maurice Jolys satirischer *Dialog in der Hölle* und vor allem der Roman *Biarritz* gehörten. Letzterer Text, vom *Kreuzzeitungs*-Redakteur Hermann Ottomar Friedrich Goedsche 1868 unter dem Pseudonym ,John Retcliffe' veröffentlicht, bildete die entscheidende literarische Schablone beziehungsweise „die unmittelbare Vorlage für die *Protokolle*"[12]. Die berühmte Szene aus *Biarritz* auf dem Prager Judenfriedhof, auf die sich auch Umberto Ecos Romantitel *Der Friedhof in Prag* bezieht, gilt heute gemeinhin als „erste Stufe"[13] der konkreten Textgenese der Protokolle. Für die *Protokolle* als populärstes Beispiel beziehungsweise zentrales Dokument antisemitischer Verschwörungstheorie gilt somit, was Peter Pulzer bereits für den modernen Antisemitismus überhaupt festgehalten hat: „Das Arsenal war 1919 bereits voll ausgestattet. Es brauchte nur noch auf den Feuerbefehl gewartet zu werden. [...], man müßte in der antisemitischen Literatur der zwanziger oder frühen dreißiger

---

9 Horn: Das Gespenst der Arkana, S. 25.

10 Vgl. etwa: Eco: Im Wald der Fiktionen; zur jüngsten Erhellung der Frühgeschichte der Protokolle: Hagemeister, Michael: Zur Frühgeschichte der ‚Protokolle der Weisen von Zion' 1: Im Reich der Legenden, in: Die Fiktion von der jüdischen Weltverschwörung. Zu Text und Kontext der ‚Protokolle der Weisen von Zion', hg. v. Eva Horn; Michael Hagemeister, Göttingen 2012.

11 Arendt: Antisemitismus und faschistische Internationale, S. 33. Arendt meint damit, dass das Offensichtliche der Protokolle – nämlich, dass es sich um eine Fälschung und kapitale Lügengeschichte handelt – belanglos sei, im Vergleich zum eigentlichen Mysterium der Protokolle, nämlich die Frage, „weshalb sie trotz der offensichtlichen Tatsache, daß es sich um eine Fälschung handelt, andauernd geglaubt werden" (ebd.).

12 Horn: Das Gespenst der Arkana, S. 10.

13 Sammons: Die Protokolle der Weisen von Zion, S. 8.

Jahre schon sehr suchen, um einen Punkt oder ein Argument zu finden, die nicht schon vor 1914 benutzt worden wären. Die Generation von Alfred Rosenberg erscheint als reine Epigonengeneration."[14] Der Fokus der folgenden Untersuchung liegt dementsprechend nicht auf der Geschichte der *Protokolle* in der NS-Zeit, sondern zunächst auf der, wie Pulzer schreibt, „Epoche von 1867 bis 1914"[15]. Diese „wird dadurch wichtig, daß sich in dieser Zeit die Bewegungen und Ideologien entwickelten, die nach 1918 reiften"[16].

Abbildung 9: Rekonstruktion der Genese der modernen antisemitischen Verschwörungstheorie (Auswahl).

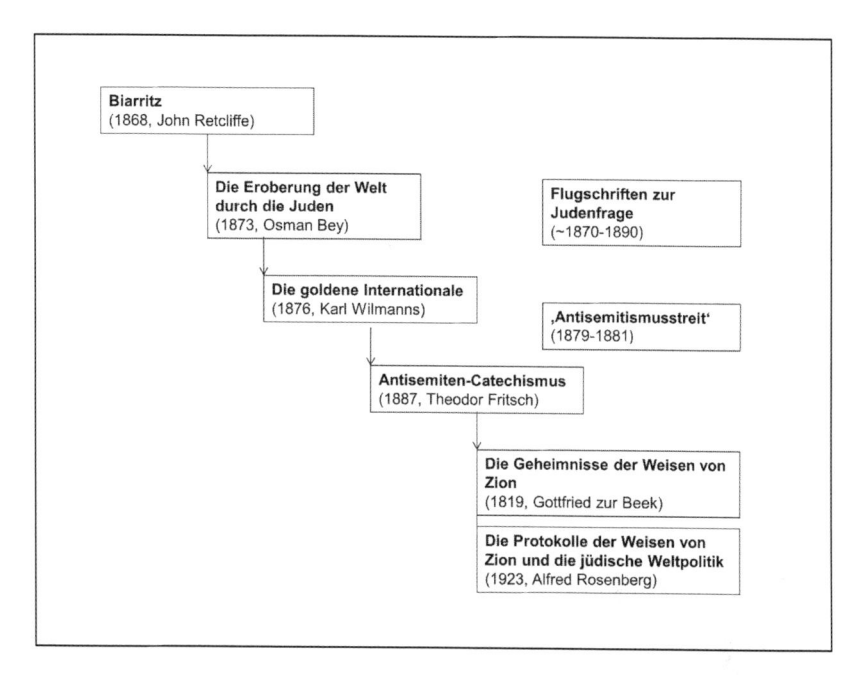

```
Biarritz
(1868, John Retcliffe)
    │
    ▼
Die Eroberung der Welt          Flugschriften zur
durch die Juden                 Judenfrage
(1873, Osman Bey)               (~1870-1890)
    │
    ▼
Die goldene Internationale
(1876, Karl Wilmanns)           ‚Antisemitismusstreit'
                                (1879-1881)
    │
    ▼
Antisemiten-Catechismus
(1887, Theodor Fritsch)
    │
    ▼
                                Die Geheimnisse der Weisen von
                                Zion
                                (1819, Gottfried zur Beek)

                                Die Protokolle der Weisen von
                                Zion und die jüdische Weltpolitik
                                (1923, Alfred Rosenberg)
```

Quelle: Eigene Darstellung

Nach der Publikation von *Biarritz*, ungefähr ab 1870, popularisierte sich die Erzählung über eine jüdische Weltverschwörung. Ab 1870 erschien bekannterma-

---

14 Pulzer, Peter G. J.: Die Entstehung des politischen Antisemitismus in Deutschland und Österreich 1867 bis 1914, S. 305.
15 Ebd., S. 65.
16 Ebd.

ßen eine regelrechte Flut antisemitischer Flugschriften, die auch auf eine internationale jüdische Verschwörung verwiesen.[17] Diese verschwörungstheoretischen Konstrukte waren wesentlicher Bestandteil und Produkt der zeitgenössischen Debatte um die ‚Judenfrage‘, die im Kontext des so genannten ‚Berliner Antisemitismusstreits‘ zwischen 1879-1881 einen Höhepunkt erlebte.[18]

Die Frage ist somit im Folgenden nicht, inwiefern die *Protokolle* den Holocaust vorbereitet hätten, sondern, wie sich die moderne antisemitische Verschwörungstheorie zur populären Erzählung entwickelte, und inwiefern Vorstellungsbilder des Medialen dabei eine Rolle spielten. Ausgangspunkt der Untersuchung von Vorstellungsbildern des Medialen innerhalb antisemitischer Verschwörungstheorie sind somit nicht die *Protokolle*, sondern deren konkrete Vorläufer, das heißt, die Generation von und nach Hermann Goedsche. Die Untersuchung verfolgt die Transfers und Transformationen von Goedsches Vorlage 1868 bis ans Ende des langen 19. Jahrhunderts, zur Ausgabe der *Protokolle* im Zentralverlag der NSDAP, 1923.

QUELLENANALYSE: SIR JOHN RETCLIFFE: BIARRITZ (1868), AUF DEM JUDENKIRCHHOF

> „Die Schauerromane müssen als politische Romane gelesen werden."
> MICHEL FOUCAULT/DIE ANORMALEN

Hermann Goedsche, über dessen journalistisches Schaffen und Umfeld bereits informiert wurde, veröffentlichte seit 1856 zahlreiche Romane unter dem Pseudonym ‚Sir John Retcliffe‘. Obgleich sie von der Literaturwissenschaft eher ignoriert wurden, waren die Romane beim Publikum durchaus beliebt.[19]

---

17 Siehe hierzu insbesondere die Aufarbeitung von Flugschriften zur ‚Judenfrage‘ bei Uffa Jensen: Jensen: Gebildete Doppelgänger.
18 Siehe dazu: Krieger, Karsten: Der „Berliner Antisemitismusstreit" 1879-1881: Eine Kontroverse um die Zugehörigkeit der deutschen Juden zur Nation. Kommentierte Quellenedition, Berlin 2004; Jensen: Gebildete Doppelgänger.
19 Zu ‚Retcliffes‘ Romanwerk: Neuhaus, Volker: Der zeitgeschichtliche Sensationsroman in Deutschland 1855-1878: ‚Sir John Retcliffe‘ und seine Schule, Berlin 1980.

Der ‚Roman' *Biarritz* wurde in der Forschung immer wieder als „Schauerroman"[20] bezeichnet, was die literarische Einordnung schlicht irreleitet.[21] So ist der nächtliche Friedhof zwar seit der *Gothic Novel* eine klassische Szenerie der fantastischen Grusel- und Horrorliteratur, in das Genre der Fantastik gehört diese Erzählung deshalb aber nicht.[22] Per Selbstverortung auf der Umschlagseite handelt es sich bei *Biarritz* um einen ‚historisch-politischen Roman aus der Gegenwart'. Ein Genre, das Hermann Goedsche unter dem Pseudonym ‚Sir John Retcliffe' bereits seit über zehn Jahren erfolgreich prägte, und welches in der Darstellung seines Verlegers Liebrecht „Anklang und Nachahmung"[23] fand. In einer dem Roman vorangestellten Protestnote, die sich gegen die missbräuchliche Verwendung des Pseudonyms ‚Sir John Retcliffe' durch literarische Epigonen wendet, bestimmt der Verleger das literarische Schaffen des John Retcliffe als „die Darstellung der Zeitgeschichte im Gewand des Romans"[24]. *Biarritz* ist somit mit Ansage eben gerade keine fantastische Romangeschichte, sondern will romanhafte ‚Zeitgeschichte' sein. Klein und Martinez sprechen in ihrer erzähltheoretischen Erörterung von Wirklichkeitserzählungen hierzu passend von ‚Borderline-Texten', die zwar keine Wirklichkeitserzählung darstellen, aber dennoch – etwa durch paratextuelle Information – eine bestimmte Leseerwartung hinsichtlich ‚historischer Triftigkeit' generieren können.[25] Eine zeitgenössische

---

20 Siehe: Benz: Die Protokolle der Weisen von Zion, S. 35; Lange, Matthew: Bankjuden, in: Handbuch des Antisemitismus: Judenfeindschaft in Geschichte und Gegenwart, hg. v. Wolfgang Benz, München 2010, S. 42.

21 Das Konzept dieser Arbeit sieht vor, nur Wirklichkeitserzählungen zu untersuchen. Weshalb hier eine Ausnahme gemacht wird, erklärt sich durch die Sonderrolle dieses Romans, die im Folgenden eingehender erörtert ist.

22 Viel wahrscheinlicher als sämtliche anderen möglichen Vorlagen und Bezüge zum verwendeten Friedhofsmotiv ist die Adaption der Szenerie einer nächtlichen Verschwörer-Zusammenkunft aus dem Buch *Beweis von der Wirklichkeit der Zusammenkunft in Bourgfontaine durch die Ausführung ihres Zweckes*, einem verschwörungstheoretischen Text des 18. Jahrhunderts, der ursprünglich aus dem Französischen 1793 ins Deutsche übersetzt wurde: Sauvage, Henri-Michel: Beweis von der Wirklichkeit der Zusammenkunft in Bourgfontaine, durch die Ausführung ihres Zweckes 1793.

23 Retcliffe, John [d.i. Hermann Goedsche]: Biarritz: Historisch-politischer Roman, Berlin 1868, S. 6.

24 Ebd.

25 Vgl.: Klein, Christian; Martinez, Matias: Wirklichkeitserzählungen: Felder, Formen und Funktionen nicht-literarischen Erzählens, Stuttgart 2009, S. 4–5.

Rezension zu *Biarritz* im Feuilleton der *Deutschen Roman-Zeitung* ließ die Leserschaft etwa wissen, neben spannenden Abenteuergeschichten seien hier auch „die diplomatischen Triebfedern der letzten europäischen Wirren leise angedeutet"[26].

Wenn vier Jahre später also eine russische Flugschrift behauptete, *Biarritz* sei wahr,[27] bestätigte dieses Pamphlet im Grunde lediglich, was bereits die Behauptung von *Biarritz* selbst war. Für Eva Horn markieren die *Protokolle* „und in gewissem Maße schon das Eigenleben der Friedhofsszene aus Goedsches Biarritz" fiktionstheoretisch „den exakten Umschlagspunkt einer gut etablierten literarischen Phantasie in ein Dokument und angebliches Beweisstück – die Auslöschung der Fiktionalität (und ihrer Markierungen) aus einem fiktiven Text"[28].

Volker Neuhaus, vom dem die einzige Monographie über ‚Sir John Retcliffe und seine Schule' stammt, wählte in seiner literaturwissenschaftlichen Analyse der Retcliffe-Romane bezeichnenderweise auch nicht Romantexte, sondern die zur gleichen Zeit entstandenen Zeitungsartikel von Karl Marx und Friedrich Engels als Vergleichsobjekte für die Erzählungen von Goedsche:

[…]; ihnen standen für weltpolitische Vorgänge in etwa die selben zeitgenössischen Berichte und Informationen zur Verfügung, und tatsächlich haben sie bisweilen die selben Quellen bemüht. Hinzu kommt, daß auch Marx und Engels sich wie Retcliffe darum bemühten, scheinbar unzusammenhängende Fakten in den übergreifenden Zusammenhang eines geschlossenen Weltbildes einzuordnen und ihnen so klares Licht und anderes Gewicht zu geben. Daß die ideologischen Systeme dabei einander konträr entgegengesetzt sind, erhöht noch die Brauchbarkeit der Werke von Marx und Engels als Hintergrundfolie.[29]

Der Vollständigkeit halber sei hier vorab der Handlungsrahmen der Friedhofszene im Kapitel *Auf dem Judenkirchhof von Prag* zusammengefasst: Ein junger Gelehrter aus Berlin – ein gewisser ‚Doktor Faust' – hatte drei Jahre zuvor ei-

---

26 Deutsche Roman-Zeitung, hg. v. Otto Janke, Leipzig 1869, S. 875.
27 Anonymus: ЕВРЕЙСКОЕ КЛАДБИЩЕ В ПРАГЕ и СОВЕТ ПРЕДСТАВИТЕЛЕЙ ДВЕНАДЦАТИ КОЛЕН ИЗРАИЛЕВЫХ (Der Judenfriedhof in Prag und der Rat der Vertreter der zwölf Stämme Israels), St. Petersburg 1872.
28 Horn, Eva; Hagemeister, Michael: Ein Stoff für Bestseller, in: Die Fiktion von der jüdischen Weltverschwörung. Zu Text und Kontext der ‚Protokolle der Weisen von Zion', hg. v. Eva Horn; Michael Hagemeister, Göttingen 2012, S. XXI.
29 Neuhaus: Der zeitgeschichtliche Sensationsroman in Deutschland 1855-1878: ‚Sir John Retcliffe' und seine Schule, S. 9.

nem italienischen Juden das Leben gerettet. Aus Dankbarkeit gelobte der Jude, den Doktor in das ‚Geheimnis der Kabalah' einzuführen. So treffen sich beide drei Jahre später im Jahr 1860 in Prag wieder, um dieses Versprechen einzulösen. Doktor Faust und sein Begleiter belauschen nun als nächtliche Besucher auf dem Prager Judenfriedhof die Zusammenkunft eines jüdischen Zwölferrats, der die 12 Stämme Israels repräsentiert und sich alle hundert Jahre trifft, um den Stand jüdischer Weltherrschaft zu erörtern. Nachdem die Redner bereits die Unterwanderung und Kontrolle des Kapitals, der Wirtschaft, des juristischen Systems et cetera empfohlen und erörtert haben, thematisiert der letzte Redner in der finalen Ansprache der Versammlung die Rolle der Presse. Die herausragende Wichtigkeit des Gegenstandes spiegelt sich somit bereits in der prominenten Platzierung der Rede als abschließender Höhepunkt der Versammlungsszene:

Wenn das Gold die erste Macht der Welt ist, so ist die Presse die zweite. Was sind alle die Meinungen und Rathschläge, die hier gegeben worden, ohne ihren Beistand! Nur wenn wir haben die Presse in unserer Hand, werden wir kommen zum Ziel. Unsere Leute müssen regieren die Tagespresse. Wir sind gewandt und schlau und besitzen Geld, das wir unsern Zwecken dienstbar zu machen verstehn. Wir müssen haben die großen politischen Zeitungen, welche machen die öffentliche Meinung, die Kritik, die Straßenliteratur, die Telegramme und die Bühne. Wir werden daraus verdrängen Schritt um Schritt die Christen, dann können wir diktiren der Welt, was sie glauben, was sie hochhalten und was sie verdammen soll.[30]

Auffällig ist die Betonung der Rolle der Presse, nicht als – wie es zur Zeit der Veröffentlichung typischerweise hieß – ‚vierte Großmacht' im Staate, sondern als zweite ‚Weltmacht', nach dem Gold. Da aber Kapital beziehungsweise Gold sowieso bereits vorhanden sei, ist die zentrale, alles entscheidende Eroberung der jüdischen Verschwörung die Presse. Dass dabei explizit auch ‚die Telegramme' beherrscht werden sollen, reflektiert gewissermaßen die offenkundige Machtbündelung des Nachrichtenkartells und natürlich auch die 1868 bereits etablierte Einflussnahme ‚monarchisch-konservativer Bankkreise' um Bismarck auf das WTB. Die Kontrolle sämtlicher Pressemedien gilt als unverzichtbare Grundvoraussetzung und Schlüssel zur Erlangung des Zieles, was nichts weniger als die Weltherrschaft ist. Damit schließt die Rede zunächst direkt an einen bereits bekannten Topos an, der zu dieser Zeit nicht zuletzt in Goedsches konservativem Umfeld besonders aktuell war:

---

30 Retcliffe, John [d.i. Hermann Goedsche]: Biarritz, S. 182–184.

Ende der sechziger Jahre häuften sich auffälligerweise Traktate, die von der Macht der Presse, ja der Presse als ‚Großmacht' sprachen. Die Presse, so hieß es, sei zu einem Hauptmittel geworden, ‚um Throne zu stürzen, um den Altar zu zertrümmern', d. h. Staat und Kirche würden in erster Linie von dem Machtzuwachs der Presse in Mitleidenschaft gezogen. Wohl muss man einräumen, dass sich solchermaßen medienkritische Autoren eher von konservativer Seite zu Wort meldeten, die die Medienwirkungen zu übertreiben beliebten.[31]

Mit den großen und angeblich absolut wirkmächtigen politischen Zeitungen soll die öffentliche Meinung ‚gemacht' und somit die ideologische Ausrichtung der Massen diktiert werden. Die Presse sei ein derart allmächtiges Werkzeug – so der Redner auf dem Friedhof – dass sie allein über Krieg und Frieden, Recht und Unrecht bestimmen könne. Um die Zustimmung der Massen zu sichern, wolle man außerdem die Klage über die Unterdrückung des Judentums instrumentalisieren:

Wir werden ertönen lassen in hundert Formen den Wehschrei Israels und die Klage über die Unterdrückung, die auf uns laste! Dann – während jeder Einzelne ist gegen uns – wird die Masse in ihrer Thorheit sein immer für uns! Mit der Presse in unserer Hand können wir verkehren Recht in Unrecht, Schmach in Ehre. Wir können erschüttern die Throne und trennen die Familie. Wir können untergraben den Glauben an Alles, was unsere Feinde bisher hoch gehalten. Wir können ruinieren den Credit und erregen die Leidenschaften. Wir können machen Krieg und Frieden, und geben Ruhm oder Schmach. [...] Wenn Israel hat das Gold und die Presse, wird es fragen können: an welchem Tage wollen wir aufsehen, die Ataroch [die Krone], die uns gebührt, besteigen den Chisse [den Thron] der Verheißung und schwingen den Schebet [das Zepter] der Macht über die Völker der Erde![32]

In der Darstellung der geplanten ‚feindlichen Übernahme' der Presse durch die jüdische Weltverschwörung dekonstruiert der Text normative Öffentlichkeitskonzepte und publizitätseuphorische Gesellschaftsutopien – wie sie seit der Aufklärungsepoche Ziel und Forderung des liberalen Bürgertums waren – zugunsten einer apokalyptischen Vision der Mediendiktatur. Publizität ist hier nicht mehr geistige Verheißung oder politisches Gegengewicht und Bastion der Gerechtigkeit sondern nur noch profane Lenkungsmacht zur Kontrolle der Massen. Dies reflektiert allerdings nicht nur die Angst konservativer Kreise vor abermaliger Revolution als Effekt der freien Presse; interessant ist, dass Goedsche gewisser-

---

31 Wilke: Grundzüge der Medien- und Kommunikationsgeschichte, S. 252.
32 Retcliffe, John [d.i. Hermann Goedsche]: Biarritz, S. 182–184.

maßen auch eine Projektion des speziellen submedialen Raums liefert, in dem er selbst als Journalist aktiv ist. Die Gründung der *Neue Preußische Zeitung*, für die Goedsche seit der Revolution durchgehend arbeitete, entsprach dem von Goedsche beschriebenen konspirativen Griff nach der Macht über die Zeitungen – ‚unsere Leute müssen regieren die Tagespresse' – jedenfalls selbst recht gut. Bestimmte doch ein leitendes Komitee der Geldgeber die politische Tendenz der *Kreuzzeitung* und legte die Themen fest, die in den Kommentaren besprochen werden sollten (siehe oben). ‚Wir sind gewandt und schlau und besitzen Geld, das wir unsern Zwecken dienstbar zu machen verstehen', referiert der Vertreter der jüdischen Weltverschwörer über deren Pressepolitik. Eine treibende Kraft hinter der Gründung der *Kreuzzeitung* und zeitweiliger Mitarbeiter war bekanntermaßen Bismarck selbst, der sich 1868 wiederum längst als Ministerpräsident der geheimen Beeinflussung der Zeitungen in Form ‚offiziöser Presse' widmete: ‚Dann können wir diktiren der Welt, was sie glauben, was sie hochhalten und was sie verdammen soll'.

Somit kann die Reflexion medialer Öffentlichkeit in Goedsches Friedhofsszene durchaus als Reflexion der eigenen Erfahrungswelt als konservativgegenrevolutionärer Publizist und der Pressepolitik Bismarcks gelesen werden. Hätte Goedsche in dieser Szene Bismarck und die Finanziers der ‚Kreuzfahrer' selbst sprechen lassen, wäre er deren übersteigerten Ängsten und Erwartungen gegenüber sowie deren Umgang mit der Presse jedenfalls recht nahe gekommen.

Auch die den Juden unterstellte Instrumentalisierung der Klage über die eigene Unterdrückung zur Rekrutierung von Fürsprechern ist so als Projektion Goedsches lesbar. Schließlich ist die phantasierte Rede über die Presse ja selbst eine indirekte Klage über die vermeintliche Unterdrückung jener konservativen Presse, die Goedsche selbst vertritt.

In der Fokussierung der letzten Friedhofsrede – die quasi den Höhepunkt der gesamten Szene markiert – auf das Medium Zeitung, zeigt sich überdeutlich, dass hier nicht einfach eine fiktive ‚Gruselgeschichte' über Phantasie-Rabbiner erzählt, sondern reale Menschen offen angegriffen werden sollen. Denn zum Zeitpunkt des Erscheinens waren Juden im kulturellen Leben, im Theater, der Literatur und insbesondere in der liberal gesinnten Presselandschaft ja bereits überproportional präsent. Goedsches fiktiver Text nimmt somit – ohne konkrete Namen zu nennen – bereits vorweg, was die spätere antisemitische Hetzpropaganda als ‚Juden-Statistiken' veröffentlichte.[33] Diese ‚Lücke' konnte damals je-

---

33 Mit besonderer Akribie besorgte etwa Theodor Fritschs Antisemiten-Katechismus im Abschnitt Die Juden im Zeitungs-Fach die namentliche Auflistung einzelner jüdischer Akteure im Zeitungswesen (Fritsch, Theodor: Antisemiten-Katechismus: Eine Zu-

der informierte Mensch selbst mit Namen und Funktionen füllen. Dass ‚die Juden' also bereits die Medien regierten, um die Macht über die Völker der Erde zu erlangen, war quasi für jeden sichtbar, der dies so sehen wollte. Der Text verweist somit auf ein unleugbares Phänomen in der Realität jenseits des Textes, das quasi als Beweis für die Realität des ‚historisch-politischen' Romantextes fungiert. Um hier nochmal an die Hermeneutik des Sehens der Verschwörungstheorien um 1800 anzuschließen: Dass Juden in der Presse tätig waren, konnte tatsächlich ‚jeder sehen, der will'. Dass dies kausal auf einen finsteren Weltherrschaftsplan zurückginge, musste allerdings erst durch Erzählungen wie die Friedhofszene von ‚John Retcliffe' inspiriert werden.[34]

QUELLENANALYSE: OSMAN BEY: DIE EROBERUNG DER WELT DURCH DIE JUDEN (1873)

Nach Robert Feldmans Studie über antisemitische Journalistenstereotype war Osman Beys Heft das erste Traktat, dass das moderne Stereotyp vom *Schmock* als Wirklichkeitserzählung weiterführte und durchsetzte.[35] Der Titel erlebte 1875 bereits die siebte Auflage und erschien 1878 auch in englischer Übersetzung.[36]

---

sammenstellung des wichtigsten Materials zum Verständniss der Judenfrage, 25. Auflage, Leipzig 1893, S. 301–304, zuvor bereits publiziert als Flugblatt Wer schreibt unsere Zeitungen?).

34 Goedsche konnte im Jahr 1868 sicher sein, mit dem Vorwurf einer jüdischen Medienverschwörung an bereits gut etablierte Topoi der konservativ-klerikalen Publizistik anzuschließen. Dafür stand nicht nur die Kreuzzeitung selbst; so wetterte beispielsweise auch der Münchener Volksbote zu dieser Zeit gegen eine „Freimaurer- und Judenpresse" (vgl. Anonymus: Baden, in: Der Volksbote für den Bürger und Landmann. 4. Dezember 1867, 283, S. 1198–1199, S. 1198).

35 Vgl.: Feldman, Robert: Journalismus Als Beruf: Truth and the Anti-Semitic Journalist Stereotype in the Writings of Maxim Biller and Rafael Seligmann, St. Louis 2011, S. 18.

36 Vgl.: Benz, W; Bergmann, W; Mihok, B.: Handbuch des Antisemitismus. Personen, München 2009, S. 608).

Dass die späteren *Protokolle* die „Auslöschung der Fiktionalität"[37] aus der obigen Szene markieren, trifft zu. Allerdings wäre es falsch, anzunehmen, dass dieser Vorgang erst in jenen Texten stattfand, die Jahrzehnte später – in Deutschland erst ab 1919 – als *Protokolle* verbreitet wurden. Die erste deutschsprachige Adaption der Rede zur Presse im Roman *Biarritz* – und bezeichnenderweise nur dieser einen Rede – findet sich bereits 1873 als Wirklichkeitserzählung abgedruckt in Osman Beys *Die Eroberung der Welt durch die Juden*. Bey machte aus der Friedhofsszene, die in Goedsches Roman im Prag des Jahres 1860 spielte, eine jüdische Ratsversammlung, die angeblich um das Jahr 1840 in Krakau stattfand. Diese Versammlung wurde einberufen, so Bey, „um die geeignetsten Mittel ausfindig zu machen, um dem Judenthum in seiner Ausdehnung vom Nordpol bis zum Südpol den Triumph zu sichern"[38]. Die diversen Reden bei dieser Versammlung, so fasst Bey knapp zusammen, seien „unendlich verschieden"[39] gewesen und hätten zu einer lebhaften Diskussion geführt, „da erhob sich auf einmal eine helle Stimme und gebot unwillkürlich Stillschweigen"[40]. Was darauf folgte, ist eine nur marginal veränderte Neuauflage der Presse-Rede in *Biarritz*: „‚Was faselt ihr', rief er seinen Amtsbrüdern in der Versammlung zu; solange als wir nicht die Presse in Händen haben, ist alles was ihr sagt, vergeblich! Umsonst schafft ihr Gesellschaften, Anleihen, Bankerotte und dergleichen; so lange als wir nicht die Presse zur Verwendung haben, um die Welt zu betäuben und zu täuschen, richten wir Nichts aus und unsre Herrschaft bleibt ein Hirngespinst!'"[41] Vom Zeitpunkt dieser Rede, so informiert der Autor, „beginnt der Anfang jenes Teufelswerks, dessen Zweck darin besteht, aus der Presse ein Kriegswerkzeug, eine Art Geschütz zu machen, dessen Feuer gegen jedes Hinderniss gerichtet wird, das sich der finanziellen und politischen Eroberung der Juden entgegenstellt"[42].

Im Anschluss an das ‚Rede-Protokoll' erläutert Bey genauer das strategische Vorgehen der Verschwörer. Dieses Programm ist wenig anderes als die Transformation der übersteigert dargestellten pressepolitischen Konstellationen jener Zeit in einen globalen Kontext: „Die Presse aller Länder ohne Unterschied ist von den Juden in drei Klassen eingetheilt worden; nämlich: Erste Klasse: die im jüdischen Solde stehenden Journale; Zweite Klasse: die irgend eine nationale

---

37 Horn, Hagemeister: Ein Stoff für Bestseller, S. XXI.
38 Osman-Bey: Die Eroberung der Welt durch die Juden 1873, S. 48.
39 Ebd.
40 Ebd., S. 49.
41 Ebd.
42 Ebd.

Fahne tragenden Journale; Dritte Klasse: die Journale mit jüdischer Fahne."[43] Zur ersten Klasse gehörten demnach alle Presseprodukte, die sich ‚die Juden' per Abonnement oder Aktienerwerb zu eigen gemacht haben. Diese Zeitungen – exemplarisch genannt wird die *Times* – seien somit aus jüdischer Sicht ‚unschädlich' gemacht, da sie keine Kritik an den Juden wagten. Die zweite Klasse der Presse bestünde aus „Wölfen in Schafspelzen", denn sie firmieren unter „nationaler Fahne", seien aber in Wirklichkeit „erzjüdische Journale"; hinter der Maske nationaler Interessen verberge sich der „jüdische Teufel", der „uns mit den Maximen und Spiegelfechtereien der modernen Schule zu behexen sucht", das heißt, eine „Umwandlung in der öffentlichen Meinung"[44] bewirke. Als Beispiel wird für Deutschland die *Frankfurter Zeitung* genannt. Die Journale der dritten Klasse schließlich „zeigen sich ohne alle Maske" als jüdische Presseprodukte; deren Funktion sei es, „Israel in dem Angriff gegen das Vermögen der Heiden oder Nichtisraeliten anzuführen; sie gibt das Losungswort aus und lenkt und schiebt die Juden vorwärts. [...] Thatsächlich bilden die Hunderte der Journale, die dem Befehl der Juden gehorchen, eine schreckenerregende Batterie, wogegen zu kämpfen beinahe als unmöglich erscheint"[45].

Unschwer erkennbar reflektiert diese Triade der Medienbeeinflussung die pressepolitischen Konstellationen und Maßnahmen der Zeit: Die offiziöse Presse, die offizielle Presse und die verborgene Subvention von Journalisten in politisch divergenten Zeitungen. Die Verschwörung habe außerdem als zentrale Verwaltung eine ‚allgemeine israelitische Gesellschaft' ins Leben gerufen, deren Generalstab aus „Zeitungsschreibern, geheimen Agenten, Spionen, Kurieren u.s.w."[46] bestehe. Diese Gesellschaft besitze Büros, „welche die Organe der jüdischen und der bestochenen Presse zu instruieren haben, um auf diese Weise überall wo sich der jüdischen Angriffscolonne gegenüber irgend welcher Widerstand breit zu machen wagt, die zerschmetternde Geschütze der Polemik spielen zu lassen"[47]. Die Ähnlichkeit der hier imaginierten Büros zu den Tätigkeiten im Literarischen Büro ist dabei offensichtlich.

---

43 Ebd., S. 49–50.
44 Ebd.
45 Ebd., S. 50–52.
46 Ebd., S. 53–54.
47 Ebd.

QUELLENANALYSE: KARL WILMANNS: DIE ‚GOLDENE INTERNATIONALE' (1876)

Wilmanns Parteiprogramm erschien als Flugschrift im Kontext der Debatte zur sogenannten ‚Judenfrage', die von 1870 bis 1890 wahrnehmbar war und sich auf die Jahre 1879 bis 1883 konzentrierte. Bemerkenswerterweise erschien ein nicht geringer Anteil der Beiträge zu dieser Debatte im Medium der Flugschrift.[48] „Die allmählich sich verändernde Position der Flugschriften im Mediensystem wurde gelegentlich dazu benutzt, vorschnell das Ende der Flugschrift auf die Zeit nach 1848 festzulegen. Die Debatten um die ‚Judenfrage' sind hingegen ein deutlicher Hinweis darauf, dass die Flugschrift auch nach 1871 noch Funktionen im medialen System erfüllen konnte. [...] Als eine Art anarchisches und flüchtiges Medium verbanden sich unterschiedliche Ebenen: Verschiedene Teilöffentlichkeiten konnten von ihnen genauso überbrückt werden, wie sich der Wechsel zwischen medialer, Versammlungs- und ‚Encounter'-Öffentlichkeit vollziehen konnte".[49]

Als das erste Programm einer antisemitischen Partei in Umlauf kam, schloss dieses ebenfalls direkt an den Aufbau der Presse-Rede in *Biarritz* an. In Karl Wilmanns 1876 publizierter Flugschrift *Die goldene Internationale und die Nothwendigkeit einer socialen Reformpartei* heißt es: „Das goldene Netz, mit welchem das Judenthum von den Börsen aus die Völker umgarnt hat, erhält seinen festen Halt, indem als zweites Netz ‚die Presse' hinzutritt, vermöge deren es die öffentliche Meinung in den seinen Klassen-Interessen dienenden Anschauungen gefangen hält."[50] Wilmanns wiederholte somit die Logik vom Gold als erster und der Presse als zweiter Macht, wie sie von Goedsche und Bey der ‚jüdischen Weltverschwörung' angedichtet wurden. Wilmanns verzichtete allerdings nicht darauf, zur ‚Beweisführung' seiner Thesen nun auch Namen zu nennen. Ein Massenmedium namens *Berliner Wohnungs-Anzeiger* – das allgemeine Wohn- und Geschäftsverzeichnis von Berlin – wird dabei zur Enthüllungsschrift umfunktioniert (und ersetzt somit gewissermaßen die Funktion der Illuminatenlisten im 18. Jahrhundert):

---

48 Vgl.: Jensen: Gebildete Doppelgänger, S. 165.
49 Ebd., S. 151
50 Wilmanns, Carl: Die ‚goldene' Internationale und die Nothwendigkeit einer socialen Reformpartei, 3. Auflage, Berlin 1876, S. 64.

Als Beispiel dafür, welchen Umfang die Herrschaft der Juden über die Presse erlangt hat, theilen wir nachstehend die Namen der verantwortlichen Redacteure aller einigermaßen verbreiteten politischen Tageblätter Berlins nach den Angaben des Berliner Wohnungs-Anzeigers für das Jahr 1875 in alphabetischer Reihenfolge mit. Nur diejenigen Blätter, welche notorisch eine von dem Kapitalismus unabhängige Stellung einnehmen (die Kreuzzeitung, der Reichsbote, die Landeszeitung, die Staatsbürger-Zeitung, die Germania und der Socialdemocrat) sind außer Betracht gelassen. Die Namen sprechen so deutlich, daß es eines weiteren Commentars nicht bedarf […].[51]

Einen weiteren Kommentar zur Presse verfasste Wilmanns dennoch einige Seiten später. Denn zum Medialisierungsschub der in den 1870er-Jahren stattfand, gehörte ein zentraler Aspekt, den Goedsche im Übrigen noch gar nicht verarbeiten konnte, da er diese Form der Presse 1868 so noch kaum kannte: Erst im letzten Drittel des 19. Jahrhunderts setzte sich in einem konzentrierten Prozess die ‚Kommerzialisierung' der Presse durch.[52] Während die allgemeine Kritik an dieser Entwicklung von Zeitgenossen auch häufig unter dem Schlagwort einer ‚Amerikanisierung' der Presse verhandelt wurde – denn aus den USA stammten die Vorbilder der querfinanzierten Generalanzeiger – identifizierte Wilmanns ‚die Juden' als zentrale Akteure dieses Wandels:

Große Börsenmächte schaffen sich eigene Organe: von Bleichröder berichtete vor kurzem die ‚Germania', daß er über etwa 50 Journale commandire. Bestehende Zeitungen werden in Actien-Gesellschaften verwandelt und mit zuverlässigen Redacteuren besetzt. Bei einer dritten Serie werden die Redacteure durch Betheiligung an den Unternehmen in das Interesse gezogen; wieder andere werden als amtliche Publikations-Organe benutzt und durch die sehr beträchtlichen Einnahmen aus den Inseraten […] günstig gestimmt. Das Endergebnis aber ist, daß in den bei Weitem größeren Theile der Presse vorwiegend die Interessen der Geldmächte zum Ausdruck gelangen: wo nicht gelobt werden kann, wird geschwiegen; was den Interessen widerstreitet, wird unterdrückt.[53]

In den folgenden Jahren, so stellt Clemens Escher fest, kam es in Deutschland zu einer regelrechten „Konjunktur des Vorwurfs jüdisch dominierter Gazetten"[54]. An der Verbreitung dieser Vorstellung beteiligten sich im Kontext des ‚Berliner

---

51 Ebd., S. 65.
52 Vgl.: Requate: Protesting against ‚America' as the Icon of Modernity, S. 212.
53 Wilmanns: Die ‚goldene' Internationale und die Nothwendigkeit einer sozialen Reformpartei, S. 74.
54 Escher: Judenpresse, S. 156.

Antisemitismusstreits' 1879-1881 „in ihrer politischen Ausrichtung so unterschiedliche Blätter wie die Familienzeitschrift ‚Gartenlaube', die konservative ‚Kreuzzeitung' und das Zentrumsblatt ‚Germania', [...]; immer wieder tauchten in diesem Diskurs die Termini ‚Judenpresse, ‚Semitenpresse u. ä. auf"[55].

Nachdem der von Heinrich Treitschke ausgelöste sogenannte ‚Antisemitismusstreit' – das heißt, die Forcierung einer Debatte um die ‚Judenfrage' als die angeblich zentrale soziale Frage in Deutschland – entfacht war, wurde aus der ‚Kritik' an der angeblich von Juden regierten Presse eine Forderung: Zu Beginn der 1880er Jahre verteilten Aktivisten auf den Straßen Berlins Flugblätter mit der Aufforderung ‚Schafft die Judenblätter ab!'. Bestimmte Tageszeitungen schrieben demnach für die ‚Interessen des Judenthums', andere seien hingegen noch vom ‚jüdischen Einfluss' unabhängig.[56]

QUELLENANALYSE: THEODOR FRITSCH: ANTISEMITEN-CATECHISMUS (1887)

Fritschs *Antisemiten-Catechismus* erlebte bis in die Nazizeit zahlreiche Neuauflagen und avancierte als überarbeitetes *Handbuch der Judenfrage* schließlich zum obligatorischen Schulbuch.[57] In dieser Untersuchung wurden die 25. Auflage aus dem Jahr 1893 sowie das *Handbuch der Judenfrage* als 49. Auflage gesichtet.

Eine abermalige Verschärfung erhielt der Antisemitismus mit Theodor Fritschs 1887 erschienenen *Antisemiten-Catechismus*, der ab 1907 in erweiterter Fassung als *Handbuch der Judenfrage* bis 1945 in 49 Auflagen verlegt wurde. Im Gegensatz zu Heinrich von Treitschkes ähnlich populären antisemitischen Thesen zur ‚Judenfrage', die trotz dessen berühmtem Satz „Die Juden sind unser Unglück"[58] kaum als Verschwörungstheorie deutbar waren, konstruierte Fritsch seine ‚Zusammenfassung des wichtigsten Materials zur Judenfrage' klar erkennbar als Er-

---

55 Ebd.
56 Vgl.: Jensen: Gebildete Doppelgänger, S. 138–139.
57 Vgl.: Rohrbacher, Stefan; Schmidt, Michael: Judenbilder: Kulturgeschichte antijüdischer Mythen und antisemitischer Vorurteile, Reinbek bei Hamburg 1991, S. 207.
58 Treitschke, Heinrich von: Unsere Aussichten, in: Preussische Jahrbücher, hg. v. Heinrich von Treitschke, Bd. 44, Berlin 1879.

zählung über eine jüdische Weltverschwörung.[59] Auf die selbst gestellte Frage, „Müßte man nicht schon von diesen erstaunlichen Thatsachen gehört haben, wenn sie auf Wahrheit beruhten?", antwortet Fritsch: „Von wem soll das Volk diese Dinge erfahren? Der größte Theil des Publicums schöpft all sein Wissen aus den Zeitungen. Diese aber stehen fast ausnahmslos unter jüdischer Leitung und jüdischem Geld-Einfluß. Das Judenthum hat die Wichtigkeit der öffentlichen Presse erkannt und deshalb bei Zeiten sich derselben ermächtigt"[60]. Somit nimmt Fritsch zunächst Luhmanns berühmtes medientheoretisches Diktum vorweg, nachdem wir das, „was wir über unsere Gesellschaft, ja über die Welt, in der wir leben, wissen"[61], durch die Massenmedien erfahren. Andererseits, so bekanntermaßen Luhmann, „wissen wir so viel über die Massenmedien, daß wir diesen Quellen nicht trauen können. Wir wehren uns mit einem Manipulationsverdacht […]". Diesen Manipulationsverdacht, der laut Luhmann zu keinen nennenswerten Konsequenzen führt, füllt Fritsch mit der Vorstellung jüdischer Vorherrschaft im submedialen Raum aus. Zum Nachweis dieser Lage zitiert Fritsch wiederum aus Osman Beys bereits vorgestelltem Krakauer ‚Versammlungs-Protokoll'.[62]

An späterer Stelle greift Fritsch das Prinzip der ‚Provinzial-Correspondenzen' auf, allerdings nicht als regierungsamtliche Pressearbeit, sondern als Unterwanderung der Provinz-Presse durch die Weltverschwörung:

Die Macht der Juden-Presse wird noch wesentlich erhöht, durch den Umstand, daß der größte Theil der kleinen Provinzial-Blätter aus jenen großen Juden-Blättern blindlings abdruckt und dadurch unbewußt in jüdischer Absicht wirkt, die jüdischen ‚Sonder-Interessen' fördern hilft. – das ‚Berliner Tageblatt' hat die sinnreiche Einrichtung getroffen, daß es allen Provinzial-Blättern sich unentgeltlich zu Verfügung stellt, d. h. es wird denselben gratis zugesandt, mit der Erlaubniß, nach Belieben daraus abzudrucken. Als Gegenleistung wird nur verlangt, daß diese Blätter bei Vierteljahrs-Schluß unentgeltlich eine Empfehlung des lieben ‚Berl. Tagbl,' bringen. So macht sich das Judenthum auch diese Blätter – ohne Kosten – dienstbar und die so eingefangenen machen dann auch noch Reklame für die jüdische Preßherrschaft.[63]

---

59 Vgl.: Fritsch: Antisemiten-Katechismus, S. 11.
60 Ebd., S. 17–18.
61 Luhmann: Die Realität der Massenmedien, S. 9.
62 Siehe: Fritsch: Antisemiten-Katechismus, S. 11.
63 Ebd., S. 304.

Das liberale, von Rudolf Mose gegründete *Berliner Tageblatt* war ohne Zweifel eines der deutschlandweit erfolgreichsten Blätter. Dass dieses Blatt von Fritsch als konspiratives Projekt vorgeführt wurde, ist haltlos, aber gleichzeitig einleuchtend. Denn gerade das *Berliner Tageblatt* war der publizistische Ort, an dem Verflechtungen und Regierungsabhängigkeit der Provinzialpresse und des WTB öffentlich thematisiert und kritisiert wurden.[64]

In der als *Handbuch der Judenfrage* neuaufgelegten Version des *Antisemiten-Catechismus* greift Fritsch dann explizit das *Literarische Büro* auf, dessen Existenz und Tätigkeiten seit 1872 ebenfalls Gegenstand öffentlicher Kritik waren.[65]

Aber die schlauen Hebräer haben noch einen anderen Weg zu finden gewußt, um auch in die arglosesten Blätter ihre Kuckucks-Eier zu legen. Sie haben sogenannte ‚literarische Bureaus' und ‚Zeitungs-Korrespondenzen' geschaffen, die den Redaktionen vorgearbeitetes Material über Tages-Vorgänge, Vermischtes, Feuilletons, politische Artikel usw. liefern. Es ist selbstverständlich, daß hierbei alle Dinge vom jüdischen Standpunkte gezeigt werden und daß – oft in sehr geschickter und fast unmerklicher Weise – sich überall jüdische Tendenzen in diese schriftstellerischen Darbietungen einschleichen. Die meisten Zeitungs-Redaktionen bedienen sich gern dieses bequemen und wohlfeil dargebotenen Druck-Materials, füllen ihre Spalten damit und ahnen gar nicht, daß sie sich zu Helfershelfern der jüdischen Geistes-Herrschaft und Volks-Betäubung hergeben.[66]

Das *Handbuch der Judenfrage* lieferte somit – wie ebenfalls seine direkten und indirekten publizistischen Vorläufer – eine keinesfalls nur wahnhaft phantasierte Kritik zeitgenössischer Mediengeschichte. Ersetzt man im obigen Zitat die Zuschreibung Hebräer beziehungsweise Juden durch Regierungspolitiker, erhält man eine pathetisch übertriebene aber ansonsten recht einwandfreie Darstellung der staatlichen Propagandastrategien im 19. Jahrhundert.

---

64 Vgl. dazu: Stöber: Pressepolitik als Notwendigkeit, S. 205; Basse: Wolff's Telegraphisches Bureau 1849 bis 1933, S. 91.

65 Vgl.: Nöth-Greis: Das Literarische Büro als Instrument der Pressepolitik, S. 26.

66 Fritsch, Theodor: Handbuch der Judenfrage: Eine Zusammenstellung des wichtigsten Materials zur Beurteilung des jüdischen Volkes, 26. Auflage (36 -41 Tsd.), Hamburg 1907, S. 334.

Statt einer Quellenanalyse: Anmerkungen zu den Protokollen (ab 1920)

Die *Geheimnisse der Weisen von Zion* (1920), verfasst beziehungsweise übersetzt vom pseudonymen rechtsradikalen Publizisten Gottfried zur Beek (Ludwig Müller), waren im strengen Sinn die erste deutsche Version der *Protokolle der Weisen von Zion*.[67] Während die Adaptionen der Friedhofsrede aus Biarritz im 19. Jahrhundert fast ausschließlich die Ansprache zur Presse behandelten, warteten die *Weisen von Zion* mit einer im Kern ca. 40-seitigen Abfolge thematisch verschiedener Ansprachen auf. Die Presse wurde dabei insgesamt mit ca. 5 Seiten bedacht, und bildete somit schon quantitativ einen Schwerpunkt. Die Ausgabe fand umgehend reißenden Absatz; „allein innerhalb des ersten Jahres waren fünf Nachdrucke und eine weitere, von dem noch immer rührigen Theodor Fritsch besorgte Ausgabe zu verzeichnen"[68]. Diese Ausgabe, wie auch die 1923 folgende Ausgabe von Alfred Rosenberg im Franz-Eher Verlag, hatten den bisherigen Ausführungen zur Presse wenig Neues hinzuzufügen. „Die Generation von Alfred Rosenberg erscheint als reine Epigonengeneration"[69], bemerkte bereits Pulzer. Die *Protokolle* wiederholten und dehnten die redundanten Vorstellungsbilder des Medialen von *Biarritz* bis zum *Antisemiten-Catechismus* einfach weiter aus. Als einzig ‚neues' Element fügte die Rosenberg-Ausgabe eine für das 20. Jahrhundert typische Medienkritik bei, die sich am Topos der ‚Zerstreuung' orientierte.[70]

---

67 Die Protokolle wurden in Russland bereits ab 1907 unter diesem Titel herausgegeben.

68 Rohrbacher, Schmidt: Judenbilder, S. 213. Fritschs Buch Die zionistischen Protokolle erschien wohl erst 1924. Bereits 1921 verlegte Fritschs Hammer-Verlag allerdings die deutsche Übersetzung von Henry Fords The international Jew und somit ebenfalls eine ausführlich kommentierte Version der Protokolle (Der internationale Jude: Ein Weltproblem: Das erste amerikanische Buch über die Judenfrage, hg. v. Henry Ford, Leipzig 1921).

69 Pulzer, Peter G. J.: Die Entstehung des politischen Antisemitismus in Deutschland und Österreich 1867 bis 1914, S. 305.

70 Bekanntermaßen unter dem Eindruck der NS-Propaganda selbst entwickelten später etwa Walter Benjamin oder Theodor W. Adorno ihre Ideen über den Aspekt der ‚Zerstreuung' beziehungsweise ‚Dekonzentration'. Vgl.: Benjamin, Walter: Das Kunstwerk im Zeitalter seiner technischen Reproduzierbarkeit, Sonderausgabe, Berlin 2003, S. 41; Theodor W. Adorno: Über den Fetischcharakter in der Musik und die Regression des Hörens, in: Zeitschrift für Sozialforschung, ed. by M. Horkheimer, Reprint München (Deutscher Taschenbuch Verlag) 1980, Vol. VII, pp. 321ff.

Um dem Volke die wahren Zusammenhänge endgültig zu verbergen und uns vor Entdeckung zu schützen, lenken wir es außerdem durch allerhand Vergnügungen, Spiele, Leidenschaften und öffentliche Häuser ab. Bald werden in unserer Presse Preisausschreiben auf den verschiedensten Gebieten der Kunst und der Kraftspiele, des Sports, erscheinen. Eine solche Fülle von Zerstreuungen und Möglichkeiten der Beschäftigung wird die Gedanken der Masse endgültig von den Fragen ablenken, für deren Verwirklichung wir sonst hart kämpfen müßten. Haben die Menschen allmählich immer mehr die Fähigkeit zum selbstständigen Denken verloren, so werden sie uns alles nachsprechen.[71]

Indem sie offenbar die Annahme voraussetzen, dass der Rezipient durch Vergnügen und mediale Ablenkung seine Fähigkeit zum selbstständigen Denken verliere, nehmen die *Protokolle* hier gewissermaßen Neil Postmans Diktum *Wir amüsieren uns zu Tode* vorweg.[72] Sie bedienen damit das Vorurteil, nachdem Medialisierung als quasi-apokalyptischer Prozess zu verstehen sei und schließen an die zeitgenössische Kulturkritik an.

PARATEXTE

Eine abermalige Darstellung weiterer Textpassagen der *Protokolle* ist hier aufgrund der erheblichen Redundanz zu den zuvor betrachteten Quellen nicht erforderlich. Interessanter ist ein Blick auf die Rezeptions- und Editionsgeschichte der *Protokolle*. Die Rezeption der *Protokolle* „wäre nicht möglich ohne die Art und Weise, wie der Text in seinen Paratexten gerahmt und in Szene gesetzt worden ist"[73] bemerkt Eva Horn:

Diese Paratexte – angefangen vom Titel, den Publikationskontexten, Herausgebervorworten und Ankündigungen bis hin zu den Zwischentiteln – sind es, die die fatale Rezeption des Textes steuern. Sie erzeugen einen Erwartungsraum, in den der Text dann stoßen kann und in dem er seine Bedeutung überhaupt erst entfaltet, auch wenn er sie gar nicht enthält. Ohne sie wäre nicht nur seine Beglaubigung und Verbreitung unmöglich gewesen; sie sind es auch, die den Text immer wieder abdichten gegen seine Entlarvung als Fälschung und Plagiat, die ja seit den zwanziger Jahren bekannt war.[74]

---

71 Rosenberg: Die Protokolle der Weisen von Zion und die jüdische Weltpolitik, S. 99.
72 Vgl.: Postman, Neil: Wir amüsieren uns zu Tode: Urteilsbildung im Zeitalter der Unterhaltungsindustrie, 4. Auflage, Frankfurt am Main 1985.
73 Horn: Das Gespenst der Arkana, S. 4.
74 Ebd.

Was etwa in der Beek-Ausgabe – 5. Auflage, 1920 – gleich beim ersten Blick in das Buch auffällt, ist der ganzseitige Hinweis auf der Umschlaginnenseite mit der Überschrift ‚Werke über Geheimbünde'. Die Liste der empfohlenen Titel zum Gegenstand wird angeführt von Augustin Barruels *Memoires*, in einer französischen Ausgabe von 1797/98, und führt zahlreiche weitere Titel zu Freimaurerei, Jakobinern, Rosenkreuzern und dem Illuminaten-Orden seit dem 18. Jahrhundert. Auf dem nebenstehenden Titelblatt ist ein Zitat von Ludwig XVI abgedruckt, als dessen Quelle wiederum John Robisons einschlägiger Titel *Über geheime Gesellschaften und deren Gefährlichkeit für Staat und Religion* aus dem Jahr 1800 angegeben wird. Diese Querverweise fungieren als eine Selbstverortung des Buches im Kontext jener Texte, die um 1800 die Muster moderner Verschwörungstheorie geprägt haben. Die internen Paratexte zeugen somit auch von einer Selbstbewusstheit der *Protokolle* als Fortführung einer spezifischen Textsorten-Tradition, mithin fungieren sie als Ersatz für eine Gattungsangabe. Alfred Rosenberg, Herausgeber der 1923 erschienenen Ausgabe im Zentralverlag der NSDAP, hatte ebenfalls bereits 1920 in seinem Text *Die Spur des Juden im Wandel der Zeit* über Barruel und Simonini referiert. In Rosenbergs Ausgabe, wie überhaupt in sämtlichen Versionen der *Protokolle*, assoziieren die Verfasser die ‚jüdische Weltverschwörung' mit der Freimaurerei. Die Verschwörungstheorien aus der Zeit um 1800 dienen dabei als Inspiration wie auch als Argumentationshilfe. Sie liefern der Erzählung über eine ‚jüdische Weltverschwörung' eine geradezu akademisch wirkende Referenzvielfalt.

Insbesondere in der Rosenberg-Ausgabe spielten die Kommentare im Buch eine zentrale Rolle. Während die Beek-Ausgabe durch Vor- und Nachworte und weitere rahmende Abschnitte etwa in der 5. Auflage auf 256 Seiten anwuchs, dehnte Rosenberg die *Protokolle* auch durch ausufernde Kommentare und Erörterungen, die direkt die somit zerstückelten Abschnitte der Redeprotokolle einrahmen. Um die ‚Pressediktatur der Juden' zu erörtern, verweist Rosenberg dabei etwa auf eine angebliche Ansprache des New Yorker Journalisten John Swinton:[75] „In Neuyorker Kreisen gab es 1915 auf einige Tage eine große Sensation. Da trat auf dem Bankett für die ‚freie amerikanische Presse' der Journalist Swinton auf und sagte: ‚Was schwätzt ihr von der Freiheit der Presse, wo ihr doch alle genau wißt, daß wir Tag für Tag unseren Staat und unsere Rasse für schnödes Geld verkaufen'."[76] Gerade solche Zusatzinformationen dürften dazu

---

75 Mit dem Verweis auf Swinton führte Rosenberg eine mittlerweile längst zum Klassiker avancierte Phantomrede ein (vgl. Kapitel 1.1, ab S. 25).
76 Rosenberg: Die Protokolle der Weisen von Zion und die jüdische Weltpolitik, S. 89.

beigetragen haben, dass die *Protokolle* an Plausibilität gewinnen konnten und bisweilen sogar von vielen Menschen geglaubt wurden. Die Zitatform aber gerade auch der Inhalt dieses speziellen Zitats beglaubigten quasi die Imaginationen der *Protokolle* und verliehen ihnen Authentizität. Die Funktion dieses Zitats und wohl auch der Grund, weshalb es bis heute immer wieder Verwendung findet, ist die (simulierte) Offenbarung des submedialen Raums. Hier verrät sich vermeintlich des Medium selbst, das ‚Leck' ist gefunden, die ‚Wahrheit' per Selbstanzeige enthüllt. Folgt man der Logik des medienontologischen Verdachts, schlägt genau an diesem Punkt Misstrauen gegenüber Medien in Begeisterung, Verdacht in Glauben um. Die *Protokolle* selbst waren in den 1920er-Jahren bereits als Fälschung nachgewiesen, mittels paratextueller Rahmung durch das Swinton-Zitat oder ähnlicher Beigaben wurde dies aber nebensächlich – die *Protokolle* konnten ja trotzdem ‚wahr' sein.

Dass die *Protokolle* als Dokument antisemitischer Verschwörungstheorie in Deutschland erst ab 1920 ihren eigentlichen Boom erlebten, ist wohl vor allem dadurch erklärbar, dass der verschwörungstheoretischen Folie mit dem verlorenen Weltkrieg ein greifbares Ereignis geliefert wurde.

„[...]: people who before the war would have laughed the Protocols to scorn were ready to take them seriously now"[77], schreibt Norman Cohn. Sowohl die Beek- wie auch die Fritsch- und die Rosenberg-Ausgabe versäumten es nicht, mittels Paratexten darauf aufmerksam zu machen, dass die ‚Weisen von Zion' den Weltkrieg angezettelt wie auch die deutsche Niederlage herbeigeführt hätten und stellten somit den Zusammenhang zur Zeitgeschichte her.

---

77 Cohn, Norman Rufus Colin: Warrant for genocide: The myth of the Jewish world-conspiracy and the Protocols of the elders of Zion, New York 1967, S. 133.

230 | DIE VERSCHWÖRUNG DER MASSENMEDIEN

Abbildung 10: Die Karikatur visualisiert die Metapher vom Dolchstoß in den Rücken der deutschen Soldaten. Nicht metaphorisch sondern bildlich konkret sind die Zeitungen zu Füßen der auf Geldsäcken sitzenden Juden im Hintergrund.

Quelle: Postkarte um 1923

QUELLENANALYSE: THEODOR FRITSCH D. J.: DER JÜDISCHE ZEITUNGSPOLYP (1921)

Die Broschüre erschien 1921 in Theodor Fritschs berüchtigtem Hammer-Verlag in der Reihe *Hammer-Schriften*. Der Hammer-Verlag war eines „der Hauptzentren der antisemitischen Hetze in Deutschland"[78]. Autor der mehrfach aufgelegten Schrift war Theodor Fritschs gleichnamiger Sohn. Die Broschüre bietet sieben Seiten Fließtext, zehn Seiten minutiöser Auflistungen vermeintlich jüdischer und nichtjüdischer Presse und weitere 10 Seiten Annoncen für antisemitisches und völkisches Schriftgut.

---

78 Mohrmann, Walter: Antisemitismus: Ideologie und Geschichte im Kaiserreich und in der Weimarer Republik, Berlin 1972, S. 131.

Im Jahr als der Hammer-Verlag Henry Fords *Der Internationale Jude* – eine kommentierte Version der *Protokolle* – publizierte, erschien dort bezeichnenderweise auch *Der jüdische Zeitungspolyp*. Fritschs gleichnamiger Sohn besorgte hier den Kurzschluss der bereits etablierten Dolchstoßlegende mit der verlagstypischen antisemitischen Verschwörungstheorie und führte die Niederlage Deutschlands kausal auf die ‚jüdische Presse' zurück. Die Einleitung des Textes greift zunächst das seit den 1790er Jahren bekannte Motiv der millionenschweren ausländischen Propaganda wieder auf. 500 Millionen Mark habe das englische Parlament für geheime Zwecke im Krieg gegen Deutschland zur Verfügung gestellt:

Kurze Zeit darauf begann im Großteil der ‚deutschen' Presse eine Hetze gegen alle national Gesinnten, gegen alle, die den Sieg Deutschland wünschten. [...] In wessen Taschen die 500 Millionen geflossen sind, ist nun nicht schwer zu erraten [...]. Der Erfolg dieser Preß-Kampagne war die Zersplitterung des deutschen Volkes und der Zusammenbruch durch den Dolchstoß in den Rücken. So sehen wir eine neue Großmacht vollenden, was sämtliche Großmächte der Erde nicht bewirken konnten: Die Niederzwingung Deutschlands durch die Großmacht Presse. Ist nun dieses Beispiel so einzigartig und neu, wie viele meinen werden? Bei Weitem nicht! Es war nur die praktische Anwendung einer Erfahrung im größten Stile, einer Erfahrung, die jeder klarsehende und aufmerksame Zeitungsleser schon längst erkannt hat: die Beherrschung der Völker durch die Presse."[79]

Dass jeder klarsehende und aufmerksame Zeitungsleser die große Verschwörung zur ‚Niederzwingung Deutschlands' längst erkannt habe – und zwar bereits im Akt des Zeitungslesens – wiederholt einmal mehr die bereits um 1800 etablierte Annahme, dass ‚jeder sehen kann, der will'. Dass die Presse bei der Bezwingung Deutschlands ausgerechnet als ‚neue Großmacht' agiert habe, obwohl die Rede von der Presse als vierte Macht bereits einige Jahrzehnte alt war, reflektiert wohl die zuvor ungekannte ‚Propagandaschlacht' während des ersten Weltkriegs, die dementsprechend als neuerlicher Medialisierungsschub wahrnehmbar war. Auf der folgenden Seite fasst der Autor dann die einschlägigen Kritikpunkte am Pressewesen – das Literarische Büro, die Monopolisierung der Telegraphen-Agenturen und die ‚Kapitalisierung' der Presse – als jüdische Manipulationsinstanzen zusammen:

Mit der Presse befinden sich natürlich auch sämtliche Telegraphen- und fast alle Korrespondenz und literarischen Büros in jüdischen Händen oder in jüdischer Abhängigkeit.

---

79 Fritsch d. J., Theodor: Der jüdische Zeitungs-Polyp, Leipzig 1921, S. 1.

Man behauptet nicht zu viel, wenn man sagt, daß mindestens 90% der deutschen Presse unter jüdischer Kontrolle stehen; man bedenke, daß Zeitungen und Zeitschriften, die sich nicht unmittelbar in jüdischem Besitz befinden, oder jüdische Schriftleiter und Mitarbeiter haben, durch ihre jüdischen Anzeigen-Auftraggeber kontrolliert und beeinflusst werden, während andere Blätter im deutschen Besitz ahnungslos ihren Stoff von jüdischen Telegraphen- und Korrespondenz-Büros und jüdischen Zeitungen beziehen und dadurch deren Tendenzen unterstützen.[80]

Im Anschluss bietet der Text dann abermals die Rede zur Presse auf der angeblichen Ratsversammlung 1840 in Krakau als Referenz auf. Somit erscheint die gesamte Entwicklung des Pressewesens seit der Mitte des 19. Jahrhunderts als planmäßig organisierte Unternehmung der jüdischen Weltverschwörung. Der erste Weltkrieg bildet dabei das greifbare Ergebnis einer Verschwörung, die sich nicht etwa *auch* der Medien bedient, sondern mit den medialen Konstellationen der Zeit identisch ist. Es mag zutreffen, dass die *Protokolle*, wie Eva Horn und Michael Hagemeister schreiben, in der nationalsozialistischen Propaganda nur eine untergeordnete Rolle spielten.[81] Horn und Hagemeister führen als Argument für diese These an, dass die *Protokolle* seit 1939 nicht mehr im Deutschen Reich aufgelegt wurden. Schon Werner Maser hatte angemerkt, dass Hitler 1934/35 die Protokolle schlicht nicht mehr brauchte, da er zu dieser Zeit bereits Reichskanzler war.[82] „In der ‚Kampfzeit', besonders unmittelbar nach dem verlorenen Krieg, bildeten sie jedoch ein wichtiges ‚Fakten'-Arsenal bei der propagandistischen ‚Beweisführung' für die von Hitler und seinen Anhängern eifrig verfochtene Behauptung, daß ‚das Judentum' die Herrschaft über die Völker der Welt anstrebe."[83] Somit wären die Protokolle kaum als Propaganda der direkten Mobilisierung zum Genozid einzuordnen. Stattdessen gerät aber die Funktion der *Protokolle* während der ‚Kampfzeit' der NS als ein Propagandamittel zur grundsätzlichen Mobilisierung und Rekrutierung von Anhängerschaft in den Blick.

Adolf Hitler, der die Protokolle nach 1919 kennenlernte[84], widmete ihnen 1925 im ersten Band von *Mein Kampf* einen eigenen Abschnitt. „Wie sehr das ganze Dasein dieses Volkes auf einer fortlaufenden Lüge beruht, wird in unvergleichlicher Art in den von den Juden so unendlich gehäßten ‚Protokollen der Weisen von Zion' gezeigt. Sie sollen auf einer Fälschung beruhen, stöhnt immer

---

80 Ebd., S. 2.
81 Vgl. zu dieser Annahme: Horn, Hagemeister: Ein Stoff für Bestseller, S. XVIII.
82 Vgl.: Maser: Hitlers Briefe und Notizen, S. 251–253.
83 Ebd.
84 Vgl.: ebd., S. 249.

wieder die ‚Frankfurter Zeitung' in die Welt hinaus: der beste Beweis dafür, daß sie echt sind."[85] Indem ein Blick in die *Frankfurter Zeitung* vermeintlich beweist, dass die *Protokolle* authentisches Dokument seien, betont Hitler einmal mehr die bereits bekannte verschwörungstheoretische Hermeneutik des Sehens. In Hitlers Kommentar zu den Protokollen ist auch eine entsprechende Lektüreanweisung enthalten, die nahe legt, wie man mit den Protokollen umzugehen habe: „Wer die geschichtliche Entwicklung der letzten hundert Jahre von den Gesichtspunkten dieses Buches aus überprüft, dem wird auch das Geschrei der jüdischen Presse sofort verständlich werden,"[86] Die Protokolle sind ganz explizit als Folie zu verwenden, um die geschichtliche Entwicklung der letzten hundert Jahre – die Welt – zu ‚decodieren'. In dieser Enthüllung der Verschwörung qua Leitfaden der Protokolle, liege gleichsam bereits die Lösung des Problems, das heißt, die Zerschlagung der Verschwörung. „Denn wenn dieses Buch erst einmal Gemeingut des Volkes geworden sein wird, darf die jüdische Gefahr auch schon als gebrochen gelten"[87].

3.3 ZWISCHENERGEBNIS UND REFLEXION

Die Untersuchung der antisemitischen Verschwörungstheorie im langen 19. Jahrhundert begann abermals mit einer Revolution, die gewissermaßen auch als Medienrevolution zu deuten ist, zumindest aber einen unmittelbaren Medialisierungsschub – und einen weiteren in den 1870er-Jahren – zur Folge hatte. Ab 1848 war dabei die Zeitung praktisch das alleinige Massenmedium zur täglichen Informationsversorgung immer mehr lesefähiger und gebildeter Menschen. Nachrichten wurden flächendeckender und schneller als je zuvor verbreitet, ein Effekt der elektrischen Telegrafie, die als Geburtshelfer monopolartiger Nachrichtenagenturen fungierte. Als Reaktion auf die 1848er-Revolution und die somit ‚entfesselte' Massenkommunikation reformierten und intensivierten die Regierungen ihre pressepolitischen Strategien. Während es in der zweiten Hälfte des 19. Jahrhunderts ein Allgemeinplatz war, von der Presse als ‚vierte Macht' zu sprechen, empfanden die konservativen Regierungen den Aufstieg der Zeitungen als akute Bedrohung. Neben Methoden der Repression und Regulierung erprobten und institutionalisierten staatliche Instanzen vor allem ein bürokratisch

---

85 Hitler, Adolf: Mein Kampf: 2 Bände in 1 Band, 855. Auflage, München 1943, S. 377.
86 Ebd.
87 Ebd.

organisiertes Propagandasystem. Dazu gehörten offizielle Presseorgane, offiziöse, ‚halbamtliche' Medien und die Subventionierung von Akteuren in Zeitungen, die der Regierungspolitik eigentlich kritisch gegenüberstanden. Diese insbesondere unter Bismarck konspirativ aufgezogenen Unternehmungen waren grundsätzlich weitgreifend, aber letztlich von eingeschränkter Wirkkraft. Das System litt unter chronischer Finanznot und einer kritischen Öffentlichkeit – nicht zuletzt in Form der freien Presse –, der die offiziösen Verstrickungen auf Dauer nicht unverborgen blieb.

Neben dem rein quantitativen Anstieg von Presseerzeugnissen war die zweite Hälfte des 19. Jahrhunderts das Zeitalter der Ausdifferenzierung der Presse. Die Meinungs-, Partei- und Tendenzpresse erhielt ab den 1870er-Jahren Konkurrenz durch die neue Gattung der ‚überparteilichen' Generalanzeiger. Der Zeitungsmarkt entwickelte sich zunehmend zu einem ertragreichen Geschäftsfeld. Aus mittelständischen Zeitungsunternehmen entwickelten sich kapitalistische Großunternehmen. Gleichzeitig hatte das Kaiserreich die rechtliche Gleichstellung der Juden gebracht, für die das journalistische System zuvor eine rare Möglichkeit darstellte, ohne Einschränkungen einen ‚höheren' Beruf auszuüben. Dementsprechend waren viele Juden in diesem Feld aktiv und prägten auch nach 1871 oftmals an entscheidenden Stellen die vielfältige Presselandschaft. Die zeitgenössischen Verschwörungstheorien griffen diese Konstellation auf und identifizierten ‚die Juden' mit dem eigentlich regierungsamtlichen Propagandaprogramm. Die antisemitischen Verschwörungstheorien des 19. Jahrhunderts stellten prinzipiell eine inhaltlich verallgemeinerte Fortführung entsprechender Erzählungen um 1800 dar und ergänzten diese um das zeitgenössisch kontextualisierte Feindbild einer ‚jüdischen Weltverschwörung'. Die Vorstellungsbilder des Medialen spielten dabei von Beginn an eine ähnlich konstitutive Rolle wie um 1800. Sie orientierten sich an der konkurrenzlosen Dominanz des Mediums Zeitung und verorteten in deren submedialen Raum die Juden als Drahtzieher einer manipulativen, täuschenden medialen Öffentlichkeit. Dabei thematisierten die Erzählungen jeweils den aktuellen Status Quo dessen, was allgemein über die aktenkundigen pressepolitischen Einflussnahmen gerade zu wissen war. Dass die Protokolle als vermeintliches Enthüllungsdokument jüdischer Weltverschwörung authentisch seien, war gemäß der Logik Adolf Hitlers dadurch beweisbar, dass die *Frankfurter Zeitung* sie als Fälschung deklarierte. Diese Logik setzte nicht nur die Hermeneutik des Sehens in Gang, nach der sich die Verschwörung an den medialen Oberflächen entlarven ließe. Sie funktionierte auch, weil die *Frankfurter Zeitung* – wie viele andere Zeitungen – aufgrund ihrer Personalstruktur leicht als ‚Judenblatt' zu identifizieren war. Entsprechende Statistiken waren spätestens seit den 1870er-Jahren eine bevorzugte Beigabe in verschwörungstheoretischen Textsorten. Die Schlussfolgerung, dass der Aufstieg der Presse, die pressepolitische Einflussnahme von Regierungskreisen auf mediale Öffentlichkeit und die hohe Zahl von Juden im Zeitungswesen diese Verschwörungstheorie beziehungsweise deren Überzeugungskraft und ‚Plausibilität' erst ermöglicht haben, bedarf einer Erklärung. Zu naheliegend ist die Kritik, dass somit die antisemitische Verschwörungstheorie nach ihren eigenen Maßstäben bewertet würde und dass sich Wissenschaft dann an letztlich irrelevanten Statistiken orientiere, deren beste Quellen der Antisemitismus selbst liefert. „Die Zahl der jüdischen Getreidehändler ist zweifellos faszinierend für den Soziologen", schreibt Peter Pulzer, „aber sagt sie etwas über die Ursachen des Antisemitismus aus? Sind diese Statistiken, die das Arbeitsmaterial der antisemitischen Standardliteratur bilden, mehr als ein moralisches Mäntelchen von bereits Bekehrten und für diese?"[88] Für die vorliegende Untersuchung ist dieser Einwand durchaus von Bedeutung: „Nicht die Erfahrung schafft den Begriff des Juden, sondern das Vorurteil fälscht die Erfahrung"[89], beschrieb schon Sartre, was ja im Grunde unbestritten ist, nämlich dass es für den Antisemitismus keine echten Juden braucht, um Juden zu hassen. Der Ursprung des Antisemitismus und somit wohl auch antisemitischer Verschwörungstheorie sei entsprechend in den Antisemiten selbst und nicht in den Juden zu suchen, so dieser Konsens weiter.[90] Dass ‚die Juden' für Antisemiten schlicht eine Projektions- und Angriffsfläche ihrer eigenen Ängste, Hassgefühle und Vorurteile – und bisweilen auch Machtphantasien – bilden, ist so unbestritten wie die Annahme, dass dieser Mechanismus besonders anziehend wirkt, wenn es gilt, bequeme Erklärungen für die eigene missliche Lage zu finden. Mit Blick auf Verschwörungstheorien derart einseitig zu argumentieren, hieße allerdings, den Lektüremodus, die Dynamik und gewissermaßen auch die Komplexität von Verschwörungstheorien gründlich zu unterschätzen. Verschwörungstheorien wären nicht annähernd so eingängig, so abermals Pulzer, „wenn sie nicht gewisse Beziehungen zu feststellbaren Tatsachen und zu einem harten Kern nachprüfbarer Beweise hätten"[91]. Die Vorwürfe an die vermeintlichen Verschwörer mögen

---

88 Pulzer, Peter G. J.: Die Entstehung des politischen Antisemitismus in Deutschland und Österreich 1867 bis 1914, S. 80.
89 Sartre, Jean-Paul: Ist der Existentialismus ein Humanismus?: drei Essays, Frankfurt am Main 1989, S. 11.
90 Die folgende Argumentation findet sich ähnlich bei Pulzer.
91 Pulzer, Peter G. J.: Die Entstehung des politischen Antisemitismus in Deutschland und Österreich 1867 bis 1914, S. 80.

noch so absurd und übertrieben sein, es mögen ‚Rahmenfälschungen' vorliegen und die ganze Erzählung wie eine Wahnphantasie wirken – umso mehr bleibt ja dennoch der entscheidende Aspekt, dass diese Erzählungen kommunikativ erfolgreich waren (und immer noch sind). Wenn es keine lebensweltlich oder medial erfahrbaren Bezüge gäbe, „wenn es *keine* internationalen jüdischen Bankiers gäbe, wenn die Freimaurer *keine* Geheimgesellschaft wären, wenn es keine mit dem Kommunismus Sympathisierenden im Außenministerium der Vereinigten Staaten gegeben hätte, dann würden die Mythen über sie jede Schlagkraft verlieren"[92]. Dem ist nur noch hinzuzufügen, dass kein sozialer Funktionsbereich – vom Bankwesen über die Rechtsprechung hin zum militärisch-industriellen Komplex – derart konstitutiv für die Erzeugung verschwörungstheoretischer Überzeugungskraft und Plausibilität ist, wie das Feld der Massenmedien.

Abbildung 11: Karikatur ‚Faust und Mephisto': „Mit diesem Trank in deinem Magen wirst du den Juden dienen – und deinen Bruder schlagen."

Quelle: Fips [d.i. Philipp Rupprecht]: Faust und Mephisto, in: Der Stürmer. Nürberger Wochenblatt zum Kampf um die Wahrheit, hg. v. Julius Streicher, Bd. 29, Nürnberg 1932.

---

92 Ebd.

Erst die Dominanz der Massenzeitungen mit ihrem Monopol der täglichen Wissensversorgung ermöglichte der Verschwörungstheorie, sich als ‚Lektüreanweisung' zu plausibilisieren und zuzuspitzen. Man begibt sich somit nicht auf die gleiche argumentative Ebene wie der Antisemitismus, sondern man nähert sich der Analyse verschwörungstheoretischen Erzählens, wenn man annimmt, dass alleine die faktische Präsenz der vermeintlichen Verschwörer als Akteure im journalistischen System – und nicht bereits beispielsweise im Hopfenhandel – ganz entscheidend zur ‚Plausibilität' des Gesamtkonstrukts der Verschwörungstheorie beitrug.[93] Dies resultiert wiederum aus der zentralen Funktion des ‚Mediendiskurses' in Verschwörungstheorien. Schließlich gelten die um 1900 die mediale Öffentlichkeit bestimmenden Tageszeitungen hier als zentrale Instrumente perfider Knechtschaft und Unterwerfung. Ausgeprägter als in den Schriften um 1800 tritt hier außerdem eine Kritik an Medien als Verblendungsapparaturen hervor. Während um 1800 noch die Unterdrückung ‚wahrer Aufklärung' (nämlich anti-revolutionärer Gegenaufklärung) zugunsten der falschen Aufklärung qua medialer Steuerung beklagt wurde, erhält das manipulative Moment von Medien der ‚Zerstreuung' nun zunehmende Bedeutung. So gelten nun auch mediale Gewinnspiele und etwa Belustigungen im Bereich des Sports, wie sie im Zuge der ‚Kapitalisierung der Presse' populär wurden, als Produkte einer großen WeltVerschwörung, die somit von ihren wahren Machenschaften erfolgreich ablenke.

Reflexion

Die antisemitischen Verschwörungstheorien mussten die verschwörungstheoretische Erzähltechnik zwangsläufig erweitern, da im Gegensatz zum verdächtigten Assoziationswesen um 1800 Dokumente zum Beleg konspirativer Pläne der Juden schlicht nicht existierten. Folglich mussten die Beweise frei erfunden werden. Die Genese der Protokolle der Weisen von Zion war daher der fortlaufende Versuch, einen vollkommen fiktiven Plot zur Realität zu erklären. Die Erzählstrategie der antisemitischen Verschwörungstheorie gründete aber auch auf einer

---

93 Juden spielten bis ins 20. Jahrhundert auch im Hopfenhandel – ein nicht unerhebliches Gewerbe in Deutschland – eine zentrale Rolle und waren dort zahlenmäßig überproportional vertreten. Obgleich auch dieser Umstand in Flugschriften zur ‚Judenfrage' gelegentlich thematisiert und angegriffen wurde (exemplarisch: Danzer, Dyonis: Das Judentum im Hopfenhandel, Leipzig 1888), konnte diese Konstellation kaum eine vergleichbare Dynamik für das verschwörungstheoretische Erzählen entwickeln, wie die Personalstruktur im Bereich Massenmedien.

nochmaligen Erweiterung dessen, was überhaupt medial als Indiz zu verwerten war. In Ermangelung eines Äquivalent zu Illuminatenlisten und dergleichen im 18. Jahrhundert, erweitert die Verschwörungstheorie nun ihren Blick und wendet ihn etwa auf banale mediale Artefakte wie das allgemeine Wohn- und Geschäftsverzeichnis von Berlin, das nun vermeintlich die Verschwörung im submedialen Raum verrate.

Hier kommt dem Begriff der *Steganographie* eine Schlüsselfunktion zum Verständnis moderner Verschwörungstheorie seit dem 19. Jahrhundert zu. Steganographie – oder auch ‚verstecktes Schreiben' – bezeichnet im eigentlichen Sinn das Übermitteln oder Speichern von Geheimbotschaften, die in einem zunächst harmlosen Trägermedium versteckt werden. Zur Illustration des Verfahrens nennt der Medienwissenschaftler Torsten Hahn etwa „deutsche Spione im zweiten Weltkrieg, die Buchstaben in Zeitungen mit Geheimtinte versehen und so eine zweite Lektüre des belanglosen Lokalteils möglich machen, [...]"[94]. Die grundsätzliche Möglichkeit einer zweiten Lektüre, die eine völlig andere Botschaft enthält als die erste, ist von zentraler Bedeutung für das Verständnis der spezifischen Intertextualität moderner Verschwörungstheorien. Alleine die zweite Lektüre eigentlich vollkommen belangloser und unverdächtiger Artefakte bringt die Evidenzen der antisemitischen Verschwörungstheorie hervor. „Wer hier keine Nachricht vermutet, wird nichts finden"[95], beschreibt Hahn den Vorteil steganographisch verschlüsselter Medien. „Umgekehrt steht dem, der Zeichen und mediale Produkte mit Verdacht traktiert, jetzt virtuell das gesamte Archiv zur Suche nach verborgenen Intrigen, Verschwörungen und Verrat offen, denn was entsteht, ist die Möglichkeit, Medien in Medien zu suchen."[96]

Dass gerade Verschwörungstheorien beziehungsweise ‚Verschwörungstheoretiker' massenmedialen Artefakten grundsätzlich mit Verdacht begegnen, hat die vorliegende Arbeit in einem historiographischen Querschnitt dokumentiert. Die Idee, dass mediale Artefakte quasi-steganographisch codiert sind – also eine zweite Lektüre erfordern – macht die Verschwörungstheorie um 1900 drastischer als zuvor zur logischen Konsequenz dieses Verdachts. Die moderne Verschwörungstheorie geht dabei nicht zwangsläufig – wie es in der eigentlichen Steganographie der Fall wäre – von der absichtlichen Codierung medialer Artefakte aus. Wohl operiert sie aber prinzipiell mit der Annahme, an den medialen Oberflä-

---

94 Hahn, Torsten: Medium und Intrige: Über den absichtlichen Missbrauch von Kommunikation, in: Mediologie. Medien in Medien, hg. v. Ludwig Jäger, Bd. 6, Köln 2002, S. 95.
95 Ebd.
96 Ebd.

chen verrate sich die Verschwörung. Im 18. Jahrhundert sollte noch die schiere Gesamtheit der explosionsartig auftauchenden medialen Oberflächen als unverhohlene ‚Propaganda der illuminierten Freimaurerei' zu lesen und somit die Verschwörung zu überführen sein. Im Kontext zunehmender Medialisierung im 19. Jahrhundert schaltete die Verschwörungstheorie sukzessive um auf die Annahme von Ungereimtheiten und ‚Lecks' auf medialen Oberflächen, als Ausnahmezustände, die verdeckte Verschwörungen im submedialen Raum verrieten. Die antisemitische Verschwörungstheorie erklärte praktisch jeden Hinweis auf jüdische Herkunft als ein solches Leck im Informationsstrom der Massenpresse.

Mit der Etablierung dieser Form der ‚zweiten Lektüre' medialer Artefakte, machte die Verschwörungstheorie ihre Urheber endgültig zu reinen Schreibtischtätern, die eine fiktive Vorstellungswelt anhand medialer ‚Fakten' zur Realität verklären. Deren Erzählungen waren an reale Feldrecherchen überhaupt nicht mehr gekoppelt, da deren einzige ‚Realität' genuin aus der Decodierung medialer Oberflächen abzulesen war.

Überträgt man den Begriff der Steganographie also in den Kontext von Verschwörungstheorie, so erschließt sich ein recht exaktes Verständnis für die spezifische verschwörungstheoretische Interpretation medialer Angebote, wie sie noch heute Standard ist. Moderne Verschwörungstheorie funktioniert vor allem dadurch, dass sie mediale Angebote, die im Wesentlichen unverborgenes Allgemeingut darstellen, nach verborgenen Wahrheiten befragt. In diesem Sinne betrachtet die Verschwörungstheorie potenziell alle medialen Artefakte – außer dem jeweils eigenen Medium – als wären sie steganographisch codiert, beziehungsweise als wären sie Träger versteckter Wahrheiten. Es handelt sich also um ein Decodieren ‚als ob'. Ein Decodieren von Medieninhalten, die – soweit wir wissen – nicht zuvor steganographisch codiert wurden, beziehungsweise gar keine geheimen Wahrheiten enthalten.

Diesen Lektüremodus des willkürlichen Decodierens von Zeichen und medialen Oberflächen unter den Vorzeichen des Verdachts umschreibt im Folgenden – in Anlehnung an den Begriff der paranoischen Vernunft bei Manfred Schneider – der Begriff der ‚paranoischen Decodierung' (die Quelle dieses Lektüremodus ist somit explizit nicht mit voll ausgereifter ‚krankhafter' Paranoia zu verwechseln[97]). Die mit dem Begriff der paranoischen Decodierung beschriebe-

---

97 Manfred Schneiders Konzept der paranoischen Vernunft fasst seinen Gegenstand in Abgrenzung zu tradierten Konzepten von Paranoia nicht als Ausnahmezustand sondern als alltägliches Phänomen. Die Paranoia ‚schlummere' in einem Spektrum von milden bis zu dramatischen Formen in uns allen, fasst Schneider unter Bezugnahme auf neuere psychiatrische Forschungsergebnisse zusammen. Das Attribut paranoisch –

ne Suche nach Medien in Medien, die ja eher eine Suche nach versteckten Wahrheiten innerhalb medialer Artefakte ist, macht den Verschwörungstheoretiker endgültig vom ‚scharfsinnigen Beobachter' zum genuinen ‚Medien-Detektiv':

> The role of the seemingly ubiquitous conspiracy '*theorist*' is to connect things which were previously unconnected – to posit causes, motives, plans and plots. Importantly, the grammar of these theories is not insane speculation – or a romantic poetic wildness – but a form of detective work which uses the tools of the hypothetico-deductive method. Photographs, documents, eye witness accounts and so on are used to demonstrate that a particular explanation successfully draws together a series of events and causes.[98]

Vom spezifischen Faszinationspotenzial dieser detektivischen Arbeit am Medium zeugt auch das etwa zeitgleich im 19. Jahrhundert auftauchende Genre der Detektivgeschichten. Die prinzipielle Attraktivität des Detektivischen, des kriminalistisch Investigativen und des Enthüllens in unserer Kultur ist bis heute offenkundig. „Der Privatdetektiv ist in der Tat der Held unserer Zeit", bemerkt Boris Groys, und „die investigative Tätigkeit das herrschende Narrativ"[99]. Diese ‚investigative' Tätigkeit der paranoischen Decodierung besorgte dann auch den verschwörungstheoretischen Erzählungen als Bestandteil der Populärkultur im 20. Jahrhundert ihre verführerische Attraktivität. Und zwar gleichsam hinsicht-

---

und nicht paranoid – steht hier somit nicht nur für ein klinisch dramatisches Krankheitsbild sondern vielmehr für ein offensichtlich stufenweises und letztlich auch kulturrelatives Phänomen. Der Lektüre von Schneiders Werk verdanke ich auch den Hinweis auf ein im Kontext der paranoischen Decodierung triftiges Kant-Zitat, denn Schneider beschreibt Paranoia unter anderem als „Interpretation von gegebenen Zeichen durch eine ‚falsch dichtende Einbildungskraft'". (Schneider: Das Attentat, S. 7).

98 Parker, Martin: Human Science as conspiracy theory, in: The age of anxiety. Conspiracy theory and the human sciences, hg. v. Martin Parker; Jane Parish, Oxford 2001, S. 192.

99 Groys, Boris: Die zukünftigen Intellektuellen werden wohl Offiziere sein.: Ein Interview von Vitus H. Weh mit Boris Groys über künftige Verschwörungsgesellschaften, den Terroranschlag vom 11. September und sein Buch ‚Unter Verdacht. Eine Phänomenologie der Medien', in: Kunstforum international. 2002, 158, S. 386–388, S. 387. Dass Kriminal- und Spionagegeschichten heute die verbreitetsten narrativen Formen überhaupt sind, und zwar weltweit, attestiert im Übrigen auch Luc Boltanski: „Dadurch spielen sie eine herausragende Rolle für die Vorstellung der Realität, die sich von nun an allen menschlichen Wesen darbietet, sogar Analphabeten, wenn sie Zugang zu den modernen Medien haben" (Boltanski: Rätsel und Komplotte, S. 17).

lich eines eher spielerischen Umgangs mit den quasi unbegrenzten Möglichkeiten paranoischer Decodierung wie auch hinsichtlich einer gesteigerten Selbstwahrnehmung des Verschwörungstheoretikers als eine nun endlich den effektstarken Medien überlegene, detektivische Aufklärungsinstanz. „Ich werde getäuscht, also bin ich; und: Ich entlarve Täuschungen, ich täusche selbst, also erhalte ich mich. Auch so läßt sich das Cartesische *cogito, ergo sum* übersetzen."[100]

Ein weiterer Effekt paranoischer Decodierung ist die mutmaßliche Evidenzkraft derart hergestellter Erzählungen. Schließlich beruft man sich – wenn auch in Form einer zweiten Lektüre – auf Quellen, die gemeinhin als besonders seriös und zuverlässig gelten, mithin also auf ‚Fakten'. Der verschwörungstheoretische Detektiv braucht sich somit also keinesfalls die Blöße zu geben, sich ausschließlich auf dubiose Quellen zu beziehen.

---

100 Sloterdijk, Peter: Kritik der zynischen Vernunft: Band 2, 8. Auflage, Frankfurt am Main 1983, S. 604.

4. Untersuchungsteil III: Quelle: Internet

Zur Verschwörungstheorie um 2000[1]

> „If you search for ‚9/11 conspiracies' on the Google Video Web site, you can learn some shocking things"[2]
>
> KATHRYN OLMSTED/REAL ENEMIES

Das populärste Beispiel für Verschwörungstheorien der Medienkultur zur Jahrtausendwende bilden ohne Zweifel die zahlreichen verschwörungstheoretischen Erzählungen zum 11. September 2001. Diese suggerieren, die Anschläge vom 11. September 2001 seien nicht einfach ein Überraschungsangriff von Terroristen, sondern ein von westlichen Machteliten orchestrierter *inside job* gewesen.[3]

---

[1] Das hiesige Kapitel betrachtet ein Phänomen der jüngsten Zeitgeschichte, die Formulierung ‚um 2000' soll dabei nicht suggerieren, es handle sich um eine bereits vollständig abgeschlossene Phase in der Vergangenheit. Auch die Digitalisierung, als ein zentraler medienhistorischer Prozess dieser Zeit, ist ja keinesfalls bereits abgeschlossen, sondern hält weiter an. Dennoch sind, wie zu zeigen sein wird, bereits heute die Jahre von 1995 bis ungefähr 2005 als eine entscheidende Phase des digitalen Medienwandels, insbesondere für Verbreitung und Entwicklung des Internets, zu bestimmen.

[2] Olmsted: Real enemies, S. 1

[3] Selbstredend handelte es sich bei der zwischenzeitig von der US-Regierung kolportierten Unterstellung, Saddam Hussein sei an den Anschlägen des 11. September beteiligt gewesen, ebenfalls um eine Art Verschwörungstheorie. Diese Erzählung hatte jedoch zumindest in Deutschland, ähnlich wie auch die Erzählung über Massenvernichtungswaffen im Irak, nur wenig Überzeugungskraft und ist somit im Rahmen dieser Studie zu vernachlässigen.

Als Motivation für diesen *inside job* nennen diese Erzählungen in aller Regel die Legitimierung anschließender politischer und militärischer Handlungen. So hätten die Anschläge vom 11. September stattgefunden, um den Krieg gegen die Taliban in Afghanistan und vor allem den Irak-Krieg von 2003 zu legitimieren beziehungsweise eine Stimmung zu schaffen, die diesen Kriegen nicht im Wege stand. Außerdem verweisen die Verschwörungstheorien auf die allgemein verschärfte Sicherheitspolitik und die erweiterten Befugnisse diverser Geheimdienste als Effekte des 11. September. Da die häufig illegitimen Maßnahmen amerikanischer Geheimdienste – von illegalen *CIA*-Gefängnissen bis hin zu den Überwachungs-Exzessen der *NSA* – immer wieder mit Terrorgefahr begründet wurden, sei der 11. September von vornherein inszeniert worden um einen Überwachungsstaat zu installieren, der eine ‚neue Weltordnung' vorbereite.

Diese Erzählungen blieben nicht ohne Wirkung: 2003 ergab eine Umfrage des Meinungsforschungsinstituts *Forsa* im Auftrag der *ZEIT*, dass 31 Prozent der Deutschen unter 30 Jahren es für möglich hielten, dass die USA die Anschläge selbst in Auftrag gegeben haben.[4] Im Sommer 2008 ergab eine Umfrage von *WorldPublicOpinion.org*, dass lediglich 64 Prozent der befragten Deutschen glaubten, *Al Kaida* sei für die Attentate vom 11. September 2001 verantwortlich. 23 Prozent gaben an, die US-Regierung sei selbst verantwortlich, zwei Prozent nannten ‚Andere' und ein Prozent nannte Israel als Urheber der Anschläge. Neun Prozent sagten aus, nicht zu wissen, wer hinter den Anschlägen stecke.[5]

Im Herbst 2010 stellte das Meinungsforschungsinstitut *TNS Emnid* folgende Frage: „Die Anschläge vom 11. September 2001 veränderten die Welt - die USA marschierten in Afghanistan und im Irak ein, Bürgerrechte wurden massiv beschnitten. Glauben Sie, dass die US-Regierung der Weltöffentlichkeit die ganze Wahrheit über die Anschläge sagt?". 89,5 Prozent der befragten Personen gaben

---

4   Es wurden 1000 Frauen und Männer befragt, vgl. Bittner, Jochen: Blackbox Weißes Haus: Je komplizierter die Weltlage, desto fester glauben die Deutschen an Verschwörungstheorien, in: Zeit Online 2003. 24.07.2003.

5   Vgl. WorldPublicOpinion.org: International Poll: No Consensus On Who Was Behind 9/11. 2008, http://www.worldpublicopinion.org/pipa/pdf/sep08/WPO_911_Sep08_pr. pdf, zuletzt geprüft am: 04.08.2014. Worpdpublicopnion.org ist ein von der *University of Maryland* koordiniertes Projekt für internationale Meinungsumfragen zu politischen Themen. Für die Umfrage in Deutschland war der lokale Partner Ri*QUESTA GmbH zuständig. Die Erhebung erfolgte telefonisch, das ungewichtete Sample in Deutschland bestand aus 1008 befragten Personen.

an, nicht zu glauben, dass die US-Regierung die ganze Wahrheit über die Anschläge gesagt habe.[6]

Tabelle 2: Meinungsumfrage ‚who do you think was behind the 9/11 attacks?' aus dem Jahr 2008. Die Umfrage fand in 17 verschiedenen Ländern statt, insgesamt wurden 16.063 Personen befragt. Die Frage wurde offen gestellt.

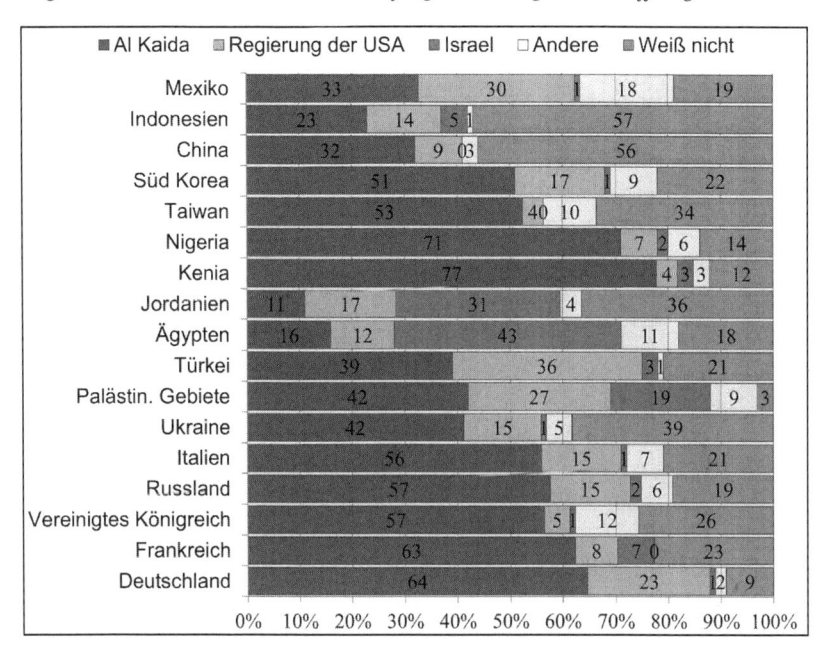

Land	Al Kaida	Regierung der USA	Israel	Andere	Weiß nicht
Mexiko	33	30	1	18	19
Indonesien	23	14	5	1	57
China	32	9	0	3	56
Süd Korea	51	17	1	9	22
Taiwan	53	40	10		34
Nigeria	71	7	2	6	14
Kenia	77	4	3	3	12
Jordanien	11	17	31	4	36
Ägypten	16	12	43	11	18
Türkei	39	36	3	1	21
Palästin. Gebiete	42	27	19	9	3
Ukraine	42	15	5		39
Italien	56	15	1	7	21
Russland	57	15	2	6	19
Vereinigtes Königreich	57	5	1	12	26
Frankreich	63	8	7	0	23
Deutschland	64	23	2		9

Quelle: Eigene Tabelle, Daten entnommen aus:
http://www.worldpublicopinion.org/pipa/pdf/sep08/WPO_911_Sep08_pr.pdf

---

6 Die Umfrage erfolgte telefonisch im November 2010, das gewichtete Sample bestand aus 1005 befragten Männern und Frauen ab 14 Jahren in Deutschland. Die Frage von TNS Emnid ist einigermaßen suggestiv, da sie die Frage der Urheberschaft der Anschläge mit der nachfolgenden US-Politik kurzschließt und somit die einschlägige Argumentation der Verschwörungstheorien direkt mitliefert. Im Übrigen korrespondiert der Zweifel, ob die US-Regierung die ganze Wahrheit über die Anschläge gesagt habe, keinesfalls notwendigerweise mit dem Glauben an einen *inside job*, schließlich kann man der Regierung auch schlicht unterstellen, dass sie ein Interesse daran hat, die Versäumnisse der eigenen Behörden möglichst nicht allzu transparent zu machen. Vgl.: TNS Emnid: Exklusiv-Umfrage des Wissensmagazins Welt der Wunder: Wem glauben die Deutschen noch?

Mit dem *9/11-truth-movement* mobilisierten die Verschwörungstheorien zum 11. September sogar eine Art sozialer Bewegung, die zwischenzeitlich Ableger in diversen Ländern, so auch in Deutschland, hatte und in den USA regelmäßig Protestveranstaltungen und Kampagnen organisierte.[7] Das *9/11 Truth movement* – oder auch die *9/11-Truther* – stellen den assoziativen Überbegriff für Organisationen und Individuen dar, die die offizielle Version der Ereignisse vom 11. September 2001, wie sie sich etwa im *9/11-Commission Report* darstellt, anzweifeln. Besondere Aufmerksamkeit generierte hier etwa die Gruppe *Architects & Engineers for 9/11 truth* (ae911truth.org), die laut ihrer Homepage 2014 über 2000 Mitglieder zählte, und deren Hauptthese auf die Behauptung einer kontrollierten Sprengung des *WTC* abzielt.[8] Ähnliche Gruppen sind etwa die *Scientists for 9/11 truth* (scientistsfor911truth.org), *Political leaders for 9/11 truth* (pl911truth.com), *Lawyers for 9/11 truth* (911t.com) und *Media professionals for 9/11 truth* (mediafor911truth.org).

Zur besseren Überschaubarkeit der verschiedenen verschwörungstheoretischen Ansätze zum 11. September bietet es sich an, die im anglo-amerikanischen Raum gelegentlich vorgenommene Trennung zwischen den zwei Hauptvarianten LIHOP (*let it happen on purpose*) und MIHOP (*make it happen on purpose*) zu übernehmen.[9] „The LIHOP theories were more popular in the movement's early days, when the critics were isolated and unsure of themselves"[10], schreibt Kathryn Olmsted, die davon ausgeht, dass MIHOP *à la longue* die weitaus populärere Variante darstellte. Die LIHOP-Variante behauptet, dass die offiziell belegten Fehler und Versäumnisse der amerikanischen Geheimdienste im Vorfeld von 9/11 keine Zufälle waren, sondern bewusstes Tolerieren der Anschläge seitens bestimmter Regierungskreise, um im Anschluss politisch davon profitieren zu können. Die LIHOP-Erzählung ist somit eine Verschwörungstheorie, die ihre besondere Argumentationsstärke daraus bezieht, dass sie gar keine Beweise für eine verräterische Aktivität der Verschwörer braucht, da die verschwörerische

---

7 Zum *9/11-truth-movement* siehe insbesondere: Kay: Among the truthers.
8 Wohl als Reaktion auf diese scheinbar professionelle und mit dem Signum des Expertentums versehene Gruppe reagierte die Wissenschaftscommunity mit Fachartikeln, die die entsprechende Argumentation widerlegen. Siehe: Bažant, Zdeněk P et al.: What Did and Did Not Cause Collapse of World Trade Center Twin Towers in New York?, in: Journal of Engineering Mechanics 134. 2008, 10, S. 892–906; McAllister, Therese P. et al.: Structural Analysis of Impact Damage to World Trade Center Buildings 1, 2, and 7, in: Fire Technology 49. 2013, 3, S. 615-642.
9 Vgl.: Olmsted: Real enemies, S. 221.
10 Ebd.

Tat ja gerade aus Inaktivität bestand. Dass eine konspirative Verabredung zu dieser Inaktivität sehr schwer zu dokumentieren ist, leuchtet hierbei ein. Die jedoch weitaus häufigere und mit größerem Aufwand vertretene These ist die Theorie des MIHOP, also des *make it happen on purpose*. Die Grundannahme der MIHOP-These lautet, die Anschläge seien eine Inszenierung US-amerikanischer beziehungsweise westlicher Machteliten gewesen, ein selbst ausgeführtes Attentat unter falscher Flagge, das penibel als *inside job* geplant und durchgeführt wurde. Kernpunkte dieser Theorie sind etwa: vermeintliche Lebenszeichen der toten Flugzeugentführer, der Angriff auf das Pentagon mit einer Rakete anstatt eines entführten Flugzeugs und, als zentrales Moment der Beweisführung, die kontrollierte Sprengung der beiden *Twin Towers* inklusive des benachbarten *World Trade Center 7*.

Eine vollständige Aufzählung der Argumente von MIHOP-Verschwörungstheorien zum 11. September 2001 müsste mit einer langen Liste der Details beginnen, die als Indizien oder ‚Tatsachenbeweise' für eine Fälschung der Ereignisse am 11. September 2001 angeführt werden. Zu dieser Liste käme eine weitere, nämlich die der vermeintlichen Drahtzieher der Anschläge. Die Erörterung sämtlicher einzelner Punkte findet hier, auch aus Platzgründen, nicht statt.[11]

Da verschwörungstheoretische Erzählungen zum 11. September am Ende nicht selten abermals ‚die Juden' oder einschlägige Geheimbünde als heimliche Drahtzieher präsentieren, neigt die Forschungsliteratur bisweilen dazu, eine gewisse Konstante von Verschwörungstheorien seit dem 18. Jahrhundert zu betonen.[12] Verschwörungstheorien um 2000 – so ließe sich daraus schlussfolgern – waren nichts weiter als Erben der Verschwörungstheorien des 18. und 19. Jahrhunderts. Sie transportierten die über 200 Jahre alten Erzählmuster und Sündenbock-Stereotypen in unsere Gegenwart und wiederholten praktisch das ewig

---

11 Eine stattliche Liste der Fälschungs- bzw. Inszenierungsvorwürfe und entsprechender Gegenargumente bietet beispielsweise *Debunking 9/11 Myths*, eine Buchveröffentlichung des Wissenschaftsmagazins *Popular Mechanics* (vgl. Dunbar, David; Reagan, Brad: Debunking 9/11 myths: Why conspiracy theories can't stand up to the facts, New York 2006). *Debunking*, also Entlarven, ist das Ziel von Akteuren, die häufig auch im Internet versuchen, die verschwörungstheoretischen Erzählungen zu widerlegen. Im angloamerikanischen Sprachraum verstehen sich *debunker* als Konterpart zur Bewegung der *truther*.

12 Zum Antisemitismus in Verschwörungstheorien zum 11. September siehe einschlägig Jaecker: Antisemitische Verschwörungstheorien nach dem 11. September. Eine historische Konstante betont etwa Wippermann: Agenten des Bösen.

Gleiche, indem sie eine lang erprobte narrative Folie über zeitgenössische Ereignisse legten. Solch eine Interpretation übersieht allerdings den fundamentalen Unterschied zwischen der medialen Verfasstheit verschwörungstheoretischer Erzählungen um 1800 und um 2000. Schon die populären Verschwörungstheorien des 20. Jahrhunderts waren grundsätzlich anders verfasst als ihre historischen Vorgänger: In der zweiten Hälfte des 20. Jahrhunderts kam in zunehmendem Maße (audio-)visuellen Artefakten eine konstitutive Rolle bei der Entstehung von Verschwörungstheorien zuteil. Vornehmlich aus den Massenmedien vertraute Bilder, die ein ohnehin schon besonderes Ereignis dokumentierten, fungierten in verschwörungstheoretischen Erzählungen als dominantes Material. Zu nennen ist hier etwa der *Zapruder*-Film (1963), jene knapp 20-sekündigen 8-mm-Amateuraufnahmen, die den Moment des Attentats auf John F. Kennedy besonders deutlich erfassen. Auch die offiziellen Fotos und Fernsehbilder der ersten bemannten Mondlandung der NASA (1969) dienen Verschwörungstheorien bis heute als zentrale Evidenzen dafür, dass diese in Wirklichkeit niemals stattgefunden habe. Was an diesen Erzählungen hinsichtlich ihrer Medialität auffällt ist also, dass sie kaum über eigenes Material verfügen, sondern primär als kritische Begleiterzählungen zum Informations- und Bilderstrom der Massenmedien entstehen.[13] Von den genannten ‚Klassikern' des 20. Jahrhunderts unterscheiden sich Verschwörungstheorien um 2000 wiederum dadurch, dass sie unter abermals anderen medientechnischen Bedingungen entstanden und vornehmlich unter Verwendung digitaler Medien und interaktiver Internetdienste geschaffen und verbreitet wurden. Die Erzähler von Verschwörungstheorien zur Jahrtausendwende „explorieren die grundsätzlichen Möglichkeiten eines kritischen Diskurses und einer anderen epistemologischen Struktur politischen Wissens in einem Medium, das nicht mehr hierarchisch, nicht mehr lokal, nicht mehr monologisch ist und nicht mehr mit klar definierten Wahrheitskriterien operiert"[14], schreibt Eva Horn: „Genau darum – weil das Ereignis in eine andere medientechnische und epistemologische Epoche fällt – ist 9/11 fundamental anders gelagert als JFK, […]."[15]

---

13 Der Zapruder-Film bildet dabei einen Sonderfall, da hier gewissermaßen in Vorwegnahme des cult of the amateur der 2000er-Jahre (vgl. Keen, Andrew: Die Stunde der Stümper: Wie wir im Internet unsere Kultur zerstören, München 2008) den Bildern der Amateur-Kamera eine Art ‚Wahrheitsbonus' gegenüber den professionellen TV-Bildern eingeräumt wird. Die Verbreitung dieses Amateur-Materials erfolgte allerdings über populäre Massenmedien.

14 Horn: Der geheime Krieg, S. 471.

15 Ebd.

Dass die ‚digitale Revolution' an der Konjunktur von Verschwörungstheorien um 2000 teilhatte, ist gewissermaßen Konsens der Forschungsliteratur, die nahezu einhellig voraussetzt, das Internet fungiere als ‚Supermedium' der Verschwörungstheorie, wobei damit vor allem die Distributionsfunktion und geringe Kontrollierbarkeit des Internets gemeint ist (vgl. Kap 1.3.10). Demgegenüber soll hier die These verfolgt werden, dass das Internet nicht nur als Distributionsmedium Verschwörungstheorien bestärkte, sondern das bestimmte Vorstellungsbilder des Medialen die einschlägigen Verschwörungstheorien um 2000 in einem regelrechten Automatismus ‚hervorriefen'. Verschwörungstheorien funktionierten um 2000 auch deshalb so gut, weil sie mit dem Internet als deren zentrales Distributionsmedium und somit als Produkte der digitalen Revolution assoziiert werden konnten. Die Versprechen der digitalen Revolution, etwa einen neuen Journalismus und überhaupt eine neue Informationskultur hervorzubringen – *information wants to be free* lautete der einschlägige Slogan der frühen Netz-Utopisten – färbte gewissermaßen ab auf das ‚Internetz der Verschwörer'.[16]

Nach den Faktoren des kommunikativen Erfolgs jüngerer Verschwörungstheorien zu fragen, heißt somit einmal mehr, die Verschwörungstheorien selbst nach ihren Medienreferenzen zu befragen. „Es gibt eine offensichtliche Resonanz zwischen den fantastischen Erwartungen, die das Jahrhundert der Aufklärung in den Buchdruck setzte – und den Utopien, zu denen das WWW heute führt"[17], bemerkt Régis Debray: „Condorcet war der Ansicht, die Erfindung des Buchdrucks läute die ‚achte Epoche' der Menschheit ein [...] die ‚Drucksache' würde gewaltsam alle Türen öffnen, durch die die Wahrheit einzudringen versucht. [...] Nicht weniger erwarten die Utopisten von heute [...] von der ‚dritten Welle', dem ‚digitalen', ja ‚symbiotischen Menschen' und der ‚Internetgeneration'".[18]

These ist hier, dass eine Art „Überschätzung des Mediums"[19] zum Selbstverständnis verschwörungstheoretischen Erzählens unter Bedingungen digitaler Vernetzung gehört und selbiges bestärkt. Der *9/11-Truther* Kevin Barrett betont die Bedeutung des Internets für das *Truth-Movement* folgendermaßen:

---

16 Die Freiheit der Information gilt neben den Prinzipien der Rücksichtnahme und Gegenseitigkeit als zentraler Aspekt für die Entwicklung des Internets in den 1990er Jahren (vgl. etwa Rothemund, Kathrin: Internet – Verbreitung und Aneignung in den 1990ern, in: Die Kultur der 90er Jahre, hg. v. Werner Faulstich, München 2010, S. 124).
17 Debray: Einführung in die Mediologie, S. 224–225.
18 Ebd.
19 Ebd., S. 114.

It is necessary that folklorists and others in the human sciences think about the way the many-to-many medium of digitally-enhanced folk communication is overthrowing the old one-to-many media of elite-generated social control that have dominated more and more of this planet over the past five thousand years. To study the 9/11 truth movement is to study what may turn out to be the cutting edge of the most significant social-structural change in the history of humanity.[20]

Folgt man dieser Selbstauskunft, so ging es im *9/11-Truth-movemement* vor allem um die etwa im Kontext der ‚kalifornischen Ideologie'[21] verortete Vorstellungswelt, die „das Netz, das alle mit allem verbindet (das Internet)" als überlegenes Gegenmedium dem „für autoritär befundenen *broadcast*-Modell (einer ist mit allen verbunden)"[22] gegenüberstellt.

An die Vision eines neuen Kommunikationsmediums knüpften politische Utopien an, mit dem Netz könne eine direktere und damit intensivere Bürgerbeteiligung am politischen Geschehen (cyberdemocracy) entstehen. [...] das Internet ermögliche den Wechsel von einer (vom Fernsehen dominierten) Zuschauerdemokratie zu einer ‚Beteiligungsdemokratie' (Leggewie/Mahr 1998). In den Computernetzen könne ein *free flow of information* stattfinden, an dem alle Menschen in allen Ländern teilhaben und in dem sich ‚antihierarchische Reden' ausbreiten könnten (Bourchers 1995).[23]

Somit sind auch die zwei zentralen Phänomene benannt, die die Mediengesellschaft um 2000, die natürlich in der Breite noch weitaus vielfältiger war, verknappt charakterisieren können: Zum einen die dominanten und konvergierenden Massenmedien, insbesondere das Fernsehen, zum anderen die ‚neuen Medien', in deren Zentrum das Internet steht.

Der folgende Abschnitt entwirft eine Skizze dieser Konstellation zwischen neuen und alten Medien um 2000, die nicht selten auch als ‚Medienumbruch um

---

20 Kay: Among the truthers, S. 238, Originalzitat zu finden auf: Barrett, Kevin: A Folklorist Looks at 9/11 ‚Conspiracy Theories'. 2006, http://www.mujca.com/factand folklore.htm, zuletzt geprüft am: 04.08.2014.
21 Vgl.: Barbrook, Richard; Cameron, Andy: The Californian Ideology. 1995, http://www.imaginaryfutures.net/2007/04/17/the-californian-ideology-2/, zuletzt geprüft am: 14.03.2014.
22 Debray: Einführung in die Mediologie, S. 111,
23 Hickethier, Knut: Einführung in die Medienwissenschaft, 2. Auflage, Stuttgart 2010, S. 324.

2000' historisiert wurde²⁴. Im Anschluss folgt die Untersuchung von Vorstellungsbildern des Medialen in Verschwörungstheorien zum 11. September 2001 als repräsentatives Beispiel für Verschwörungstheorien um 2000.

---

24 Vgl. etwa Glaubitz, Nicola; Groscurth, Henning; Hoffmann, Katja; Schäfer, Jörgen; Schröter, Jens; Schwering, Gregor; Venus, Jochen: Eine Theorie der Medienumbrüche: 1900/2000, Siegen 2011.

4.1 Medialer Kontext
Dominanz des Fernsehens und Aufstieg des Internets

„What you see is what you know
What you know is what you see
What you really don't know
is TelLieVision
[...]
Like the earth rise up in blood
TelLieVision
It knows what you do
TelLieVision
Has the power to destroy, make love, make war
It's one of Satan's tools
TelLieVision"
TELLIEVISION/SIRIUS B. FEAT. HARDY HARD
AND AFRIKA BAMBAATAA (2003)

„Is this Hyperreal? "
ATARI TEENAGE RIOT (2011)

Abbildung 12: Screenshot der Google-Startseite vom 11. September 2001.[1]

> **Google™**
>
> Search 1,610,476,000 web pages
>
> [Google Search] [I'm Feeling Lucky]
>
> • Advanced Search
> • Preferences
>
> **Google Web Directory**
> *the web organized by topic*
>
> **Google Groups**
> *usenet discussion forum*
>
> If you are looking for news, you will find the most current information on TV or radio. Many online news services are not available, because of extremely high demand. Below are links to cached copies of news sites as they appeared earlier today.
>
> **Breaking news:** Attacks hit US [Washington Post - CNN.com (cached)]

Quelle: Screenshot bereitgestellt von Danny Sullivan:
http://searchengineland.com/google-the-death-of-osama-bin-laden-75346

FERNSEHEN ALS ZENTRALES MEDIUM UM 2000

Im Zentrum der Medienkultur der 1990er Jahre stand, rein quantitativ betrachtet, noch das Fernsehen als relativ unangefochtenes ‚Leitmedium' der deutschspra-

---

[1] Am 11. September 2001 empfahl Google seinen Nutzern, sich für aktuelle Informationen an Fernsehen und Radio zu wenden. „When September 11th happened, we as Google were failing our users", berichtete später der senior vice president von Google, Amit Singhal: „Our users were searching for ‚New York Twin Towers', and our results had nothing relevant, nothing related to the sad events of the day. Because our index was crawled a month earlier, and of course there was no news in that index. [...] My friend Krishna and I were attending a conference at the time, and Krishna started thinking about the problem, saying, ‚If we could crawl news quickly, and we can provide multiple points of view about the same story to our users, wouldn't it be amazing?' That was the birth of Google News" (Sonderman, Jeff: How 9/11 led to the birth of Google News | Poynter. 20.02.2014,
http://www.poynter.org/latest-news/mediawire/154362/how-911-led-to-the-birth-of-google-news/, zuletzt geprüft am: 21.02.2014, S. 1).

chigen Mediengesellschaft. Die Historisierungen der Medienkultur um 2000 fokussieren typischerweise die Entwicklung und Verbreitung des Internets als zentralen Medialisierungsprozess der Zeit. In der Gesamtschau gilt allerdings, dass auch im Blick auf das ältere Mediensystem Fernsehen von einem ausgemachten Medialisierungsschub zu sprechen ist. Laut dem statistischen Bundesamt verfügten spätestens seit 1998 ca. 95% aller Haushalte im wiedervereinigten Deutschland über einen eigenen Fernsehapparat.[2] Das Fernsehen war in den 1990er-Jahren zumindest für junge Menschen das am häufigsten genutzte Medium, gefolgt von Tonträgern und dem Radio; Zeitunglesen stand an vierter Stelle, noch 1998 nutzten lediglich 9% der Jugendlichen mindestens einmal pro Woche das Internet.[3] Die durchschnittliche Fernseh-Sehdauer pro Tag/Person stieg kontinuierlich von 147 Minuten im Jahr 1990 auf 201 Minuten im Jahr 2002.[4] Während dieser Zeit erfuhr das Medium Fernsehen durch ein allgemeines Sender- und Programm-Wachstum einen grundsätzlichen Wandel. Prägend für das Programmangebot war das noch relativ junge duale Rundfunksystem, das in der BRD am 01. Januar 1984 startete; am 01. April des gleichen Jahres begann außerdem das Satellitenfernsehen in der BRD, ab 1986 kamen erste *Pay-TV*-Anbieter hinzu. In den 1990er Jahren gingen zahlreiche neue Spartenkanäle, darunter etwa *Vox*, *RTL2* und der Nachrichtensender *n-tv*, auf Sendung.[5] Mit der Einführung des dualen Rundfunksystems begann ein grundlegender Prozess der Kommerzialisierung des Fernsehens, der laut Jörg Requate mehr als nur formale Parallelen zur Transformation und Kritik der Massenpresse im ausgehenden 19. Jahrhundert aufweist.[6] In beiden Phasen führten die Veränderungen zu den glei-

---

2 Vgl. Statistisches Bundesamt (Destatis): Einkommen, Konsum, Lebensbedingungen: Ausstattung privater Haushalte mit Unterhaltungselektronik - Deutschland. 2013, https://www.destatis.de/DE/ZahlenFakten/GesellschaftStaat/EinkommenKonsumLebensbedingungen/AusstattungGebrauchsguetern/Tabellen/Unterhaltungselektronik_D.html, zuletzt geprüft am: 12.03.2014.

3 Vgl. Medienpädagogischer Forschungsverbund Südwest: JIM' 98: Jugend, Information, (Multi-)Media: Basisuntersuchung zum Medienumgang 12- bis 19jähriger in Deutschland.

4 Arbeitsgemeinschaft Fernsehforschung: Sehdauer: Entwicklung der durchschnittlichen Sehdauer pro Tag/Person in Minuten. 13.03.2014, http://www.agf.de/daten/marktdaten/sehdauer/, zuletzt geprüft am: 13.03.2014.

5 Vgl. Mediengeschichte der Bundesrepublik Deutschland, hg. v. Jürgen Wilke, Köln 1999, S. 799–814.

6 Vgl.: Requate: Von der Gewißheit, falsch informiert zu werden, S. 277–292.

chen Kritikpunkten, die beispielsweise auf ‚Informationsflut' und ‚Unterschiedslosigkeit' abzielten. Eine Neuerung, die die privaten Sender etablierten, war etwa die Expansion zum 24-Stunden-Programm, wie es heute auch längst im öffentlich-rechtlichen Rundfunk allgemeiner Standard ist. Die Karriere des privaten Rundfunks in Deutschland war von Beginn an von Kontroversen begleitet und die Pioniersender *Sat.1* und *RTL plus* bestätigten nicht wenige Befürchtungen der frühen Mahner, die einmal mehr Amerikanisierung, Kommerzialisierung, Sittenlosigkeit und den Einfall von Privatinteressen in die mediale Öffentlichkeit beklagten.[7]

FORMATENTWICKLUNGEN
UND NEUE MEDIENWIRKLICHKEITEN

> „Don't let the facts get in the way of a good story"
> JOHN WILSON/UNDERSTANDING JOURNALISM

Obgleich mediale Wirklichkeit und ‚Realität' bekanntermaßen *per definitionem* unterschiedliche Angelegenheiten darstellen, hatte ‚das Dokumentarische' beziehungsweise der Dokumentarfilm – als dessen audiovisueller Präzedenzfall – traditionell einen gewissen Selbstanspruch, unverfälschte Realität abzubilden. Das dokumentarische Format war überhaupt erst Grundlage dafür, das Medium Fernsehen als ‚Fenster zur Welt' zu betrachten, wie eine geläufige Metapher seit den 1950er-Jahren lautete (ursprünglich war die Rede vom ‚Fenster zur Welt' ein Reklame-Slogan zur Bewerbung von Fernsehgeräten der Firma Telefunken[8]). Michael Schetsche geht sogar davon aus, dass im Gegensatz zu digitalen ‚Netz-

---

7   Als ein zentraler Effekt des dualen Systems gilt nach wie vor die mediale Konvergenz, das heißt, die inhaltliche Annäherung zwischen dem öffentlich-rechtlichen und dem privaten Rundfunk. Zur Geschichte des dualen Fernsehens in Deutschland siehe etwa: Nach dem Feuerwerk: 20 Jahre duales Fernsehen in Deutschland: Erwartungen, Erfahrungen und Perspektiven, hg. v. Michael Jäckel, Hans-Bernd Brosius, München 2005: und in kritischer Perspektive insbesondere auf das Privatfernsehen: Hickethier, Knut: Die Fernsehkultur der 1990er-Jahre, in: Die Kultur der 90er Jahre, hg. v. Werner Faulstich, München 2010.

8   Vgl.: Schneider, Irmela: Zur medialen Vorgeschichte deutscher Einheit: Beobachtungen einer Erinnerungskultur des Vergessens, in: Kulturelles Vergessen: Medien, Rituale, Orte, hg. v. Günter Butzer; Manuela Günter, Göttingen 2004, S. 76.

werkmedien' „die Unterscheidung zwischen dokumentarischen und fiktionalen Inhalten für die Massenmedien konstitutiv war und sich in festen Grenzen zwischen einzelnen Medien, Gattungen, Genres und Formaten niederschlug, [...]."[9] Dass dies je so gewesen ist, ist durchaus anzuzweifeln, muss aber an dieser Stelle nicht diskutiert werden; gewisser Konsens ist jedenfalls, dass der Status des Dokumentarischen in Film und Fernsehen um 2000 wesentliche Veränderungen unterlief, was auch mit der Digitalisierung der Medien zusammenhing. Das *Handbuch Medienwissenschaft* informiert darüber folgendermaßen:

Ab Mitte der neunziger Jahre setzte sich die digitale Produktions- und Post-Produktionstechnik immer mehr gegen die analoge elektronische Technik durch. Damit hielten neue bzw. die intensive Anwendung lange bekannter Stilmittel Einzug in den Dokumentarfilm, bis hin zur Erzeugung virtueller Personen und Räume. Das Dokumentarische als Prinzip ist – wenn es nicht von ethischer Reflexion begleitet wird – in seinem Authentizitäts-, Realitäts- und Wahrheitsanspruch endgültig in Frage gestellt, wenn nicht aufgelöst. Hinzu kommt aus der Kommerzialisierung der Kabel- und Satellitenkanäle der Trend zur ‚Reality' in der fernsehspezifischen Mischung aus Dramaturgie und Authentizität [...].[10]

Neben der Digitalisierung als wahrgenommene Bedrohung des dokumentarischen Prinzips in den 1990er-Jahren sei hier auch auf die primär analog inszenierten Dokumentarfilmfälschungen von Michal Born verwiesen, die zur gleichen Zeit einen Fernseh-Skandal historischer Dimension auslösten. Born produzierte zahlreiche vermeintlich investigative Dokumentarfilme über Ereignisse, die so tatsächlich niemals stattgefunden hatten und vertrieb diese *Fakes* mit Erfolg an *Infotainment*-Formate wie *SternTV* oder *SpiegelTV*. Die ZEIT schrieb damals, es brauche „die Straftat des Betrügers [Born], um den größeren, den straffreien Skandal in Erinnerung zu rufen, den leider niemand mehr als solchen empfindet, nämlich die mutwillige Zerstörung klassischer Standards des seriösen Fernsehjournalismus durch die Unterhaltungsindustrie des Kommerzfernsehens. Was die Kritiker des Privat-TV seinerzeit an Warnungen gegen dessen Zulas-

---

9 Schetsche: Die ergoogelte Wirklichkeit, S. 121.
10 Steinmetz, Rüdiger: Kommunikative und ästhetische Chrakteristika des gegenwärtigen Dokumentarfilms, in: Medienwissenschaft: ein Handbuch zur Entwicklung der Medien und Kommunikationsformen, hg. v. Joachim Felix Leonhard; Hans Werner Ludwig, Berlin 2002, S. 1810.

sung vorgetragen haben, ist weitgehend eingetreten"[11]. Eine Studie über die Ausdifferenzierung des Dokumentarischen im Fernsehen kommt 2005 entsprechend zur Erkenntnis, die „Grenzen zwischen real und fiktional, zwischen Gefunden und Erfunden sind ins Rutschen gekommen"[12] und verlautet: „Das Fernsehen als Leitmedium der westlichen Gesellschaften verschiebt unsere Wahrnehmung in Richtung Fiktion"[13]. In diesem Fernsehen der unscharfen Grenzziehungen erhielten insbesondere die diversen *Reality*-TV-Formate beim Publikum und in der akademischen und feuilletonistischen TV-Kritik um 2000 große Aufmerksamkeit.[14] Das *Reality*-TV-Genre, so beschreibt Heike vom Orde, „nutzt Authentizität als ästhetische Strategie: Es zielt also nicht auf die Interpretation von ‚Realität' ab, sondern darauf, die RezipientInnen besonders stark in die Medienwirklichkeit des Genres zu involvieren und sie emotional zu ‚überwältigen' [...]."[15] Unterstellt man dem *Reality*-TV tatsächlich solch ein besonders hohes *Involvement*-Potenzial, so lässt sich diese Formatwelle wohl auch qualitativ als eigener Medialisierungsschub verstehen. *Reality*-TV, für das die Sendung *Big Brother* wohl das populärste Beispiel bildete, wurde seit den 1990er-Jahren zum

---

11 Perger, Werner A.: Unter Fälschern. 1996, http://www.zeit.de/1996/06/Unter_Faelschern, zuletzt geprüft am: 14.03.2014.

12 Wolf, Fritz: Trends und Perspektiven für die dokumentarische Form im Fernsehen.: Eine Fortschreibung der Studie ‚Alles Doku - oder was. Über die Ausdifferenzierung des Dokumentarischen im Fernsehen'. 2005, S. 33.

13 Ebd., S. 35–36.

14 Heike vom Orde definiert Reality-TV als „hybrides Fernsehgenre, das dokumentarische mit fiktionalen Darstellungsweisen verbindet. Dabei bewegen sich Formate des Reality-TV an der Grenze zwischen Information und Unterhaltung, es überwiegen jedoch die unterhaltenden Anteile" Vom Orde, Heike: Kinder, Jugendliche und Reality-TV: Eine Zusammenfassung ausgewählter Forschungsergebnisse, in: Televizion 25. 2012, 1, S. 40–43, S. 40. Mit Lothar Mikos ist hier auch vom Trend zu ‚vermischten Wirklichkeiten' zu sprechen, wobei Mikos die Aufhebung der Trennlinie zwischen Fiktion und Dokumentation eher unproblematisch bewertet, sofern die medialen Angebote weiterhin ihren eigentlichen ‚Gebrauchswert' erfüllen. Dieser bestehe wiederum darin, die Handlungsfähigkeit der Menschen in der sozialen Realität zu stabilisieren oder zu verbessern. Vgl.: Mikos, Lothar: Vermischte Wirklichkeiten: Fernsehen und Realität im Kopf der Zuschauer, in: Das Vertrauen in die Medien - Orientierung im Wandel. Erweiterte Dokumentation 2003, hg. v. Klaus-Dieter Felsmann, München 2004.

15 Vom Orde: Kinder, Jugendliche und Reality-TV, S. 40.

„Sammelbecken für publikumswirksame Sendekonzepte"[16] und prägte so die deutsche Fernsehlandschaft.[17] Der Erfolg von *Reality*-TV gab der Kritik einen aktuellen Anlass zur Klage über den Voyeurismus der Medien und nicht zuletzt über Täuschung und Verwirrung eines Publikums, das nicht mehr zwischen Fiktion und ‚Wirklichkeit' zu unterscheiden wisse.[18] Folgt man hingegen der Argumentation von Boris Groys, war zumindest der Erfolg von *Big Brother* dem Umstand geschuldet, dass das Publikum von vornherein Voyeurismus und Manipulation der Wirklichkeit als das Eigentliche des Mediums voraussetzte:

> Die armen Menschen, der Voyeurismus der Medien und so weiter, als ob es der Voyeurismus der Medien sei, der die Menschen dazu bringt, diese Sendung zu sehen. Das ist nicht der Fall! Die Menschen sehen diese Sendung, weil diese Sendung sich selbst anklagt, weil sie sich ‚Big Brother' benennt, weil sie die Manipulation offenlegt. Was die Menschen genießen, genauso wie bei der ‚Truman Show' oder bei ‚Matrix', ist die Selbstanzeigeerstattung des Mediums, die Rituale der Selbstentlarvung und der Selbstdemaskierung, die dort stattfinden.[19]

Tatsächlich sind die von Groys erwähnten Spielfilme nicht zuletzt auch als Reflexionen über die Möglichkeiten von *Reality TV* interpretierbar. Während die berühmte Matrix im gleichnamigen von Groys erwähnten Film (1999) die technische Grundlage einer vollkommen simulierten Welt darstellte – und somit gelegentlich als Metapher für die Realität der Massenmedien interpretiert wurde – war im Film *Truman Show* (1998) konkret das Fernsehen der heimliche ‚Regisseur der Wirklichkeit'. Diesen Reiz der ‚Selbstanzeigeerstattung des Mediums' – im Medium des Films selbst wird die skrupellose Simulationsarbeit des Mediums angezeigt – hatte kurz zuvor bereits der Film *Wag the dog* (1997) exploriert. Während *Truman Show* vor allem als Kommentar auf TV-Formate *à la Big*

---

16 Ebd.

17 Zum TV-Format *Big Brother* siehe etwa: Im Auge der Kamera: Das Fernsehereignis Big Brother, hg. v. Elizabeth Prommer, Lothar Mikos, Patricia Feise et al., Berlin 2000.

18 Laut dem Forschungsüberblick von Heike vom Orde können insbesondere Kinder die Glaubwürdigkeit von Reality-TV-Formaten noch nicht einschätzen, da hier natürlicherweise noch eine naive Rezeptionshaltung vorherrscht. Auch bei jüngeren und niedrig gebildeten Jugendlichen gibt es Hinweise auf Probleme bei der Bewertung des Inszenierungscharakters von Reality-TV. Vgl.: Vom Orde: Kinder, Jugendliche und Reality-TV, S. 43.

19 Groys: Der Verdacht ist das Medium, S. 96

Brother zu deuten war, problematisierte die Satire *Wag the dog* das Phänomen bewegter Bilder vom Kriege. „Na? Was hat man über den Golfkrieg erfahren? Ein Video von einer Bombe, die fällt in einen Schornstein und ein Gebäude geht in die Luft. Das hätte auch aus Lego sein können", bemerkt dort die Figur des *Spin Doctor* Conrad Bream, der später einen Hollywood-Produzenten engagiert, um im digital ausgestatteten *Bluescreen*-Studio einen erfundenen ‚Albanien-Konflikt' für das Fernsehen zu inszenieren. Insbesondere auch die Kriegsberichterstattung – so verdeutlicht dieses Beispiel – hatte in den 1990er-Jahren vermehrt Anlass zu Reflexionen über das Medium Fernsehen geboten.

DESERT SESSIONS: DIE CNN-ISIERUNG VON KRIEGSWIRKLICHKEIT

Der Wandel in der Programmstruktur des Fernsehens um 2000 betraf nicht zuletzt die mediale Versorgung mit Nachrichten- und Informationssendungen über Krisen und Kriege. Charakteristisch für Fernsehnachrichten in den 1990er-Jahren war der Trend zu *Infotainment*-Formaten und zur *Live*-Berichterstattung. Insbesondere der US-Nachrichtensender *CNN*, beziehungsweise *CNN International*, setzte in den 1990er-Jahren Maßstäbe für ein beschleunigtes und auf Unterhaltung ausgelegtes Nachrichtenprogramm aus den Kriegs- und Krisengebieten der Welt. Berühmt wurde der Nachrichtensender CNN in Deutschland durch dessen Golfkriegs-Berichterstattung von 1990/91, die „desert storm in die Wohnzimmerstuben brachte"[20]. Dass im Nachhinein aufflog, dass eine PR-Agentur die sogenannte ‚Brutkasten-Lüge' erfunden und inszeniert hatte, um diesen Krieg zu forcieren, demonstrierte die Manipulationsanfälligkeit der Massenmedien, die diesen *Coup* arglos mitgetragen hatten, änderte aber freilich weder etwas am darauf folgenden Krieg, noch am System der Massenmedien.[21] Der

---

20 Maresch Rudolf: Die Militarisierung der Öffentlichkeit, http://www.rudolfmaresch.de/texte/23.pdf, zuletzt geprüft am: 21.02.2014, S. 8.
21 Die Brutkästen-Lüge von 1990 besagte, dass irakische Soldaten, die in Kuwait eingefallen waren, neugeborene Kinder aus ihren Brutkästen gerissen hätten, um sie zu töten. Die frei erfundene Geschichte wurde von einer PR-Agentur lanciert, um den US-Kongress und die Welt-Öffentlichkeit von der Notwendigkeit eines Krieges zu überzeugen. Vgl. dazu insbesondere MacArthur, John R.: Die Schlacht der Lügen: Wie die USA den Golfkrieg verkauften, München 1993; Iten, Andreas: Medien und Krieg – Krieg in den Medien. Die Sprache bereitet den Krieg vor, in: Medien und Krieg, Krieg in den Medien, hg. v. Kurt Imhof; Peter Schulz, Zürich 1995, S. 17 .

Golfkrieg war, wie Niklas Luhmann schreibt, „von vornherein als Medienereignis mitinszeniert"[22]. Das Fernsehen bot dabei „kaum mehr als eine verschleiernde *virtual reality*, die in den Bildmanipulationen des Balkankrieges fortgeführt wurde", vermerken etwa Georg Seeßlen und Markus Metz über das Kriegs-Fernsehen der 1990er-Jahre.[23] Die beiden Film- und Fernsehkritiker beschreiben somit rückblickend, was bereits die zuständigen Journalisten in Deutschland während des Golfkriegs anmahnten: 1990/91 „ereiferten sich die Medien primär über die Zensur der Militärs und die gekonnte Gleichschaltung von Öffentlichkeit und Kommunikationsapparat. Sie empörten sich über das virtuelle Bild des Krieges, das die Militärs vermittelten, und das weder Blut noch Verstümmelungen, Opfer oder hilflos herumirrende Menschenleiber kannte. Offensichtlich wußten die Journalisten in ihren Redaktionsstuben, wie ein Krieg auszusehen hatte"[24], so der Autor Rudolf Maresch. Ob und wie es angemessen ist, Kriegsopfer im Fernsehen zu zeigen, tut hier nichts zur Sache, festzuhalten bleibt, dass der Golfkrieg von 1990 und die folgenden Balkankriege, medial betrachtet, zuallererst TV-Ereignisse waren, und dass die Fernsehberichterstattung einen gewissen Einfluss auf diese Kriege, zumindest aber auf deren Zustimmung hatte. So wurde seit den 1990er-Jahren unter dem Schlagwort vom ‚CNN-Effekt' einmal mehr die politische Lenkungsmacht der Massenmedien beziehungsweise der Agenda-Setting-Effekt des Fernsehens problematisiert.[25] Rudolf Maresch spricht mit Blick auf die Balkankriege gar von einem ‚Medien- und Informationskrieg':

Vom Fälschen von Bildern und Inszenieren von Fakes, übers Lancieren, Manipulieren oder Türken von Nachrichten bis hin zu gezielten Desinformationskampagnen oder Mitteln psychologischer Kriegsführung (Bezichtigung des Feindes an Massakern, Gräueltaten und Massenvergewaltigung an der Zivilbevölkerung) reichte das Spektrum, um a) den Feind mental zu schwächen und b) die westlichen Medien auf ihre Seite zu ziehen. Und der MuI-Krieg [Medien- und Informations-Krieg] war nicht einmal dann ein Thema in den Medien, als die westlichen Medien endlich Partei ergriffen, sich auf die Seite einer

---

22 Luhmann: Die Realität der Massenmedien, S. 22.
23 Seeßlen, Georg; Metz, Markus: Krieg der Bilder, Bilder des Krieges: Abhandlung über die Katastrophe und die mediale Wirklichkeit, Berlin 2002, S. 64.
24 Maresch Rudolf: Die Militarisierung der Öffentlichkeit, S. 8.
25 Zum ‚CNN-Effekt' siehe etwa: Gilboa, Eytan: Global Television News and Foreign Policy: Debating the CNN Effect, in: International Studies Perspectives 6. 2005, 3, S. 325–341.

Kriegspartei schlugen und mit Bildern von Blut, ausgemergelten Körpern und abgerissenen Körperteilen die Staatengemeinschaft zum Eingreifen anstifteten.[26]

Verknappt zusammengefasst lässt sich also sagen, in den 1990er-Jahren haben audiovisuelle Artefakte und Fernsehberichte in zuvor ungekannter Intensität Regierungen zu Kriegen ‚angestiftet', wobei die medial kolportierten Kriegsgründe jeweils fragwürdig bis offenkundig gefälscht waren, was mit einem allgemeinen Verlust der Glaubwürdigkeit des Dokumentarischen korrespondierte. „Die Inszenierung von Wirklichkeit [...] in der politisch motivierten zeitgenössischen Kriegsberichterstattung lässt den Unterschied zwischen Fakten und Fiktionen verschwimmen"[27] schreibt der Kulturwissenschaftler Michael Meyer 2005. Zwar sind Manipulationen und Verfälschungen von Kriegsberichterstattung bereits aus historischen Beispielen von Julius Caesar bis Napoleon bekannt, das Fernsehen der Neunziger Jahre des zwanzigsten Jahrhunderts hatte dieser Informationspolitik jedoch eine ganz neue Dimension verliehen. Die viel beschworene ‚Macht der Bilder', das heißt letzten Endes deren Potenzial, Affekte und Evidenzen (gezielt) zu erzeugen und somit Stimmungen und Meinungen zu beeinflussen, hatte die Deutungshoheit des geschriebenen Wortes in der Tageszeitung längst abgelöst. Gleichzeitig drang die Erkenntnis der prinzipiellen Manipulationsanfälligkeit dieser Bilder und deren zugehöriger Berichte immer mehr in das kulturelle Bewusstsein des Massenpublikums.

UNDER ATTACK: FERNSEHEN AM 11. SEPTEMBER

Der 11. September 2001 war für das Fernsehen ein ‚großer Tag', er wurde daher medial mindestens bis zum 13. September 2001 verlängert. „Noch niemals zuvor hatte ein Ereignis in der auf Echtzeit getrimmten Nachrichtenmaschinerie eine derart nachhaltige Unterbrechung des routinemäßigen Programmflusses – des *flow of broadcasting* – verursacht"[28], bemerkt Stephan Weichert in seiner empirischen Studie über die Programmstruktur des deutschen Fernsehens vom 11. bis zum 13. September 2001. Erst drei Tage nach den Anschlägen schalteten die

---

26 Maresch Rudolf: Die Militarisierung der Öffentlichkeit, S. 8–9.

27 Meyer, Michael: Credit und Diskreditierung: Zur englischen Presse und Literatur im frühen 18. Jahrhundert, in: Vertrauen und Glaubwürdigkeit. Interdisziplinäre Perspektiven, hg. v. Beatrice Dernbach; Michael Meyer, Wiesbaden 2005, S. 172.

28 Weichert, Stephan Alexander: Die Krise als Medienereignis: Über den 11. September im deutschen Fernsehen, Köln 2006, S. 25.

größeren Fernsehsender sukzessive auf ‚Normalprogramm' um, und unterbrachen damit die zuvor anhaltende Dauerberichterstattung zu den Anschlägen. „Vor allem aufgrund ihrer Präsentation in Endlosschleifen drohten die teilweise unkommentierten Bilder des Terrors in ihrer symbolischen Bildkraft in einen Terror der Bilder [...] umzukippen"[29].

Abbildung 13: Zeichnung „Reality 9/11"

Quelle: Will Eisner (Reality 9/11 is © by Will Eisner Studios, Inc. and used with permission. All Rights reserved).

---

29 Ebd., S. 24. Zur Bildkraft und -wirkung der Ereignisse vom 11. September siehe insbesondere auch: Paul, Gerhard: BilderMACHT: Studien zur ‚Visual History' des 20. und 21. Jahrhunderts, Göttingen 2013, S. 567–599.

Insbesondere den Bildern der brennenden und einstürzenden Türme des World Trade Centers war in den Tagen nach dem 11. September kaum zu entkommen. Die regelrechte Flut an Bildern bot dabei kaum ein brauchbares Erklärungsmodell für die Ereignisse. „Sichtbarkeit ist nicht gleich Transparenz", betont Birgit Richard in Anbetracht der Bilder der Anschläge. Eine Tatsache, die Richard als „grundlegendes Paradigma der gegenwärtigen visuellen Kultur" erkennt.[30]

Die massive Dauerpräsenz der Fernsehbilder vom 11. September 2001 auf allen Kanälen führte kaum zu einem tieferen Verständnis der Ereignisse. „Fernsehen ist das, was man nicht sieht. Seit dem 11. September wird das immer klarer. Hinter dem kleinen Fenster des Sichtbaren, das es eröffnet, dehnt sich ein weites Feld des Nicht-Sichtbaren und des Unsichtbar-Gehaltenen"[31], bemerkt deshalb Fritz Wolf.

Die massenmediale Berichterstattung war unmittelbar nach den Anschlägen – wie es für eine *breaking news*-Situation typisch ist – verworren und widersprüchlich. In dieser schwer überschaubaren Situation produzierte nicht zuletzt das Fernsehen selbst Missverständnisse und Falschmeldungen, die später das Material von Verschwörungstheorien bildeten: „They were aided by the ambiguity of the initial media reports, which facilitated the rise of a host of urban legends. These legends multiplied far more rapidly than they could be checked; and despite the fact that they eventually turned out to be false, they nevertheless developed lives of their own [...]"[32]. Der Sender *BBC* etwa vermeldete fälschlicherweise bereits ca. 20 Minuten vor dem Einsturz des Gebäudes *WTC7* dessen Kollaps. Der entsprechende Mitschnitt der Live-Schalte aus New York dient innerhalb von Verschwörungstheorien als Hinweis auf ein detailliertes Vorwissen über die Ereignisse bei der *BBC*.

---

30 Richard, Birgit: Bilderkrieg und Terrorismus, in: Die Google-Gesellschaft. Vom digitalen Wandel des Wissens, hg. v. Kai Lehmann; Michael Schetsche, Bielefeld 2005, S. 360.
31 Wolf, Fritz: Fernsehen: Mit einem blinden Instrument, in: Message. Internationale Zeitschrift für Journalismus 4. 2002, 1, S. 42.
32 Barkun: A culture of conspiracy, S. 158.

Abbildung 14: BBC Schalte vom 11. September 2001.[33]

Bildquelle: Anonymus, ursprünglich BBC.

Insbesondere in den USA kam es in der Phase unmittelbar nach den Anschlägen neben häufigen Falschmeldungen vermehrt auch zu einer freiwilligen Selbstzensur.[34] Eine distanzierte und kritische Betrachtung der US-amerikanischen Au-

---

33 Im Jahr 2013 verhandelte ein Gericht in Sussex den Fall eines TV-Gebührenverweigerers, der zu seiner Verteidigung mit Verweis auf die Falschmeldung der BBC angab, den Sender nicht finanzieren zu wollen, da dieser durch Verschleierung und Irreführung am 11. September den internationalen Terrorismus unterstütze (dazu: Duell, Mark: TV licence evader refused to pay because the ‚BBC covered up facts about 9/11 and claimed tower fell 20 minutes before it did'. 2013, http://www.dailymail.co.uk/news/article-2284337/TV-licence-evader-refused-pay-BBC-covered-facts-9-11.html, zuletzt geprüft am: 28.04.2014).

34 Vgl. dazu etwa: Hessel, Alexander: Wenn das Konzert der Meinungen eintöniger wird: Die US-amerikanische Öffentlichkeit im Bann der Schweigespirale, in: Das freie Wort und seine Feinde. Zur Pressefreiheit in den Zeiten der Globalisierung, hg. v. Michael Haller, Konstanz 2003.

ßenpolitik fand somit nach den Anschlägen in den Massenmedien in noch geringerem Maße statt als bereits zuvor:[35]

The self-censorship of speech assumed to be unpopular by media organizations in the period following the September 11, 2001 attacks on the World Trade Center and the Pentagon has resulted from a combination of overt pressure from the government and the perceived threat of negative reaction from audiences and advertisers, on whom the advertiser-supported media depend for their profitability. [...] the more pernicous threat to free expression lies in the profit motive of the media themselves.[36]

Abweichende und kritische Ansichten – etwa hinsichtlich der Frage nach politischen Konsequenzen aus den Anschlägen – mussten also gar nicht direkt von einer Zensurmacht unterdrückt werden. In einem Land, „das sich im Kriegszustand befindet", so Florian Rötzer, konnten sie auch als „unpatriotische Haltung durch Quoten- oder Werbungsentzug und sinkendes Ansehen bestraft werden"[37]. Dies betraf die Massenmedien allgemein, die im Nachgang von 9/11 vor allem in den USA in der Mehrheit zunächst unkritisch die von der US-Regierung lancierten Falschaussagen zu Massenvernichtungswaffen im Irak oder zu einer Verbindung zwischen der irakischen Regierung und *Al Kaida* kolportierten.[38] Florian

---

35 Patrick, Martin; Phelan, Sean: History and September 11: A Comparison of Online and Network TV Discourses, in: Crisis communications. Lessons from September 11, hg. v. A. Michael Noll, Lanham, Md 2003, S. 180.

36 Drushel, Bruce E.: Politically (In)corrected: Electronic Media Self-Censorship since the 9/11 Attacks, in: Language, symbols, and the media. Communication in the aftermath of the World Trade Center attack, hg. v. Robert E. Denton, New Brunswick, N.J 2004, S. 215.

37 Rötzer, Florian: Das Internet vor und nach dem 11. September, in: Die offene Gesellschaft und ihre Medien in Zeiten ihrer Bedrohung, hg. v. Peter Christian Hall, Mainz 2003, S. 124.

38 Eine 2008 veröffentlichte Studie des *Center for Public Integrity* konnte nachweisen, dass die Regierung Bush im Vorfeld des Irak-Kriegs insgesamt 935 Falschaussagen in Umlauf brachte. US-Präsident Bush und weitere hochrangige Regierungsmitglieder hatten demnach methodisch Fehlinformationen in Umlauf gebracht. Insbesondere im Vorfeld der Kongressdebatte über eine Kriegsresolution im Jahr 2002, und Anfang 2003, als Bush seine Rede an die Nation hielt und Außenminister Powell gegenüber dem Sicherheitsrat der Vereinten Nationen falsche Tatsachenbehauptungen bezüglich vermeintlicher Massenvernichtungswaffen im Irak tätigte, war die Zahl der Fehlinformationen insgesamt noch einmal drastisch angestiegen. Vgl.: Lewis, Charles;

Rötzer hält fest, dass zumindest zu Beginn auch in den Massenmedien in Deutschland kritische Stimmen auffallend selten waren.[39] Zu dieser wahrgenommenen Kritiklosigkeit boten zahlreiche Angebote im Internet und besonders im noch relativ jungen *World Wide Web* eine gewisse mediale Alternative.

DUNKLE ZUKUNFT: DAS INTERNET UM 2000 ALS PUBLIZISTISCHES MEDIUM

Um 2000, so Glaubitz et al, hatte „das Wissen um die technischen, sozialen, ökonomischen und politischen Voraussetzungen sowie die Folgen der Vernetzung von Computern sein maximales Rekognitionsniveau erreicht. Das Internet, insbesondere das WWW und E-Mail, sind zu allseits bekannten und genutzten Medien geworden, [...]".[40] Diese Feststellung ist umso bemerkenswerter, da das Internet noch Mitte der 1990er-Jahre eine ‚Zukunftstechnologie' darstellte, über die viel geredet, von der aber gleichzeitig sehr wenig gewusst wurde. 1995 kürte die *Gesellschaft für deutsche Sprache* (GfdS) den Begriff ‚Multimedia' zum Wort des Jahres, doch im gleichen Jahr stellte das Magazin *Forbes* per Umfrage fest, dass nicht einmal 15 Prozent der deutschen Führungskräfte in der Wirtschaft wussten, was der Ausdruck ‚Internet' bedeutete.[41]

1995 überstieg überhaupt erstmals die Zahl der kommerziellen Nutzer des Internets die Zahl der rein professionellen, wissenschaftlichen Nutzer.[42] Der Zugang zum Internet war dabei noch relativ umständlich, die kommerziellen Anbieter stellten spezielle Software zur Einwahl bereit, die dann über 56K-Modems erfolgte. ‚Wie man da reinkommt' war noch 1999 eine gesellschaftlich relevante Frage an eine unvertraute Technik, die die Firma *AOL* mit dem berühmten ‚Bin ich schon drin'-Spot thematisierte.

Reading-Smith, Mark: Iraq: The War Card. Orchestrated deception on the path to war. 23.08.2008, http://www.publicintegrity.org/politics/white-house/iraq-war-card, zuletzt geprüft am: 08.09.2014. Siehe dazu auch: Lewis, Charles: 935 Lies: The Future of Truth and the Decline of America's Moral Integrity, New York 2014.

39 Ebd., S. 125.
40 Glaubitz, Groscurth, Hoffmann u.a.: Eine Theorie der Medienumbrüche, S. 123.
41 Vgl.: Teuteberg, Hans Jürgen: Einführung, in: Vom Flügeltelegraphen zum Internet. Geschichte der modernen Telekommunikation, hg. v. Hans Jürgen Teuteberg; Cornelius Neutsch, Stuttgart 1998, S. 7.
42 Glaubitz, Groscurth, Hoffmann u.a.: Eine Theorie der Medienumbrüche, S. 195.

Tabelle 3: Entwicklung der Online-Nutzung in Deutschland 1997 bis 2013[43]

	1997	2000	2003	2006	2009	2010	2011	2012	2013
Mindestens gelegentliche Onlinenutzung									
in Prozent	6,5	28,6	53,5	59,5	67,1	69,4	73,3	75,9	77.2
in Millionen	4,1	18,3	34,4	38,6	43,5	49,0	51,7	53,4	54,2
Zuwachs gegenüber dem Vorjahr in Prozent	-	64	22	3	2	13	6	3	2

Quelle: Eigene Tabelle, Daten entnommen aus: ard-zdf-onlinestudie.de: Entwicklung der Onlinenutzung.

Die historischen Daten zur Onlinenutzung in Deutschland verdeutlichen, inwiefern ‚um 2000' der entscheidende Zeitraum für die Verbreitung des Internets war. Gab es im Jahr 2000 noch einen Zuwachs von 64% bei der Online-Nutzung, liegen die Zuwachsraten der Folgejahre deutlich niedriger. Zwischen 2000 und 2003 – in der maßgeblichen Zeit für die Entwicklung von Verschwörungstheorien zum 11. September – übersprangen die Zahlen zur Onlinenutzung erstmals die wichtige 50%-Marke, es gab somit zum ersten Mal mehr Internetnutzer als Nicht-Nutzer.[44]

---

43 Datenbasis: Bis 2009: Deutsche ab 14 Jahren in Deutschland (2009: n=1806, 2006: n=1820, 2003: n=1955, 2000: n=3514, 1997: n=15431). Ab 2010: Deutschsprachige Bevölkerung ab 14 Jahren (2013: n=1800, 2012: n=1800, 2011: n=1800, 2010: n=1804). Vgl: ard-zdf-onlinestudie.de: Entwicklung der Onlinenutzung. 04.09.2013, http://www.ard-zdf-onlinestudie.de/index.php?id=394, zuletzt geprüft am: 20.03.2014.

44 Dass die Zeitspanne 2000/2001 eine entscheidende Phase in der Popularisierung von Internet und Computertechnik markiert, wird auch durch den zeitgleichen Boom entsprechender Zeitschriften unterstrichen. Computerzeitschriften erzielten gegen Ende des Jahrzehnts Auflagensprünge: „Chip, seit der Gründung im September 1978 eines der ältesten Computermagazine [...], schnellte 2000/2001 auf über 450.000 monatlich verkaufte Exemplare hoch. PC-Welt [...] erreichte sogar 488.000 Exemplare im Monat: Endlich, c't [...] kam auf mehr als 388.000 Exemplare alle zwei Wochen." (Küb-

Doch was nutzten die Nutzer im Internet? Laut den ARD/ZDF-Onlinestudien zu Nutzungsanwendungen im Internet waren ‚aktuelle Nachrichten' seit 2004 mit steigender Tendenz die beliebtesten Online-Inhalte (für den Zeitraum vor 2004 wurden keine entsprechenden Daten zu Verfügung gestellt)[45].

Tabelle 4: Gründe für die Onlineeinrichtung zu Hause in Prozent (1997).[46]

Anschaffungsgrund	sehr/etwas wichtig
Komme so an interessante Informationen	85
War einfach neugierig darauf	70
Bin gerne auf dem neuesten Stand der Technik	65
Wollte E-Mails versenden und empfangen	62
Brauchte es beruflich	46
War nützlich für meine Ausbildung	38
Komme an neue Unterhaltungsangebote	37
Komme so mit vielen Menschen in Kontakt	34

Quelle: Eigene Tabelle, Daten entnommen aus: ARD-Onlinestudie 1997: Onlinenutzung in Deutschland[47]

---

ler, Hans-Dieter: Ver-Einheit-Lichung, Diversifikation und Digitalisierung: Die deutsche Presse in den 1990er Jahren, in: Die Kultur der 90er Jahre, hg. v. Werner Faulstich, München 2010, S. 97).

45 Vgl. ARD/ZDF-Medienkommission: ard-zdf-onlinestudie.de: Onlineanwendungen. 04.09.2013, http://www.ard-zdf-onlinestudie.de/index.php?id=423, zuletzt geprüft am: 20.03.2014.

46 Grundgesamtheit: Onlinenutzer ab 14 Jahren in Deutschland (n = 1 003); Teilgruppe: Onlinenutzung zu Hause (n = 416).

47 van Eimeren, Birgit; Oehmichen, Ekkehardt; Schröter, Christian: ARD-Onlinestudie 1997: Onlinenutzung in Deutschland, http://www.ard-zdf-onlinestudie.de/fileadmin/Onlinestudie_1997/Online97.pdf, zuletzt geprüft am: 20.03.2014, S. 16.

Ähnlich der Nachfrage nach aktuellen Nachrichten waren 1997 ‚interessante Informationen' der meist genannte Anreiz für den Zugang zum Internet. Doch wo gab es vor und um 2000 ‚interessante Informationen' und aktuelle Nachrichten im Internet? Bereits seit Herbst 1994, genauer, seit dem 25. Oktober stellte der *Spiegel* als weltweit erstes Nachrichtenmagazin einen Ableger der Print-Marke ins Internet; einen Tag später folgte das *Time Magazine*.[48] Die Online-Angebote der großen journalistischen Medienakteure waren in der ersten Zeit rudimentär und boten wenig mehr als eine beschränkte Zweitverwertung der Print-Ausgaben. Zu diesem Zeitpunkt war noch vollkommen ungeklärt, in welche Richtung sich das Verhältnis von Print- und Online-Journalismus einmal entwickeln würde, Online-Journalismus war überhaupt noch ein undefiniertes mediales Feld, dessen Formen und Inhalte noch zu entdecken waren.

Eine journalistische Pionierarbeit leistete hier der mit einem Pulitzer-Preis dekorierte Investigativjournalist Gary Webb, mit einer im August 1996 erschienen dreiteiligen Online-Artikelserie für die *San Jose Mercury News*. Unter dem Titel *Dark Alliance – The Story behind the Crack Explosion* enthüllte Webb dort Verbindungen der CIA mit den nicaraguanischen Contra-Rebellen beim Geschäft mit dem Schmuggel und Verkauf von Kokain in die USA.[49] Webb's Artikelserie, die schnell internationale Bekanntheit erlangte, verband die investigative Geschichte mit den Möglichkeiten des neuen Mediums, das sich offenbar besser als die Printmedien eignete, die Verbindungen des Geheimdienstes zu nicaraguanischen Todesschwadronen und zum Drogenhandel auf den Straßen von Los Angeles zu repräsentieren.[50] So konnte man die Artikel von Webb nicht einfach nur lesen, man konnte auch die im Text per Hyperlinks hinterlegten Dokumente sichten (und hören) und somit interaktiv an der Enthüllung teilhaben. Webbs Serie war eine publizistische ‚Bombe', die nicht nur eine Art staatlich organisierter Verschwörung, sondern auch das Internet als Enthüllungsplattform populär machte.

‚Dark Alliance' was the first online, interactive exposé. Located in the heart of the Silicon Valley, the *Mercury* wanted to stretch the boundaries of traditional newspaper publishing. The format was revolutionary for the time: readers could not only read Webb's piece but

---

48 Bönisch, Julia: Meinungsführer oder Populärmedium?: Das journalistische Profil von Spiegel Online, Münster 2006, S. 7.
49 Vgl.: Webb, Gary: Dark Alliance: The Story Behind the Crack Explosion. 23.06.2005, http://www.narconews.com/darkalliance/drugs/start.htm, zuletzt geprüft am: 18.03.2014.
50 Die folgende Darstellung folgt im Wesentlichen Olmsted: Real enemies, S. 187–193.

click on links to see the documents he had unearthed. With the *Mercury's* pioneering use of the web as an interactive publishing tool, the trend towards citizen involvement in investigating government conspiracies, first evident in the Kennedy assassination, now reached its zenith."[51]

Obwohl die von Webb recherchierte Geschichte grundsätzlich standhielt, wurde der Autor später von großen Medienformaten wie der *L.A. Times*, der *Washington Post* und *New York Times* – die für derartigen Investigativ-Journalismus eigentlich eher prädestiniert waren als die regionale *Mercury News* – für Schwachpunkte seiner Artikel massiv angegriffen. Für den gescholtenen Journalisten Webb folgten statt weiterer investigativer Aufträge Jahre der Arbeitslosigkeit. „For some readers", schreibt die Historikerin Kathryn S. Olmsted, „the big paper's attacks on Webb confirmed their longtime suspicion of the media. [...] Partly because the major newspapers treated Webb with contempt, he quickly became a hero to conspiracists throughout the nation. His censure by the journalism establishment proved what they had suspected for years: the fourth estate was in league with the government to hide disturbing facts from the public."[52] Gary Webb wurde infolge zu einer Art Ikone wider Willen unter Anhängern von Verschwörungstheorien, hatte sein Fall doch die Logik verschwörungstheoretischer Erzählungen mustergültig bestätigt. Mehr noch, aus Sicht der Verschwörungstheoretiker hatte der Fall *Dark Alliance* nicht nur die konspirative Manipulation und Zensur durch die Massenmedien erwiesen, die Artikelserie von Gary Webb hatte praktisch bewiesen, dass man über das Internet eine Verschwörung enthüllen konnte, über die die Mainstream-Medien zuvor nicht berichten konnten oder wollten. Der Fall *Dark Alliance* bildete somit praktisch eine handfeste Blaupause für die Idee vom Internet als anti-konspirativer Enthüllungsplattform und zensurfreiem Medium von Gegenöffentlichkeit.

In ähnlicher Weise ließ sich auch der Verlauf des zwei Jahre später folgenden Skandals um die Affäre von Bill Clinton und Monica Lewinsky als ‚Verdienst des Internets' deuten. 1998 berichtet *Spiegel Online* über das Internet und die Clinton-Affäre. Es sei der Startpunkt dieser Affäre, „der im Rückblick vielleicht einmal als ein Meilenstein in der Entwicklung der Medien angesehen werden wird"[53], mutmaßt der Autor. Denn während die Menschen vom dominanten

---

51 Ebd., S. 189–190.
52 Ebd., S. 191–192.
53 Spiegel Online: Medien: Schneller, schneller! Mehr, mehr!: Die Clinton-Affäre und das Internet. 1998, http://www.spiegel.de/netzwelt/web/medien-schneller-schneller-mehr-mehr-a-13517.html, zuletzt geprüft am: 25.03.2014.

Medienereignis des vorangegangenen Jahres – der Unfalltod von Prinzessin Diana und Dodi Al-Fayed – noch „auf die übliche Weise, über's Fernsehen" erfuhren, hatten vor den ersten massenmedialen Meldungen über die Clinton-Affäre „die Leute darüber bereits seit Tagen im Internet kommuniziert"[54]. So zitiert *Spiegel Online* das *Time Warner*-Nachrichten-Portal *Netly News* mit den Worten „Dies wird das Jahr, in dem das Internet einen Präsidenten zu Fall brachte [...]. Wenn es dem Präsidenten nicht gelingen wird, die Vorwürfe über wiederholte Sexabenteuer abzuschütteln, die in dieser Woche gegen ihn erhoben wurden, so ist das zum Teil ein Verdienst des Netzes"[55]. Anhand dieser Annahme beschreibt der *Spiegel-Online*-Artikel die medialen Konstellationen des Nachrichtenwesens von 1998 als Antagonismus zwischen alt und neu: „[D]ie Schadenfreude der Online-Journalisten und die Weigerung der etablierten Medien, anzuerkennen, mit welcher Geschwindigkeit die Neuigkeiten bereits im Umlauf waren, ehe sie auch nur ihre Druckerpressen in Gang setzen konnten, sind Anzeichen für eine signifikante Veränderung im Distributionsweg von Nachrichten"[56]. Die Veränderung des medialen Distributionsweges habe dabei – *the medium is the message* – auch die Form der Nachrichten verändert: „Die für das Internet typische Form der News ist nicht die vollständige, gründlich recherchierte Nachricht, sondern eher das kleine Meldungshäppchen, die Bemerkung, die man zufällig mitbekommen hat, das Geflüster von Insidern und die weitergeleitete E-Mail. All das fliegt mit Lichtgeschwindigkeit um den Globus und fügt sich am Ende, vielleicht, zu einem Ganzen"[57]. Doch zum neuen Typus der ‚Internet-Nachrichten' gehöre nicht bloß diese andere Form, sondern eben auch eine regelrechte Ideologie des Neuen, die sich gegen das mediale *Establishment* – das heißt in dem Fall gegen einen von *CNN* geprägten Journalismus – richte:

Das ist das Ziel, das sich die Online-Journalisten gesetzt haben: CNN zuvorzukommen – jenem globalen Nachrichtensender, der in den späten Achtzigern und frühen Neunzigern mit seiner omnipräsenten Rund-um-die-Uhr-Bilderwelt das Nachrichtengeschäft neu definiert hat: Jelzin, wie er in Moskau einen Panzer besteigt; die intelligenten Bomben und Raketen, die sich in irakische Ziele bohren und den Golfkrieg in ein unheimliches Videospiel verwandeln. Mit ‚hyper-aktuellen' Bits und Bytes aus Klatsch, Anspielungen und – gelegentlich – echten Nachrichten möchte man das aktuelle Satelliten-TV-Netzwerk schlagen. ‚Der Reiz der Matt Drudges dieser Welt', warnte der Medienkritiker der

---

54 Ebd.
55 Ebd.
56 Ebd.
57 Ebd.

Washington Post, Howard Kurtz, kürzlich in der populären *ABC*-Sendung *Nightline*, ‚besteht darin, daß sie dem journalistischen Establishment die lange Nase zeigen. Und es gibt immer mehr von ihnen. Aber solange keine Regeln existieren, an die sich diese Internet-Cowboys halten, wird der Cyberspace ein verwirrender und oftmals verräterischer Ort bleiben.[58]

Indem die Repräsentanten des etablierten Journalismus wiederum mit Abwehrreflexen reagierten und die Regellosigkeit der Internet-Kommunikation – das Fehlen einer Gatekeeper-Instanz – beklagten, bestätigten sie ihrerseits die Vorstellung einer antagonistischen Konstellation von Online- und Offline-Medien.

Die Textdruck-Verfechter bestehen darauf, daß ihre Öffentlichkeit allen zu Verfügung steht, daß der Zugang zum Print demokratisiert ist und es daher keinen Grund zur Veränderung gäbe. Sie reduzieren das Internet auf seine Funktion Mitte der Neunziger als Recherchetool für die klassischen Medien. In dieser Logik wird die klassische Internet-Öffentlichkeit zu einer bösartigen Umgehung des vernünftigen, regulierten Diskurses, zum Äquivalent des spontanen Aufstands, des unreflektierten Regelverstoßes.[59]

Die Vorstellung einer antagonistischen Konstellation zwischen Online- und Offline-Medien der Publizität war somit um 2000 praktisch auf beiden Seiten dieser Konstellation ein etablierter Topos, der dem jeweils anderen Spektrum Illegitimität und Verzerrung vorwarf. Dass Nachrichtenmedien wie *CNN* an der planmäßigen Inszenierung von Kriegen teilhatten war dabei genauso unbestreitbar wie der offensichtliche Trend zum verschwörungstheoretischen Erzählen im Internet.

---

58 Ebd.
59 Kulla: Entschwörungstheorie, S. 209.

The Internet is for Conspiracy

> „Marge, you have to get on the net. It's where all the best conspiracy theories are. Did you know Hezbollah owns Little Debbie Food Snacks? This stuff will rock your world."
>
> HOMER SIMPSON/MARGE GAMER

Als *Dark Alliance* 1996 erschien, hatte sich bereits ein verschwörungstheoretisches Milieu im Internet etabliert, dessen mediales Selbstverständnis der Idee vom Netz als ‚Gegenmedium' entsprach. „Kaum ein Kulturkritiker, der sich in den Cyberspace verirrt hat", so resümiert Gundolf S. Freyermuth im Erscheinungsjahr von *Dark Alliance*, „der nicht früher oder später bemerkte, wie unbestritten der elektronische Weltenraum zum zentralen Tummelplatz für Verfolgungs- und Verschwörungswahnsinnige geworden ist. [...] Gigabyte für Gigabyte überschwemmen Konspirationstheorien die Netze"[60]. So bot das Internet von 1996 in der Beobachtung von Freyermuth einen historisch zu nennenden Exzess von Verschwörungstheorien:

[...] Regionen des Cyberspace, wo nicht einzelne Verrückte, sondern die nach Hunderttausenden zählenden Anhänger populärer Konspirationstheorien den Ton angeben; in den Dutzenden von Usenet-Diskussionsforen etwa, [...]; oder auf den Konspirations-Sites des WWW, auf der Kennedy Assassination Home Page und der Illuminati Home Page, auf Patriots against the New World Order, auf den Conspiracy Pages, die eine je aktuelle Konspiration des Augenblicks präsentieren [...]. Schier unerschöpflich scheinen die Möglichkeiten, sich im Cyberspace konspirativ zu vergnügen oder zu erschrecken.[61]

Es ist gar nicht unwahrscheinlich – wenn auch nicht quantifizierbar – dass in den 1990er-Jahren verschwörungstheoretische Erzählungen aus dem ‚Gewimmel' der zahlreichen Amateur-Angebote mehr Traffic im Internet generierten als der etablierte Mainstream-Journalismus. Das verschwörungstheoretische Milieu um 2000 war online jedenfalls ‚bereit zum Zugriff', um seine narrativen Folien über zeitgenössische Ereignisse zu legen und mit der Tendenz zum Live-Kommentar aktuelle Meldungen und Berichte der Massenmedien verschwörungstheoretisch zu rahmen.

---

60   Freyermuth: Das Internetz der Verschwörer, S. 4.
61   Ebd., S. 3.

Ein Beispiel wären etwa die ungezählten verschwörungstheoretischen Beiträge in Foren und auf Websites, die im Anschluss an den Absturz von TWA-Flug 800 im Juni 1996 Verdächtigungen und Anschuldigungen artikulierten, das Flugzeug sei von einer inländischen Rakete getroffen worden.[62] Mit Sicherheit bildeten verschwörungstheoretische Erzählungen bereits in der Frühphase des *World Wide Web* eine zentrale Form der digitalen Folklore[63].

Die Verschwörungstheorien, die nach dem 11. September im Internet kursierten, waren dort also keinesfalls ein neues Phänomen, sie waren wohlmöglich just das bis dato populärste Fallbeispiel für ‚digitale Verschwörungstheorie'.

Der 11. September 2001 gab den Anstoß für einen entscheidenden Entwicklungssprung in der Geschichte des Internets als Medium der Informations- und Nachrichtenbeschaffung. Wie bereits dargelegt, war der 11. September ausschlaggebend für die Entwicklung der Nachrichtensuchmaschine *Google News*. Steven Geyer kommt in seiner Dissertation *Der deutsche Onlinejournalismus am 11. September* sogar zur Feststellung, „am 11. September wurde das Internet als Nachrichtenmedium entdeckt"[64]. Wie für die Suchmaschine Google waren auch für die Anbieter aktueller Online-Nachrichten die Zahl der Aufrufe am 11. September hoch wie nie zuvor: „The 9/11 attacks and their aftermath generated the most traffic to traditional news sites in the history of the Web. Equally as im-

---

62 Zur Rolle des WWW für die Entwicklung von Verschwörungstheorien zu TWA-Flug 800 siehe etwa: Miller, Shane: Conspiracy theories: public arguments as coded critiques: an analysis of the TWA Flight 800 conspiracy theories, in: Argumentation & Advocacy, 39. 2002, 1, S. 40–56.

63 Digitale Folklore meint eine – im Sinne der Genre-Theorie nach John Swales – durch ihre kommunikative Funktion bestimmte Kategorie von Online-Kommunikation. Die Genre-definierende kommunikative Funktion ist hier etwa die Generierung von Aufmerksamkeit oder das Pflegen sozialer Kontakte mittels E-Mail-Weiterleitung oder Posting von leicht verfügbarem narrativem Material mit einem high tellability factor. In der digitalen Folklore sieht die anglistische Genre-Forschung einen besonders guten Nährboden für Verschwörungstheorien. Vgl.: Heyd, Theresa: A model for describing ‚new' and ‚old' properties of CMC genres: The case of digital folklore, in: Genres in the Internet. Issues in the theory of genre, hg. v. Janet Giltrow; Dieter Stein, Amsterdam, Philadelphia 2009, S. 250–257.

64 Geyer, Steven: Der deutsche Onlinejournalismus am 11. September: die Terroranschläge als Schlüsselereignis für das junge Nachrichtenmedium 2004, S. 188.

portant was the fact that many non-news sites were turned into conduits for information, commentary, and action related to 9/11 events"[65].

Abbildung 15: Google-Suchstatistiken vom 11. September 2001

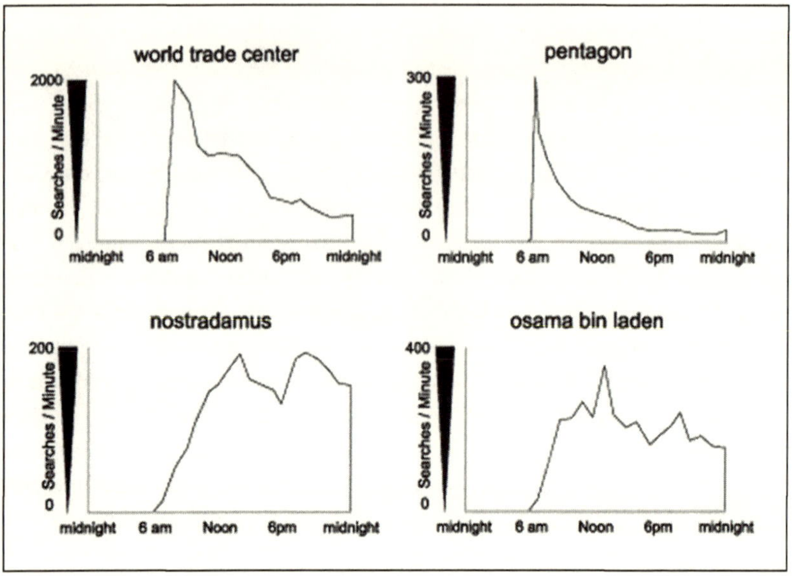

Quelle: Google-Zeitgeist[66]

Dieser Impuls durch gestiegene Nutzeranfragen hatte gewissermaßen einen wechselseitigen Effekt. Die Online-Medien stellten ihr Angebot in Zukunft auf eine breitere Nachfrage von Nachrichteninhalten ein und die Nutzer orientierten sich seit dem 11. September nachhaltig noch mehr zum Internet: „Mit dem 11. September hat sich die Internetnutzung nicht nur zeitweise, sondern andauernd noch einmal verstärkt"[67], notiert Florian Rötzer.

---

65 Fox, Susanna; Rainie, Lee; Madden, Mary: One year later: September 11 and the Internet. 2002, http://www.pewinternet.org/files/old-media//Files/Reports/2002/PIP_9-11_Report.pdf.pdf, zuletzt geprüft am: 21.02.2014, S. 6.
66 Google: Search Statistics Related to September 11, 2001. 02.04.2012, http://www.google.com/press/zeitgeist/9-11.html, zuletzt geprüft am: 21.02.2014.
67 Florian Rötzer: Das Internet vor und nach dem 11. Septemer. In: Peter Christian Hall (Hg.): Die offene Gesellschaft und ihre Medien in Zeiten ihrer Bedrohung. Mainz 2003, S. 116.

Eine verbreitete Reaktion auf die Ereignisse des 11. September war umgehend auch die Bildung verschwörungstheoretischer Erzählungen zum Ereignis: „Some fringe conspiracy theorists had begun telling alternative stories about 9/11 from the moment they tore themselves away from the televised images of carnage and switched on their computers to discuss the attacks with their virtual friends."[68] Zur gestiegenen Internetnutzung seit dem 11. September gehörte somit auch die Verbreitung, Rezeption und Diskussion von Verschwörungstheorien zum 11. September als eines der populären Themenfelder überhaupt in der digitalen Folklore der 2000er-Jahre. „Les théories du complot sur les attentats du 11 septembre 2001 sont celles qui générèrent le plus de trafic sur Internet durant les années 2000[69]: Verschwörungstheorien zum 11. September haben den meisten Web-Traffic der 2000er-Jahre verursacht, behauptet die französische Wikipedia. Diese Mutmaßung ist allerdings forschungspraktisch kaum zu überprüfen und basiert auf keinen bekannten validen Quellen. Belastbare Daten zum Thema erhoben stattdessen etwa die beiden Internet-Forscher René König und Erik Borra. Laut ihrer Studie dominierten verschwörungstheoretische Inhalte zwischen 2007 und 2013 lange Zeit das Top Ten Ranking der Suchergebnisse von Google zum Schlagwort ‚9/11'. Obgleich die Änderung des Google-Suchalgorithmus mit dem ‚Panda-Update' von 2011 URL's mit verschwörungstheoretischen Inhalten zunehmend aus den Top Ten der Suchergebnisse verdrängte, ergab sich für den Untersuchungszeitraum im Schnitt immer noch eine Mehrheit von 34,4 Prozent verschwörungstheoretischer Inhalte in den Top Ten der Suchergebnisse bei Google.[70]

---

68 Olmsted: Real enemies, S. 221.
69 Wikipédia: Théorie du complot. 20.02.2014, http://fr.wikipedia.org/w/index.php?oldid=100425177, zuletzt geprüft am: 22.02.2014.
70 Die Studie beruht auf der inhaltsanalytischen Auswertung der Suchergebnisse, die im besagten Zeitraum je vier Mal jährlich erfasst wurden. Siehe dazu den entsprechenden Vortrag: König, René; Borra, Erik: Googling 9/11: The Perspectives of a Search Engine on a Global Event. 2013, http://networkcultures.org/query/2013/11/11/erik-borra-and-rene-konig-google-search-perspectives-on-911/, zuletzt geprüft am: 12.09.2014.

ZU GENESE UND URHEBERSCHAFT VON VERSCHWÖRUNGSTHEORIEN ZUM 11. SEPTEMBER 2001

Während die zuvor betrachteten historischen Verschwörungstheorien seit dem 18. Jahrhundert relativ eindeutig bestimmten politischen und gesellschaftlichen Milieus zuzuordnen waren, trifft dies auf das Feld der Verschwörungstheorien zum 11. September weniger zu. Beiträge zu verschwörungstheoretischen Erzählungen zum 11. September kamen mehr oder weniger zeitgleich aus verschiedenen Sprachregionen, aus verschiedenen Medien und aus unterschiedlichen politischen Lagern. Für Aufsehen sorgte etwa die Zusammensetzung des Teilnehmerfeldes einer der ersten öffentlichen Tagungen zum Thema in Deutschland. So erschien im Juni 2003 zur Veranstaltung ‚Der inszenierte Terrorismus – Die Anschläge am 11. September 2001' im Audimax der HU Berlin neben den Podiumsrednern, wie dem ehemaligen SPD-Politiker Andreas von Bülow und dem vormaligen *taz*-Redakteur Mathias Bröckers, auch der damalige NPD-Anwalt und rechtsextreme Aktivist Horst Mahler im Publikum: „Horst Mahler betritt den Saal und setzt sich, begleitet von wenigen, aber lautstarken ‚Nazis raus'- Rufen, in die fünfte Reihe, wo ihm Vertraute einen Sitzplatz reserviert haben. Wer nun erwartet hätte, die kritischen Linken auf der Bühne würden unterbrechen, bis der prominenteste Rechtsextreme der Bundesrepublik mitsamt seinen Glatzköpfen den Saal wieder verlassen hätte, hat sich getäuscht [...]."[71] Mutmaßlich bildet hier auch der Antiamerikanismus einen simplen gemeinsamen Nenner, der die Thematik für Publizisten und Aktivisten von ganz unterschiedlicher politischer Orientierung zu einem gemeinsamen Interesse macht.[72]

Auch weichen die verschiedenen verschwörungstheoretischen Ansätze in ihrer Indizien- und Thesenbildung stark voneinander ab. Die jeweiligen Thesen oder auch ‚Fragen' zum Ereignis decken ein weites Spektrum vom professoralen Aufsatz bis zur radikal-kontrafaktischen Fiktion ab: Ist das World Trade Center durch Flugzeugeinschläge zerstört worden, weil eine Macht-Elite innerhalb der USA die Terroristen schlicht gewähren ließ und gar protegierte? Und konnten die Türme eigentlich überhaupt nicht durch Flugzeugeinschläge fallen, und fol-

---

71 Pickert, Bernd: Verschwörungsprofis unter sich: Eine Veranstaltung der prominenten Zweifler an der offiziellen Version der Geschehnisse des 11. September 2001 gerät in Berlin zur substanzlosen Selbstbestätigung. Horst Mahler darf teilnehmen, ‚Nazis raus'-Rufer müssen den Saal verlassen. 04.08.2014,
 http://www.taz.de/1/archiv/?dig=2003/07/02/a0089, zuletzt geprüft am: 04.08.2014.
72 Zum Antiamerikanismus in Deutschland siehe etwa: Jaecker, Tobias: Hass, Neid, Wahn: Antiamerikanismus in den deutschen Medien, Frankfurt am Main 2014.

gerichtig fielen sie durch kontrollierte Sprengungen? Falls dem so war, wurden die Sprengungen mittels Nanothermit oder per Nuklearsprengung herbeigeführt? Waren die Terroristen speziell ausgebildete Elite-Piloten, oder waren die Flugzeuge ferngesteuert? Oder gab es überhaupt keine echten Flugzeuge, und die Bilder der Einschläge waren bloß digital produzierte *virtual reality*? Von all diesen und noch weit mehr Möglichkeiten erzählen die Verschwörungstheorien zum 11. September, wobei sich die Thematisierung des dritten eingestürzten Gebäudes – *what about building 7?* – als zentrales *MIHOP*-Indiz etabliert hat.

Auch die Frage der Identität der Verschwörer deckt ein breites Spektrum ab. Der Online-Auftritt des *9/11-Truth-movement* und dessen Umfeld verzichten beharrlich auf die Nennung von Ross und Reiter. Stattdessen stellt man schlicht Fragen und verlangt Antworten.[73] Andernorts gelten wahlweise Juden, US-Amerikaner, Freimaurer, Illuminaten, die *NWO* oder ‚die Globalisten' als Urheber der Anschläge. Die zumindest im deutschen Buchmarkt erfolgreichsten verschwörungstheoretischen Veröffentlichungen zum 11. September fokussierten primär die Regierung um George W. Bush als Drahtzieher, wobei in Form von willkürlichen Verweisen auf den israelischen Geheimdienst *Mossad* und den israelischen *Likud*-Block unter Ariel Scharon in eher schwach codierter Form an das gattungsmäßige Verschwörungs-Stereotyp vom übermächtigen Judentum angeschlossen wurde.[74] Die Tradierung, die Aktualität und die Hartnäckigkeit dieses Stereotyps verschwörungstheoretischer Erzählungen fallen am Beispiel des 11. September besonders auf. Von Mohamed Atta und Ramzi Binalshibh, den beiden Planern des 11. September der so genannten ‚Hamburger Terrorzelle', ist überliefert, dass sie überzeugt waren, in New York befinde sich das Herz einer jüdischen Weltverschwörung, die von dort aus die Finanzwelt und die Me-

---

73 *Ask questions, demand answers* lautete ein Slogan der Bewegung in den 2000er-Jahren. Dabei ist recht offensichtlich, dass die Fragesteller Antworten, die etwa einer kontrollierten Sprengung oder anderen verschwörungstheoretischen Spekulationen widersprechen, nicht akzeptieren. Zum Beispiel veröffentlichte der populäre *Truther* und emeritierte Theologie-Professor David Ray Griffin unter dem Titel *Debunking 9/11 Debunking* umgehend eine ausführliche Gegendarstellung, nachdem das Wissenschaftsmagazins *Popular Mechanics* in einem Buch die zentralen Fragen der *Truther* aufgegriffen und entkräftet hatte. Vgl. dazu: Dunbar, Reagan: Debunking 9/11 myths, Griffin, David Ray: Debunking 9/11 debunking: An answer to Popular mechanics and other defenders of the official conspiracy theory, Revised and updated edition, Northampton, Mass 2007.

74 Siehe hierzu insbesondere die Analysen von Tobias Jaecker: Jaecker: Antisemitische Verschwörungstheorien nach dem 11. September.

dien kontrolliere.[75] Bereits sechs Tage nachdem Mohamed Atta als mutmaßlicher Pilot von American-Airlines-Flug 11 eine Boeing in den Nordturm des WTC steuerte, verbreitete der Hisbollah-nahe TV-Sender *al Manar* das Gerücht, 4000 Juden, die im WTC beschäftigt gewesen seien, wären am Morgen des 11. September gar nicht zu ihrer Arbeit erschienen, was offenkundig auf ein jüdisches Vorwissen, mithin auf eine Beteiligung Israels an den Anschlägen schließen lassen sollte.[76] Das Gerücht über die 4000 Juden wurde im Internet weiter kolportiert und gehörte mit zum frühesten Bestand der sich dort entfaltenden digitalen Folklore verschwörungstheoretischer Rahmungen des 11. September.

Zur Materialerhebung

Nicht zuletzt auch aufgrund der antisemitischen Strukturelemente wurden verschwörungstheoretische Publikationen zum 11. September bereits früh in Feuilletons und akademischen Beiträgen als Gegenstand wahrgenommen und mittlerweile besteht längst eine Art ‚Kanon' der wesentlichen Texte und Autoren. So ist allgemeiner Konsens und anhand gelegentlich genannter Verkaufszahlen quantifiziert, dass im Printbereich die Buchautoren Mathias Bröckers, Andreas von Bülow und Gerhard Wisnewski das Feld bestimmten.[77] Das erste Beispiel in der Untersuchung von Vorstellungsbildern des Medialen in Verschwörungstheorien zum 11. September bildet somit der Titel *Verschwörungen, Verschwörungs-*

---

75 Diese Information entnimmt die 9/11-commission den Überwachungsprotokollen des BKA: National Commission on Terrorist Attacks Upon the United States: The 9/11 Commission Report. 17.07.2004,
http://www.9-11commission.gov/report/911Report.pdf, zuletzt geprüft am: 08.05.2013, S. 161.

76 Vgl.: Baum, Steven K.: Antisemitism Explained, Lanham, Maryland 2011, S. 198.

77 So lag die Gesamtauflage der drei 9/11-Bücher von Mathias Bröckers im September 2011 bei ca. 250.000 Exemplaren. Das Buch *Die CIA und der 11. September* des SPD-Politikers Andreas von Bülow stand 2003 wochenlang auf der Spiegel-Bestsellerliste und hat sich seitdem rund 200.000 Mal verkauft. Gerhard Wisnewskis Titel *Operation 9/11* verkaufte sich ca. 100.000 Mal. Vgl.: Krieger, Regina; Schläfer, Petra: Hohe Auflagen mit Verschwörung: Bücher über die vermeintlich düsteren Machenschaften der Geheimdienste sind Verkaufsschlager. Vor allem die Theorien rund um den 11. September begeistern die Leser. Für den Erfolg gibt es viele Gründe. 2011, http://www.handelsblatt.com/politik/international/buecher-zum-11-september-hohe-auflagen-mit-verschwoerung/4592696.html, zuletzt geprüft am: 09.07.2014.

theorien und Geheimnisse des 11.9. von Mathias Bröckers als die wohl populärste Quelle in Buchform.

Es entspricht dem Stand der Mediengesellschaft, dass hier den Online-Textsorten eine mindestens ebenbürtige, rein quantitativ ganz sicher eine größere Bedeutung zukommt. Charakteristisch für die Verbreitung der Verschwörungstheorien ist heute generell der Befund einer schier unüberschaubaren Menge an Videoclips, Homepages, Blogs und Foren von verschiedener Reichweite. Verschwörungstheorien zum 11. September stammen in wesentlichen Teilen aus dem Feld der Online-Medien, hier liegt die eigentliche Quelle dieser Erzählungen, auch der erst später erscheinenden Buchveröffentlichungen. Auch im breit gefächerten Feld der Online-Angebote sind dabei mutmaßlich bestimmte ‚Zentren' auszumachen, das heißt, einzelne Angebote, die in Sachen Popularität aus dem allgemeinen Angebot herausragen. „More specifically, two Websites represent the most popular and influential of these Internet (hyper)texts: The Web-based video Loose Change and the Website 911Truth.org"[78] benennt der Kommunikationswissenschaftler Charles Soukup zwei zentrale Angebote, die wohl auch im deutschen Sprachraum registriert und rezipiert wurden. Neben der Homepage *91truth.org*, die lange Zeit kontinuierlich unter den fünf ersten Suchergebnissen bei Google zum Suchbegriff ‚9/11' rangierte[79] oder der insbesondere über das Internet verbreiteten Filmreihe *Loose Change*, deren erster Teil als mutmaßlich ‚erster Online-Blockbuster' in die Filmgeschichte einging,[80] gab und

---

78 Soukup: 9/11 Conspiracy Theories on the World Wide Web: Digital Rhetoric and Alternative Epistemology, S. 7.

79 Vgl. dazu den zusammenfassenden Forschungsbericht zur Hierarchisierung von Suchergebnissen zu ‚9/11' bei Google: Rogers, Richard: Das Ende des Virtuellen: Digitale Methoden, in: zfm. Zeitschrift für Medienwissenschaft. 2011, 2, S. 61–77, S. 72–73.

80 Als „first internet blockbuster" beschreibt die Autorin Nancy Sales den Film und beruft sich dabei auf dessen Aufrufstatistik im Videoportal Youtube (Sales, Nancy Jo: Click here for Conspiracy: With $6,000 and a laptop computer, three kids from upstate New York made a documentary about 9/11 that spread across the Internet and threw millions for a loop, in: Vanity Fair. 2006, 8, S. 112–118); „at least ten million people have already viewed it, and thirty-five thousand of them have written reviews, giving it an average rating of four and a half out of five stars", nimmt Olmsted im Jahr 2009 zu Protokoll (Olmsted: Real enemies, S. 1) und erklärt den Film zum „most influential piece of propaganda for 9/11 conspiracists" (ebd., S. 224). Jovan Byford verbucht Loose Change noch 2011 als „one of the most succesful postings on YouTube to date" (Byford: Conspiracy theories, S. 11).

gibt es auch erfolgreiche genuin deutschsprachige Angebote, deren Popularität allerdings forschungspraktisch – und diese gilt im Übrigen auch für die oben genannten Online-Textsorten – nur schwer zu erfassen ist. Onlineinhalte sind grundsätzlich einer Dynamik unterworfen, „die sie eher als Prozess, denn als Objekt erscheinen lassen. Diese Flüchtigkeit wird durch eine nonlineare Struktur (Hypertextualität) ergänzt, sodass sich massive Probleme bei der Definition der Untersuchungseinheit, der Stichprobenziehung sowie bei der Erstellung des Messinstruments ergeben."[81] Da somit und auch aufgrund der stets gegebenen Manipulationsanfälligkeit von Such- und Klickstatistiken eine empirisch saubere Benennung der populärsten Online-Angebote zum Thema vorerst ausfällt, sehen die Online-Forscher Martin Welker und Carsten Wünsch „das adäquate Vorgehen bei der Stichprobenziehung von Online-Inhalten […] nicht in der Anwendung eines spezifischen, sondern in einem *offengelegten* und für die beschriebenen Probleme *sensibilisierten* Forschungsprozess"[82]. Die Entscheidung für die Auswahl einzelner Online-Beispiele basierte aus den genannten Gründen daher nicht auf empirischen Messverfahren, sondern auf einer qualitativen Erhebung, anhand des Prototypenprinzips. Ausgangspunkt war dabei – als für deutschen Sprachraum angenommener ‚historischer Archetypus' – Mathias Bröckers' Blog *The WTC conspiracy*, der als regelmäßiges ‚konspirologisches Tagebuch' bereits auf den 13.09.2001 zurückdatiert und inhaltlich die Grundlage der späteren Bestseller von Bröckers bildete. Die weitere Materialauswahl von Online-Textsorten erfolgte zunächst im Sinne einer ‚maximalen Kontrastierung', wie es Reiner Keller der Diskursforschung in Anlehnung an die *grounded theory* empfiehlt:[83]

---

81 Früh, Werner: Inhaltsanalyse: Theorie und Praxis, 7. Auflage, Konstanz 2011, S. 287.
82 Welker, Martin; Wünsch, Carsten: Die Online-Inhaltsanalyse: Forschungsobjekt Internet, Köln 2010, S. 115.
83 Als Datenkorpus diente dabei eine Zusammenstellung einschlägiger Webseiten und der dort – auch in den Kommentaren – verlinkten Angebote: Bröckers, Mathias: 9/11. 10.07.2014, http://www.broeckers.com/911-2/, zuletzt geprüft am: 10.07.2014; Elsässer, Jürgen: Elsässers Blog. 10.07.2014, http://juergenelsaesser.wordpress.com/, zuletzt geprüft am: 10.07.2014; Pseudonym (Freeman): Alles Schall und Rauch. 10.07.2014, http://alles-schallundrauch.blogspot.de/, zuletzt geprüft am: 10.07.2014; Benesch, Alexander: Infokrieg.tv. 2006-2009, http://infokrieg.tv; Benesch, Alexander: Recentr: Die liberalkonservative Medienplattform von Alexander Benesch samt Recentr-Shop für Krisenvorsorge. 10.07.2014, http://recentr.com/, zuletzt geprüft am: 10.07.2014; Köwing, Ernst: Der Honigmann sagt…: Der etwas andere weblog. 10.07.2014, http://derhonigmannsagt.wordpress.com/, zuletzt geprüft am: 10.07.2014; Gerhardt, Dirk: 911-archiv. 10.07.2014, http://www.911-archiv.net/, zuletzt geprüft

[...] dabei geht es darum, die Auswahl der zur Feinanalyse heranzuziehenden Dokumente aus dem Forschungsprozess selbst zu begründen: Man beginnt mit einem ‚bedeutsam' erscheinenden Dokument, analysiert es, und sucht dann innerhalb des Datenkorpus nach einem dazu stark unterschiedlichen (maximale Kontrastierung) [...] Aussageereignis. Die Orientierung an der maximalen Kontrastierung ermöglicht es, nach und nach das Gesamtspektrum des oder der Diskurse innerhalb eines Korpus zu erfassen und dadurch [...] dessen heterogene Bestandteile herauszuarbeiten.[84]

Für die von Bröckers hervorgebrachten Textsorten gilt, dass diese in einem relativ angesehenen Umfeld herausgegeben wurden, das keinesfalls exklusiv auf Verschwörungstheorien spezialisiert ist (Heise-Verlag, Verlag Zweitausendeins und Westend-Verlag). Das auf Bröckers' Veröffentlichungen kritische Bemerkungen und bisweilen heftigere ‚Anfeindungen' und Häme in den Feuilletons folgten, mag auch damit zusammenhängen, dass dessen Beiträge zwar eine vorsätzliche und recht tendenziöse Form der Spekulation darstellten,[85] letztlich aber immer noch als Arbeiten eines professionellen Journalisten erkennbar waren. Aus diesem Punkt dürfte sich wiederum die Anerkennung erklären, die Bröckers' Schaffen trotz aller Kritik auch in den Massenmedien widerfuhr. So wurde der Autor mit seinem Buch *11.9:.10 Jahre danach*[86] beispielsweise ausführlich im ARD-magazin *ttt* gewürdigt[87] und konnte seine Thesen eine halbe

---

am: 10.07.2014; Liebert, Michael: Wahrheitsbewegung.net: Das alternative Medienportal. 10.07.2014, http://www.wahrheitsbewegung.net/, zuletzt geprüft am: 10.07.2014; Kort, Dennis: Allmystery.de: Antworten auf die Rätsel unserer Welt. 10.07.2014, http://www.allmystery.de/, zuletzt geprüft am: 10.07.2014, Wikipedia: Verschwörungstheorien zum 11. September 2001. 04.07.2014, http://de.wikipedia.org/w/index.php?oldid=131766494, zuletzt geprüft am: 10.07.2014, Anonymus: Psiram. 10.07.2014, http://www.psiram.com/, zuletzt geprüft am: 10.07.2014.

84 Keller, Reiner: Wissen oder Sprache?: Für eine wissensanalystische Profilierung der Diskursforschung, in: Historische Diskursanalysen. Genealogie, Theorie, Anwendungen, hg. v. Franz X. Eder, Wiesbaden 2006, S. 65.

85 In Bröckers eigenen Worten: „Ich schreibe manchmal, als wüsste ich's, und nehme das drei Seiten später wieder zurück. Aber das Publikum will nun mal eine simple Botschaft, einen Missionar." Zitiert nach: Bittner: Blackbox Weißes Haus.

86 Bröckers, Mathias; Walther, Christian C.: 11.9.: Zehn Jahre danach. Der Einsturz eines Lügengebäudes, Frankfurt am Main 2011.

87 ARD: ttt – titel thesen temperamente.

Stunde lang im MDR-Magazin *hier ab vier* präsentieren[88]. Bröckers Textsorten fungieren somit quasi als die bisweilen als ‚honorig-seriös' rezipierte Variante im fraglichen Gesamtspektrum. Betrachtet man dieses ‚seriösere' Feld im Spektrum der Verschwörungstheorien zum 11. September 2001, so ist eine auffällige Distanzierung und Abgrenzung zu bestimmten verwandten Textsorten zu verzeichnen. Dies betrifft zum einen eine Strategie der Abgrenzung zu allzu unverhohlenen Bekenntnissen zum Antisemitismus und zum anderen eine strikte Ablehnung zu auffallend abstruseren und esoterischen Varianten. Hierbei bildet vor allem die so genannte *no plane theory* ein zentrales Distinktionsmerkmal, von dem sich das auf eine gewisse Redlichkeit bedachte Feld vehement abgrenzt.[89] Nach der *no plane theory* wurde das WTC am 11. September nicht bloß kontrolliert gesprengt, sondern die einschlagenden Flugzeuge existierten überhaupt nicht, waren lediglich programmierter Bestandteil einer *virtual reality*. Als Beispiel-Textsorte für eine maximale Kontrastierung innerhalb des Feldes wurde somit ein Beitrag ausgewählt, der die *no plane theory* vertritt.

Um neben dieser maximalen Kontrastierung noch einer anderen Variation – nämlich der Zeitachse – gerecht zu werden und die Analyse abschließend zu sättigen, befragt die Untersuchung als letztes Beispiel das Online-Angebot des insbesondere in jüngster Zeit abermals populär gewordenen Aktivisten Ken Jebsen, den etwa *SpiegelTV* im Rahmen des Beitrags *Klassentreffen der Verschwörungstheoretiker* zu den ‚neuen Montagsdemos' im Jahr 2014 als „Rudelführer der Montagsmeute"[90] ausmachte.

---

88 MDR: hier ab vier: Gäste zum Kaffee. Gast: Mathias Bröckers. Deutsche Erstausstrahlung: 08.09.2011.
89 Vgl. dazu etwa: Bröckers, Mathias: Zehn Jahre WTC-Conspiracy. 2011, http://www.heise.de/tp/artikel/35/35466/1.html, zuletzt geprüft am: 10.07.2014; Benesch, Alexander: Der bizarre Urheber der 9/11 No Plane-Theorien. 2010, http://recentr.com/2010/11/der-bizarre-urheber-der-911-no-plane-theorien/, zuletzt geprüft am: 10.07.2014.
90 Kasten, Felix: Montagsdemos: Klassentreffen der Verschwörungstheoretiker. Deutsche Erstausstrahlung: 18.05.2014.

Abbildung 16: *Quellen verschwörungstheoretischer Erzählungen zu 9/11 (Auswahl)*

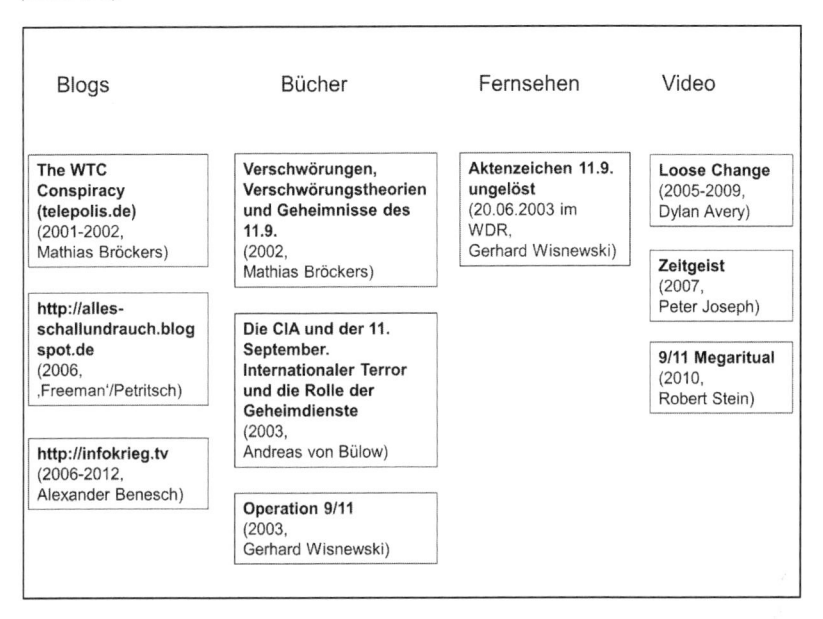

Blogs	Bücher	Fernsehen	Video
The WTC Conspiracy (telepolis.de) (2001-2002, Mathias Bröckers)	Verschwörungen, Verschwörungstheorien und Geheimnisse des 11.9. (2002, Mathias Bröckers)	Aktenzeichen 11.9. ungelöst (20.06.2003 im WDR, Gerhard Wisnewski)	Loose Change (2005-2009, Dylan Avery)
http://alles-schallundrauch.blog spot.de (2006, ‚Freeman'/Petritsch)	Die CIA und der 11. September. Internationaler Terror und die Rolle der Geheimdienste (2003, Andreas von Bülow)		Zeitgeist (2007, Peter Joseph)
http://infokrieg.tv (2006-2012, Alexander Benesch)			9/11 Megaritual (2010, Robert Stein)
	Operation 9/11 (2003, Gerhard Wisnewski)		

Quelle: Eigene Darstellung

4.2 Vorstellungsbilder des Medialen in Verschwörungstheorien zum 11. September 2001

Abbildung 17: Per Google zur Wahrheit: Schablonengraffiti, USA.

Quelle: David Drexler. Gegoogelt und gefunden auf: www.flickr.com/drexler

Quellenanalyse: Mathias Bröckers: The WTC Conspiracy (2001-2002) und Verschwörungen, Verschwörungstheorien und Geheimnisse des 11.9. (2003)

Der Journalist und Autor Mathias Bröckers begann bereits zwei Tage nach den Anschlägen sein ‚konspirologisches Tagebuch' *The WTC Conspiracy* auf Telepolis.de.[1] Auf Grundlage dieses Blogs verfasste Bröckers später das Buch *Verschwörungen, Verschwörungstheorien und Geheimnisse des 11. September*, vom *Spiegel* als „Bestseller der Unbehagens" verhandelt.[2] Mit über 130.000 in Deutschland verkauften Exemplaren in nur acht Monaten und insgesamt 33 Auflagen im ersten Jahr dominierte der Titel lange Zeit die Verkaufscharts vergleichbarer Werke. Das Buch ist im vorliegenden Kontext besonders interessant, weil es gewissermaßen auch wegweisend für den Erfolg verschwörungstheoretischer Erzählungen zu 9/11 im deutschsprachigen Raum war und zum anderen, weil – wie sich zeigen wird – die Popularisierung des Internets um 2000 für die Genese des Textes konstitutiv war. Nach zahlreichen Neuauflagen und Übersetzungen in andere Sprachen konnte auch Bröckers' Buch zum 10. Jubiläum der Anschläge noch einige Aufmerksamkeit erzeugen. So berichteten etwa *ARD* oder *3Sat* über das Buch und interviewten den Autor. Von einer besonderen Durchschlagskraft von Bröckers' Beiträgen zum 11. September ist also auszugehen.

Bereits die Einleitung des Buches markiert einen historischen Umschlagpunkt in der Geschichte verschwörungstheoretischer Textsorten. Während bis dato über 200 Jahre lang mediale Konstellationen im Grunde ausschließlich kritisiert, verdächtigt und angegriffen wurden, ergänzt Bröckers diese Erzähltradition nun mit der Vorstellung eines genuinen ‚Erlösungsmediums':

Um an die Informationen in diesem Buch zu kommen, musste ich weder über besondere Beziehungen verfügen, noch mich mit Schlapphüten oder Turbanträgern zu klandestinen Treffen verabreden. Alle Quellen liegen offen. Sie zu finden, leistete mir die Internet-

---

1 Bröckers, Mathias: The WTC Conspiracy: Ein ‚konspirologisches' Tagebuch - vom 13.9.2001-31.12.2002, http://www.broeckers.com/911-2/,
zuletzt geprüft am: 05.08.2014.
2 Fichtner: Die September-Lüge, S. 76.

suchmaschine Google unschätzbare Dienste. [...] ‚Die Werkzeuge arbeiten mit an unseren Gedanken', notierte einst Friedrich Nietzsche als einer der ersten mit Schreibmaschine arbeitenden Autoren. Wenn das stimmt, dann ist vieles in diesem Buch dem neuen Handwerk des Googelns geschuldet – und natürlich dem Werkzeug, für das Google eine unermessliche Hilfe darstellt, dem Internet selbst.[3]

Dass hier ‚Googeln als Methode' und Recherche im Internet bei explizitem Verzicht auf eine originäre Feldrecherche als Qualitätsmerkmal des investigativen Journalismus herausgestellt werden, ist wohl nur im Blick auf die damaligen medialen Konstellationen und deren Bedeutungsaufladung erklärbar. Die geradezu euphorische Offenlegung von *Google* sowie allgemein des Internets als zentrale Quellen für Bröckers' „Bestseller der Unbehagens"[4] verrät, welches besondere Potenzial der Autor dem Medium offenbar zutraut. Die Möglichkeit der Unzuverlässigkeit einer Internetquelle räumt Bröckers durchaus ein, er stellt allerdings umgehend eine angeblich zuverlässige Sammlung von Links zur Verfügung, „deren Macher ihrerseits auf der Suche nach den Hintergründen der Anschläge waren"[5].

Mit Verweis auf jene Websites wird auch eine Pose des Widerstands etabliert, die sich gänzlich auf mediale Konstellationen verlässt und beruft, innerhalb derer die ‚neuen Medien' als Bollwerk von Gegenöffentlichkeit gelten. Denn während die etablierten Massenmedien laut Bröckers „nahezu gleichgeschaltet die Verschwörungstheorie ‚Osama Bin Laden' und sonstige Pentagonpropaganda verbreiteten, stellten diese und einige andere ‚no names' die letzte Oase dessen dar, was man in Friedenszeiten als sauberen, unabhängigen Journalismus kannte"[6].

Der ‚richtige' Journalismus findet angeblich seit dem 11. September 2001 in etablierten Massenmedien quasi nicht mehr statt und wird nur noch von „unter- oder unbezahlten Freelancern und Freigeistern am Rande" besorgt.[7] Anstatt *Tagesschau* oder *Spiegel* können nur noch die ‚no names' für eine adäquate Berichterstattung sorgen. Für Bröckers ist es einleuchtend, dass „der Wahrheitsgehalt und die Seriosität ihrer WWW-Reports dem Ausstoß des Medienbordells um ein

---

3 Bröckers: Verschwörungen, Verschwörungstheorien und die Geheimnisse des 11.9., S. 19.
4 Fichtner: Die September-Lüge, S. 76.
5 Bröckers: Verschwörungen, Verschwörungstheorien und die Geheimnisse des 11.9., S. 20.
6 Ebd., S. 21.
7 Ebd., S. 21–22.

Vielfaches überlegen sind".[8] Da etablierte Medien sich mit einem Nebel zufrieden geben, „der in der Sphäre ebenso hoher wie abgründiger Politik systematisch geworfen wird"[9], führt deren Rezeption zu einer „allgemeinen Gehirnwäsche"[10], aus der es nur einen Ausweg gibt: „Zweimal täglich googeln und sich sein eigenes Bild machen – das hilft zuverlässig gegen virulente Manipulationen, Propaganda-Infektionen und drohende chronische Verblödung!"[11]

Das bedrohliche medizinische Vokabular der ‚virulenten' Manipulationen, Propaganda-‚Infektionen' und der ‚chronischen' Verblödung, denen nur *Google* Einhalt gebieten kann, verrät zum einen die Verwandtschaft des eigenen Textes zur Sprache der Propaganda, zum anderen verweist es ungewollt auf den Komplex um medizinische Beratung und Selbsthilfe im Internet, der ein vergleichbares und ebenso heikles Feld darstellt. Um im Bild zu bleiben: Konservativ strukturierte Institutionen bieten nur ‚Quacksalberei' und ‚Kurpfusch', der ‚Heilsweg' liegt im Internet. Für seine Argumente bezüglich der Massenmedien nimmt Bröckers auch ‚die Medienwissenschaft' in Anspruch, als dessen Vertreter er den Publizistikprofessor Mathias Kepplinger anführt:

Der Mythos, dass die ‚freie Presse' in demokratischen Staaten als vierte Gewalt, als Korrektiv politischer Ausnahmesituationen, fungiert, er wurde wohl nie gnadenloser demontiert als in der Berichterstattung nach dem 11. September. ‚Unabhängigkeit', ‚Überparteilichkeit', ‚Fairness', ‚Objektivität' – diese Insignien, mit denen sich die Medien gern pathetisch schmücken, waren spätestens, als das World Trade Center in Trümmern lag, vollständig begraben. Es wäre freilich naiv gewesen, etwas anderes zu erwarten. Für die Medienwissenschaft ist es schon länger kein Geheimnis mehr, dass schon bei sehr viel unbedeutenderen Skandalen die Standesprinzipien der Presse über Bord gehen. Wie der Publizistikprofessor Mathias Kepplinger am Beispiel einiger Skandale aus der jüngeren Zeit – BSE, Neonazi-Übergriffe, CDU-Spendenskandal – gezeigt hat, neigen die Medien bei unklarer Faktenlage tendenziell zur Übertreibung und Dramatisierung der Ereignisse. Kepplinger führt dies zurück auf die ‚Art und Weise, wie wir in Situationen mit großer Unsicherheit kommunizieren'. Die dabei ablaufenden Prozesse der Wahrheitsfindung seien weniger rational als gruppendynamisch begründet: ‚Beschreiben mehrere Personen in einer Gruppe nacheinander ihre Beobachtungen, gleichen sich ihre Urteile schnell an, weil eine Gruppennorm, eine in der Gruppe allgemein akzeptierte Sichtweise entsteht'.[12]

---

8   Ebd., S. 22.
9   Ebd.
10 Ebd.
11 Ebd.
12 Ebd., S. 263.

Die ‚Verschwörungstheorie der Unwissenheit', wie sie Karl Popper beschrieb, wird hier aktualisiert und mit Verweis auf die Medienwissenschaft rationalisiert, allerdings auch um einen neuen Lösungsweg ergänzt. Musste etwa die laut Popper ‚marxistische' Variante dieser Erzählung noch auf den Anbruch einer neuen Epoche durch Weltrevolution hoffen, so lautet die adäquate Lösungsstrategie um 2000 schlicht: Internet-Anschluss. Wer die revolutionäre Wahrheit sucht, muss lediglich die richtigen Online-Quellen konsultieren. Zur abermaligen Untermauerung des prekären Zustands des journalistischen Systems thematisiert der Text außerdem auch eine originär amerikanische mediale ‚Gehirnwäsche', deren journalistisches Zutun dann mit Zitierung der Swinton-Rede durch ökonomische Korrumpierbarkeit erklärt wird:

> Willkommen in Brainwashington D.C.! Willkommen in der größten Propagandashow aller Zeiten! Willkommen in der Konsensmaschine! Geben Sie Ihr Gehirn an der Garderobe ab, steigen Sie ein, enjoy yourself and have fun. [...] Für mitreisende Journalisten und Medienleute hält unsere Presseabteilung noch ein besonderes Merkblatt bereit, verfasst vom Doyen der amerikanischen Presse und einstigem Redaktionsleiter der New York Times, John Swinton:
> ‚Bis zum heutigen Tag gibt es so etwas wie eine unabhängige Presse in der Weltgeschichte nicht. Sie wissen es, und ich weiß es. Es gibt niemanden unter Ihnen, der es wagt, seine ehrliche Meinung zu schreiben, und wenn er es tut, weiß er im Voraus, dass sie nicht im Druck erscheint. Ich werde jede Woche dafür bezahlt, meine ehrliche Meinung aus der Zeitung herauszuhalten, bei der ich angestellt bin. [...] Es ist das Geschäft der Journalisten, die Wahrheit zu zerstören, unumwunden zu lügen, zu pervertieren, zu verleumden, die Füße des Mammon zu lecken und das Land zu verkaufen, für ihr tägliches Brot. [...] Wir sind die Werkzeuge und Vasallen der reichen Männer hinter der Szene. Wir sind die Hampelmänner, sie ziehen die Strippen und wir tanzen. Unsere Talente, unsere Fähigkeiten und unser ganzes Leben sind Eigentum anderer Menschen. Wir sind intellektuelle Prostituierte'. Swintons Statement vor dem vornehmen New Yorker Presseclub wurde nicht nach dem 11.9.2001 abgegeben, es stammt aus dem Jahr 1880 – aber aktueller als heute war es wohl nie.[13]

Der gesamte Text bedient den medienontologischen Verdacht somit fortlaufend – und begründet ihn mit Verweis auf journalistische Gruppendynamik und ökonomische Korrumpierbarkeit –, während der Verdacht für das Internet gleichzeitig aussetzt. Die Vorstellungsbilder des Medialen in Verschwörungstheorien erhalten somit eine historisch neue Dynamik. Die Vorstellung, dass mit dem Inter-

---

13 Ebd., S. 294–295.

net eine antagonistische Alternative zur ‚Medienverschwörung' und somit als Segen wahrer Aufklärung zu Verfügung stehe, hat mutmaßlich auch zur Konjunktur von Verschwörungstheorien zum 11. September beigetragen. 9/11 bildete den historischen Präzedenzfall, an dem sich nun endgültig das bereits lange Zeit thematisierte und nun endlich auch massenhaft verbreitete Internet in seinem revolutionären Potenzial beweisen sollte.

QUELLENANALYSE:
ROBERT STEIN: 9/11 MEGA-RITUAL[14]

Der Video-Beitrag *9/11 Mega-Ritual* von 2010 ist der Mitschnitt eines Vortrags auf einer regelmäßigen Veranstaltungsreihe mit Namen *Regenbogentreff*, die sich laut Selbstauskunft mit ‚Grenzwissenschaften' beschäftigt. Der Vortragende im Video, der sich Robert Stein nennt, führt hier recht ausführlich in die gewagtere verschwörungstheoretische Vorstellungswelt zu 9/11 ein und präsentiert mehr oder weniger einschlägige Argumente, wie sie im Internet bereits in zahllosen anderen Beiträgen zirkulieren. Besonderheit der Argumentationskette ist die hier präsentierte *no-plane-theory*, die in einschlägigen Foren hoch umstritten ist, da sie die ‚Wahrheitsbewegung' mit der Aufstellung zu steiler Thesen diskreditiere. Der Clip selbst ist mutmaßlich eher mäßig populär. Die Youtube-Statistik, die im Übrigen selbstredend manipulationsanfällig ist, verzeichnet im Juli 2014 immerhin 238.221 Aufrufe nebst 1.455 Kommentaren zum 1,5-stündigen Video auf dem Youtube-Kanal des Filmportals NuoViso.tv. Über den Referenten selbst, der seine Vorträge auch über DVD und eine eigene Web-Präsenz (stein-zeit.tv) vertreibt, ist wenig bekannt. Die Homepage von *regentreff.de* informiert, Robert Stein gehöre „mittlerweile zu den bekannteren Journalisten in der Wahrheitsbewegung und ist als Moderator und Referent gern gesehener Gast auf Kongressen. Einer inneren Stimme folgend verzichtete er auf eine Karriere als Pilot bei der Bundeswehr und widmet sich seit Jahren dem Studium von Hintergrundwissen aus Politik, Wissenschaft und Geheimgesellschaften. Nicht nur seine Vorträge, sondern auch seine Moderation der Sendung ‚Gegen den Strom' bei

---

14 Der Video-Beitrag *9/11 Mega-Ritual* von 2010 ist der Mitschnitt eines Vortrags auf einer regelmäßigen Veranstaltungsreihe

Nexworld.tv machen Stein zu einem breit aufgestellten Menschen, der sich rund um die Thematik Aufklärung engagiert"[15]

Zu Beginn des Vortrags präsentiert der Referent den bekannten Videoclip *the invisible Gorilla*, der auf einem Experiment zur selektiven Wahrnehmung basiert. Gezeigt wird eine Gruppe beim Basketballspielen; eine währenddessen durch die Szene laufende Person im Gorillakostüm nehmen die Zuschauenden – so das Ergebnis des Experiments – häufig gar nicht wahr. Dieses Experiment, so zitiert der Referent die Autoren der entsprechende Studie, „deckt zwei Dinge auf: Dass wir eine Menge Dinge verpassen, die um uns herum passieren, und was noch viel wichtiger ist, dass wir keine Ahnung haben, dass wir so viel verpassen"[16]. Das Experiment sei bedeutsam, da man auch ‚uns' mittels eines noch näher zu erörternden ‚Gorillas' abgelenkt habe. Des Weiteren kommt die englische Metapher vom *Elephant in the room* zur Sprache, die laut dem Referenten dafür stehe, dass Dinge übersehen werden, die eigentlich zu groß sind, um sie zu übersehen. Der Vortrag hat somit sein zentrales Thema – mediale Täuschung und Manipulation – vorbereitet.

Der Referent führt nun in den Hauptgegenstand seiner Ausführungen ein, die Zerstörung des *WTC* am 11. September 2001. Einige Videoclips laufen nacheinander auf einer Leinwand, sie zeigen Augenzeugen, die kurz nach oder während der fraglichen Vorgänge davon sprechen, Geräusche von Explosionen gehört zu haben. Die Argumentationskette führt dann zum Einsturz des nicht von einem Flugzeugeinschlag – sondern lediglich von herabfallenden Trümmerteilen – versehrten dritten Turms, des *WTC 7*, und macht das Gebäude als *smoking gun* der fraglichen Vorgänge aus. An dieser Stelle präsentiert der Vortrag einen Ausschnitt der damaligen Live-Schalte des *BBC* aus New York. Die Moderatorin verkündete fälschlicherweise den Einsturz von WTC 7, während das fragliche Gebäude im Hintergrund des Bildausschnitts gut zu erkennen und offenkundig noch nicht eingestürzt war. „Das passiert, wenn man nach einem Drehbuch vorgeht, und nicht alle Beteiligten wissen, wann sie welchen Text zu sagen haben"[17], erläutert Stein, nach dessen These also der internationalen Fernsehberichterstattung am 11. September 2001 ein Ablaufplan mutmaßlich präparierter Ereignisse vorlag, nachdem das Programm zu gestalten war. In dieser Interpreta-

---

15 Regentreff.de: Kongress für Grenzwissen. 08.07.2014, http://www.regentreff.de/kongress-f%C3%BCr-grenzwissen-2014/, zuletzt geprüft am: 08.07.2014.
16 Stein, Robert: 9/11 Megaritual 2010, ab Min. 09:58.
17 Ebd., ab Min. 20:00.

tion verrät sich an der Fehlinformation der Moderatorin praktisch der submediale Raum als ‚eingeweihter und willfähriger Teil der Verschwörung'. So stellt die spezifische Rahmung des TV-Ausschnitts als ‚Selbstverrat' einen Effekt der Aufrichtigkeit her: „In diesem Fall entsteht beim Betrachter der Eindruck, dass er endlich eine Leerstelle auf der medialen Oberfläche entdeckt und dadurch Einsicht ins Innere des submedialen Raums gewonnen – und eine Bestätigung seiner Vermutungen und Ängste gefunden hat"[18], schreibt Groys über diesen Effekt. „Also das ist dann scripted reality"[19], kommentiert Stein abermals zur *BBC* und greift somit die etablierte Kritik an *Reality TV* um 2000 auf.

Da die Einsturzursache der beiden Haupttürme den präsentierten Indizien nach nicht auf Flugzeugeinschläge sondern auf kontrollierte Sprengungen zurückginge, stellt Stein die Frage nach der besonderen Beschaffenheit des verwendeten Sprengstoffs. Mit Verweis auf die Arbeit des dänischen Physikers Niels Harrit, wiederholt Stein die These von kontrollierten Sprengungen mittels Thermit beziehungsweise Nano-Thermit.[20] Nach weiterführenden Spekulationen über den Einsatz von Kernwaffen am *Ground Zero* erörtert Stein auch, wie es den Verschwörern gelingen konnte, unbemerkt das World Trade Center etagenweise mit Sprengsätzen zu präparieren. Als Medium der Evidenz dient hierbei ein Branchenmagazin, die Fahrstuhl-Fachzeitschrift *Elevator world*, die über die jüngsten Umbauarbeiten der Aufzüge des *WTC* vor dessen Zerstörung berichtete. Diese Umbauarbeiten fungierten dabei vermeintlich als getarnte Vorbereitungsmaßnahmen der kontrollierten Sprengung.

Ab der fünfzigsten Minute des Vortrags wird die *no plane theory* vorgestellt. Die bekannten TV-Bilder der Flugzeugeinschläge und der durch sie ausgelösten Explosionen dienen dabei als argumentative Grundlage: „Nun achten Sie mal

---

18 Groys: Unter Verdacht, S. 23.
19 Stein: 9/11 Megaritual, ab Min. 20:50.
20 Die unter der Mitwirkung des populären *Truthers* Steven Jones entstandene Studie *Active Thermetic Material Discovered in Dust from the 9/11 World Trade Center Catastrophe*, die im April 2009 in der Open-Access-Zeitschrift *Open Chemical Physics Journal* erschien, stellt einen Höhepunkt der Bemühungen der Truther-Szene um Wissenschaftlichkeit dar. Die verantwortliche Chefredakteurin bedauerte später die Veröffentlichung, über die sie angeblich nicht informiert war, bekundete, dass der Artikel nichts mit physikalischer Chemie oder chemischer Physik zu tun habe und trat von ihrer Funktion zurück (vgl.: Hoffmann, Thomas: Chefredaktør skrider efter kontroversiel artikel om 9/11. 2009, http://videnskab.dk/teknologi/chefredaktor-skrider-efter-kontroversiel-artikel-om-911, zuletzt geprüft am: 10.07.2014). Wegen auffälliger Mängel wurde die Studie bislang in der Fachwelt nicht wissenschaftlich zitiert.

genau auf die Explosion. [...] Die zweite Explosion, die die meisten Leute noch gar nicht beobachtet haben. Die erste Explosion war aller Wahrscheinlichkeit nach ein pyrotechnischer Hollywood-Effekt. [..] Und versteckt, hinter dieser Explosion, gab es eine zweite, mit Schneidladungen, die im Endeffekt die Silhouette des Flugzeugs dann in diesen Turm gesprengt hat"[21]. So rahmt der Vortragende die allseits bekannten TV-Bilder in den Kontext von ‚scripted reality' und ‚Hollywood-Effekt' und behauptet anhand der Sequenzanalyse des Materials einen abermaligen Selbstverrat des submedialen Raums kenntlich zu machen. „Was haben wir dann im Fernsehen gesehen?", fragt Stein. Wäre es möglich, dass diese Bilder so manipuliert waren, dass wir es überhaupt nicht gemerkt hatten?"[22] schließt der Referent vage an die eingangs vorgestellten Problematik selektiver Wahrnehmung an. „Hätte es nicht sofort auffallen müssen, wenn diese Bilder so offensichtlich getäuscht wurden? [...] Es gab an diesem Tag, Gott sei Dank, sehr sehr viele Menschen die das Ganze archiviert haben. Die ganzen Bildfälschungen sind dokumentiert und wir können das dann alles dadurch verfolgen, was passiert ist."[23] Es folgt eine weitere Präsentation von TV-Material, eine Bildstrecke zur vermeintlich ‚wandernden Brücke'. Hier referiert Stein anhand verschiedener Aufnahmen eines WTC-Turms am 11. September, dass sich die Brücke im Hintergrund des Turmes ‚von selbst' bewege, was auf einen tricktechnisch eingefügten Bildhintergrund schließen lasse. „Sehen sie nun, wie der Hintergrund unabhängig von den Bewegungen der Kamera zu wandern beginnt"[24], suggeriert Stein zur Zoom-Aufnahme einer Kamera, die aus einem fliegenden Hubschrauber heraus aufgenommen wurde. Anhand des geringen Bildruckelns der Hubschrauberkamera überführt er die Bilder scheinbar vollends als *virtual reality*, denn „niemals ist ein Kamerasystem in der Lage, solche Bilder zu erzeugen"[25]. An den Rauchschwaden des WTC ließen sich überdies ebenfalls digitale Bildeffekte nachweisen, „man hat einfach den Rauch genommen und hat ihn einfach verdoppelt"[26].

Die Analyse des TV-Materials lege somit nahe, dass „ein Großteil der Fernsehaufnahmen nicht nur falsche Flugzeuge zeigt, sondern auch andere Effekte miteingearbeitet wurden, um das Ganze noch viel effektiver zu machen"[27]. Die –

---

21 Stein: 9/11 Megaritual, ab Min. 62:38.
22 Ebd., ab Min. 63:20.
23 Ebd.
24 Ebd., ab Min. 64:20.
25 Ebd., ab Min. 66:23.
26 Ebd., ab Min. 66:59.
27 Ebd., ab Min. 67:09.

bemerkenswerterweise computergenerierte – Off-Stimme eines weiteren Einspielers erläutert dann, es bleibe nur eine Folgerung: Es handele sich um eine „computergenerierte Version des zweiten Einschlags. Die NBC-Live-Aufnahme zeigte ja gar kein Flugzeug. Also wurde das [...] Video hastig produziert und zwei Stunden später, noch ohne Hintergrund, ausgestrahlt. Erst in den Abendnachrichten sah man dann die frühere Live-Aufnahme mit eingefügtem Flugzeug und ordentlichem Hintergrund."[28] Um die These einer Medien-Verschwörung – die im Fall der Bilder vom 11. September mutmaßlich auch die zahlreichen Amateurfilmer beträfe – zu bestärken, präsentiert Stein außerdem eine Liste mit den angeblichen Namen und Berufen der fraglichen Amateurfilmer. Diese haben laut Stein „interessanterweise alle irgendwie mit Film zu tun"[29].

Nach weiteren Ausführungen über vermeintliche Bildmanipulationen und deren Pannen bei *CNN*, kommt Stein zum, wie er selbst sagt, „skurrilsten Teil an diesem Tag [...]. Das sogenannte Mega-Ritual [...]."[30] Nach einer Präsentation von Beispielen für ‚heilige Geometrie' und ‚okkulte Architektur' in der Nachbarschaft des WTC weist der Vortrag auf den besonderen Symbolgehalt der Bilder vom 11. September hin. Denn, „natürlich durften die Symbole der Verschwörung während des Rituals der Zerstörung der alten Ordnung nicht fehlen. Und das taten sie ja auch nicht"[31]. Insbesondere Pyramiden – und somit wohl auch quadratische Spitzdächer – seien ‚okkult-magische Symbole', die auch im Kontext der zentralen Bildsequenzen zu finden seien: „Hier sehen wir den gefälschten Einschlag des zweiten Flugzeugs auf *NBC*, unten rechts kommt die Pyramide [das quadratische Spitzdach eines benachbarten Gebäudes, des *World Financial Center*] genau zum Zeitpunkt der Explosion ins Bild. Auf *CNN* konnte man beobachten, wie die Pyramide nach der Sprengung des zweiten Turms langsam in die Bildmitte geschoben wurde. Dies ist kein Zufall, sondern Teil des Rituals."[32] Teil des Gesamtbildes sei dabei auch das benachbarte Hotelgebäude *Millenium Hilton*. Über die besondere Rolle des Gebäudes informiert ein weiterer Einspieler:

Es wurde – auch offiziell – gestaltet nach dem Vorbild des schwarzen Monolithen in Stanley Kubricks hochgradig okkultem Film ,2001: eine Weltraum-Odyssee' [...]. Im Film ist es der Monolith, der die Entwicklung der Menschheit vorantreibt und sie tatsächlich in ein

---

28 Ebd.
29 Ebd., ab Min. 71:10.
30 Ebd., ab Min. 81:35.
31 Ebd., ab 84:45.
32 Ebd.

neues Zeitalter führt. Und im Jahre 2001 ist es im Film wieder so weit. Man sollte es nicht für einen Zufall halten, dass eben dieser Monolith dann in Form des Millenium Hilton neben dem WTC auftaucht. 2001, Jahr der Weltraum-Odyssee und 2001, Jahr des Mega-Rituals zum Ende des astrologischen Zeitalters der Fische.[33]

Stein erörtert demzufolge, dass es sich bei den Vorgängen am 11. September um einen ‚Kult-Akt' gehandelt habe. Die assoziative Verbindung zwischen dem *Millenium Hilton*-Hotel und den Anschlägen auf das WTC untermauert er mit Verweis auf das Logo der bekannten Hotelkette, dessen Gestaltung ihm „äußerst spannend in diesem Zusammenhang"[34] erscheint.

Abbildung 18: Hilton Logo. Ein vermeintlicher Hinweis auf die Flugzeug-Attentate auf das WTC.

Quelle: Hilton Hotels

In einer weiteren Assoziationsfolge macht der Vortrag zunächst auf die künstlerische Gestaltung der U-Bahn-Haltestelle unterhalb des *WTC* aufmerksam. Das zentrale und mehrfach wiederholte Motiv der Haltestelle bildete ein menschli-

---

33 Ebd., ab Min. 86:57.
34 Ebd., ab Min. 88:34.

ches Auge, ein „mysteriöses Augenmosaik [...]. Natürlich handelt es sich dabei um das allsehende Auge [...]."[35] Dieses Motiv sei nun abermals in TV-Aufnahmen zum Gedenkaufmarsch am ersten Jahrestag der Anschläge als ‚okkultes Auge' inszeniert worden.

Abbildung 19: Das ‚allsehende Auge'[36]

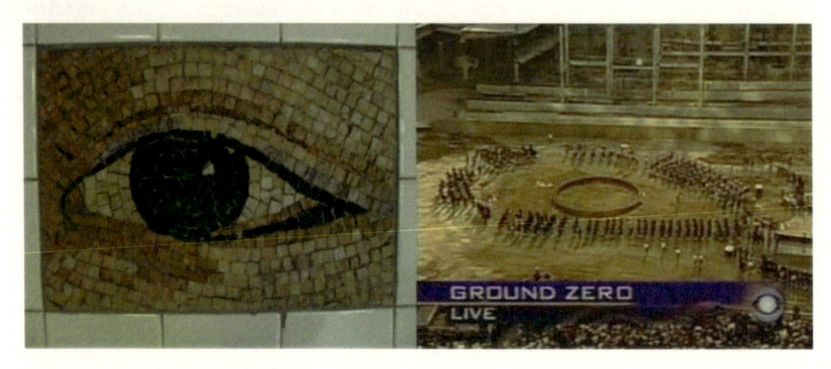

Quelle: scientopia.org und CBS

Anhand dieser Assoziationskette folgert Stein, es handele sich bei den Vorgängen des 11. September also um ein ‚Mega-Ritual':

Das Ganze wirkt sehr makaber, um das alles mal auf einen Punkt zu bringen, an diesem einen Tag [...] haben geheime Mächte ein gigantisches okkultes Ritual nach jahrzehntelanger Vorbereitung zum Abschluss gebracht. Mit der Zerstörung der beiden Türme, die für die Säulen der alten freimaurerischen Ordnung standen, und mit der Zerstörung von Gebäude Nummer 7, dem *Salomon brothers building*, wurde der Tempel der alten Ordnung zerstört. Ziel war der Startschuss für ein neues Zeitalter nach deren Vorstellung.[37]

Wer diejenigen Akteure seien, die am 11. September 2001 ein post-masonisches Zeitalter begonnen haben, lässt der Vortrag im Übrigen offen. Der Referent erbringt in Folge noch den Hinweis auf die 16. Karte des *Tarots*, die einen Turm,

---

35 Ebd., ab Min. 89:10.
36 Fotografie eines Augenmosaiks an der Wand der ehemaligen U-Bahn-Haltestelle World Trade Center und Standbild der Übertragung der Gedenkfeier an Ground Zero 2002 von CBS (dass der TV-Sender *CBS* selbst sein ‚Augen-Logo' einblendet, bleibt im Vortrag unbeachtet).
37 Ebd., ab Min. 89:43.

einen Blitz und einen fallenden Menschen zeigt. „Das ist auch im Endeffekt genau das, was an diesem Tag beobachtet werden konnte, nämlich der brennende Turm und die berühmten Bilder der Menschen, die sich lieber brennend aus dem Fenster gestürzt haben, ob bewusst, unbewusst, ob gesteuert, ungesteuert sei dahingestellt. Auf jeden Fall ist die Nähe zu dieser Karte mehr als offensichtlich."[38] Stein schließt den Vortrag mit einem Appell an das Publikum, sich in Zukunft als Multiplikatoren seiner Erzählung einzusetzen. „Erzählen Sie von diesen Dingen"[39], fordert er auf. Und ergänzt, mit einem durchaus spontan wirkenden Lachen, „vielleicht nicht unbedingt von diesem letzten Kapitel hier, aber erzählen sie davon, was an diesem Tag wirklich passiert ist."[40]

QUELLENANALYSE: KEN JEBSEN: KENFM.DE

Ken Jebsen moderierte jahrelang Sendungen im Jugendprogramm des öffentlichen Rundfunks, bis er vom Sender RBB wegen Nicht-Einhaltung journalistischer Standards fristlos gekündigt wurde. Zur Vorgeschichte dieser Kündigung gehörten Antisemitismus-Vorwürfe und eine Sendung über die Anschläge vom 11. September, in der Jebsen den Einsturz der Twin Towers als „warmen Abriss" bezeichnete.[41] Ken Jebsen gehört nicht zu den 9/11-Aktivisten der ersten Stunde, er ist gewissermaßen Teil einer ‚zweiten Welle' der 9/11-Verschwörungstheorien, die mit dem zehnjährigen Jubiläum der Anschläge korrespondierte. Nach dem Abschied vom öffentlichen Rundfunk begann Jebsen regelmäßig eigene Online-Beiträge für *kenfm.de* und einen entsprechenden Youtube-Kanal zu produzieren. Zu seinen Interview-Partnern zählen dort etwa die einschlägigen Mathias Bröckers, Andreas von Bülow, Jürgen Elsaesser oder Daniele Ganser.

Die Seite *Kenfm.de* ist Plattform für verschiedene regelmäßige Sendungen und Rubriken von Ken Jebsen, aus denen hier – zur Abbildung eines Gesamtbildes –

---

38 Ebd., ab Min. 90:48.
39 Ebd., ab Min. 92:00.
40 Ebd.
41 Jebsen, Ken, zitiert nach: Richter, Christoph: Wirbel um rbb-Radio-Moderator (Archiv): Der Publizist Henryk M. Broder wirft Ken Jebsen Antisemitismus vor. 2011, http://www.deutschlandfunk.de/wirbel-um-rbb-radio-moderator.761.de.html?dram: article_id=114531, zuletzt geprüft am: 28.04.2014.

ein Querschnitt thematisch relevanter Textsorten erfasst wurde. Neben der einschlägigen Radio-Sendung anlässlich des 10-jährigen Jubiläums der Anschläge vom 11. September sind dort auch weitere Beiträge mit dem Schlagwort ‚9/11' versehen und gingen demnach in den Materialkorpus ein. Der Autor verweist hier etwa auf den Einsturz von *WTC7*, dessen vermeintlich ‚unerklärlicher' Kollaps das klassische Argument der MIHOP-Theorie darstellt. Jebsen verlinkt Videoclips von *AEfor911truth.org*, die nahelegen sollen, dass das Gebäude *WTC7* gesprengt wurde. Von den Mainstream-Medien, so Jebsens Darstellung, würde der Einsturz von *WTC7* vertuscht und somit die eigentlich offensichtliche ‚Wahrheit' unterdrückt.

Wer im [Commission] Report das 170 Meter hohe Gebäude WTC7 sucht, das als drittes Hochhaus neben den WTC 1 & 2 um kurz nach 17 h und ohne Treffer eines Flugzeuges in sich zusammenbrach, in Freifallgeschwindigkeit, kann lange suchen. WTC7 fehlt im Bericht. Das 170 Meter hohe Gebäude kommt nicht vor!
http://www.amazon.de/9-11-Commission-Report/dp/3938250119/ref=sr_1_1?s=books&ie=UTF8&qid=1363961663&sr=1-1
Ebenfalls nicht vor kommt das aktuelle Bild des toten Osama bin Laden, als man ihn angeblich 2012 erschoss. Jedes Magazin, weltweit, jede Nachrichtensendung arbeitet mit 10 Jahre altem Archivmaterial bei der Präsentation der Ergreifung des Top-Terroristen. Ausnahmslos. Auch der SPIEGEL. Die Presse auch in diesem Land hat bis heute im Fall 9/11 komplett versagt. Sie hält den Bürger zum Narren und spricht nicht aus, was jeder sehen kann, der sich auf WTC 7 konzentriert. Dieses Hochhaus wurde gesprengt. Professionell.
http://www.youtube.com/watch?v=kv3UEp-g894
Zum Vergleich:
https://www.youtube.com/watch?v=Zv7BImVvEyk
Wir wissen nicht von wem, wir wissen nicht warum, was wir wissen ist, die offizielle Geschichte stimmt überhaupt nicht, und alles was sie bis heute auslöst ist ein Verbrechen in Folge. Ohne die ‚embeddeten' Medien wäre diese medial-globale Inszenierung gar nicht möglich. Da wir sie geschluckt haben, kann man jetzt mit uns machen was man will.[42]

Zur Illustration der medialen Verhältnisse bemüht Jebsen das Bild einer ‚unsichtbaren Hand'[43], welche die Angelegenheiten im submedialen Raum zuguns-

---

42 Jebsen, Ken: KenFM über: Wie man sich embedded, so schläft man. 2013, http://kenfm.de/blog/2013/03/24/wie-man-sich-embedded/, zuletzt geprüft am: 28.03.2014.

43 Siehe zur ‚unsichtbaren Hand' als (literarischer) Metapher, auch in Bezug auf die Beschreibung von Mediengesellschaften, den Aufsatz von Maye, Harun: Die unsichtbare Hand: Zur Latenz einer unsichtbaren Metapher, in: Die Unsichtbarkeit des Politi-

ten der Verschwörung vom 11. September regele. Gemäß dem *Truther*-Diktum *Ask questions, demand answers* verpackt Jebsen seine Vorstellungen von medialer Lenkung dabei in Fragesätze, wobei seinen Auslassungen die offenbar rhetorische Frage ‚ist es vorstellbar' vorangeht:

> Ist es vorstellbar, dass die von Keynes in der freien Wirtschaft angedeutete ‚unsichtbare Hand' des Marktes, von der wir heute wissen, dass diese Hand alles ist, nur nicht ‚frei', ist es vorstellbar, dass eine solche ‚unsichtbare' Hand auch in den Medien existiert? Eine Art Gatekeeper? Ein Verhinderer von Enthüllungsstorys. Eine Crew von Leuten, die in einer Art Doppelagenten-Funktion „Journalist/Geheimdienstmann" dafür zu sorgen hat, dass Tabuthemen wie Folter durch die NATO, inszenierter Terror durch den Staat, 9/11, auf gar keinen Fall in der Berichterstattung vorkommen? Oder nur oberflächlich? Ist es vorstellbar, dass alle jene, die ihren Job als Reporter ernst nehmen, also rumschnüffeln, verwarnt, eingeschüchtert oder gefeuert werden?[44]

Dementsprechend werde die ‚Wahrheit' über den 11. September durch die stabsmäßige Repression von Journalisten verdrängt, wobei mehr oder weniger jegliche Redaktionen der *Mainstream*-Medien bei ihrer Themenwahl kontrolliert und gegebenenfalls manipuliert würden. Dies führt Jebsen zur – abermals eher suggestiven – Frage, welche Macht zu dieser logistischen Leistung überhaupt im Stande sein könnte. Indem der Autor hier nicht bloß die *CIA* als ‚logische Antwort' nennt, sondern mit Verweis auf die Unternehmensgrundsätze der BILD-Zeitung, beziehungsweise des Axel Springer Verlags[45], auch Andeutungen in Richtung ‚israelischer Interessen' macht, verbleiben die Vorstellungsbilder des Medialen zumindest in dieser Hinsicht ganz innerhalb der gattungsmäßigen Konventionen der Verschwörungstheorien um 1900:

---

schen. Theorie und Geschichte medialer Latenz, hg. v. Lutz Ellrich; Harun Maye; Arno Meteling, Bielefeld 2009.

44 Jebsen: KenFM über: Wie man sich embedded, so schläft man.

45 Die fraglichen Leitlinien der Unternehmensgrundsätze des Axel Springer Verlags lauten: „Das Herbeiführen einer Aussöhnung zwischen Juden und Deutschen, hierzu gehört auch die Unterstützung der Lebensrechte des israelischen Volkes" und seit 2001 auch: „Die Unterstützung des transatlantischen Bündnisses und die Solidarität in der freiheitlichen Wertegemeinschaft mit den Vereinigten Staaten von Amerika." (Springer, Axel: Grundsätze und Leitlinien. 03.08.2014, https://www.axelspringer.de/artikel/Grundsaetze-und-Leitlinien_40218.html, zuletzt geprüft am: 03.08.2014).

Welche Macht, welcher Geheimdienst hätte überhaupt die Möglichkeit, diese ‚Kontrolle' durchzuführen? Welcher Dienst hätte dazu allein personell die Kapazität? Wer diese Fragen stellt und logisch vorgeht, für den schränken sich die in Frage kommenden massiv ein. Von der CIA beispielsweise wissen wir, dass sie offiziell rund 30.000 Mitarbeiter im ‚Außendienst' beschäftigt. Die Clowns in Action sind überall. [...] Man muss extrem ignorant sein, um nicht zu wissen, dass man z. B. bei der BILD-Zeitung ein internes Papier zu unterschreiben hat, in dem es heißt, dass man niemals etwas veröffentlichen wird, was z. B. amerikanischen oder israelischen Interessen schadet. Konkret, man darf solche Storys recherchieren, man darf zufällig auf sie stoßen, nur BRINGEN darf man sie nicht. Ist das Journalismus oder ist das Propaganda?[46]

Dieser Frage widmet sich Jebsen abermals in einem Beitrag über die ‚innere Pressefreiheit': „Ab wann beginnt Zensur? Wann wird aus Zensur Propaganda, und woran kann der Bürger erkennen, dass die beiden ‚getrennten' Systeme, Staat und Presse, verschmelzen?"[47], fragt der Autor dort. „Nun, hier wird es komplizierter"[48], räumt er ein. „Aber Top-Intellektuelle wie Noam Chomsky haben sich gerade deshalb über Jahrzehnte immer wieder Gedanken dazu gemacht. Der US-Amerikaner liefert uns dazu folgenden Satz: ‚Ein totalitärer Staat muss auf die Gedanken der Leute weniger Rücksicht nehmen. Ihm genügt es, wenn sie gehorchen. Aber in der demokratischen Grundordnung lauert immer die Gefahr, dass unabhängiges Denken in politisches Handeln umgesetzt wird, und diese Bedrohung muss schon an der Wurzel bekämpft werden."[49] Wie diese Andeutung von politischer Unterdrückung in demokratischen Systemen mit der Grenzziehung zwischen Zensur und Propaganda zusammenhinge, verbleibt allerdings vage. Konkreter sind stattdessen Jebsens Auslassungen zur Pressefreiheit. Fakt sei jedenfalls, so der Autor, „wir, die Bevölkerung, können uns auf die PRESSE in diesem Land, der BRD, nur noch bedingt verlassen. Das, was wir mal unter FREIER PRESSE verstanden haben, existiert nur noch in Ausnahmefällen oder im Netz"[50], wiederholt Jebsen die entsprechenden Thesen von Mathias Bröckers. Diese Zustände des Medialen führen gemäß Jebsen in eine geradewegs apokalyptische Zukunft. Das Bild dieser Zukunft zeichnet er mit Verweis auf die Vergangenheit, namentlich auf das Dritte Reich. Hitler sei an die Macht gekommen,

---

46 Jebsen: KenFM über: Wie man sich embedded, so schläft man.
47 Jebsen, Ken: KenFM über: Die innere Pressefreiheit. 2013, http://kenfm.de/blog/2013/02/02/innere-pressefreiheit/, geprüft am: 28.03.2014.
48 Ebd.
49 Ebd.
50 Ebd.

so die Annahme Jebsens, weil eine von Eliten manipulierte Propaganda-Presse dessen Machtübernahme forciert habe (nicht etwa, weil die Massen auch ohne jegliche Gleichschaltung der Presse von der NS-Bewegung im Allgemeinen und im Speziellen auch von Hitlers persönlichen Rekrutierungs-Reden über elitäre Presse-Verschwörer begeistert waren):

> Diese Situation ist brandgefährlich. Für uns und für die Demokratie in ganz Europa, denn die großen Pressegiganten aus Deutschland halten Beteiligungen in diversen EU-Ländern und manipulieren hier mit. [...] Wir stehen viel dichter an einem NEUEN REICH als den meisten von uns klar sein will, und die Presse ist hier entscheidend beteiligt. Ohne die PROPAGANDA-PRESSE, wie wir sie zunehmend erleben, wäre auch Adolf Hitler seinerzeit nicht an die Macht gekommen. Diese Presse wurde, damals wie heute, von den Eliten manipuliert, und exakt das erleben wir im Moment erneut. Anders lässt sich der massive Sinneswandel z.B. bei TAZ und SPIEGEL nicht mehr erklären. [...] Und warum wird dieser ‚Change' von kaum einem ‚aufgeklärten' Bürger bemerkt? Noam Chomsky gab auch hierzu schon vor Jahren die passende Antwort: „Bekanntlich kann, durch Auswahl der Quellen, extreme Einseitigkeit hinter einer Fassade scheinbarer Objektivität verborgen werden." Goebbels wäre happy mit dieser Entwicklung. Sind wir es auch? [51]

Neben den im obigen Zitat erwähnten Noam Chomsky, nimmt Jebsen in seinen Beiträgen immer wieder Bezug auf den Medientheoretiker Marshall McLuhan, den er seinem Publikum nicht bloß als „eine Art Superstar"[52] sondern gleichsam auch als den „Einstein der Medientheorie"[53] präsentiert. „Sich mit den Thesen des Kanadiers zu Massenkommunikationsmitteln wie Radio, TV und eben Computer auseinanderzusetzen, bedeutet, dem totalitären Staat direkt in die Fratze zu blicken"[54], nimmt Jebsen McLuhan für seine Thematik ein. Was McLuhan prophezeit hätte, so der Autor, sei der Zusammenbruch der ‚Machtpyramide' durch den Eintritt des Computers in die Kommunikation gewesen:

> Wenn es erst einmal Computernetze gäbe, die die Welt umspannen würden, wenn die Digitalisierung der Gesellschaft alle Bereiche erfasst hätte, dann wäre die Pyramide der Macht, für Jahrtausende nur stabil durch die Verknappung von Wissen, diese Pyramide

---

51 Ebd.
52 Jebsen, Ken: KenFM im Gespräch mit: Dr. Andreas von Bülow. 2013, http://kenfm.de /blog/2013/08/21/andreas-von-bulow/, zuletzt geprüft am: 28.03.2014.
53 Jebsen, Ken: KenFM über: Delete. 2014, https://www.youtube.com/watch?v=ALclq FkubOQ, zuletzt geprüft am: 28.03.2014.
54 Ebd.

wäre dann ein Gebäude, das über sich zusammenbricht [sic!]. [...] McLuhan war ein Visionär. Er hatte das Internetzeitalter und den damit einhergehenden Zerfall der Machtpyramide vorausgesagt. McLuhan kannte George Orwell, aber er teilte nicht dessen Pessimismus bezüglich der Frage, wer am Ende den Kampf um die Macht gewinnen würde. Das alte Machtzentrum, oder eine Staatsform, die eben ohne echtes Zentrum auskommt, da sie das Zentralnervensystem kopiert. Laufend ein Back-Up erstellt.[55]

So macht Jebsen McLuhan zum Kronzeugen einer romantischen Medien-Utopie, in der die digitale Vernetzung einer die alten Mächte umwälzenden „Open-Source-Demokratie"[56] gleichkommt. Auch habe McLuhan bereits das Vertuschen von Fakten durch die journalistischen Medien thematisiert. „‚Die Macht der Presse liegt im Unterschlagen von Tatsachen', erkannte schon früh Marshall McLuhan"[57], attestiert Jebsen. Anstatt an dieser Stelle abermals das Internet als emanzipatorisches Gegenmedium zu prämieren, bricht der Autor unvermittelt mit der Vorstellung von einem Befreiungsmedium und tauscht die Utopie gegen eine Dystopie digitaler Verhältnisse ein. So skizziert Jebsen trotz gegenläufiger Bekundungen ein negatives Bild vom Machtfaktor Internet, das er mit den gleichen Makeln attribuiert wie die alten Massenmedien:

Und der Soziologe und Arzt Gustave Le Bon wusste: ‚In der Masse sinkt der Verstand mit der Anzahl der Versammelten'. Die Versammelten haben mit der Erfindung des Internet längst die Milliardengrenze geknackt. [...] Wir alle sind so tief verstrickt in ein Netz aus Gewohnheiten, die uns nicht befreien, sondern auf Trab halten sollen, dass wir auch die simpelsten Gegenstände des Alltags nicht mehr als das dekodieren, was sie sind. Kontrollinstrumente.[58]

Ohne dieses Paradox zwischen Befreiungs- und Unterdrückungs-Rhetorik irgendwie zu reflektieren, finden sich bei Jebsen tatsächlich vermehrt auch negative Vorstellungen des Internets. So erscheint das Internet anstatt als Alternative bisweilen bloß als ein weiteres und gewissermaßen perfideres Massenmedium nach altem Muster. Jebsen überträgt auch zentrale Topoi klassischer Medienkritik – beispielsweise der vermeintliche durch Medien ausgelöste Verlust der Denkfähigkeit – auf das Internet. „Die Dauerpräsenz der Massenmedien, zu denen das Web gehört, ersetzt bei immer mehr von uns das, was man früher gesun-

---

55 Jebsen: KenFM im Gespräch mit: Dr. Andreas von Bülow.
56 Ebd.
57 Jebsen: KenFM über: Wie man sich embedded, so schläft man.
58 Ebd.

den Menschenverstand nannte"[59], beklagt der Autor und proklamiert die Vorstellung einer ‚guten alten Zeit' der Geschichte massenmedialer Öffentlichkeit. „In klassischen Medien konnte man die Wichtigkeit einer Meldung auch an der Position der Veröffentlichung erkennen. Wichtiges wurde zum Aufmacher und stach, z. B. in der Zeitung entsprechend platziert, sofort ins Auge."[60] Selbst das Fernsehen erscheint plötzlich als Bollwerk einer besseren Vergangenheit, da hier noch der Sendeplan die Themenvielfalt hierarchisch ordnete und somit den Rezipienten orientierte: „Im Fernsehen war DIE Top-Meldung schon daran zu erkennen, zu welcher Zeit sie, in welcher Sendung, an welcher Stelle, veröffentlicht wurde. Prime-Time und Top-Meldung gehörten zusammen. Damals."[61] Anstatt genau hierin – der Themenauswahl und -hierarchie im Agenda-Setting-Prozess – das eigentliche Macht- und gewissermaßen auch Manipulations-Potenzial der Massenmedien auszumachen, dient die Fernseh-Agenda als Referenz für eine journalistische Güte, die die neueren Online-Medien wiederum vermissen lassen. Auch weitere klassische Kritikpunkte apokalyptischer Medientheorie, die sich üblicherweise an das Fernsehen richteten[62] – die mediale Zerstreuung, Isolierung und Orientierungslosigkeit des Menschen und der generelle Unterhaltungscharakter kultureller Güter und Nachrichten – richten sich hier nun gegen das Internet:

Mit der Erfindung des Netzes verschiebt sich die gesamte Wahrnehmung der Welt. Auf einem einzigen Screen, der immer mehr zur einzigen Verbindung nach draußen pervertiert wird. [...] Neu und wichtig verschmelzen und so wird alles was älter als NEU ist, unwichtig, oder alles was neu ist, wichtiger als das, was es ersetzt hat. ‚Boris Becker fährt bei Rot über Ampel in München'. Diese digitale Schlagzeile ist, wenn sie einen AKW-Störfall in Japan von der Pole Position im Onlinebereich verdrängt hat, damit automatisch wichtiger. Dass das irgendwie nicht stimmen kann, merkt der User in diesem Fall natürlich. Nur wie soll er jetzt die Wichtigkeit einer Nachricht überhaupt erkennen, z. B. wenn er sich mit dem Thema, das da präsentiert wird, nur bedingt oder gar nicht auskennt? Auf diese Dauerirritation hat der User inzwischen reagiert. Er hat sich angepasst. Alles scheint offensichtlich beliebig zu sein. Also GLEICH wichtig oder GLEICH unwichtig. Ergo, alles ist nur Unterhaltung. Man kann es lesen und sofort wieder vergessen. Niemand muss sich noch etwas merken, denn das was da alle paar Sekunden aufpoppt, auch bei den großen

---

59 Ebd.
60 Ebd.
61 Ebd.
62 Vgl. weiterhin Postman: Wir amüsieren uns zu Tode; Anders, Günther: Die Antiquiertheit des Menschen, 2. Auflage, München 2002.

Onlineportalen, die klassische Nachrichtenmagazine oder Zeitungen hinter sich wissen, ist in der Regel nur bedingt recherchiert. Dafür war gar keine Zeit. Nicht im Onlinejournalismus [...] Goebbels wäre heute vor allem als Drahtzieher bei Youtube, Facebook, Tumblr oder Twitter aktiv. Google würde Goegls heißen.[63]

Die ‚digitale Zukunft' habe in Wahrheit das Potenzial, „die größte Versklavungs-Methode der Menschheit zu werden"[64]. Dabei beruft sich Jebsen auf Ted Kaczynski, den sogenannten *Una-Bomber*, als Autorität für die Soziologie des Internets: „Als der Ausnahme-Mathematiker, ein Genie, erkannte, wohin die Reise gehen würde, und wer diese Reise erst ermöglichte – Mathematiker, die als Programmierer im Auftrag der Elite dabei waren, ein Tool zu erschaffen, das uns alle in den Orwell-Staat katapultiert – griff er zu Sprengstoff."[65].

Die Anschlagserie von Ted Kaczynski erhält hier gewissermaßen eine Rechtfertigung dadurch, dass die Entwicklung des Internets mit dem ikonisch-apokalyptischen Bedrohungsszenario des TV-Zeitalters überhaupt – der Entwicklung der Atombombe – gleichgesetzt wird: „Professor Kaczynski wurde gefasst und zum Irren abgestempelt. Man bezeichnete ihn als Terroristen. Ja, er griff zu Gewalt – aber warum? Und gegen wen? Warum schickt ein Professor der Mathematik seinen Kollegen Briefbomben? Wäre Dürrenmatt noch am Leben, würde er sein Stück ‚Die Physiker'[...] um einen zweiten Teil ergänzen. Titel: ‚Die Programmierer'."[66] Ausschlaggebend für die apokalyptische Deutung des Internets sind die aktuell durch Edward Snowden publik gemachten Informationen über geheimdienstliche Abhörprogramme, insbesondere der *NSA*, die hier als Produkt der Web-Architektur gedeutet werden (und nicht etwa zuallererst als Produkt einer politischen Logik, die ganz unabhängig vom jeweiligen Stand der Technik prinzipiell auf Misstrauen und Kontrollwunsch beruht):

Ohne die Programmierer in Silicon Valley, bei den Pentagon-Start-Ups, wäre das, was wir mit der NSA-Affäre jetzt erkennen müssen, gar nicht auf dem derzeitigen Level. http:// www.wiwo.de/unternehmen/it/silicon-valley-cia-und-nsa-umgarnen-die-hacker-szene/851 9038.html Wir sind nicht auf dem Weg in den Überwachungsstaat. Wir haben diesen, mit Ausspäh-Programmen wie Xkeyscore, längst erreicht. http://de.wikipedia.org/wiki/

---

63 Jebsen: KenFM über: Wie man sich embedded, so schläft man.
64 Jebsen: KenFM über: Delete.
65 Ebd.
66 Ebd.

XKeyscore[67] [...] Was Snowden aufgedeckt hat, ist im Kern Snow von gestern. Das Internet wurde von Militärs in Auftrag gegeben. Kernziel war immer, ein Werkzeug zu schaffen, mit dem vollständige, also ständige Voll-Kontrolle, über jeden von uns möglich sein würde. Der Bürger, gefangen in einem Inter-NETZ. [...] Freiheit, Demokratie, Selbstbestimmung und Menschenwürde sind nur noch einen Tastendruck vom endgültigen DELETE entfernt.[68]

Die Vorstellungsbilder des Medialen bei Ken Jebsen beinhalten somit das populäre Repertoire apokalyptischer wie auch utopischer Medientheorien. Das Internet gilt dabei zwar noch als Gegenentwurf zu kontrollierten Massenmedien, gleichzeitig aber auch als ‚Versklavungsmethode'. Dieses Umkippen in eine Ablehnungsattitüde dürfte dabei vor allem der durch die Enthüllungen Edward Snowdens 2013 wieder populärer gewordenen Überwachungsproblematik Rechnung tragen. Bemerkenswert ist, dass die Kritik am Netz allerdings nicht bloß auf die Nutzbarmachung zu Überwachungszwecken seitens geheimdienstlicher Akteure abzielt, sondern parallel auch die medienkritischen Topoi des Bildungsbürgertums wiederbelebt und somit bisweilen die älteren Massenmedien als die besseren – weil hierarchisch strukturierten – gesellschaftlichen Institutionen darstellt. Dies führt zum paradoxen Gesamtbild, dass hier das Internet, das schließlich auch Jebsens primäre publizistische Plattform darstellt, gleichzeitig als widerständiges, aber auch als repressives Medium gezeichnet wird, wobei ‚klassische' Massenmedien wie Zeitung und Fernsehen wahlweise als Feindbild oder aber auch als hochwertigere Qualitätsmedien gelten.

67 Ebd.
68 Ebd.

ERGÄNZENDE BEMERKUNGEN

Boris Groys beschrieb in einem Aufsatz von 2013 über *Google*, inwiefern auch im Fall der populären Suchmaschine ebenjener medienontologische Verdacht greife, den Groys bereits ausführlich theoretisierte: „Der Nutzer kann nur sehen, was Google ihm zeigt. So wird Google von seinen Nutzern unausweichlich als eine verborgene (und potenziell gefährliche) Subjektivität erfahren – die im Modus einer Weltverschwörung operiert. Solches Denken in Verschwörungstheorien wäre unmöglich, wäre Google unendlich – aber es ist endlich und daher der Manipulation verdächtig."[69] Die obige Untersuchung illustrierte hingegen den erstaunlichen Befund, dass gerade im Kontext von Verschwörungstheorien der medienontologische Verdacht – zumindest zwischenzeitig – für das Internet und dessen Suchmaschinen aussetzte. Dies ist aufgrund der historischen Singularität des Vorgangs in der Geschichte moderner Verschwörungstheorie wohl das bedeutsamste Ergebnis dieses Untersuchungsteils. Diese ‚interpretative Herstellung' des Internets als manipulationsresistentes Aufklärungsmedium trug mutmaßlich auch zum kommunikativen Erfolg der verschwörungstheoretischen Erzählungen bei. Interpretative Herstellung des Internets meint dabei, dessen erzählerische Konstruktion und ‚in-Szene-Setzen', jenseits des materiellen Konstruktionsprozesses: „Ein solches ‚In-Szene-Setzen' der Technik ermöglicht es, Deutungsgemeinschaften, Subkulturen oder politische Gruppierungen zu stärken. Diese vergewissern sich anhand ritualisierter Verhaltensweisen gegenüber Technik ihrer gemeinsamen Werte und ihrer kollektiven Identitäten"[70], fasst Carstensen zusammen.

Die klassischen Vorstellungsbilder des Medialen innerhalb verschwörungstheoretischer Erzählungen zum 11. September, die mutmaßlich eine ähnliche Funktion erfüllten, sind anhand obiger Beispiele klar erkennbar: Massenmedien wie Fernsehen und Print-Magazine gelten als konstitutive Elemente und willfährige Werkzeuge der Verschwörung. Das historisch Neue an Verschwörungstheorien zum 11. September war zunächst die besondere Konstellation der parallelen Popularisierung des Internet. Dadurch imaginierte die moderne Verschwörungstheorie erstmalig in ihrer Geschichte auch eine mediale Plattform frei vom medienontologischen Verdacht als ‚Gegenmedium' zum manipulierten oder zumindest ‚blinden' Mainstream der Massenmedien. „Boycott the news networks. Use

---

69 Groys, Boris: Google: words beyond grammar / Google: Worte jenseits der Grammatik, Ostfildern 2011, S. 31.
70 Carstensen: ‚Das Internet' als Effekt diskursiver Bedeutungskämpfe, S. 2.

and protect the Internet"[71], hieß etwa der paradigmatische Schlachtruf im verschwörungstheoretischen Fortsetzungsfilm *Zeitgeist: Addendum*, der 2008 mutmaßlich ein Millionenpublikum im Internet erreichte.[72]

Abbildung 20: Illustration ‚House of cards'.

Quelle: David Dee/www.deesillustration.com

Dass die anfängliche Verdachtslosigkeit und Euphorie gegenüber dem Internet dennoch in Verdacht umschlug und somit ein wesentliches Element der Vorstellungsbilder in Verschwörungstheorien zum 11. September schwand oder zumin-

---

71 Joseph, Peter: Zeitgeist: Addendum, USA 2008.
72 Cadenbach, Christoph: Diener der Wahrheit: Der Amerikaner Peter Joseph dreht Filme, in denen er erklärt, dass der 11. September eine Aktion der US-Regierung war […]. 2011, http://sz-magazin.sueddeutsche.de/texte/anzeigen/35683/, zuletzt geprüft am: 29.04.2014.

dest in den Hintergrund trat, dürfte auch den faktischen Erfahrungen mit dem Internet geschuldet sein.

Mit Slogans wie ‚*Find Truth: Google 9/11-Coverup*‘ oder auch ‚zweimal täglich googeln‘ proklamierte die Wahrheitsbewegung ursprünglich, was die Enthüllungsplattform *Wikileaks* seit 2006 realisierte, nämlich die Offenlegung geheimer ‚Wahrheiten‘ im Internet, die die betreffenden Regierungs- und Nicht-Regierungsorganisationen bis dato verheimlichten. Die Plattform *Wikileaks* – deren gewissermaßen selbst auferlegte Mission es ist, verschiedene Formen von Verschwörung zu enthüllen – veröffentlichte auch Dokumente zum 11. September. Was *Wikileaks* unter der Überschrift *9/11 tragedy pager intercepts* im November 2009 veröffentlichte – die Sammlung von über einer halben Million Textnachrichten aus New York vom 11. September 2001, darunter auch vertrauliche Kommunikation des Verteidigungsministeriums und des *FBI* – legte allerdings eher nahe, dass kein *inside job* stattgefunden hatte.

Abbildung 21: Agent Assange and the Circus of Horrors.

Quelle: Fundstück auf youtube.com/alawson911 (2012)

Julian Assange, die treibende Kraft hinter *Wikileaks*, reagierte im Juli 2010 deutlich verärgert auf die Frage nach dem 11. September: „I'm constantly annoyed that people are distracted by false conspiracies such as 9/11, when all around we provide evidence of real conspiracies, for war or mass financial fraud"[73]. Ab November 2010 publizierte Wikileaks dann die als *Cablegate* berühmt gewordene Depeschensammlung US-amerikanischer Botschaften der Jahre 1966 bis 2010. Die Depeschen, für deren Verrat der Informant Bradley Manning zu 35 Jahren Freiheitsstrafe verurteilt wurde, enthielten abermals Material, das die Anschläge vom 11. September direkt betraf. Die entsprechenden Depeschen aus dem Jahr 2010 enthüllten, dass das FBI weiterhin mit einer laufenden Ermittlung zum 11. September beschäftigt war und nach drei Männern aus Katar fahndete, die bis dato überhaupt nicht zum Kreis der Attentäter gerechnet wurden. Das FBI verdächtigte diese Männer an den konkreten Anschlagsplanungen beteiligt gewesen zu sein.[74] Auch diese Informationen sprachen also eher gegen die Idee eines *inside job*.

Dass Wikileaks und Julian Assange den verschwörungstheoretischen Erzählungen – anstatt sie zu unterstützen – derart entgegenwirkten, irritierte Teile der ‚Wahrheitsbewegung', entsprach die Plattform doch eigentlich ideal deren Vorstellung von einem digital-vernetzten, anti-konspirativen Gegenmedium. Mathias Bröckers etwa fragte in seinem Blog, ob es womöglich sein könne, dass *Wikileaks* heimlich dem Zweck diene, „das 9/11-Truth-Movement kognitiv zu infiltrieren'"[75].

Das Verhalten des Aktivisten und Quasi-Popstars Julian Assange und die Veröffentlichungen von *Wikileaks* waren eine Provokation für die Vorstellungsbilder des Medialen in Verschwörungstheorien zum 11. September. Dementsprechend entstanden neue Erzählungen, in denen Assange nun die Rolle eines getarnten Agenten im eigenen Lager oder zumindest eines ‚nützlichen Idioten' einnahm, der Informationen nicht gegen, sondern im Sinne der Verschwörung publizierte.

---

73 Julian Assange zitiert nach: Bell, Matthew: Wanted by the CIA: The man who keeps no secrets: Julian Assange tells Matthew Bell why governments fear Wikileaks. 29.04.2014, http://www.independent.co.uk/news/media/online/wanted-by-the-cia-the-man-who-keeps-no-secrets-2029083.html, zuletzt geprüft am: 29.04.2014.

74 Vgl. dazu: Swinford, Steven: WikiLeaks: FBI hunts the 9/11 gang that got away: The FBI has launched a manhunt for a previously unknown team of men suspected to be part of the 9/11 attacks, the Daily Telegraph can disclose. 29.04.2014,http://www.telegraph.co.uk/news/worldnews/wikileaks/8296860/WikiLeaks-FBI-hunts-the-911-gang-that-got-away.html, zuletzt geprüft am: 29.04.2014.

75 Bröckers, Mathias: Fragen zu Wikileaks. 2010, http://www.broeckers.com/2010/10/24/fragen-zu-wikileaks/, zuletzt geprüft am: 29.04.2014.

Neben dem ‚Ärgernis' Wikileaks stellte wohl auch die auffällige Widersprüchlichkeit der verschiedenen Thesen zu 9/11– etwa ein Fall wie *9/11-Mega-Ritual* – ein Problem für die ‚Wahrheitsbewegung' im Internet dar: „Not only do online conspiracy theorists have to be on the look out for anti-conspiracy theorists attempting to debunk their views, they also have to keep an eye out for other conspiracy theorists online. Conspiracy theorists can be a paranoid lot and are apt to suspect that rival conspiracy theorists are decoys, encouraged by the conspirators to try to mislead people and prevent them from finding out the truth."[76] Spätestens mit den Enthüllungen des vormaligen *NSA*-Mitarbeiters Edward Snowden im Jahr 2013, die auf eine umfassende Kontrolle der Kommunikation im Internet schließen ließen, hatte das Internet seinen Nimbus als antikonspiratives Gegenmedium wohl endgültig eingebüßt. Wie in einer Pendelbewegung schlagen die Vorstellungsbilder des Medialen nun wieder zurück und setzen auch Google und das Internet ‚unter Verdacht'.

REFLEXION

Neben den expliziten Verweisen auf mediale Konstellationen ist in den Verschwörungstheorien um 2000 auffallend, dass die fraglichen Konstellationen auch in die verschwörungstheoretische Erzählstrategie selbst eingeschrieben sind. Das heißt, die Erzählungen entstehen wesentlich auf Basis der Errungenschaften der digitalen Revolution und bedienen sich dabei größtenteils der Angebote der verdächtigten ‚alten' Massenmedien.

Deutlicher als sämtliche ‚prä-digitale' Verschwörungstheorien verweisen die digitalen Verschwörungstheorien zum 11. September darauf, dass hier nicht nur ein bestimmter Text (die ‚offizielle Version') kritisch hinterfragt wird, sondern auch das den Text kolportierende Mediensystem. Nämlich vorzugsweise die Institution Fernsehen, deren Bilder sich die verschwörungstheoretischen Erzählungen zum 11. September exzessiv bedienen, um sich gleichsam davon abzugrenzen. Spätestens hier greift das Konzept der Intertextualität zu kurz, da die Erzählungen nicht mehr nur einen sichtbaren und einen unsichtbarer Plot thematisieren, sondern immer auch die mediale Differenz zwischen den Trägern beider Plots hervorheben. Es handelt sich somit nicht bloß um Verfahren der Intertextualität, sondern vielmehr um einen Vorgang, den die Intermedialitätsforschung

---

76 Clarke, Steve: Conspiracy theories on the Internet and on the loose. 2007, http://www.onlineopinion.com.au/view.asp?article=5946, zuletzt geprüft am: 26.03.2014.

mit dem Begriff der ‚transformationalen Intermedialität' beschreibt.[77] „Ein Medium verweist auf ein anderes – es kann das repräsentierte Medium dadurch kommentieren, was wiederum interessante Rückschlüsse auf das ‚Selbstverständnis' des repräsentierenden Mediums zulässt. Und es kann das repräsentierte Medium auf eine Art und Weise repräsentieren, die dessen lebensweltliche, ‚normale' Gegebenheitsweise verfremdet oder gleichsam transformiert."[78] Instruktiv ist das von Jens Schröter gewählte Beispiel für transformationale Intermedialität, die Fernsehsendung *100(0) Meisterwerke*, die jeweils einzelne Gemälde abfilmt und dabei per *Voice over* deutet:

> Es kommentiert die verketteten, ‚zentrifugalisierten' Bildausschnitte und ersetzt auf diese Weise das [...] ‚innere Gemurmel', welches wir vor dem Bild produzieren – diese Stimme liefert den zeitlich sich entfaltenden Begründungszusammenhang, der rechtfertigt, warum gerade diese und keine andere Weise der Verknüpfung gewählt wurde. [...] Wir werden buchstäblich Komplizen der immer gleichen Off-Stimme, denn die erhöhte Kameraposition, die uns als Zuschauer weit über die [...] Besucher erhebt, deutet an, daß wir eine Überblicksposition besitzen, von der aus eine ‚objektive' Beurteilung des Kunstwerks möglich ist.[79]

In genau diesem Sinne können digital verfasste Verschwörungstheorien auch als intermediale Erzählungen verstanden werden, als vermeintlich objektive ‚Übersetzungsorgane' für Medienereignisse. So wie die erhöhte Kameraposition in 100(0) Meisterwerke, dient hier nun ein Arsenal digitaler Effekte und Funktionen zur Herstellung einer besonderen Überblicksposition. Etwa dann, wenn im Internet-Film *Loose Change* nachträglich Fadenkreuze über bis dato unbeachtete Staubwolken in den ikonischen Fernsehbildern des einstürzenden WTC gelegt werden. Ebenso wie in der Fernsehanalyse von Gemälden in der Sendung *100(0) Meisterwerke*, werden wir auch als Betrachter verschwörungstheoretischer Internetfilme Komplize des *Voice over*, nun allerdings bei der paranoischen Betrachtung des Fernsehens selbst. Was hieraus – mindestens im Subtext und bisweilen auch explizit – entsteht, ist eine Diskreditierung des Mainstream-Mediums Fern-

---

77 Vgl. hierzu: Schröter, Jens: Intermedialität: Facetten und Probleme eines aktuellen medienwissenschaftlichen Begriffs, in: Montage AV 7. 1998, 2, S. 129–154. Ebenfalls: Schröter, Jens: Das ur-intermediale Netzwerk und die (Neu-) Erfindung des Mediums im (digitalen) Modernismus: Ein Versuch, in: Intermedialität - analog/digital. Theorien, Methoden, Analysen, hg. v. Joachim Paech; Jens Schröter, München 2008.
78 Schröter: Intermedialität, S. 144.
79 Ebd., S. 145.

sehen zugunsten ‚neuer Medien', in deren Zentrum das Internet steht. Ganz offenbar ist der Fernsehzuschauer ja ein zentraler Adressat der Verschwörung vom 11. September (unabhängig davon, ob diese nun auf die Al-Kaida oder auf einen Inside Job zurückginge). In dieser Hinsicht schlägt der Zuschauer nun als User zurück, indem er – mit digitalen Medien ausgerüstet und vernetzt – das Medienereignis des 11. September paranoisch decodiert und somit auch die dominanten Trägermedien der ‚offiziellen Version', das System Fernsehen, beziehungsweise Massenmedien allgemein, als mutmaßlich ‚blinde' Medien oder gar als Teil der Verschwörung selbst entlarvt.

Schlussteil

Fazit

Die vorliegende Arbeit fragte danach, inwiefern Medien zu Genese, Glaubwürdigkeit und Konjunkturen moderner Verschwörungstheorien als Wahrheitserzählungen beitragen. Die breite Forschungsdiskussion zu Verschwörungstheorien thematisierte bislang vorwiegend soziale, psychologische und politische Mechanismen als Erklärungsmodelle für Verschwörungstheorien. Inwiefern dabei seit der Umbruchphase um 1800 von einer genuin modernen Verschwörungstheorie zu sprechen ist, blieb in der Forschungsdiskussion bislang umstritten. Verschwörungstheorien seien um 1800 als Propaganda der antirevolutionären Gegenaufklärung populär und vor allem eine Reaktion auf die politische Revolution von 1789 gewesen. Das diskutierte Merkmal der ‚Innerweltlichkeit' dieser Verschwörungstheorien war allerdings schon lange zuvor erkennbar und schied somit als Argument aus.

Die Medialität des Gegenstands, die zugrunde liegenden ‚Kommunikationsstrukturen', galten in der dominanten Forschungsliteratur noch im Jahr 2000 als unerheblich für Hochphasen der Verschwörungstheorie. Erst in der jüngeren Vergangenheit, unter dem Eindruck einer Konjunktur von Verschwörungstheorien, die eine Mehrzahl der Forschungsbeiträge mit dem Internet assoziierte, diskutierte die Forschung erstmals, inwiefern Medien an einer Konjunktur von Verschwörungstheorien teilhaben. Dabei thematisierten die Beiträge häufig das Internet in seiner besonderen Funktion als Distributionsmedium, konnten den kommunikativen Erfolg dadurch aber mitnichten erklären.

Ausgehend von der Prämisse, dass Verschwörungstheorien zuallererst eine spezifische Erzählform darstellen, zielte die Arbeit darauf ab, die mediale Verfasstheit dieser narrativen Textsorten zu untersuchen. Inwiefern fungieren Medien nicht bloß als ‚Mittler' verschwörungstheoretischer Erzählungen, sondern sind bereits in konstitutiver Weise in deren narrative Struktur und Evidenzproduktion eingeschrieben? Die jüngere medienkulturwissenschaftliche Forschungsliteratur bemerkte bereits, dass Medien einen zentralen Reflexionsgegenstand von Verschwörungstheorien bilden. Von diesem Befund ausgehend, fokussierte die vorliegende Arbeit Vorstellungsbilder des Medialen in Verschwörungstheorien als ihr genuines Analyseobjekt. Den medientheoretischen Hintergrund dieser Analysen bildete die Verdachtstheorie von Boris Groys. Nach deren Prämissen repräsentieren Verschwörungstheorien das reale Verhältnis von Rezipienten und Medien. Der Betrachter medialer Oberflächen imaginiere unumgänglich eine Verschwörung in einem strukturell verborgenen submedialen Raum hinter der medialen Oberfläche. Die Konfrontation mit Medien provoziere somit zwangsläufig einen medienontologischen Verdacht.

Dieses Beschreibungsmodell deckte sich mit der präsentierten Arbeitsdefinition von Verschwörungstheorien als Erzählung beziehungsweise narrativer Struktur und führte zur Hauptargumentation der Arbeit: Für historische Konjunkturen von Verschwörungstheorien sind neben den bereits klassischen Erklärungsmodellen auch mediale Konstellationen als Faktor für Genese und Glaubwürdigkeit der Erzählungen bedeutsam. Verschwörungstheorien haben dann Konjunktur, wenn die medialen Konstellationen in besonderer Weise dazu tendieren, einen medienontologischen Verdacht auszulösen, der sich dann in Verschwörungstheorien äußert.

Die entsprechende Forschungsstrategie sah vor, für historische Hochphasen von Verschwörungstheorie die jeweiligen medialen Konstellationen zu beschreiben und dann die Vorstellungsbilder des Medialen in den Verschwörungstheorien zu analysieren. Die Untersuchung orientierte sich dabei an den Phasen um 1800, um 1900 und um 2000, für die die historiographische Forschungsliteratur einhellig Konjunkturen von Verschwörungstheorien verzeichnet.

Die Untersuchung des Zeitraums um 1800 rekonstruierte die Genese der fraglichen Verschwörungstheorie als Effekt der Medialisierungsschübe um 1800: „The conspiratorial myths that have been woven around masonic lodges, reading societies and the French Revolution could themselves be better understood if various effects produced by printing were taken into account"[1], glaubte bereits Elizabeth Eisenstein. Die Verschwörungstheorien um 1800 – dies zeigte die Untersuchung – konnten ihre Evidenzen und somit ihre Glaubwürdigkeit überhaupt erst herstellen, indem sie die explosionsartige Medialisierung der Gesellschaft als Resultat gigantischer Verschwörung im submedialen Raum und die medialen Oberflächen als deren Spuren imaginierte. Somit war die Verschwörungstheorie selbst ein Effekt der Printexplosion im 18. Jahrhundert. Die Wucht der freigesetzten Medialisierungsprozesse fand im medienontologischen Verdacht der Verschwörungstheorien ein entsprechendes Echo. Erst unter den Vorzeichen der

---

1 Eisenstein: The printing press as an agent of change, S. 149.

epochalen Medialisierungsschübe um 1800 konnte die Verschwörungstheorie somit ihre spezifische Methode der Evidenzmachung entwickeln, die sich fundamental an die Vorstellung eines submedialen Raums der neu entstandenen medialen Öffentlichkeit koppelte. Deren Herstellung von Glaubwürdigkeit fußte zunächst auf einem Konvolut von Enthüllungsschriften und Dokumenten, die die Existenz radikal-aufklärerischer Geheimbünde und deren Streben nach Einflussnahme auf die Medien der Öffentlichkeit belegte. Gleichzeitig zog die Verschwörungstheorie um 1800 den Umkehrschluss, in der Gesamtheit des Medialisierungsprozesses sei eine weitaus gigantischere, eine ‚totale' Verschwörung erkennbar, die die eigentlich belegten Aktivitäten der Geheimgesellschaften bei weitem übertraf. Die Forschungsfrage, inwiefern Verschwörungstheorien um 1800 von vormodernen Varianten abzugrenzen seien und von nun an als ‚moderne Verschwörungstheorien' einzuordnen sind, ist mit Verweis auf diese Befunde zur ‚neuen Medialität' des Gegenstands beantworten. Auch dass Kommunikationsstrukturen, mithin Medialisierungsprozesse, sehr wohl einen Anteil an Konjunkturen von Verschwörungstheorie haben, belegte bereits dieses erste Fallbeispiel.

Die antisemitischen Verschwörungstheorien des langen 19. Jahrhunderts führten die verschwörungstheoretische Erzähltradition weiter und imaginierten dabei konspirative Vorgänge im submedialen Raum der nun aufsteigenden und dominanten Massenpresse als Werk einer jüdischen Weltverschwörung. „The effect of printing on collective psychopathology urgently needs further study. […] the differences between medieval and modern anti-semitism ought to be reappraised from this angle"[2], betont abermals Eisenstein. So gilt für die antisemitische Verschwörungstheorie, wie schon für deren Vorgänger im 18. Jahrhundert, dass sie eine genuine ‚Medien-Verschwörungstheorie' darstellt. Der submediale Raum ist fortlaufendes Thema, und die Medien der Öffentlichkeit bilden noch vor dem Kapitalismus den zentralen Reflexionsgegenstand. Nimmt man alleine die Auflagenzahl der Protokolle zum Ausgangspunkt, hatte die antisemitische Verschwörungstheorie im Kontext der NS-Zeit ihre größte Konjunktur. Die Untersuchung zeigte aber, dass die spezifische Erzählung und deren Evidenzstrategie längst konfiguriert und verbreitet waren. Die Auflagenzahl während der NS-Zeit war zunächst das Ergebnis einer zunehmend institutionalisierten Propagandastrategie der NS, nicht etwa einer neuartigen Erzählung. Die Untersuchung der eigentlichen Genese der Erzählung, die – wenn auch in milderer Form – durchaus bereits in der zweiten Hälfte des 19. Jahrhunderts kommunikativen Erfolg verbuchte, zeigte abermals eine Ko-Evolution von Erzählstrategie und Pro-

---

2 Ebd., S. 150.

zessen der Mediengeschichte. Bereits die fiktive Präkonfiguration der *Protokolle* von 1868 war vornehmlich die Manifestation eines medienontologischen Verdachts, der sich gegen die Presse und deren sich entfaltendes System wandte.

So präsentiert sich die Geschichte der Verschwörungstheorie vor allem als eine wütende Abfolge von Medienverdächtigungen, die das massenmedial repräsentierte Wissen bekämpfen und gleichzeitig aus ihm heraus eigene Evidenzen bilden. Im Ergebnis zeigten sich grundsätzlich alle untersuchten Verschwörungstheorien als Artikulation des medienontologischen Verdachts. Die Imagination submedialer Räume, deren Beschaffenheit sich wiederum qua Lektüre der Medien enthüllen ließe, ist seit dem 18. Jahrhundert ein sich wandelnder aber konstanter und zentraler Bestandteil verschwörungstheoretischer Erzählungen. Hier gilt es noch einmal auf Bedeutung und Funktion von ‚Mediendiskursen' hinzuweisen. Diese implizieren nicht nur ein einfaches und folgenloses Reden über Medien, „sondern solche Diskurse formieren Medien und ihre Nutzung […]"[3]. Dass bedeutet im hier untersuchten Feld, dass die Artikulation des medienontologischen Verdachts immer schon Vorbereitung einer Lektüreanweisung für die ‚Realität der Massenmedien' und somit der Herstellung des Effekts der Aufrichtigkeit des Medialen ist.

Der Medienumbruch um 2000 führte erstmalig in der Geschichte der Verschwörungstheorie zu einer Kippfigur dieses Verdachts, da ‚das Internet' nun als anti-konspiratives Supermedium entdeckt und prämiert wurde. Die Verschwörungstheorie konnte dabei an eine allgemeine Begeisterung für die Möglichkeiten der Digitalisierung, bei gleichzeitiger Emphase auf eine kritische Ablehnung älterer Massenmedien anschließen und somit auf eine breite Zustimmung setzen. Erst in der jüngsten Vergangenheit, im Nachgang der Aufmerksamkeit für Wikileaks und die Snowden-Enthüllungen über digitale Massenüberwachung, nehmen verschwörungstheoretische Textsorten auch das Internet verstärkt unter Verdacht. Ob die Begeisterung für das Internet in Verschwörungstheorien ein Effekt war, der sich nun langsam verbraucht hat, oder ob dieser Effekt lediglich zwischenzeitlich nachlässt, bleibt dabei abzuwarten.

„Verdichtete Kommunikationsverhältnisse", so die Historiker Ute Caumanns und Mathias Niendorf seien „wohl einer Verbreitung von Verschwörungstheorien förderlich, nicht aber notwendige Voraussetzung für Produktion und Rezeption."[4] Die Untersuchung der drei historischen Fallbeispiele zeigte hingegen, dass mediale Konstellationen und Medialisierungsprozesse wesentlich an Kon-

---

3   Bohnenkamp, Schneider: Medienkulturwissenschaft, S. 44.

4   Caumanns, Niendorf: Raum und Zeit, Mensch und Methode: Überlegungen zum Phänomen der Verschwörungstheorie, S. 207.

junkturen von Verschwörungstheorie beteiligt sind. Diese Arbeit verdeutlichte somit, dass moderne Verschwörungstheorie als Effekt der Mediengeschichte zu verstehen ist. Ob eine moderne Mediengesellschaft überhaupt ohne Verschwörungstheorie zu haben ist, ist ebenso fraglich, wie ein Medium ohne submedialen Raum schwer vorstellbar ist: ‚Das Internet' erfüllt diese Voraussetzung jedenfalls ebenso wenig, wie alle anderen bekannten Medien, die in der Lage sind, Öffentlichkeit herzustellen. So bleibt die ‚Glaubwürdigkeitslücke' der Massenmedien eben weiterhin „nicht Folge eines irgendwie abstellbaren Mißbrauchs dieser Einrichtungen. Sie ist vielmehr ein Effekt der normalen Operationen dieser Medien".[5]

Die Frage nach der Medialität von Verschwörungstheorien betrifft auf Ebene der Evidenzproduktion, als zentraler Faktor von Glaubwürdigkeit, vor allem auch die spezifische Beobachtungs- und Projektionsleistung, die die Medien für die Tätigkeit der paranoischen Decodierung ermöglichen. „Die Möglichkeit der Steganographie macht alles verdächtig: Jeder Klartext-Satz kann geheime Botschaften enthalten, jedes Bild eine Tiefendimension oder zumindest einen Teil ihrer Koordinaten kreieren, die allein schon deswegen interessant und verdächtig zugleich ist, weil sie dem größten Teil der über das Medium hergestellten Öffentlichkeit verborgen bleibt."[6] Je mehr mediale Zeichen in einer Gesellschaft also kursieren, desto größer das Potenzial zu decodierender ‚Wahrheiten'. Gleichzeitig befähigen neue mediale Konstellationen Verschwörungstheorien auch in neuer Weise dazu, die verdächtigten Medien auszulesen: „Mit jedem neuen Medium erhöht sich die Möglichkeit zur Beobachtung des Beobachtens, also zur Beobachtung 2. Ordnung"[7], schreibt Siegfried J. Schmidt in seinen *Rekurrenzen der Mediengeschichte*. Auch deshalb begünstigen Prozesse des Medienwandels und Medienumbrüche Hochphasen von Verschwörungstheorie.

In der medial konstituierten paranoischen Decodierung liegt unter Bezugnahme auf die Theorie des medienontologischen Verdachts die große Leistung der Verschwörungstheorie. Denn erst durch die Umdeutung der ursprünglich verdächtigten medialen Zeichen, die sie mittels paranoischer Decodierung enthüllt, macht sie die medialen Oberflächen wieder glaubwürdig und ‚versöhnt' den vormals misstrauischen Betrachter mit seinen Medien. Die ‚Medienhörigkeit', von der sich Verschwörungstheorie vermeintlich distanzieren möchte, ist

---

5   Wegmann, Nikolaus: Literarische Autorität: Common Sense oder literaturwissenschaftliches Problem? Zum Stellenwert der Literatur im Feld der Medien. 1996, http://www.culture.hu-berlin.de/verstaerker/vs001/, zuletzt geprüft am: 31.07.2014.
6   Hahn: Medium und Intrige, S. 95.
7   Schmidt: Rekurrenzen der Mediengeschichte, S. 75.

gewissermaßen niemals radikaler und vorbehaltsloser als in jenen Ausnahmesituationen, in denen Verschwörungstheorien diesen Effekt der Aufrichtigkeit herstellen.

Weshalb Konjunkturen von Verschwörungstheorien mit Phasen des Medienwandels korrelieren, lässt sich auch anhand der jeweils dargelegten Genese und Urheberschaft der verschwörungstheoretischen Erzählungen plausibilisieren. Die Verortung der Urheber innerhalb – im weitesten Sinne – sozialer Bewegungen, wie etwa der frühe Konservatismus im 18. Jahrhundert oder die antisemitische Bewegung im 19. Jahrhundert, verweist deutlich auf die erhoffte Mobilisierungsfunktion der Rede über Medien. Das generelle Mobilisierungspotenzial der kritischen und verdächtigenden Rede über Medien ist logischerweise dann am höchsten, wenn entsprechende kulturelle Rahmenbedingungen existieren, das heißt, wenn Mediengeschichte an einem Punkt ist, an dem über sie geredet wird.

VERSCHWÖRUNGSTHEORIE HEUTE

Das Ergebnis dieser Arbeit ist nicht bereits damit beschrieben, dass in der bald 250-jährigen Geschichte moderner Verschwörungstheorie von Beginn an und fortwährend ein submedialer Raum der Massenmedien imaginiert und der totalen Verschwörung verdächtigt wurde. Entscheidend ist, dass dieser Verdacht den Ausgangspunkt einer wirkmächtigen Relektüre und Aneignung medialer Angebote bildet. Zu den Imaginationen des Medialen in Verschwörungstheorien gehört nicht nur die Medienkritik, sondern immer auch der Glaube, diesen Medien mittels eines suchenden Blicks verborgene Wahrheiten entnehmen zu können, die die Taten der Verschwörung enthüllen. Dabei handelt es sich um einen Vorgang, der nicht mehr nur den konkreten verschwörungstheoretischen Text oder dessen Urheber betrifft, sondern um eine Lektüreanweisung, die den Rezipienten von Verschwörungstheorie geradezu auffordert selbst zu ‚sehen'. ‚Wer Augen hat, der sieht's' und ‚Alle Quellen liegen offen' sind immer schon Anweisungen, den Blick selbst auf die Objekte des Verdachts zu richten. Unter den Voraussetzungen der heutigen audiovisuellen und interaktiven Medienkultur führt diese Lektüreanweisung zu einer Entfesselung der paranoischen Decodierung, die nun nicht mehr nur vorwiegend unliebsame, etwa ‚liberale' Meinungen als Zeichen von Verschwörung interpretiert, sondern potenziell alles, was sich als mediales Zeichen zeigt.

Das Potenzial dieses paranoischen Blicks ist praktisch unbegrenzt, da das *Framing* von beliebigen Phänomenen an keinerlei verbindlicher ‚Realität' gekoppelt ist; „alles womit man Behauptungen nachprüfen möchte, ist gleichzeitig ein ausführliches Rezept für diejenigen, die die Wirklichkeit verfälschen möchten; [...]."[8] Entscheidend für die aktuelle Popularität von Verschwörungstheorien in allen Teilen der Gesellschaft ist dabei möglicherweise gar nicht der Wille zu Verfälschung und Propaganda, sondern der Wunsch nach Aneignung und Deutung der medialen Angebote.

Diesen Wunsch beschreibt etwa auch die von Moritz Reiffers verfasste *Kulturgeschichte des Überblicks vom Mittelalter bis zur Moderne*. Dort geht es auf den ersten 345 Seiten, das heißt, im gesamten Hauptteil des Buches, um historische Formen des Überblicks, um Perspektivwechsel in der Malerei, um kulturelle Beschreibungen des ‚Sehens von oben' oder um *Google Earth*. Das Schluss- und Ausblick-Kapitel des Buches handelt von etwas scheinbar völlig anderem, einem Thema, das zuvor im Buch nicht mit einem Wort erwähnt wurde, von Verschwörungstheorien. So zeigt sich in der paranoischen Decodierung der Verschwörungstheorie nämlich tatsächlich nichts weniger, als die autosuggestive Erfüllung eines tiefen wie allgemeinen Wunschs: Der Einblick in geheimes Wissen, als Möglichkeit einen authentischeren Überblick über die Welt zu erlangen, die wir ansonsten nur durch die Massenmedien kennen. Es ist daher keine Überraschung, wenn gerade auch im Wissenschaftssystem selbst – dem das Wissen-Wollen als Grundantrieb eingeschrieben ist – die Verschwörungstheorie zunehmend verteidigt wird, sondern schlicht die Konsequenz aus dessen Geschichte: „Aufklärung besitzt in ihrem Kern einen polemischen Realismus, der den Erscheinungen den Krieg erklärt: nur noch die *nackten* Wahrheiten, die *nackten* Tatsachen sollen gelten. Denn die Täuschungen, mit denen der Aufklärer rechnet, werden als zwar raffinierte, aber doch durchschaubare, entlarvbare Manöver eingeschätzt. *Verum et fictum concertuntur*. Die Täuschungen sind durchschaubar, weil sie selbstgemacht sind."[9] Das vermeintliche Durchschauen der Täuschungen ist dabei natürlich nicht bloß der implizite Auftrag der Wissenschaftlerinnen und Wissenschaftler. „Der Überblick erzeugt ein ‚Lustempfinden'"[10], hält Moritz Reiffers in seiner Studie fest, und dieses Lustempfinden ist kein exklusiv akademisches. So ist die zeitgenössische Popularität und Verbreitung von Verschwörungstheorien nicht zu verstehen, wenn man Verschwörungstheorien ausschließlich als Ideologien und Propaganda wahrnimmt, sondern nur dann, wenn

---

8 Goffman, Erving: Rahmen-Analyse: Ein Versuch über die Organisation von Alltagserfahrungen, 2. Auflage, Frankfurt am Main 1989, S. 477–478.
9 Sloterdijk, Peter: Kritik der zynischen Vernunft: Band 2, 8. Auflage, Frankfurt am Main 1983, S. 603–604.
10 Reiffers, Moritz: Das Ganze im Blick: Eine Kulturgeschichte des Überblicks vom Mittelalter bis zur Moderne, Bielefeld 2012, S. 11.

man auch das Spiel mit den Zeichen als lustvolle Aneignung von Medieninhalten in Rechnung stellt. Genau dieses Moment der Aneignung, in dem ein Effekt der Aufrichtigkeit erzeugt wird, den der Rezipient selbst erlebt, den er bestenfalls sogar selbst erschafft, bildet eine vollkommen andere Form der Attraktivität aus, als die Bereitstellung von Sündenböcken oder die Reduktion von Komplexität (das soll nicht heißen, dass dieser Faktor die tradierten Erklärungsmuster ablöst, vielmehr ist wohl von einem Wechselspiel der Faktoren auszugehen). Das mittels paranoischer Decodierung hergestellte Wissen überzeugt, weil es ein selbst erzeugtes Wissen ist. Der intertextuelle Vorgang der Relektüre von Zeichen an medialen Oberflächen ist – sofern der Lektüreanweisung gefolgt wird – immer auch ein interaktives Ereignis, da er den Rezipienten selbst zum eigenen Zeichenlesen animiert und dieser sich so durch eigene Anstrengung einer jeweiligen ‚Wahrheit' vergewissert. Charakteristisch für die zeitgenössische Kultur der Verschwörungstheorie ist ja nicht mehr nur ein Bestand zentraler und dominanter Textsorten der ‚Verschwörungsindustrie', sondern eine schier endlose Fülle an kleinen und größeren Amateurbeiträgen von ‚Jedermann'. Verschwörungstheorie ist heute ein Spielfeld von Millionen, die sich auf Plattformen wie *Youtube* mit eigenen Decodierungsvorschlägen einbringen, und mit ihren Erzählungen ebenfalls ‚aufklären' wollen. „Platons Höhle ist eine narrative Welt", stellt der Philosoph Byung-Chul Han fest: „Die Dinge verketten sich dort nicht kausal. Vielmehr folgen sie einer Dramaturgie oder Szenografie, die narrativ die Dinge oder Zeichen miteinander verkettet." Somit zeigt sich auch das Feld der Verschwörungstheorien eben nicht als Austritt aus Platons Höhle, sondern als Sonderform jenes narrativen Spiels, das bereits Platon in seinem Mimesis-kritischen Höhlengleichnis verurteilte: „Die Gefesselten in der Höhle sehen nicht die Schattenbilder der wirklichen Welt. Ihnen wird vielmehr ein Theater vorgeführt. Auch das Feuer ist ein *Kunstlicht*. Die Gefangenen sind in Wirklichkeit *gefesselt* von *Szenen*, von *szenischen Illusionen*. Sie geben sich einem *Spiel*, einer *Illusion* hin."[11]

Von Noam Chomsky stammt der Verdacht, die ‚Salami-Taktik' der US-Regierungen, die alle Jahre wieder ein wenig von ihrem ‚Top Secret'-Aktenbestand zur Ermordung von John F. Kennedy freigeben, sei ein Kalkül zur Ablenkung regierungskritischer Akteure. Denn anstatt greifbare politische und soziale Missstände und Entscheidungen zu kritisieren, verlören sich zahlreiche Akteure im verbissenen Kampf darum, der Geschichte von JFK ihren ‚secret plot' zu entreißen:

---

11 Han, Byung-Chul: Transparenzgesellschaft, Berlin 2012, S. 63.

A couple of years ago, I came across a Pentagon document that was about declassification procedures. Among other things, it proposed that the government should periodically declassify information about the Kennedy assassination. Let people trace whether Kennedy was killed by the mafia, so activists will go off on a wild goose chase instead of pursuing real problems or getting organized. It wouldn't shock me if thirty years from now we discover in the declassified record that the 9/11 [conspiracy] industry was also being fed by the [Bush] administration.[12]

Mit Blick auf die immer wieder neuen Verschwörungstheorien und deren Konjunktur in neuen wie älteren Medien wäre hier von einer ‚Brot- und Spiele-Taktik' mit gigantischem Erfolg zu sprechen. Während sich die politische und mediale Welt, mit allem, was an ihr zu kritisieren wäre, Tag für Tag weiterdreht, verharren potenziell gesellschaftskritische Aktivisten vor ihren Monitoren, und verbeißen sich in die Imagination submedialer Räume und darin verborgener Wahrheiten. Diese Akteure wären dann also einem gigantischen Medienschwindel anheimgefallen, gebannt von einer durch Medien ermöglichten Autoillusion. Zu behaupten, dies sei der Plan irgendwelcher geheimen Mächte, verbietet sich hier natürlich von selbst. Die maßgebliche Macht, die hier wirklich am Werke ist, ist die des Rezipienten.

---

12 Chomsky, Noam; Barsamian, David: What we say goes: Conversations on U.S. power in a changing world, New York, NY 2007, S. 39.

Quellen

Anonymus: Eine wichtige Obscuranten-Entdeckung über die Zwecke und das Wirken des Lichtreichs, aus einigen Original-Briefen von Mauvillon: Mitgetheilt aus dem Herzoglich-Braunschweigischen Archiv, in: Anonymus (Hg.) 1796 – Eudämonia, oder deutsches Volksglück, S. 289–308.

Anonymus: Eudämonia, oder deutsches Volksglück, ein Journal für Freunde von Wahrheit und Recht, Leipzig 1795.

Anonymus: Prospectus, in: Eudämonia, oder deutsches Volksglück, ein Journal für Freunde von Wahrheit und Recht, hg. v. Anonymus, Leipzig 1795, S. III–VI.

Anonymus: Eudämonia, oder deutsches Volksglück, ein Journal für Freunde von Wahrheit und Recht, Frankfurt am Main 1796.

Anonymus: Fortsetzung des im vorigen Stücks abgebrochenen Commentars zu Asmus Rath an Andres: Kannst auch Meer-Rettig reiben!, in: Eudämonia, oder deutsches Volksglück, ein Journal für Freunde von Wahrheit und Recht, hg. v. Anonymus, Frankfurt am Main 1796, S. 189–202.

Anonymus: Anfrage, den Journalisten- und Recensenten-Unfug betreffend, in: Eudämonia, oder deutsches Volksglück eine Journal für Freunde von Wahrheit und Recht, hg. v. Anonymus 1797.

Anonymus: Eudämonia, oder deutsches Volksglück eine Journal für Freunde von Wahrheit und Recht 1797.

Anonymus: Memoire an einen deutschen Fürsten, in: Eudämonia, oder deutsches Volksglück, ein Journal für Freunde von Wahrheit und Recht, hg. v. Anonymus, Frankfurt am Main 1797, S. 193–205.

Anonymus: Italien seit 1815 (Schluß), in: Bayerische Wochenschrift. 18.06.1859, 12, S. 105–109.

Anonymus: Baden, in: Der Volksbote für den Bürger und Landmann. 4. Dezember 1867, 283, S. 1198–1199.

Anonymus: ЕВРЕЙСКОЕ КЛАДБИЩЕ В ПРАГЕ и СОВЕТ ПРЕДСТАВИТЕЛЕЙ ДВЕНАДЦАТИ КОЛЕН ИЗРАИЛЕВЫХ [Der Judenfriedhof in Prag und der Rat der Vertreter der zwölf Stämme Israels], St. Petersburg 1872.

Anonymus [d.i. vmtl. Christian Grolman]: Nachrichten von einem großen aber unsichtbaren Bunde gegen die christliche Religion und die monarchischen Staaten, Zweyte vermehrte und mit Belegen versehene Auflage 1797.

Bahrdt, Karl Friedrich: Geschichte und Tagebuch meines Gefängnisses nebst geheimen Urkunden und Aufschlüssen über Deutsche Union, Frankfurt am Main 1790.

Barrett, Kevin: A Folklorist Looks at 9/11 ‚Conspiracy Theories'. 2006, http://www.mujca.com/factandfolklore.htm, zuletzt geprüft am: 04.08.2014.

Barruel, Augustin: Denkwürdigkeiten zur Geschichte des Jakobinismus, Münster, Leipzig 1800.

Barruel, Augustin: Denkwürdigkeiten zur Geschichte des Jakobinismus, Münster, Leipzig 1801.

Benesch, Alexander: Infokrieg.tv. 2006-2009, http://infokrieg.tv.

Benesch, Alexander: Der bizarre Urheber der 9/11 No Plane-Theorien. 2010, http://recentr.com/2010/11/der-bizarre-urheber-der-911-no-plane-theorien/, zuletzt geprüft am: 10.07.2014.

Benesch, Alexander: Recentr: Die liberalkonservative Medienplattform von Alexander Benesch samt Recentr-Shop für Krisenvorsorge. 10.07.2014, http://recentr.com/, zuletzt geprüft am: 10.07.2014.

Bröckers, Mathias: The WTC Conspiracy: Ein ‚konspirologisches' Tagebuch – vom 13.9.2001-31.12.2002, http://www.broeckers.com/911-2/, zuletzt geprüft am: 05.08.2014.

Bröckers, Mathias: Verschwörungen, Verschwörungstheorien und die Geheimnisse des 11.9., 35. Auflage, Frankfurt a. M. 2003.

Bröckers, Mathias: Fragen zu Wikileaks. 2010, http://www.broeckers.com/2010/10/24/fragen-zu-wikileaks/, zuletzt geprüft am: 29.04.2014.

Bröckers, Mathias: Zehn Jahre WTC-Conspiracy. 2011, http://www.heise.de/tp/artikel/35/35466/1.html, zuletzt geprüft am: 10.07.2014.

Bröckers, Mathias: 9/11. 10.07.2014, http://www.broeckers.com/911-2/, zuletzt geprüft am: 10.07.2014.

Bröckers, Mathias; Walther, Christian C.: 11.9.: Zehn Jahre danach. Der Einsturz eines Lügengebäudes, Frankfurt am Main 2011.

Cosandey, Johannes Sulpitius von; Renner, Vitus; Utzschneider, Joseph von: Drey merkwürdige Aussagen die innere Einrichtung des Illuminatenordens in Baiern betreffend, München 1786.

Danzer, Dyonis: Das Judentum im Hopfenhandel, Leipzig 1888.

Elsässer, Jürgen: Elsässers Blog. 10.07.2014, http://juergenelsaesser.wordpress.com/, zuletzt geprüft am: 10.07.2014.

Fips [d.i. Philipp Rupprecht]: Faust und Mephisto, in: Der Stürmer. Nürnberger Wochenblatt zum Kampf um die Wahrheit, hg. v. Julius Streicher, Bd. 29, Nürnberg 1932.

Ford, Henry: Der internationale Jude: Ein Weltproblem: Das erste amerikanische Buch über die Judenfrage, Leipzig 1921.

Freytag, Gustav: Die Journalisten. Lustspiel in vier Akten, Leipzig 1854.

Fritsch, Theodor: Antisemiten-Katechismus: Eine Zusammenstellung des wichtigsten Materials zum Verständniss der Judenfrage, 25. Auflage, Leipzig 1893.

Fritsch, Theodor: Handbuch der Judenfrage: Eine Zusammenstellung des wichtigsten Materials zur Beurteilung des jüdischen Volkes, 26. Auflage (36 - 41 Tsd., Hamburg 1907.

Fritsch d. J., Theodor: Der jüdische Zeitungs-Polyp, Leipzig 1921.

Gerhardt, Dirk: 911-archiv. 10.07.2014, http://www.911-archiv.net/, zuletzt geprüft am: 10.07.2014.

Göchhausen, Ernst August Anton von: Enthüllung des Systems der Weltbürgerrepublik, Rom 1786.

Griffin, David Ray: Debunking 9/11 debunking: An answer to Popular mechanics and other defenders of the official conspiracy theory, Revised and updated edition, Northampton, Mass 2007.

Harvey, William Hope: Coin's financial school, Chicago 1894.

Hitler, Adolf: Mein Kampf: 2 Bände in 1 Band, 855. Auflage, München 1943.

Icke, David: Children of the matrix: How an interdimensional race has controlled the world for thousands of years - and still does, Wildwood, 2001.

Janke, Otto: Deutsche Roman-Zeitung, Leipzig 1869.

Jebsen, Ken: KenFM im Gespräch mit: Dr. Andreas von Bülow. 2013, http://kenfm.de/blog/2013/08/21/andreas-von-bulow/, zuletzt geprüft am: 28.03.2014.

Jebsen, Ken: KenFM über: Die innere Pressefreiheit. 2013, http://kenfm.de/blog/2013/02/02/innere-pressefreiheit/, zuletzt geprüft am: 28.03.2014.

Jebsen, Ken: KenFM über: Wie man sich embedded, so schläft man. 2013, http://kenfm.de/blog/2013/03/24/wie-man-sich-embedded/, zuletzt geprüft am: 28.03.2014.

Jebsen, Ken: KenFM über: Delete. 2014, https://www.youtube.com/watch?v=ALclqFkubOQ, zuletzt geprüft am: 28.03.2014.

Joseph, Peter: Zeitgeist: Addendum, USA 2008.

Kort, Dennis: Allmystery.de: Antworten auf die Rätsel unserer Welt. 10.07.2014, http://www.allmystery.de/, zuletzt geprüft am: 10.07.2014.

Köwing, Ernst: Der Honigmann sagt...: Der etwas andere weblog. http://derhonigmannsagt.wordpress.com/, zuletzt geprüft am: 10.07.2014.

Liebert, Michael: Wahrheitsbewegung.net: Das alternative Medienportal. http://www.wahrheitsbewegung.net/, zuletzt geprüft am: 10.07.2014.

Lissagaray, Prosper: Geschichte der Commune von 1871: Autorisierte deutsche Ausgabe, Braunschweig 1877.

MacQueen, Graeme; Ryan, Kevin R.: Journalof911studies.com: Truth Matters. 15.08.2013, http://journalof911studies.com/, zuletzt geprüft am: 15.08.2013.

Mason, Jeff: 9-11 Emergency Relief: A comic book to benefit the American Red Cross, Gainesville, FL 2002.

MDR: hier ab vier: Gäste zum Kaffee. Gast: Mathias Bröckers. Deutsche Erstausstrahlung: 08.09.2011.

Osman-Bey: Die Eroberung der Welt durch die Juden 1873.

Plank, Josef: Cartoons by Josef Seppla Plank. Library of Congress, Third Reich Collection. http://worldcatlibraries.org/wcpa/oclc/144228724.

Pseudonym (Freeman): Alles Schall und Rauch. 10.07.2014, http://alles-schallundrauch.blogspot.de/, zuletzt geprüft am: 10.07.2014.

Regentreff.de: Kongress für Grenzwissen. 08.07.2014, http://www.regentreff.de/kongress-f%C3%BCr-grenzwissen-2014/, zuletzt geprüft am: 08.07.2014.

Retcliffe, John [d.i. Hermann Goedsche]: Biarritz: Historisch-politischer Roman, Berlin 1868.

Retcliffe, John [d.i. Hermann Goedsche]; Meiner, Max: Die Geheimnisse des Judenkirchhofes in Prag: Die Verschwörung der Weisen von Zion von John Retcliffe, Volks- u. Schulausgabe hg. v. Max Meiner, Großdeuben 1934.

Robison, John: Proofs of a conspiracy against all the religions and governments of Europe: Carried on in the secret meetings of Free Masons, Illuminati, and reading societies. Collected from good authorities by John Robison, A. M. Professor of Natural Philosophy, and Secretary to the Royal Society of Edinburgh, Edinburgh 1797.

Rosenberg, Alfred: Die Protokolle der Weisen von Zion und die jüdische Weltpolitik, München 1923.
Sauvage, Henri-Michel: Beweis von der Wirklichkeit der Zusammenkunft in Bourgfontaine, durch die Ausführung ihres Zweckes 1793.
Schiller, Friedrich: Xenien und Votivtafeln 2013.
Starck, Johann August: Der Triumph der Philosophie im achtzehnten Jahrhunderte, Augsburg 1803.
Starck, Johann August von: Der Triumph der Philosophie im achtzehnten Jahrhunderte, Augsburg 1804.
Streicher, Julius: Der Stürmer: Nürnberger Wochenblatt zum Kampf um die Wahrheit, Nürnberg 1932.
Szujski, Józef: Die Polen und Ruthenen in Galizien, Wien 1882.
Tancred, Hans: Freimaurer, Aufrührer, Juden, Berlin 1937.
Treitschke, Heinrich von: Preussische Jahrbücher, Berlin 1879.
Treitschke, Heinrich von: Unsere Aussichten, in: Preussische Jahrbücher, hg. v. Heinrich von Treitschke, Bd. 44, Berlin 1879, S. 559–576.
Walther, Christian C.: Der zensierte Tag: Wie man Menschen, Meinungen und Maschinen steuert, München 2004.
Webb, Gary: Dark Alliance: The Story Behind the Crack Explosion. 23.06.2005, http://www.narconews.com/darkalliance/drugs/start.htm, zuletzt geprüft am: 18.03.2014.
Wikipedia: Verschwörungstheorien zum 11. September 2001. 04.07.2014, http://de.wikipedia.org/w/index.php?oldid=131766494, zuletzt geprüft am: 10.07.2014.
Wilmanns, Carl: Die ‚goldene' Internationale und die Nothwendigkeit einer socialen Reformpartei, 3. Auflage, Berlin 1876.
Wisnewski, Gerhard: Aktenzeichen 11.9. ungelöst: Lügen und Wahrheiten zum 11. September 2001. Deutsche Erstausstrahlung: 20.06.2003.

Literatur

Aaronovitch, David: Voodoo histories: How conspiracy theory has shaped modern history, London 2010.

Abalakina-Paap, Marina; Stephan, Walter G; Craig, Traci; Gregory, W. Larry: Beliefs in Conspiracies, in: Political Psychology 20. 1999, 3, S. 637–647.

Adorno, Theodor W.: Eingriffe: Neun kritische Modelle, 11. - 17. Tsd., Frankfurt am Main 1963.

Adorno, Theodor W; Horkheimer, Max: Dialektik der Aufklärung: Philosophische Fragmente, Hamburg 1947.

Altheide, David L; Snow, Robert P.: Media logic, Beverly Hills, California 1979.

Anders, Günther: Die Antiquiertheit des Menschen, 2. Auflage, München 2002.

Anonymus: Psiram. 10.07.2014, http://www.psiram.com/, zuletzt geprüft am: 10.07.2014.

Anton, Andreas: Unwirkliche Wirklichkeiten: Zur Wissenssoziologie von Verschwörungstheorien, Berlin 2011.

Anton, Andreas; Schetsche, Michael; Walter, Michael K.: Konspiration: Soziologie des Verschwörungsdenkens, Wiesbaden 2014.

Arbeitsgemeinschaft Fernsehforschung: Sehdauer: Entwicklung der durchschnittlichen Sehdauer pro Tag/Person in Minuten. 13.03.2014, http://www.agf.de/daten/marktdaten/sehdauer/, zuletzt geprüft am: 13.03.2014.

ARD: ttt - titel thesen temperamente: Zehn Jahre nach 9/11 bleiben Rätsel und Widersprüche – „ttt" über Wahrheit und Verschwörung zehn Jahre nach den Anschlägen. Deutsche Erstausstrahlung: 10.07.2011.

ARD/ZDF-Medienkommission: ard-zdf-onlinestudie.de: Onlineanwendungen. 04.09.2013, http://www.ard-zdf-onlinestudie.de/index.php?id=423, zuletzt geprüft am: 20.03.2014.

ARD/ZDF-Medienkommission: ard-zdf-onlinestudie.de: Entwicklung der Onlinenutzung. 04.09.2013, http://www.ard-zdf-onlinestudie.de/index.php?id= 394, zuletzt geprüft am: 20.03.2014.

Arendt, Hannah: Elemente und Ursprünge totaler Herrschaft, Frankfurt am Main 1955.

Arendt, Hannah: Antisemitismus und faschistische Internationale, in: Hannah Arendt. Nach Auschwitz. Essays & Kommentare 1, hg. v. Klaus Bittermann; Eike Geisel, Berlin 1989, S. 31–48.

Arnold, Gordon B.: Conspiracy theory in film, television, and politics, Westport 2008.

Arnold, Klaus; Classen, Christoph; Kinnebrock, Susanne u.a.: Von der Politisierung der Medien zur Medialisierung des Politischen?: Zum Verhältnis von Medien, Öffentlichkeit und Politik im 20. Jahrhundert, Leipzig 2010.

Assmann, Aleida; Assman, Jan: Das Geheimnis und die Archäologie der literarischen Kommunikation, in: Schleier und Schwelle, hg. v. Aleida Assmann; Jan Assman, München 1997, S. 7–16.

Assmann, Aleida; Assman, Jan: Schleier und Schwelle, München 1997.

Avanessian, Armen: Realismus jetzt: Spekulative Philosophie und Metaphysik für das 21. Jahrhundert, Berlin 2013.

Ayto, John: 20th century words: 20 shi ji xin ci yu ci dian, [Beijing], [Oxford] 2002.

Baecker, Dirk; Bolz, Norbert; Hagen, Wolfgang: Über das Tempo der Massenmedien und die Langsamkeit ihrer Beobachter, in: Warum haben Sie keinen Fernseher, Herr Luhmann? Letzte Gespräche mit Niklas Luhmann, hg. v. Wolfgang Hagen, Berlin 2011, S. 109–144.

Barbrook, Richard; Cameron, Andy: The Californian Ideology. 1995, http://www.imaginaryfutures.net/2007/04/17/the-californian-ideology-2/, zuletzt geprüft am: 14.03.2014.

Barkhausen, Hans: Filmpropaganda für Deutschland im Ersten und Zweiten Weltkrieg, Hildesheim, New York 1982.

Barkun, Michael: A culture of conspiracy: Apocalyptic visions in contemporary America, Berkeley, California 2003.

Barner, Wilfried; Müller-Seidel, Walter; Ott, Ulrich: Jahrbuch der Deutschen Schillergesellschaft: Im Auftrag des Vorstands, Stuttgart 1996.

Bartz, Christina; Jäger, Ludwig; Krause, Marcus u.a.: Handbuch der Mediologie: Signaturen des Medialen, München 2012.

Basse, Dieter: Wolff's Telegraphisches Bureau 1849 bis 1933: Agenturpublizistik zwischen Politik und Wirtschaft, München, New York 1991.

Baum, Steven K.: Antisemitism Explained, Lanham, Maryland 2011.

Bažant, Zdeněk P; Le, Jia-Liang; Greening, Frank R; Benson, David B.: What Did and Did Not Cause Collapse of World Trade Center Twin Towers in New York? in: Journal of Engineering Mechanics 134. 2008, 10, S. 892–906.
Behschnitt, Wolf D.: Die Französische Revolution: Quellen und Darstellungen, Stuttgart 1978.
Bell, Matthew: Wanted by the CIA: The man who keeps no secrets: Julian Assange tells Matthew Bell why governments fear Wikileaks. 29.04.2014, http://www.independent.co.uk/news/media/online/wanted-by-the-cia-the-man-who-keeps-no-secrets-2029083.html, zuletzt geprüft am: 29.04.2014.
Ben-Itto, Hadassa: The lie that wouldn't die: The protocols of the Elders of Zion, London 2005.
Benjamin, Walter: Das Kunstwerk im Zeitalter seiner technischen Reproduzierbarkeit, Sonderausgabe, Berlin 2003.
Benz, W; Bergmann, W; Mihok, B.: Handbuch des Antisemitismus. Personen, München 2009.
Benz, Wolfgang: Die Protokolle der Weisen von Zion: Die Legende von der jüdischen Weltverschwörung, München 2007.
Benz, Wolfgang: Handbuch des Antisemitismus: Judenfeindschaft in Geschichte und Gegenwart, München 2010.
Berbig, Roland: Theodor Fontane im literarischen Leben: Zeitungen und Zeitschriften, Verlage und Vereine, Berlin 2000.
Berlet, Chip; Lyons, Matthew Nemiroff: Right-wing populism in America: Too close for comfort, New York 2000.
Binczek, Natalie; Stanitzek, Georg: Strong ties/weak ties: Freundschaftssemantik und Netzwerktheorie, Heidelberg 2009.
Birchall, C.: Knowledge Goes Pop: From Conspiracy Theory to Gossip, Oxford 2006.
Bittermann, Klaus; Geisel, Eike: Hannah Arendt. Nach Auschwitz: Essays & Kommentare 1, Berlin 1989.
Bittner, Jochen: Blackbox Weißes Haus: Je komplizierter die Weltlage, desto fester glauben die Deutschen an Verschwörungstheorien, in: Zeit Online 2003. 24.07.2003.
Blome, Astrid; Böning, Holger: Presse und Geschichte: Leistungen und Perspektiven der historischen Presseforschung, Bremen 2008.
Blondheim, Menahem: ‚Slender Bridges' of Misunderstanding: The Social Legacy of Transatlantic Cable Communications, in: Atlantic communications. The media in American and German history from the seventeenth to the twentieth century, hg. v. Norbert Finzsch; Ursula Lehmkuhl, Oxford, New York 2004, S. 153–169.

Böck, Dorothea: Von der Aufklärung zur Unterhaltung: Netzwerke im Arkanen, in: Strong ties/weak ties. Freundschaftssemantik und Netzwerktheorie, hg. v. Natalie Binczek; Georg Stanitzek, Heidelberg 2009, S. 123–144.

Boghossian, Paul Artin: Angst vor der Wahrheit: Ein Plädoyer gegen Relativismus und Konstruktivismus, Berlin 2013.

Bohnenkamp, Björn; Schneider, Irmela: Medienkulturwissenschaft, in: Einführung in die Medienkulturwissenschaft, hg. v. Claudia Liebrand; Irmela Schneider; Björn Bohnenkamp u.a., Münster 2005, S. 35–50.

Bois, Pierre-Andre: Vom Jesuitendolch und -gift zum Jakobiner- bzw. Aristokratenkomplott: Das Verschwörungsmotiv als Strukturelement eines neuen politischen Diskurses, in: Verschwörungstheorien. Theorie, Geschichte, Wirkung, hg. v. Helmut Reinalter, Innsbruck 2002, S. 121–132.

Bois, Pierre-André; Heitz, Raymond; Krebs, Roland: Voix conservatrices et réactionnaires dans les périodiques allemands de la Révolution française à la restauration: Études, Bern, New York 1999.

Bollinger, Ernst: Pressegeschichte II: 1840-1930. Die goldenen Jahre der Massenpresse, Freiburg, Schweiz 1996.

Boltanski, Luc: Rätsel und Komplotte: Kriminalliteratur, Paranoia, moderne Gesellschaft, Berlin 2013.

Böning, Holger: Presse, in: Lexikon der Aufklärung. Deutschland und Europa, hg. v. Werner Schneiders, München 1995, S. 328–330.

Böning, Holger: Ohne Zeitung keine Aufklärung, in: Presse und Geschichte. Leistungen und Perspektiven der historischen Presseforschung, hg. v. Astrid Blome; Holger Böning, Bremen 2008, S. 141–178.

Bönisch, Julia: Meinungsführer oder Populärmedium?: Das journalistische Profil von Spiegel Online, Münster 2006.

Bösch, Frank: Mediengeschichte: Vom asiatischen Buchdruck zum Fernsehen, Frankfurt am Main 2011.

Brackert, Helmut; Stückrath, Jörn: Literaturwissenschaft: Ein Grundkurs, Reinbek bei Hamburg 1992.

Braun, Christian: Sprache und Geheimnis: Sondersprachenforschung im Spannungsfeld zwischen Arkanem und Profanem, Berlin 2012.

Bremm, Klaus-Jürgen: Propaganda im Ersten Weltkrieg, Stuttgart 2013.

Briggs, Asa; Burke, Peter: A social history of the media: From Gutenberg to the Internet, 2. Auflage, Cambridge 2005.

Burns, Stewart J.: The Simpsons: Marge Gamer. Erstausstrahlung in den USA: 22.04.2007.

Bussiek, Dagmar: „Mit Gott für König und Vaterland!": die Neue Preußische Zeitung (Kreuzzeitung) 1848 - 1892, Münster 2002.

Butter, Michael: Über die Wirkung von Verschwörungstheorien: Michael Butter im Gespräch mit Matthias Hanselmann. 2011, http://www.dradio.de/dkultur/sendungen/thema/1363505/, zuletzt geprüft am: 26.06.2013.

Butter, Michael; Retterath, Lisa: From Alerting the World to Stabilizing Its Own Community: The Shifting Cultural Work of the Loose Change Films, in: Canadian Review of American Studies 40. 2010, 1, S. 25–44.

Butzer, Günter; Günter, Manuela: Kulturelles Vergessen: Medien, Rituale, Orte, Göttingen 2004.

Byford, Jovan: Conspiracy theories: A critical introduction, Houndmills, Basingstoke, Hampshire, New York 2011.

Cadenbach, Christoph: Diener der Wahrheit: Der Amerikaner Peter Joseph dreht Filme, in denen er erklärt, dass der 11. September eine Aktion der US-Regierung […]. 2011, http://sz-magazin.sueddeutsche.de/texte/anzeigen/35683/, zuletzt geprüft am: 29.04.2014.

Campbell, Peter R; Kaise, Thomas E; Linton, Marisa: Conspiracy in the French Revolution, Manchester 2007.

Campbell, Peter R; Kaise, Thomas E; Linton, Marisa: Introduction: Conspiracy in the French Revolution - issues and debates, in: Conspiracy in the French Revolution, hg. v. Peter R. Campbell; Thomas E. Kaise; Marisa Linton, Manchester 2007, S. 1–14.

Carstensen, Tanja: ‚Das Internet' als Effekt diskursiver Bedeutungskämpfe, in: Kommunikation@gesellschaft 7. 2006, 7.

Caumanns, Ute: Wer zog die Drähte?: Verschwörungstheorien im Bild, Düsseldorf 2012.

Caumanns, Ute; Niendorf, Mathias: Raum und Zeit, Mensch und Methode: Überlegungen zum Phänomen der Verschwörungstheorie, in: Verschwörungstheorien. Anthropologische Konstanten - historische Varianten, hg. v. Ute Caumanns; Mathias Niendorf, Osnabrück 2001, S. 197–210.

Caumanns, Ute; Niendorf, Mathias: Verschwörungstheorien: Anthropologische Konstanten - historische Varianten, Osnabrück 2001.

Chomsky, Noam; Barsamian, David: What we say goes: Conversations on U.S. power in a changing world, New York, NY 2007.

Clarke, Steve: Conspiracy Theories and the Internet: Controlled Demolition and Arrested Development, in: Episteme: A Journal of Social Epistemology 4. 2007, 2, S. 167–180.

Clarke, Steve: Conspiracy theories on the Internet and on the loose. 2007, http://www.onlineopinion.com.au/view.asp?article=5946, zuletzt geprüft am: 26.03.2014.

Coady, David: What to believe now: Applying epistemology to contemporary issues, Chichester, West Sussex, Malden, MA 2012.

Cohn, Norman: Die Protokolle der Weisen von Zion: Der Mythos von der jüdischen Weltverschwörung, Köln 1969.

Cohn, Norman: Warrant for genocide: The myth of the Jewish world-conspiracy and the Protocols of the elders of Zion, New York 1967.

Colman, Warren: ‚Something wrong with the world': Towards an analysis of collective paranoia, in: Cultures and identities in transition. Jungian perspectives, hg. v. Murray Stein; Raya A. Jones, London, New York 2010, S. 6–16.

Danneberg, Kurt: Die Anfänge der ‚Neuen Preussischen -Kreuz-Zeitung' unter Hermann Wagener 1848-1852, Berlin 1943.

Darnton, Robert; Roche, Daniel: Revolution in print: The press in France, 1775-1800, Berkeley 1989.

Dean, Jodi: Aliens in America: Conspiracy cultures from outerspace to cyberspace, Ithaca, N.Y 1998.

Debray, Régis: Einführung in die Mediologie, Bern 2003.

Denton, Robert E.: Language, symbols, and the media: Communication in the aftermath of the World Trade Center attack, New Brunswick, N.J 2004.

Denton, Robert E; Kuypers, Jim A.: Politics and communication in America: Campaigns, media, and governing in the 21st century, Long Grove, IL 2008.

Dernbach, Beatrice; Meyer, Michael: Vertrauen und Glaubwürdigkeit: Interdisziplinäre Perspektiven, Wiesbaden 2005.

Dietz, Simone; Skrandies, Timo: Mediale Markierungen: Studien zur Anatomie medienkultureller Praktiken, Bielefeld 2007.

Diner, Dan; Berg, Nicolas: Nachwort zur Neuausgabe, in: Die Entstehung des politischen Antisemitismus in Deutschland und Österreich 1867 bis 1914, hg. v. Pulzer, Peter G. J., Göttingen 2004, S. 333–338.

Donnert, Erich: Europa in der frühen Neuzeit: Festschrift für Günter Mühlpfordt. Unbekannte Quellen; Aufsätze; Personenregister der Bände 1-7, Weimar 2008.

Donnert, Erich: Antirevolutionär-konservative Publizistik in Deutschland am Ausgang des Alten Reiches: Johann August Starck (1741 - 1816), Ludwig Adolf Christian von Grolman (1741 - 1809), Friedrich Nicolai (1733 - 1811), Frankfurt am Main 2010.

Donovan, B.W.: Conspiracy Films: A Tour of Dark Places in the American Conscious, Jefferson, North Carolina 2011.

Drushel, Bruce E.: Politically (In)corrected: Electronic Media Self-Censorship since the 9/11 Attacks, in: Language, symbols, and the media. Communication in the aftermath of the World Trade Center attack, hg. v. Robert E. Denton, New Brunswick, N.J 2004, S. 203–216.

Dudenredaktion: Duden Herkunftswörterbuch: Etymologie der deutschen Sprache, 3. auf der Grundlage der neuen amtlichen Rechtschreibregeln, völlig neu bearb. und erw. Auflage Mannheim 2001.

Duell, Mark: TV licence evader refused to pay because the ‚BBC covered up facts about 9/11 and claimed tower fell 20 minutes before it did'. 2013, http://www.dailymail.co.uk/news/article-2284337/TV-licence-evader-refused-pay-BBC-covered-facts-9-11.html, zuletzt geprüft am: 28.04.2014.

Dumont, Franz: Jakobinische Medien, in: Von Almanach bis Zeitung. Ein Handbuch der Medien in Deutschland, 1700-1800, hg. v. Ernst Fischer; Wilhelm Haefs; York-Gothart Mix, München 1999, S. 105–120.

Dunbar, David; Reagan, Brad: Debunking 9/11 myths: Why conspiracy theories can't stand up to the facts, New York 2006.

Dunker, Alex: Gattungssystematiken, in: Handbuch Gattungstheorie, hg. v. Rüdiger Zymner, Stuttgart 2010, S. 12–15.

Dunker, Alex: Methoden der Gattungsforschung, in: Handbuch Gattungstheorie, hg. v. Rüdiger Zymner, Stuttgart 2010, S. 26–29.

Dussel, Konrad: Deutsche Tagespresse im 19. und 20. Jahrhundert, Münster 2004.

Eco, Umberto: Apokalyptiker und Integrierte: Zur kritischen Kritik der Massenkultur, Frankfurt am Main 1987.

Eco, Umberto: Im Wald der Fiktionen: Sechs Streifzüge durch die Literatur: Harvard-Vorlesungen (Norton lectures 1992 - 93), 2. Auflage, München 1994.

Eder, Franz X.: Historische Diskursanalysen: Genealogie, Theorie, Anwendungen, Wiesbaden 2006.

Eder, Klaus: Geschichte als Lernprozess?: Zur Pathogenese politischer Modernität in Deutschland, Frankfurt am Main 1985.

Edighoffer, Roland: Die Rosenkreuzer, München 2002.

Eisenstein, Elizabeth L.: The printing press as an agent of change: Communications and cultural transformations in early-modern Europe, Cambrigde 1979.

Eisenstein, Elizabeth L.: Divine art, infernal machine: The reception of printing in the West from first impressions to the sense of an ending, Philadelphia 2011.

Ellrich, Lutz; Maye, Harun; Meteling, Arno: Die Unsichtbarkeit des Politischen: Theorie und Geschichte medialer Latenz, Bielefeld 2009.

Epstein, Klaus: Die Ursprünge des Konservatismus in Deutschland: Der Ausgangspunkt: die Herausforderung durch die Französische Revolution, 1770-1806, Frankfurt am Main 1973.

Escher, Clemens: Judenpresse, in: Handbuch des Antisemitismus. Judenfeindschaft in Geschichte und Gegenwart, hg. v. Wolfgang Benz, München 2010, S. 156–157.

Faulstich, Werner: Medienwandel im Industrie- und Massenzeitalter, 1830-1900, Göttingen 2004.

Faulstich, Werner: Die Kultur der 90er Jahre, München 2010.

Faulstich, Werner: Die Mediengeschichte des 20. Jahrhunderts, Paderborn 2012.

Feldman, Robert: Journalismus Als Beruf: Truth and the Anti-Semitic Journalist Stereotype in the Writings of Maxim Biller and Rafael Seligmann, St. Louis 2011.

Felsmann, Klaus-Dieter: Das Vertrauen in die Medien - Orientierung im Wandel: Erweiterte Dokumentation 2003, München 2004.

Fenster, Mark: Conspiracy theories: Secrecy and power in American culture, Revised and updated edition, Minneapolis 2008.

Ferraris, Maurizio: Manifest des neuen Realismus, Frankfurt am Main 2014.

Fichtner, Ulrich: Die September-Lüge, in: Der Spiegel 55. 2002, 42, S. 76.

Finzsch, Norbert; Lehmkuhl, Ursula: Atlantic communications: The media in American and German history from the seventeenth to the twentieth century, Oxford, New York 2004.

Fischer, Ernst; Haefs, Wilhelm; Mix, York-Gothart: Einleitung: Aufklärung, Öffentlichkeit und Medienkultur in Deutschland im 18. Jahrhundert, in: Von Almanach bis Zeitung. Ein Handbuch der Medien in Deutschland, 1700-1800, hg. v. Ernst Fischer; Wilhelm Haefs; York-Gothart Mix, München 1999, S. 9–23.

Fischer, Ernst; Haefs, Wilhelm; Mix, York-Gothart: Von Almanach bis Zeitung: Ein Handbuch der Medien in Deutschland, 1700-1800, München 1999.

Fontane, Theodor; Lepel, Bernhard von; Radecke, Gabriele: Der Briefwechsel: Kritische Ausgabe, Berlin 2006.

Foucault, Michel: Die Anormalen: Vorlesungen am Collège de France (1974-1975), Frankfurt am Main 2007.

Fox, Susanna; Rainie, Lee; Madden, Mary: One year later: September 11 and the Internet. 2002, http://www.pewinternet.org/files/old-media//Files/Reports/2002/PIP_9-11_Report.pdf.pdf, zuletzt geprüft am: 21.02.2014.

Frahm, Laura; Wegmann, Nikolaus: Medientheorien, in: Einführung in die Medienkulturwissenschaft, hg. v. Claudia Liebrand; Irmela Schneider; Björn Bohnenkamp u.a., Münster 2005, S. 51–60.

Franck, Georg: Ökonomie der Aufmerksamkeit: Ein Entwurf, 9. Nachdruck, München 2010.

Freyermuth, Gundolf S.: Das Internetz der Verschwörer: Eine Reise durch die elektronische Nacht, in: Kursbuch Verschwörungstheorien, hg. v. Karl Markus Michel; Spengler Tilman, Berkeley, California 1996, S. 1–11.

Frings, Andreas; Linsemann, Andreas; Weber, Sascha: Vergangenheiten auf der Spur: Indexikalische Semiotik in den historischen Kulturwissenschaften, Bielefeld 2012.

Früh, Werner: Inhaltsanalyse: Theorie und Praxis, 7. Auflage, Konstanz 2011.

Gabriel, Markus: Warum es die Welt nicht gibt, Berlin 2013.

Gabriel, Markus: Der Neue Realismus, Berlin 2014.

Gerhards, Jürgen; Neidhardt, Friedhelm: Strukturen und Funktionen moderner Öffentlichkeit: Fragestellungen und Ansätze, in: Öffentlichkeit, Kultur, Massenkommunikation. Beiträge zur Medien- und Kommunikationssoziologie, hg. v. Stefan Müller-Doohm; Klaus Neumann-Braun, Oldenburg 1991, S. 31–89.

Gersmann, Gudrun: Im Schatten der Bastille: Die Welt der Schriftsteller, Kolporteure und Buchhändler am Vorabend der Französischen Revolution, Stuttgart 1993.

Geyer, Steven: Der deutsche Onlinejournalismus am 11. September: die Terroranschläge als Schlüsselereignis für das junge Nachrichtenmedium 2004.

Giesecke, Michael: Der Buchdruck in der frühen Neuzeit: Eine historische Fallstudie über die Durchsetzung neuer Informations- und Kommunikationstechnologien, Frankfurt am Main 1991.

Gilboa, Eytan: Global Television News and Foreign Policy: Debating the CNN Effect, in: International Studies Perspectives 6. 2005, 3, S. 325–341.

Giltrow, Janet; Stein, Dieter: Genres in the Internet: Issues in the theory of genre, Amsterdam, Philadelphia 2009.

Glaubitz, Nicola; Groscurth, Henning; Hoffmann, Katja; Schäfer, Jörgen; Schröter, Jens; Schwering, Gregor; Venus, Jochen: Eine Theorie der Medienumbrüche: 1900/2000, Siegen 2011.

Göbel, Christian: Der vertraute Feind: Pressekritik in der Literatur des 19. und frühen 20. Jahrhunderts, Würzburg 2011.

Goffman, Erving: Rahmen-Analyse: Ein Versuch über die Organisation von Alltagserfahrungen, 2. Auflage, Frankfurt am Main 1989.

Goffman, Erving: Rede-Weisen: Formen der Kommunikation in sozialen Situationen, Konstanz 2005.

Google: Search Statistics Related to September 11, 2001. 02.04.2012, http://www.google.com/press/zeitgeist/9-11.html, zuletzt geprüft am: 21.02.2014.

Gosa, Travis L.: Counterknowledge, racial paranoia, and the cultic milieu: Decoding hip hop conspiracy theory, in: Poetics 39. 2011, 3, S. 187–204.

Gough, Hugh: The newspaper press in the French Revolution, London 1988.

Gräfe, Thomas: Antisemitismus in Deutschland 1815 - 1918: Rezensionen - Forschungsüberblick - Bibliographie, 2. erweiterte und überarbeitete Auflage, Norderstedt 2010.

Grampp, Sven: Revolutionsmedien - Medienrevolutionen, Konstanz 2008.

Grampp, Sven: Ins Universum technischer Reproduzierbarkeit: Der Buchdruck als historiographische Referenzfigur in der Medientheorie, Konstanz 2009.

Graumann, Carl F; Moscovici, Serge: Changing conceptions of conspiracy, New York 1987.

Gray, Matthew: Conspiracy theories in the Arab world: Sources and politics, London, New York 2010.

Gregory, Katherine; Wood, Emily: Controlled Demolitions: The 9/11 Truth Movement on the Internet, in: Internet fictions, hg. v. Ingrid Hotz-Davies; Anton Kirchhofer; Sirpa Leppänen, Newcastle upon Tyne 2009, S. 197–217.

Gregory, Stephan: Mysterienfieber: Das Geheimnis im Zeitalter der Freimaurerei.

Gregory, Stephan: Wissen und Geheimnis: Das Experiment des Illuminatenordens, Frankfurt am Main 2009.

Gregory, Stephan: Die Fabrik der Fiktionen: Verschwörungsproduktion um 1800, in: Die Fiktion von der jüdischen Weltverschwörung. Zu Text und Kontext der ‚Protokolle der Weisen von Zion', hg. v. Eva Horn; Michael Hagemeister, Göttingen 2012, S. 51–75.

Groh, Dieter: Verschwörungen und kein Ende, in: Kursbuch Verschwörungstheorien, hg. v. Karl Markus Michel; Spengler Tilman, Berkeley, California 1996.

Groys, Boris: Der Verdacht ist das Medium, in: Endstation. Sehnsucht. Kapitalismus und Depression I, hg. v. Carl Hegemann, Berlin 2000, S. 85–102.

Groys, Boris: Unter Verdacht: Eine Phänomenologie der Medien, München 2000.

Groys, Boris: Die zukünftigen Intellektuellen werden wohl Offiziere sein: Ein Interview von Vitus H. Weh mit Boris Groys über künftige Verschwörungsgesellschaften, den Terroranschlag vom 11. September und sein Buch ‚Unter

Verdacht. Eine Phänomenologie der Medien', in: Kunstforum international. 2002, 158, S. 386–388.

Groys, Boris: Google: words beyond grammar / Google: Worte jenseits der Grammatik, Ostfildern 2011.

Grünzweig, Walter; Solbach, Andreas: Grenzüberschreitungen: Narratologie im Kontext, Tübingen 1999.

Haaser, Rolf: Spätaufklärung und Gegenaufklärung: Bedingungen und Auswirkungen der religiösen, politischen und ästhetischen Streitkultur in Giessen zwischen 1770 und 1830, Darmstadt, Marburg 1997.

Habermas, Jürgen: Strukturwandel der Öffentlichkeit: Untersuchungen zu einer Kategorie der bürgerlichen Gesellschaft, Frankfurt am Main 1990.

Haefs, Wilhelm: Zensur und Bücherpolizei: Zur Kommunikationskontrolle im Alten Reich und in Frankreich im 18. Jahrhundert, in: Geheimliteratur und Geheimbuchhandel in Europa im 18. Jahrhundert, hg. v. Christine Haug; Franziska Mayer; Winfried Schröder, Wiesbaden 2011, S. 49–66.

Hagemeister, Michael: Der Mythos der ‚Protokolle der Weisen von Zion', in: Verschwörungstheorien. Anthropologische Konstanten - historische Varianten, hg. v. Ute Caumanns; Mathias Niendorf, Osnabrück 2001, S. 89–101.

Hagemeister, Michael: Zur Frühgeschichte der ‚Protokolle der Weisen von Zion' 1: Im Reich der Legenden, in: Die Fiktion von der jüdischen Weltverschwörung. Zu Text und Kontext der ‚Protokolle der Weisen von Zion', hg. v. Eva Horn; Michael Hagemeister, Göttingen 2012, S. 140–160.

Hagen, Wolfgang: Warum haben Sie keinen Fernseher, Herr Luhmann? Letzte Gespräche mit Niklas Luhmann, Berlin 2011.

Hahn, Hans Werner; Hein, Dieter: Bürgerliche Werte um 1800: Entwurf, Vermittlung, Rezeption, Weimar 2005.

Hahn, Torsten: Medium und Intrige: Über den absichtlichen Missbrauch von Kommunikation, in: Mediologie. Medien in Medien, hg. v. Ludwig Jäger, Bd. 6, Köln 2002, S. 89–105.

Hahn, Torsten: Parasitäre Netze des 18. Jahrhunderts: Karl Bahrdts Projekt ‚Deutsche Union', in: Strong ties/weak ties. Freundschaftssemantik und Netzwerktheorie, hg. v. Natalie Binczek; Georg Stanitzek, Heidelberg 2009, S. 145–160.

Hahn, Torsten; Person, Jutta; Pethes, Nicolas: Grenzgänge zwischen Wahn und Wissen: Zur Koevolution von Experiment und Paranoia, 1850-1910, Frankfurt, New York 2002.

Han, Byung-Chul: Transparenzgesellschaft, Berlin 2012.

Hall, Peter Christian: Die offene Gesellschaft und ihre Medien in Zeiten ihrer Bedrohung. [35. Mainzer Tage der Fernseh-Kritik, veranstaltet am 18. und 19. Februar 2002], Mainz 2003.

Haller, Michael: Das freie Wort und seine Feinde: Zur Pressefreiheit in den Zeiten der Globalisierung, Konstanz 2003.

Harmening, Dieter: Superstitio: Überlieferungs- und theoriegeschichtliche Untersuchungen zur kirchlich-theologischen Aberglaubensliteratur des Mittelalters, Berlin 1979.

Hartmann, Frank: Mediologie: Ansätze einer Medientheorie der Kulturwissenschaften, Wien 2003.

Hase, Karl: Jenaisches Fichte-Büchlein, Bremen 2012.

Haug, Christine: Geheimbündische Organisationsstrukturen und subversive Distributionssysteme zur Zeit der Französischen Revolution: Die Mitgliedschaft des hessischen Buchhändlers Johann Christian Konrad Krieger in der ‚Deutschen Union', in: Leipziger Jahrbuch zur Buchgeschichte, hg. v. Mark Lehmstedt; Lothar Poethe, Wiesbaden 1997, S. 51–74.

Haug, Christine; Mayer, Franziska; Schröder, Winfried: Geheimliteratur und Geheimbuchhandel in Europa im 18. Jahrhundert, Wiesbaden 2011.

Haury, Thomas: Antisemitismus von links: Kommunistische Ideologie, Nationalismus und Antizionismus in der frühen DDR, Hamburg 2002.

Hausmanninger, Thomas: Verschwörung und Religion: Aspekte der Postsäkularität in den franco-belgischen Comics, Paderborn, München 2013.

Hegemann, Carl: Endstation. Sehnsucht: Kapitalismus und Depression I, 2. Auflage, Berlin 2000.

Heitmeyer, Wilhelm: Deutsche Zustände: Folge 10, Frankfurt am Main 2011.

Hennigfeld, Ursula; Packard, Stephan: Abschied von 9/11?: Distanznahmen zur Katastrophe, Berlin 2013.

Hessel, Alexander: Wenn das Konzert der Meinungen eintöniger wird: Die US-amerikanische Öffentlichkeit im Bann der Schweigespirale, in: Das freie Wort und seine Feinde. Zur Pressefreiheit in den Zeiten der Globalisierung, hg. v. Michael Haller, Konstanz 2003, S. 46–59.

Heyd, Theresa: A model for describing ‚new' and ‚old' properties of CMC genres: The case of digital folklore, in: Genres in the Internet. Issues in the theory of genre, hg. v. Janet Giltrow; Dieter Stein, Amsterdam, Philadelphia 2009, S. 239–262.

Hickethier, Knut: Die Fernsehkultur der 1990er Jahre, in: Die Kultur der 90er Jahre, hg. v. Werner Faulstich, München 2010, S. 253–263.

Hickethier, Knut: Einführung in die Medienwissenschaft, 2. Auflage, Stuttgart 2010.

Hobuß, Steffi: ‚Die Wahrheit ist irgendwo da draußen': Verschwörungstheorien zum 11.09.2001 und die Frage nach dem Entkommen aus der Skepsis, in: Narrative des Entsetzens. Künstlerische, mediale und intellektuelle Deutungen des 11. September 2001, hg. v. Matthias N. Lorenz, Würzburg 2004, S. 287–300.

Hoffmann, Thomas: Chefredaktør skrider efter kontroversiel artikel om 9/11. 2009, http://videnskab.dk/teknologi/chefredaktor-skrider-efter-kontroversiel-artikel-om-911, zuletzt geprüft am: 10.07.2014.

Hofstadter, Richard: The paranoid style in American politics: And other essays, New York 1967.

Honer, Anne: Diesseitsreligion: Zur Deutung der Bedeutung moderner Kultur; Hans-Georg Soeffner zum 60. Geburtstag, Konstanz 1999.

Horn, Eva: Der geheime Krieg: Verrat, Spionage und moderne Fiktion, Frankfurt am Main 2007.

Horn, Eva: ‚Danach vmtl. Geschlechtsverkehr'.: Überwachungsmedien bei Fritz Lang und Florian Henckel von Donnersmarck, in: The Parallax view. Zur Mediologie der Verschwörung, hg. v. Marcus Krause; Arno Meteling; Markus Stauff, München 2011, S. 313–330.

Horn, Eva: Das Gespenst der Arkana: Verschwörungsfiktion und Textstruktur der ‚Protokolle der Weisen von Zion', in: Die Fiktion von der jüdischen Weltverschwörung. Zu Text und Kontext der ‚Protokolle der Weisen von Zion', hg. v. Eva Horn; Michael Hagemeister, Göttingen 2012, S. 1–25.

Horn, Eva; Hagemeister, Michael: Die Fiktion von der jüdischen Weltverschwörung: Zu Text und Kontext der 'Protokolle der Weisen von Zion', Göttingen 2012.

Horn, Eva; Hagemeister, Michael: Ein Stoff für Bestseller, in: Die Fiktion von der jüdischen Weltverschwörung. Zu Text und Kontext der ‚Protokolle der Weisen von Zion', hg. v. Eva Horn; Michael Hagemeister, Göttingen 2012, S. VII–XXII.

Hotz-Davies, Ingrid; Kirchhofer, Anton; Leppänen, Sirpa: Internet fictions, Newcastle upon Tyne 2009.

Huff, Mickey; Roth, Andy Lee: Censored 2014: Fearless Speech in Fateful Times. The Top Censored Stories and Media Analysis of 2012-13 2013.

Hurst, Matthias: Im Spannungsfeld der Aufklärung: Von Schillers Geisterseher zur TV-Serie The X-files : Rationalismus und Irrationalismus in Literatur, Film und Fernsehen 1789-1999, Heidelberg 2001.

Imhof, Kurt; Schulz, Peter: Medien und Krieg, Krieg in den Medien, Zürich 1995.

Innis, Harold A.: The press: A neglected factor in the economic history of the twentieth century, London 1949.

Institut für Jüdische Geschichte Österreichs: Juden und Geheimnis: Verborgenes Wissen und Verschwörungstheorien, St. Pölten 2012.

Iten, Andreas: Medien und Krieg – Krieg in den Medien. Die Sprache bereitet den Krieg vor, in: Medien und Krieg, Krieg in den Medien, hg. v. Kurt Imhof; Peter Schulz, Zürich 1995,   S. 13–21.

Jäckel, Michael; Brosius, Hans-Bernd: Nach dem Feuerwerk: 20 Jahre duales Fernsehen in Deutschland: Erwartungen, Erfahrungen und Perspektiven, München 2005.

Jaecker, Tobias: Antisemitische Verschwörungstheorien nach dem 11. September: Neue Varianten eines alten Deutungsmusters, 2. Auflage, Münster 2005.

Jaecker, Tobias: Hass, Neid, Wahn: Antiamerikanismus in den deutschen Medien, Frankfurt am Main 2014.

Jäger, Ludwig: Mediologie: Medien in Medien. Schriftenreihe des kulturwissenschaftlichen Forschungskollegs ‚Medien und kulturelle Kommunikation', Köln 2002.

Jäger, Ludwig: Mediologie: Die Listen der Evidenz. Schriftenreihe des kulturwissenschaftlichen Forschungskollegs ‚Medien und kulturelle Kommunikation', Köln 2006.

Jäger, Ludwig; Linz, Erika; Schneider, Irmela: Media, culture, and mediality: New insights into the current state of research, Bielefeld, New Brunswick, NJ 2010.

Jäger, Ludwig; Linz, Erika; Schneider, Irmela: Preface, in: Media, culture, and mediality. New insights into the current state of research, hg. v. Ludwig Jäger; Erika Linz; Irmela Schneider, Bielefeld, New Brunswick, NJ 2010, S. 9–16.

Jameson, Fredric: Cognitive Mapping, in: Marxism and the Interpretation of Culture, hg. v. Cary Nelson; Lawrence Grossberg, Champaign, Illinois 1988, S. 347–360.

Jameson, Fredric: The political unconscious: Narrative as a socially symbolic act, 5th print, Ithaca, NY 1988.

Jameson, Fredric: Postmodernism, or, The cultural logic of late capitalism, Durham 1991.

Jamin, Jérôme: L'Imaginaire du Complot: Discours d'extrême droite en France et aux Etats-Unis, Amsterdam 2009.

Jaworski, Rudolf: Verschwörungstheorien aus psychologischer und aus historischer Sicht, in: Verschwörungstheorien. Anthropologische Konstanten - historische Varianten, hg. v. Ute Caumanns; Mathias Niendorf, Osnabrück 2001, S. 11–30.

Jeismann, Michael: Obsessionen: Beherrschende Gedanken im wissenschaftlichen Zeitalter, Frankfurt am Main 1995.

Jensen, Uffa: Gebildete Doppelgänger: Bürgerliche Juden und Protestanten im 19. Jahrhundert, Göttingen 2005.

Kant, Immanuel: Über den Gemeinspruch: Das mag in der Theorie richtig sein, taugt aber nicht für die Praxis, in: Berlinische Monatsschrift. 1793, September, S. 201–284.

Kasten, Felix: Montagsdemos: Klassentreffen der Verschwörungstheoretiker. In: SpiegelTV. Deutsche Erstausstrahlung: 18.05.2014.

Käuser, Andreas: Historizität und Medialität: Zur Geschichtstheorie und Geschichtsschreibung von Medienumbrüchen, in: MedienRevolutionen. Beiträge zur Mediengeschichte der Wahrnehmung, hg. v. Ralf Schnell, Bielefeld 2006, S. 147–166.

Kay, Jonathan: Among the truthers: A journey through the cognitive underworld of American life, New York 2011.

Keen, Andrew: Die Stunde der Stümper: Wie wir im Internet unsere Kultur zerstören, München 2008.

Keller, Reiner: Wissen oder Sprache?: Für eine wissensanalytische Profilierung der Diskursforschung, in: Historische Diskursanalysen. Genealogie, Theorie, Anwendungen, hg. v. Franz X. Eder, Wiesbaden 2006, S. 51–70.

Keller, Reiner: Wissenssoziologische Diskursanalyse: Grundlegung eines Forschungsprogramms, 2. Auflage, Wiesbaden 2008.

Kelman, David: Counterfeit politics: Secret plots and conspiracy narratives in the Americas, Lanham, Md 2012.

Kepplinger, Hans M.: Journalismus Als Beruf 2011.

Kittler, Friedrich A.: Flechsig/Schreber/Freud: Ein Nachrichtennetzwerk der Jahrhundertwende, in: Der Wunderblock. Zeitschrift für Psychoanalyse. 1984, 11/12, S. 56–68.

Kittler, Friedrich A.: Aufschreibesysteme 1800/1900, München 1985.

Kittler, Friedrich A; Schneider, Manfred; Weber, Samuel: Diskursanalysen 1: Medien, Opladen 1987.

Kittler, Friedrich A; Schneider, Manfred; Weber, Samuel: Editorial, in: Diskursanalysen 1. Medien, hg. v. Friedrich A. Kittler; Manfred Schneider; Samuel Weber, Opladen 1987, S. 7–9.

Kittler, Friedrich A; Tholen, Georg Christoph: Arsenale der Seele: Literatur- und Medienanalyse seit 1870, München 1989.

Klausnitzer, Ralf: Bündnisse des Bösen: Zur Faszinationsgeschichte von Verschwörungstheorien in der Medienkultur der Weimarer Republik, in: Plurale. Zeitschrift für Denkversionen 3. 2003, 3, S. 243–270.

Klausnitzer, Ralf: ‚... unter allen möglichen Gestalten und Konnexionen': Die Geburt des modernen Konspirationismus aus dem Geist der Aufklärung, in: Traverse. Zeitschrift für Geschichte 11. 2004, 3, S. 13–35.

Klausnitzer, Ralf: Poesie und Konspiration: Beziehungssinn und Zeichenökonomie von Verschwörungsszenarien in Publizistik, Literatur und Wissenschaft, 1750-1850, Berlin/New York 2007.

Klein, Christian; Martinez, Matias: Wirklichkeitserzählungen: Felder, Formen und Funktionen nicht-literarischen Erzählens, Stuttgart 2009.

Kohnen, Richard: Pressepolitik des Deutschen Bundes: Methoden staatlicher Pressepolitik nach der Revolution von 1848, Berlin 1995.

König, René; Borra, Erik: Googling 9/11: The Perspectives of a Search Engine on a Global Event. 2013, http://networkcultures.org/query/2013/11/11/erik-borra-and-rene-konig-google-search-perspectives-on-911/, zuletzt geprüft am: 12.09.2014.

König, René; Neidhardt, Friedhelm; Lepsius, M. Rainer u.a.: Kultur und Gesellschaft: René König, dem Begründer der Sonderhefte, zum 80. Geburtstag gewidmet, Opladen 1986.

Koselleck, Reinhart: Kritik und Krise: Ein Beitrag zur Pathogenese der bürgerlichen Welt, 2. Aufl, Freiburg 1959.

Koszyk, Kurt: Deutsche Pressepolitik im Ersten Weltkrieg, Düsseldorf 1968.

Koszyk, Kurt; Eisfeld, Gerhard; Heine, Fritz: Die Presse der deutschen Sozialdemokratie, Hannover 1966.

Kouts, Gideon: Jewish Media and Communication in the Modern Age, in: Handbook of communication history, hg. v. Peter Simonson, New York 2013, S. 453–466.

Krause, Marcus; Meteling, Arno; Stauff, Markus: Einleitung, in: The Parallax view. Zur Mediologie der Verschwörung, hg. v. Marcus Krause; Arno Meteling; Markus Stauff, München 2011, S. 9–42.

Krause, Marcus; Meteling, Arno; Stauff, Markus: The Parallax view: Zur Mediologie der Verschwörung, München 2011.

Krieger, Karsten: Der ‚Berliner Antisemitismusstreit' 1879-1881: Eine Kontroverse um die Zugehörigkeit der deutschen Juden zur Nation. Kommentierte Quellenedition, Berlin 2004.

Krieger, Regina; Schläfer, Petra: Hohe Auflagen mit Verschwörung: Bücher über die vermeintlich düsteren Machenschaften der Geheimdienste sind Verkaufsschlager. Vor allem die Theorien rund um den 11. September begeistern die Leser. Für den Erfolg gibt es viele Gründe. 2011, http://www.handelsblatt.com/politik/international/buecher-zum-11-september-hohe-auflagen-mit-verschwoerung/4592696.html, zuletzt geprüft am: 09.07.2014.

Krysmanski, Hans-Jürgen: Die Sache mit den Verschwörungstheorien: ein Interview. Abschrift eines Interviews zur arte-Sendung ‚Verschwörungstheorien' vom 13.4.2004. 2004, http://www.uni-muenster.de/PeaCon/hw-online/10-krys-verschw%94rungen.htm, zuletzt geprüft am: 26.06.2013.

Kübler, Hans-Dieter: Ver-Einheit-Lichung, Diversifikation und Digitalisierung: Die deutsche Presse in den 1990er Jahren, in: Die Kultur der 90er Jahre, hg. v. Werner Faulstich, München 2010, S. 77–102.

Kuhn, Oliver: Spekulative Kommunikation und ihre Stigmatisierung - am Beispiel der Verschwörungstheorien: Ein Beitrag zur Soziologie des Nichtwissens, in: Zeitschrift für Soziologie 39. 2010, 2, S. 106–123.

Kulla, Daniel: Entschwörungstheorie: Niemand regiert die Welt, Birkenau 2007.

Kümmel, Albert; Scholz, Leander; Schumacher, Eckhard: Einführung in die Geschichte der Medien, Paderborn 2004.

Kuypers, Jim A.: Press bias and politics: How the media frame controversial issues, Westport, CT 2002.

Lachenicht, Susanne: Information und Propaganda: Die Presse deutscher Jakobiner im Elsaß (1791-1800), München, Heidelberg.

Lachenicht, Susanne: Die Revolution des Diskurses: Begriffs- und Kulturtransfer zur Zeit der Französischen Revolution, in: Historische Diskursanalysen. Genealogie, Theorie, Anwendungen, hg. v. Franz X. Eder, Wiesbaden 2006, S. 323–336.

Lachman, Gary: Nichts ist wahr: Eine kurze Geschichte der Geheimgesellschaften, in: Geheimgesellschaften. Secret societies, hg. v. Cristina Ricupero; Matthias Ulrich, Köln 2011, S. 22–44.

Landwehr, Achim: Historische Diskursanalyse, Frankfurt am Main 2008.

Lange, Matthew: Bankjuden, in: Handbuch des Antisemitismus: Judenfeindschaft in Geschichte und Gegenwart, hg. v. Wolfgang Benz, München 2010, S. 40–42.

Latour, Bruno: Elend der Kritik: Vom Krieg um Fakten zu Dingen von Belang, Zürich 2007.

Le Forestier, René: Les Illuminés de Bavière et la franc-maçonnerie allemande, Paris 1914.

Lehmann, Kai; Schetsche, Michael: Die Google-Gesellschaft: Vom digitalen Wandel des Wissens, Bielefeld 2005.

Lehmstedt, Mark; Poethe, Lothar: Leipziger Jahrbuch zur Buchgeschichte, Wiesbaden 1997.

Leman, Patrick J; Cinnirella, Marco: Beliefs in conspiracy theories and the need for cognitive closure, in: Frontiers in Psychology 4. 2013.

Leonhard, Joachim Felix; Ludwig, Hans Werner: Medienwissenschaft: ein Handbuch zur Entwicklung der Medien und Kommunikationsformen, Berlin 2002.

Levy, Richard S.: Die ‚Protokolle der Weisen von Zion' und ihre Entlarvung: Ein vergebliches Unterfangen?, in: Die Fiktion von der jüdischen Weltverschwörung. Zu Text und Kontext der ‚Protokolle der Weisen von Zion', hg. v. Eva Horn; Michael Hagemeister, Göttingen 2012, S. 208–230.

Lewis, Charles: 935 Lies: The Future of Truth and the Decline of America's Moral Integrity, New York 2014.

Lewis, Charles; Reading-Smith, Mark: Iraq: The War Card. Orchestrated deception on the path to war. 23.08.2008,

http://www.publicintegrity.org/politics/white-house/iraq-war-card,

zuletzt geprüft am: 08.09.2014.

Liebrand, Claudia; Schneider, Irmela; Bohnenkamp, Björn u.a.: Einführung in die Medienkulturwissenschaft, Münster 2005.

Lippmann, Walter: Public opinion, London 1922.

Lobin, Henning; Leitenstern, Regine; Klawitter, Jana: Lesen, Schreiben, Erzählen: Kommunikative Kulturtechniken im digitalen Zeitalter, Frankfurt am Main 2013.

Löffelholz, Martin: Theorien des Journalismus 2004.

Löffelholz, Martin: Theorien des Journalismus: Eine historische, metatheoretische und synoptische Einführung, in: Theorien des Journalismus, hg. v. Martin Löffelholz 2004, S. 17–63.

Lorenz, Matthias N.: Narrative des Entsetzens: Künstlerische, mediale und intellektuelle Deutungen des 11. September 2001, Würzburg 2004.

Loschert, Sebastian: Verwirrung des Denkens: Der soziologische Sammelband ‚Konspiration' versucht sich an einer ‚Ehrenrettung des konspirologischen Gegenwartsdenkens'. 2014, http://jungle-world.com/artikel/2014/10/49466. html, zuletzt geprüft am: 30.06.2014.

Lucke, Albrecht von: Populismus schwergemacht: Die Dialektik des Tabubruchs und wie ihr zu begegnen wäre, in: Deutsche Zustände. Folge 10, hg. v. Wilhelm Heitmeyer, Frankfurt am Main 2011, S. 310–320.

Luckmann, Thomas: Grundformen der gesellschaftlichen Vermittlung des Wissens: Kommunikative Gattungen , in: Kultur und Gesellschaft. René König, dem Begründer der Sonderhefte, zum 80. Geburtstag gewidmet, hg. v. René König; Friedhelm Neidhardt; M. Rainer Lepsius u.a., Opladen 1986, S. 191–213.

Luckmann, Thomas: Unheilsschilderung, Unheilsprophezeiung und Ruf zur Umkehr: Zum historischen Wandel moralischer Kommunikation am Beispiel der Weihnachtsansprache eines deutschen Bundespräsidenten, in: Diesseitsreligion. Zur Deutung der Bedeutung moderner Kultur; Hans-Georg Soeffner zum 60. Geburtstag, hg. v. Anne Honer, Konstanz 1999, S. 39-57.

Luckmann, Thomas: Wissen und Gesellschaft: Ausgewählte Aufsätze 1981-2002, Konstanz 2002.

Luhmann, Niklas: Soziale Systeme: Grundriß einer allgemeinen Theorie, Frankfurt am Main 1984.

Luhmann, Niklas: Die Realität der Massenmedien, 2. Auflage, Opladen 1996.

Luhmann, Niklas: Die Gesellschaft der Gesellschaft, Frankfurt am Main 1997.

Lüsebrink, Hans-Jürgen: Öffentlichkeit/Privatheit/Geheimnis – Begriffshistorische und kulturanthropologische Überlegungen, in: Schleier und Schwelle, hg. v. Aleida Assmann; Jan Assman, München 1997, S. 11–124.

Lutter, Marc: Sie kontrollieren alles!: Verschwörungstheorien als Phänomen der Postmoderne und ihre Verbreitung über das Internet, München 2001.

MacArthur, John R.: Die Schlacht der Lügen: Wie die USA den Golfkrieg verkauften, München 1993.

Mai, Klaus-Rüdiger: Geheimbünde und Freimaurergesellschaften im Europa der Frühen Neuzeit, in: Europa in der frühen Neuzeit. Festschrift für Günter Mühlpfordt. Unbekannte Quellen; Aufsätze; Personenregister der Bände 1-7, hg. v. Erich Donnert, Weimar 2008, S. 243–274.

Maresch Rudolf: Die Militarisierung der Öffentlichkeit, http://www.rudolfmaresch.de/texte/23.pdf, zuletzt geprüft am: 21.02.2014.

Maser, Werner: Hitlers Briefe und Notizen: Sein Weltbild in handschriftlichen Dokumenten, Düsseldorf 1973.

Mason, Haydn Trevor: The Darnton debate: Books and revolution in the eighteenth century, Oxford 1998.

Maye, Harun: Die unsichtbare Hand: Zur Latenz einer unsichtbaren Metapher, in: Die Unsichtbarkeit des Politischen. Theorie und Geschichte medialer Latenz, hg. v. Lutz Ellrich; Harun Maye; Arno Meteling, Bielefeld 2009, S. 153–178.

McAllister, Therese P; Sadek, Fahim; Gross, John L; Kirkpatrick, Steven; MacNeill, Rober tA; Bocchieri, Robert T; Zarghamee, Mehdi; Erbay, Omer O; Sarawit, Andrew T.: Structural Analysis of Impact Damage to World Trade Center Buildings 1, 2, and 7, in: Fire Technology 49. 2013, 3, S. 615-642.

McLuhan, Marshall: Die Gutenberg-Galaxis: Das Ende des Buchzeitalters, Düsseldorf 1968.
Medienpädagogischer Forschungsverbund Südwest: JIM' 98: Jugend, Information, (Multi-)Media: Basisuntersuchung zum Medienumgang 12- bis 19jähriger in Deutschland.
Mersch, Dieter: Umberto Eco zur Einführung, Hamburg 1993.
Meteling, Arno: The Parallax View: Verschwörungstheorie zur Einführung, in: Transkriptionen. Newsletter des kulturwissenschaftlichen Forschungskollegs „Medien und kulturelle Kommunikation" SFB/FK 427, Köln 2008, S. 15–18.
Meteling, Arno: Verschwörungstheorien: Zum Imaginären des Verdachts, in: Die Unsichtbarkeit des Politischen. Theorie und Geschichte medialer Latenz, hg. v. Lutz Ellrich; Harun Maye; Arno Meteling, Bielefeld 2009, S. 179–212.
Meteling, Arno: Parallaxe, in: Handbuch der Mediologie. Signaturen des Medialen, hg. v. Christina Bartz; Ludwig Jäger; Marcus Krause u.a., München 2012, S. 209–213.
Meyer, M. A; Brenner, M; Breuer, M; Leo Baeck Institute: Deutsch-jüdische Geschichte in der Neuzeit: Emanzipation und Akkulturation 1780-1871, München 1996.
Meyer, Michael: Credit und Diskreditierung: Zur englischen Presse und Literatur im frühen 18. Jahrhundert, in: Vertrauen und Glaubwürdigkeit. Interdisziplinäre Perspektiven, hg. v. Beatrice Dernbach; Michael Meyer, Wiesbaden 2005, S. 155–172.
Michel, Karl Markus; Spengler Tilman: Kursbuch Verschwörungstheorien, Berkeley, California 1996.
Middell, Matthias: Auf der Suche nach neuen Ausdrucksformen: Die Gegner der Französischen Revolution 1788-1792, in: Medienereignisse im 18. und 19. Jahrhundert. Beiträge einer interdisziplinären Tagung aus Anlass des 65. Geburtstages von Rolf Reichardt, hg. v. Christine Vogel; Herbert Schneider; Horst Carl, München 2009, S. 77–112.
Mikos, Lothar: Vermischte Wirklichkeiten: Fernsehen und Realität im Kopf der Zuschauer, in: Das Vertrauen in die Medien - Orientierung im Wandel. Erweiterte Dokumentation 2003, hg. v. Klaus-Dieter Felsmann, München 2004, S. 41–46.
Miller, Shane: Conspiracy theories: public arguments as coded critiques: an analysis of the TWA Flight 800 conspiracy theories, in: Argumentation & Advocacy, 39. 2002, 1, S. 40–56.

Mintz, Frank P.: The Liberty Lobby and the American right: Race, conspiracy, and culture, Westport, Conn 1985.

Mohrmann, Walter: Antisemitismus: Ideologie und Geschichte im Kaiserreich und in der Weimarer Republik, Berlin 1972.

Mondot, Jean: Pressefreiheit, in: Lexikon der Aufklärung. Deutschland und Europa, hg. v. Werner Schneiders, München 1995, S. 330–332.

Moscovici, Serge: The Conspiracy Mentality, in: Changing conceptions of conspiracy, hg. v. Carl F. Graumann; Serge Moscovici, New York 1987, S. 151–169.

Müller, Daniel; Ligensa, Annemone: Einleitung: Aktualität und Eindordnung der ‚Leitmedien'-Diskussion, in: Leitmedien. Konzepte - Relevanz - Geschichte, hg. v. Daniel Müller; Annemone Ligensa; Peter Gendolla, Bielefeld 2009.

Müller, Daniel; Ligensa, Annemone; Gendolla, Peter: Leitmedien: Konzepte - Relevanz - Geschichte, Bielefeld 2009.

Müller, Gerhard: Von der arkanen Sozietät zum bürgerlichen Verein: Die Freimaurerei in Weimar-Jena als Medium bürgerlicher Wertevermittlung (1744-1844), in: Bürgerliche Werte um 1800: Entwurf, Vermittlung, Rezeption, hg. v. Hans Werner Hahn; Dieter Hein, Weimar 2005, S. 167–192.

Müller, Ralph: Korpusbildung, in: Handbuch Gattungstheorie, hg. v. Rüdiger Zymner, Stuttgart 2010, S. 23–25.

Müller-Doohm, Stefan; Neumann-Braun, Klaus: Öffentlichkeit, Kultur, Massenkommunikation: Beiträge zur Medien- und Kommunikationssoziologie, Oldenburg 1991.

Müller-Seidel, Walter; Riedel, Wolfgang: Die Weimarer Klassik und ihre Geheimbünde, Würzburg 2003.

Nachreiner, Thomas: Im Spiegellabyrinth: Webvideo als Form des Verschwörungsdenkens, in: Abschied von 9/11? Distanznahmen zur Katastrophe, hg. v. Ursula Hennigfeld; Stephan Packard, Berlin 2013.

National Commission on Terrorist Attacks Upon the United States: The 9/11 Commission Report. 17.07.2004, http://www.9-11commission.gov/report/911Report.pdf, zuletzt geprüft am: 08.05.2013.

Nattrass, Nicoli: The AIDS conspiracy: Science fights back, New York 2012.

Negt, Oskar; Kluge, Alexander: Öffentlichkeit und Erfahrung: Zur Organisationsanalyse von bürgerlicher und proletarischer Öffentlichkeit, Frankfurt am Main 1990.

Nelson, Cary; Grossberg, Lawrence: Marxism and the Interpretation of Culture, Champaign, Illinois 1988.

Neugebauer-Wölk, Monika; Schüttler, Hermann: Die Korrespondenz des Illuminatenordens, Berlin, Boston, Massachusetts 2013.

Neuhaus, Volker: Der zeitgeschichtliche Sensationsroman in Deutschland 1855-1878: ‚Sir John Retcliffe' und seine Schule, Berlin 1980.

Neutsch, Cornelius: Erste ‚Nervenstränge des Erdballs': Interkontinentale Seekabelverbindungen vor dem ersten Weltkrieg, in: Vom Flügeltelegraphen zum Internet. Geschichte der modernen Telekommunikation, hg. v. Hans Jürgen Teuteberg; Cornelius Neutsch, Stuttgart 1998, S. 47–66.

Nipperdey, Thomas: Deutsche Geschichte 1800-1866: Bürgerwelt und starker Staat, München 1983.

Nohr, Rolf F.: Einleitung, in: Evidenz – ‚... das sieht man doch!', hg. v. Rolf F. Nohr, Münster 2004, S. 8–19.

Nohr, Rolf F.: Evidenz – ‚... das sieht man doch!', Münster 2004.

Noll, A. Michael: Crisis communications: Lessons from September 11, Lanham, Md 2003.

Nöth-Greis, Gertrud: Das Literarische Büro als Instrument der Pressepolitik, in: Pressepolitik und Propaganda. Historische Studien vom Vormärz bis zum Kalten Krieg, hg. v. Jürgen Wilke, Köln 1997, S. 1–78.

Nünning, Ansgar; Nünning, Vera: Produktive Grenzüberschreitungen: Transgenerische, intermediale und interdisziplinäre Ansätze in der Erzähltheorie, in: Erzähltheorie transgenerisch, intermedial, interdisziplinär, hg. v. Vera Nünning; Ansgar Nünning, Trier 2002, S. 1–22.

Nünning, Vera; Nünning, Ansgar: Erzähltheorie transgenerisch, intermedial, interdisziplinär, Trier 2002.

Oberhauser, Claus: Simoninis Brief oder die Wurzeln der angeblichen jüdisch-freimaurerischen Weltverschwörung, in: Juden und Geheimnis. Verborgenes Wissen und Verschwörungstheorien, hg. v. Institut für Jüdische Geschichte Österreichs, St. Pölten 2012, S. 10–17.

Oberhauser, Claus: Die verschwörungstheoretische Trias: Barruel-Robison-Starck, Innsbruck 2013.

Olmsted, Kathryn S.: Real enemies: Conspiracy theories and American democracy, World War I to 9/11, Oxford 2009.

Osterhammel, Jürgen: Die Verwandlung der Welt: Eine Geschichte des 19. Jahrhunderts, Sonderausgabe, München 2011.

Paech, Joachim; Schröter, Jens: Intermedialität - analog/digital: Theorien, Methoden, Analysen, München 2008.

Parenti, Michael: Dirty truths: Reflections on politics, media, ideology, conspiracy, ethnic life and class power, San Francisco 1996.

Parker, Martin: Human Science as conspiracy theory, in: The age of anxiety. Conspiracy theory and the human sciences, hg. v. Martin Parker; Jane Parish, Oxford 2001, S. 191–207.

Parker, Martin; Parish, Jane: The age of anxiety: Conspiracy theory and the human sciences, Oxford 2001.

Patrick, Martin; Phelan, Sean: History and September 11: A Comparison of Online and Network TV Discourses, in: Crisis communications. Lessons from September 11, hg. v. A. Michael Noll, Lanham, Md 2003, S. 167–184.

Paul, Gerhard: BilderMACHT: Studien zur ‚Visual History' des 20. und 21. Jahrhunderts, Göttingen 2013.

Pelkmans, Mathijs; Machold, Rhys: Conspiracy theories and their truth trajectories, in: Focaal 2011. 2011, 59, S. 66–80.

Perger, Werner A.: Unter Fälschern. 1996, http://www.zeit.de/1996/06/Unter_Faelschern, zuletzt geprüft am: 14.03.2014.

Pfahl-Traughber, Armin: ‚Bausteine' zu einer Theorie über ‚Verschwörungstheorien': Definitionen, Erscheinungsformen, Funktionen und Ursachen, in:Verschwörungstheorien. Theorie, Geschichte, Wirkung, hg. v. Helmut Reinalter, Innsbruck 2002, S. 30–44.

Pickert, Bernd: Verschwörungsprofis unter sich: Eine Veranstaltung der prominenten Zweifler an der offiziellen Version der Geschehnisse des 11. September 2001 gerät in Berlin zur substanzlosen Selbstbestätigung. Horst Mahler darf teilnehmen, ‚Nazis raus'-Rufer müssen den Saal verlassen. 04.08.2014, http://www.taz.de/1/archiv/?dig=2003/07/02/a0089, zuletzt geprüft am: 04.08.2014.

Pietsch, Carsten: Zur soziologischen Topographie von ‚Verschwörungstheorien' und ‚Verschwörungstheoretikern' unter besonderer Berücksichtigung der Anschläge vom 11. September, Oldenburg 2004.

Pipes, Daniel: Verschwörung: Faszination und Macht des Geheimen, München 1998.

Pöhlmann, Matthias: Der Dan-Brown-Code: Von Illuminaten, Freimaurern und inszenierten Verschwörungen, Berlin 2010.

Poliakov, Léon: Geschichte des Antisemitismus, Frankfurt am Main 1988.

Popper, Karl R.: Die offene Gesellschaft und ihre Feinde, Bern 1957-1958.

Popper, Karl R.: Vermutungen und Widerlegungen: Das Wachstum der wissenschaftlichen Erkenntnis, 2. Auflage, Tübingen 2009.

Popper, Karl R; Kiesewetter, Hubert: Falsche Propheten: Hegel, Marx und die Folgen, 8. Auflage, Tübingen 2003.

Popper, Karl R; Salamun, Kurt: Karl R. Popper und die Philosophie des kritischen Rationalismus: Zum 85. Geburtstag von Karl R. Popper, Amsterdam, Atlanta, GA 1989.

Postman, Neil: Wir amüsieren uns zu Tode: Urteilsbildung im Zeitalter der Unterhaltungsindustrie, 4. Auflage, Frankfurt am Main 1985.

Prommer, Elizabeth; Mikos, Lothar; Feise, Patricia u.a.: Im Auge der Kamera: Das Fernsehereignis Big Brother, Berlin 2000.

Pulzer, Peter G. J.: Die Entstehung des politischen Antisemitismus in Deutschland und Österreich 1867 bis 1914, Vom Autor durchges. und um einen Forschungsbericht erw. Neuausgabe, Göttingen 2004.

Quinn, Adrian: Tout est lié: the Front National and media conspiracy theories, in: The age of anxiety. Conspiracy theory and the human sciences, hg. v. Martin Parker; Jane Parish, Oxford 2001, S. 112–132.

Ramsay, Robin: Conspiracy theories, Revised and updated edition, Harpenden 2006.

Reichardt, Rolf: Plurimediale Kommunikation und symbolische Repräsentation in den französischen Revolutionen 1789-1848, in: Revolutionsmedien - Medienrevolutionen, hg. v. Sven Grampp, Konstanz 2008, S. 231–275.

Reiffers, Moritz: Das Ganze im Blick: Eine Kulturgeschichte des Überblicks vom Mittelalter bis zur Moderne, Bielefeld 2012.

Reinalter, Helmut: Verschwörungstheorien: Theorie, Geschichte, Wirkung, Innsbruck 2002.

Reinalter, Helmut: Typologien des Verschwörungsdenkens, Innsbruck 2004.

Reinalter, Helmut; Schüttler, Hermann: Der Illuminatenorden, 1776-1785/87: Ein politischer Geheimbund der Aufklärungszeit, Frankfurt am Main, New York 1997.

Requate, Jörg: Journalismus als Beruf: Entstehung und Entwicklung des Journalistenberufs im 19. Jahrhundert: Deutschland im internationalen Vergleich, Göttingen 1995.

Requate, Jörg: Von der Gewißheit, falsch informiert zu werden, in: Obsessionen. Beherrschende Gedanken im wissenschaftlichen Zeitalter, hg. v. Michael Jeismann, Frankfurt am Main 1995, S. 272–292.

Requate, Jörg: Protesting against ‚America' as the Icon of Modernity: The Reception of Muckraking in Germany, in: Atlantic communications. The media in American and German history from the seventeenth to the twentieth century, hg. v. Norbert Finzsch; Ursula Lehmkuhl, Oxford, New York 2004, S. 205–224.

Richard, Birgit: Bilderkrieg und Terrorismus, in: Die Google-Gesellschaft. Vom digitalen Wandel des Wissens, hg. v. Kai Lehmann; Michael Schetsche, Bielefeld 2005, S. 357–366.

Richert, Thomas: Der Geheime Rat Goethe als Freimaurer und Illuminat, in: Sprache und Geheimnis. Sondersprachenforschung im Spannungsfeld zwischen Arkanem und Profanem, hg. v. Christian Braun, Berlin 2012, S. 241–248.

Richter, Christoph: Wirbel um rbb-Radio-Moderator (Archiv): Der Publizist Henryk M. Broder wirft Ken Jebsen Antisemitismus vor. 2011, http://www.deutschlandfunk.de/wirbel-um-rbb-radiomoderator.761.de.html?dram:article_id=114531, zuletzt geprüft am: 28.04.2014.

Ricupero, Cristina; Ulrich, Matthias: Geheimgesellschaften. Secret societies. [anlässlich der Ausstellung Geheimgesellschaften, Schirn-Kunsthalle Frankfurt, 23 Juni - 25. September 2011 ; CAPC Musée d'Art Contemporain de Bordeaux, 10. November 2011 - 26. Februar 2012], Köln 2011.

Rogalla von Bieberstein, Johannes: Die These von der Verschwörung, 1776-1945: Philosophen, Freimaurer, Juden, Liberale und Sozialisten als Verschwörer gegen die Sozialordnung, Bern 1976.

Rogalla von Bieberstein, Johannes: Die These von der Verschwörung der Freimaurer, in: Verschwörungstheorien. Anthropologische Konstanten - historische Varianten, hg. v. Ute Caumanns; Mathias Niendorf, Osnabrück 2001, S. 75–88.

Rogalla von Bieberstein, Johannes: Der Mythos von der Verschwörung: Philosophen, Freimaurer, Juden, Liberale und Sozialisten als Verschwörer gegen die Sozialordnung, Wiesbaden 2008.

Rogers, Richard: Das Ende des Virtuellen: Digitale Methoden, in: zfm. Zeitschrift für Medienwissenschaft. 2011, 2, S. 61–77.

Rohrbacher, Stefan; Schmidt, Michael: Judenbilder: Kulturgeschichte antijüdischer Mythen und antisemitischer Vorurteile, Reinbek bei Hamburg 1991.

Rothemund, Kathrin: Internet - Verbreitung und Aneignung in den 1990ern, in: Die Kultur der 90er Jahre, hg. v. Werner Faulstich, München 2010, S. 119–136.

Rötzer, Florian: Das Internet vor und nach dem 11. September, in: Die offene Gesellschaft und ihre Medien in Zeiten ihrer Bedrohung, hg. v. Peter Christian Hall, Mainz 2003, S. 115–171.

Sales, Nancy Jo: Click here for Conspiracy: With $6,000 and a laptop computer, three kids from upstate New York made a documentary about 9/11 that spread across the Internet and threw millions for a loop, in: Vanity Fair. 2006, 8, S. 112–118.

Sammons, Jeffrey L.: Die Protokolle der Weisen von Zion: Die Grundlage des modernen Antisemitismus - eine Fälschung; Text und Kommentar, Göttingen 1998.

Sarrazin, Thilo: Der neue Tugendterror: Über die Grenzen der Meinungsfreiheit in Deutschland 2014.

Sartre, Jean-Paul: Ist der Existentialismus ein Humanismus?: drei Essays, Frankfurt am Main 1989.

Schaeper-Wimmer, Sylva: Augustin Barruel, S.J. (1741-1820): Studien zu Biographie und Werk, Frankfurt am Main, New York 1985.

Schäfer, Alexandra: Auf den Spuren der Französischen Religionskriege: Der Topos einer katholischen Verschwörung in reformierter Propaganda als autoreferentieller Denkrahmen, in: Vergangenheiten auf der Spur. Indexikalische Semiotik in den historischen Kulturwissenschaften, hg. v. Andreas Frings; Andreas Linsemann; Sascha Weber, Bielefeld 2012, S. 213–246.

Schetsche, Michael: Die ergoogelte Wirklichkeit: Verschwörungstheorien und das Internet, in: Die Google-Gesellschaft. Vom digitalen Wandel des Wissens, hg. v. Kai Lehmann; Michael Schetsche, Bielefeld 2005, S. 113–126.

Schmid, Katja: Ein Film über den 11.9. und seine Folgen: Die Autoren der Doku „Aktenzeichen 11.9. ungelöst" sollen nicht mehr für den WDR arbeiten. 2003, http://www.heise.de/tp/r4/artikel/15/15909/1.html, zuletzt geprüft am: 21.08.2013.

Schmid, Wolf: Elemente der Narratologie, Berlin 2005.

Schmidt, Siegfried J.: Rekurrenzen der Mediengeschichte: Ein Versuch, Weilerswist 2012.

Schneider, Irmela: Zur medialen Vorgeschichte deutscher Einheit: Beobachtungen einer Erinnerungskultur des Vergessens, in: Kulturelles Vergessen: Medien, Rituale, Orte, hg. v. Günter Butzer; Manuela Günter, Göttingen 2004, S. 61–80.

Schneider, Irmela: Reiz/Reaktion – Vermittlung/Aneignung: Genealogische Spuren der Mediennutzung, in: Mediale Markierungen. Studien zur Anatomie medienkultureller Praktiken, hg. v. Simone Dietz; Timo Skrandies, Bielefeld 2007.

Schneider, Manfred: Das Attentat: Kritik der paranoischen Vernunft, Berlin 2010.

Schneiders, Werner: Lexikon der Aufklärung: Deutschland und Europa, München 1995.

Schnell, Ralf: MedienRevolutionen: Beiträge zur Mediengeschichte der Wahrnehmung, Bielefeld 2006.

Schnell, Ralf: ‚Medienumbrüche' – Konfigurationen und Konstellationen: Zur Einleitung, in: MedienRevolutionen. Beiträge zur Mediengeschichte der Wahrnehmung, hg. v. Ralf Schnell, Bielefeld 2006, S. 7–12.

Schön, Erich: Sozialgeschichtliche Literaturwissenschaft,

in: Literaturwissenschaft. Ein Grundkurs, hg. v. Helmut Brackert; Jörn Stückrath, Reinbek bei Hamburg 1992, S. 606–618.

Schorr, Angela: Auf Europastandard: Die Jungen Medienforscher und Ihre Perspektiven, Wiesbaden 2011.

Schrader, Fred E.: Zur sozialen Funktion von Geheimgesellschaften im Frankreich zwischen Ancien Régime und Revolution, in: Schleier und Schwelle, hg. v. Aleida Assmann; Jan Assman, München 1997, S. 179–194.

Schröter, Jens: Intermedialität: Facetten und Probleme eines aktuellen medienwissenschaftlichen Begriffs, in: Montage AV 7. 1998, 2, S. 129–154.

Schröter, Jens: Das ur-intermediale Netzwerk und die (Neu-)Erfindung des Mediums im (digitalen) Modernismus: Ein Versuch, in: Intermedialität - analog/digital. Theorien, Methoden, Analysen, hg. v. Joachim Paech; Jens Schröter, München 2008, S. 579–601.

Schumacher, Eckhard: Revolution, Rekursion, Remediation: Hypertext und World Wide Web, in: Einführung in die Geschichte der Medien, hg. v. Albert Kümmel; Leander Scholz; Eckhard Schumacher, Paderborn 2004, S. 255–280.

Schüttler, Hermann: Die Mitglieder des Illuminatenordens, 1776-1787/93, München 1991.

Schüttler, Hermann: Johann Joachim Christoph Bode: Journal von einer Reise von Weimar nach Frankreich im Jahr 1787, Neuried 1994.

Seeßlen, Georg; Metz, Markus: Krieg der Bilder, Bilder des Krieges: Abhandlung über die Katastrophe und die mediale Wirklichkeit, Berlin 2002.

Seidler, John: Digitale Detektive: Verschwörungstheorie im Internet, in: Lesen, Schreiben, Erzählen. Kommunikative Kulturtechniken im digitalen Zeitalter, hg. v. Henning Lobin; Regine Leitenstern; Jana Klawitter, Frankfurt am Main 2013, S. 211–232.

SFB/FK 427: Transkriptionen: Newsletter des kulturwissenschaftlichen Forschungskollegs „Medien und kulturelle Kommunikation" SFB/FK 427, Köln 2008.

Siegert, Bernhard: Gehörgänge ins Jenseits: Zur Geschichte der Einrichtung telephonischer Kommunikation in der Psychoanalyse, in: Fragmente. Schriftenreihe zur Psychoanalyse. 1991, 35/36, S. 51–69.

Siegert, Reinhart: Der ‚gemeine Mann' und die Welt der Bücher um 1800, in: Jahrbuch für Kommunikationsgeschichte 4. 2002, 4, S. 32–51.

Simonson, Peter: Handbook of communication history, New York 2013.

Sloterdijk, Peter: Kritik der zynischen Vernunft: Band 2, 8. Auflage, Frankfurt am Main 1983.

Snow, David A; Soule, Sarah Anne; Kriesi, Hanspeter: Mapping the Terrain, in: The Blackwell companion to social movements, hg. v. David A. Snow; Sarah Anne Soule; Hanspeter Kriesi, Malden, MA 2004.

Snow, David A; Soule, Sarah Anne; Kriesi, Hanspeter: The Blackwell companion to social movements, Malden, MA 2004.

Sonderman, Jeff: How 9/11 led to the birth of Google News, Poynter. 20.02.2014, http://www.poynter.org/latest-news/mediawire/154362/how-911-led-to-the-birth-of-google-news/, zuletzt geprüft am: 21.02.2014.

Soukup, Charles: 9/11 Conspiracy Theories on the World Wide Web: Digital Rhetoric and Alternative Epistemology, in: Journal of Literacy and Technology 3 9. 2008, 3.

Spiegel Online: Medien: Schneller, schneller! Mehr, mehr!: Die Clinton-Affäre und das Internet. 1998, http://www.spiegel.de/netzwelt/web/medien-schneller-schneller-mehr-mehr-a-13517.html, zuletzt geprüft am: 25.03.2014.

Springer, Axel: Grundsätze und Leitlinien. 03.08.2014, https://www.axelspringer. de/artikel/Grundsaetze-und-Leitlinien_40218.html, zuletzt geprüft am: 03.08.2014.

Stanitzek, Georg; Winkler, Hartmut: Eine Medientheorie der Aufklärung, in: Josias Ludwig Gosch: Ideenumlauf, hg. v. Georg Stanitzek; Hartmut Winkler, Berlin 2006, S. 7–34.

Stanitzek, Georg; Winkler, Hartmut: Josias Ludwig Gosch: Ideenumlauf, Berlin 2006.

Starobinski, Jean: 1789: Die Embleme der Vernunft, hg. v. Friedrich A. Kittler 1981.

Statistisches Bundesamt (Destatis): Einkommen, Konsum, Lebensbedingungen: Ausstattung privater Haushalte mit Unterhaltungselektronik - Deutschland. 2013, https://www.destatis.de/DE/ZahlenFakten/GesellschaftStaat/Einkom menKonsumLebensbedingugen/AusstattungGebrauchsguetern/Tabellen/Un terhaltungselektronik_D.html, zuletzt geprüft am: 12.03.2014.

Stein, Alexander: Adolf Hitler: Schüler der ‚Weisen von Zion', Karlsbad 1936.

Stein, Alexander; Ciminski, Lynn: Adolf Hitler, Schüler der ‚Weisen von Zion', Freiburg 2011.

Stein, Murray; Jones, Raya A.: Cultures and identities in transition: Jungian perspectives, 1st ed, London, New York 2010.

Stein, Robert: 9/11 Megaritual 2010.

Steinmetz, Rüdiger: Kommunikative und ästhetische Chrakteristika des gegenwärtigen Dokumentarfilms, in: Medienwissenschaft: ein Handbuch zur Entwicklung der Medien und Kommunikationsformen, hg. v. Joachim Felix Leonhard; Hans Werner Ludwig, Berlin 2002, S. 1799–1812.

Stempel, C; Hargrove, T; Stempel, G. H.: Media Use, Social Structure, and Belief in 9/11 Conspiracy Theories, in: Journalism & Mass Communication Quarterly 84. 2007, 2, S. 353–372.

Stingelin, Martin: Gehirntelegraphie: Die Rede der Paranoia von der Macht der Medien um 1900. Falldarstellungen, in: Arsenale der Seele. Literatur- und Medienanalyse seit 1870, hg. v. Friedrich A. Kittler; Georg Christoph Tholen, München 1989, S. 51–69.

Stöber, Gunda: Pressepolitik als Notwendigkeit: Zum Verhältnis von Staat und Öffentlichkeit im wilhelminischen Deutschland 1890-1914, Stuttgart 2000.

Stöber, Rudolf: Deutsche Pressegeschichte: Einführung, Systematik, Glossar, Konstanz 2000.

Stöber, Rudolf: Mediengeschichte: Ein subjektiver Erfahrungsbericht, in: Presse und Geschichte. Leistungen und Perspektiven der historischen Presseforschung, hg. v. Astrid Blome; Holger Böning, Bremen 2008, S. 413–424.

Stöber, Rudolf: Medialisierung vor 1945. Wie tragfähig ist der Begriff als kommunikationshistorisches Konzept für frühe Neuzeit und Moderne?, in: Von der Politisierung der Medien zur Medialisierung des Politischen? Zum Verhältnis von Medien, Öffentlichkeit und Politik im 20. Jahrhundert, hg. v. Klaus Arnold; Christoph Classen; Susanne Kinnebrock u.a., Leipzig 2010, S. 77–96.

Stoellger, Philipp: Deutungsmacht: Religion Und Belief Systems in Deutungsmachtkonflikten, Tübingen 2014.

Sullivan, Danny: Google & The Death Of Osama Bin Laden. 2011, http://searchengineland.com/google-the-death-of-osama-bin-laden-75346, zuletzt geprüft am: 25.07.2014.

Swinford, Steven: WikiLeaks: FBI hunts the 9/11 gang that got away: The FBI has launched a manhunt for a previously unknown team of men suspected to be part of the 9/11 attacks, the Daily Telegraph can disclose. 29.04.2014, http://www.telegraph.co.uk/news/worldnews/wikileaks/8296860/WikiLeaks-FBI-hunts-the-911-gang-that-got-away.html, zuletzt geprüft am: 29.04.2014.

Teuteberg, Hans Jürgen: Einführung, in: Vom Flügeltelegraphen zum Internet. Geschichte der modernen Telekommunikation, hg. v. Hans Jürgen Teuteberg; Cornelius Neutsch, Stuttgart 1998, S. 7–13.

Teuteberg, Hans Jürgen; Neutsch, Cornelius: Vom Flügeltelegraphen zum Internet: Geschichte der modernen Telekommunikation, Stuttgart 1998.

Theodor W. Adorno: Über den Fetischcharakter in der Musik und die Regression des Hörens, in: Zeitschrift für Sozialforschung, ed. by M. Horkheimer, Reprint München (Deutscher Taschenbuch Verlag) 1980, Vol. VII, pp. 321ff.

TNS Emnid: Exklusiv-Umfrage des Wissensmagazins Welt der Wunder: Wem glauben die deutschen noch? Auswertungbericht 2010.

Tobias Jaecker: Will Eisner: Die hartnäckigste Lügengeschichte der Welt. 2005, http://www.netzeitung.de/voiceofgermany/366798.html, zuletzt geprüft am: 13.02.2012.

Tracy, James F.: Diffusing Conspiracy Panics: On the Public Use of Reason in the Twenty-First Century Truth Emergency, in: Censored 2014. Fearless Speech in Fateful Times, hg. v. Mickey Huff; Andy Lee Roth 2013, S. 271–286.

Uscinski, Joseph E; Parent, Joseph M; Torres, Bethany: Conspiracy theories are for loosers: Paper presented at the 2011 American Political Science Association annual conference, Seattle, Washington.

van Eimeren, Birgit; Oehmichen, Ekkehardt; Schröter, Christian: ARD-Onlinestudie 1997: Onlinenutzung in Deutschland, http://www.ard-zdf-onlinestudie.de/fileadmin/Onlinestudie_1997/Online97.pdf, zuletzt geprüft am: 20.03.2014.

Vogel, Christine; Schneider, Herbert; Carl, Horst: Medienereignisse im 18. und 19. Jahrhundert: Beiträge einer interdisziplinären Tagung aus Anlass des 65. Geburtstages von Rolf Reichardt, München 2009.

Vogl, Joseph: Einleitung, in: Poetologien des Wissens um 1800, hg. v. Joseph Vogl, München 1999, S. 7–18.

Vogl, Joseph: Poetologien des Wissens um 1800, München 1999.

Voigt, Isabell: Korrespondenzbüros als Hilfsgewerbe der Presse: Entstehung, Aufgaben und Entwicklung, in: Unter Druck gesetzt. Vier Kapitel deutscher Pressegeschichte, hg. v. Jürgen Wilke, Köln 2002, S. 69–128.

Vom Orde, Heike: Kinder, Jugendliche und Reality-TV: Eine Zusammenfassung ausgewählter Forschungsergebnisse, in: Televizion 25. 2012, 1, S. 40–43.

Voss, Jürgen: Die Eudämonia (1795-1798), in: Voix conservatrices et réactionnaires dans les périodiques allemands de la Révolution française à la restauration. Études, hg. v. Pierre-André Bois; Raymond Heitz; Roland Krebs, Bern, New York 1999, S. 271–298.

Wegmann, Nikolaus: Literarische Autorität: Common Sense oder literaturwissenschaftliches Problem? Zum Stellenwert der Literatur im Feld der Medien. 1996, http://www.culture.hu-berlin.de/verstaerker/vs001/, zuletzt geprüft am: 31.07.2014.

Weichert, Stephan Alexander: Die Krise als Medienereignis: Über den 11. September im deutschen Fernsehen, Köln 2006.

Weis, Eberhard: Der Illuminatenorden (1776-1786): Unter besonderer Berücksichtigung der Fragen seiner sozialen Zusammensetzung, seiner politischen Ziele und seiner Fortexistenz nach 1786, München 1987.

Weis, Eberhard: Montgelas: Erster Band. Zwischen Revolution und Reform 1759-1799, 2. Auflage, München 1988.

Weis, Eberhard: Der Illuminatenodern in Bayern (1776-1785) und die Frage seiner Fortwirkung in der späteren Zeit, in: Die Weimarer Klassik und ihre Geheimbünde, hg. v. Walter Müller-Seidel; Wolfgang Riedel, Würzburg 2003, S. 91–106.

Weischenberg, Siegfried; Malik, Maja; Scholl, Armin: Die Souffleure der Mediengesellschaft: Report über die Journalisten in Deutschland, Konstanz 2006.

Welke, Martin: Johann Carolus und der Beginn der periodischen Tagespresse, in: 400 Jahre Zeitung. Die Entwicklung der Tagespresse im internationalen Kontext ; [1605-2005], hg. v. Martin Welke; Jürgen Wilke, Bremen 2008, S. 9–116.

Welke, Martin; Wilke, Jürgen: 400 Jahre Zeitung: Die Entwicklung der Tagespresse im internationalen Kontext ; [1605-2005], Bremen 2008.

Welker, Martin; Wünsch, Carsten: Die Online-Inhaltsanalyse: Forschungsobjekt Internet, Köln 2010.

Werber, Niels: Technolgien der Macht: System- und medientheoretische Überlegungen zu Schillers Dramatik, in: Jahrbuch der Deutschen Schillergesellschaft. Im Auftrag des Vorstands, hg. v. Wilfried Barner; Walter Müller-Seidel; Ulrich Ott, Stuttgart 1996, S. 210–243.

White, Hayden: Auch Klio dichtet, oder, Die Fiktion des Faktischen: Studien zur Tropologie des historischen Diskurses 1986.

Whitson, Jennifer A; Galinsky, Adam D.: Lacking Control Increases Illusory Pattern Perception, in: Science 322. 2008, 5898, S. 115–117.

Wikipédia: Théorie du complot. 20.02.2014, http://fr.wikipedia.org/w/index.php?oldid=100425177, zuletzt geprüft am: 22.02.2014.

Wilke, Jürgen: Nachrichtenauswahl und Medienrealität in vier Jahrhunderten: Eine Modellstudie zur Verbindung von historischer und empirischer Publizistikwissenschaft, Berlin, New York 1984.

Wilke, Jürgen: Pressepolitik und Propaganda: Historische Studien vom Vormärz bis zum Kalten Krieg, Köln 1997.

Wilke, Jürgen: Deutsche Telegraphenbureaus und Nachrichtenagenturen, in: Vom Flügeltelegraphen zum Internet. Geschichte der modernen Telekommunikation, hg. v. Hans Jürgen Teuteberg; Cornelius Neutsch, Stuttgart 1998, S. 163–178.

Wilke, Jürgen: Mediengeschichte der Bundesrepublik Deutschland, Köln 1999.

Wilke, Jürgen: Grundzüge der Medien- und Kommunikationsgeschichte: Von den Anfängen bis ins 20. Jahrhundert, Köln 2000.

Wilke, Jürgen: Unter Druck gesetzt: Vier Kapitel deutscher Pressegeschichte, Köln 2002.

Wilke, Jürgen: The Telegraph and Transatlantic Communication Relations, in: Atlantic communications. The media in American and German history from the seventeenth to the twentieth century, hg. v. Norbert Finzsch; Ursula Lehmkuhl, Oxford, New York 2004, S. 107–134.

Wilke, Jürgen: 400 Jahre Zeitung: Zeitung und Zeitunglesen am Rhein. Vortrag im Rahmen der Festveranstaltung des Burg-Vereins e.V. Eltville am Rhein am 04. September 2005, Eltville am Rhein 2007.

Wilson, John: Understanding journalism: A guide to issues, London, New York 1996.

Wilson, W. Daniel: Geheimräte gegen Geheimbünde: Ein unbekanntes Kapitel der klassisch-romantischen Geschichte Weimars, Stuttgart 1991.

Wippermann, Wolfgang: Agenten des Bösen: Verschwörungstheorien von Luther bis heute, Berlin-Brandenburg 2007.

Wissenschaftsrat: Empfehlungen zur Weiterentwicklung der Kommunikations- und Medienwissenschaften in Deutschland, Köln 2007.

Wittgenstein, Ludwig: Philosophische Untersuchungen, Frankfurt am Main 1971.

Wolf, Fritz: Fernsehen: Mit einem blinden Instrument, in: Message. Internationale Zeitschrift für Journalismus 4. 2002, 1.

Wolf, Fritz: Trends und Perspektiven für die dokumentarische Form im Fernsehen.: Eine Fortschreibung der Studie ‚Alles Doku - oder was. Über die Ausdifferenzierung des Dokumentarischen im Fernsehen'. 2005.

Wolf, W; Bernhart, W.: Framing Borders in Literature and Other Media, Amsterdam, New York 2006.

Wolf, Werner: Framing Fiction: Reflections on a narratological concept and an example: Bradbury, Mensonge, in: Grenzüberschreitungen. Narratologie im Kontext, hg. v. Walter Grünzweig; Andreas Solbach, Tübingen 1999, S. 97–126.

WorldPublicOpinion.org: International Poll: No Consensus On Who Was Behind 9/11. 2008,
http://www.worldpublicopinion.org/pipa/pdf/sep08/WPO_911_Sep08_pr.pdf zuletzt geprüft am: 04.08.2014.

Zymner, Rüdiger: Handbuch Gattungstheorie, Stuttgart 2010.

Zymner, Rüdiger: Zur Gattungstheorie des ‚Handbuchs', zur Theorie der Gattungstheorie und zum ‚Handbuch Gattungstheorie'. Eine Einführung, in: Handbuch Gattungstheorie, hg. v. Rüdiger Zymner, Stuttgart 2010, S. 1–5.

Danksagung

> „Immer hatte ich grässliche Leute um mich gehabt, die an mir rummeckerten und auf mir rumhackten und mich schimpften und Fehler an mir fanden und mich volljammerten und belästigten und nicht von mir abließen und ständig hinter mir her waren, und ich musste dies tun und musste das tun und dann noch was anderes, und immer fiel ihnen was ein, wozu ich keine Lust hatte, und dann bekam ich Saures, weil ich mich davor drückte, und so machten sie einem ständig das Leben zur Hölle."
>
> MARK TWAIN/TOM SAWYERS ABENTEUERLICHE BALLONFAHRT

Wer je das Privileg eines sogenannten ‚strukturierten Promotionsprogramms' oder ähnlicher Segnungen des Wissenschaftsbetriebs genießen durfte, kann vermutlich die obigen Reflexionen, die Mark Twain seinen Huckleberry Finn sagen ließ, – mehr oder weniger – nachvollziehen. Kritik gehört in der Wissenschaft unbedingt zum Geschäft, und wer ein vermeintlich besonders interessantes Thema bearbeitet, für das sich allerlei Wissenschaftler aus unterschiedlichen Gründen besonders interessieren (Interdisziplinarität!), kann viel über Wissenschaft lernen. Umso wichtiger ist es, während der Jahre als Promovend auf Menschen zählen zu können, deren strenge und gerechte Kritik stets eine Unterstützung der Sache bedeutet. Zuallererst gilt daher mein Dank meiner Erstbetreuerin Elizabeth Prommer, ohne deren Rückhalt, Motivation und gelegentliche Kurskorrektur diese Dissertation nicht möglich gewesen wäre. Gleichsam danke ich meinem Zweitbetreuer Heiner Hastedt, der überhaupt ein großes Glück für alle seine Studenten ist. Dem Drittgutachter Torsten Hahn bin ich besonders dankbar für sein

Engagement und für kluge, inspirierende und wohlwollende Anmerkungen von einem Kenner der Materie. Dieser Kontakt entstand glücklicherweise durch ein zufälliges Wiedersehen mit Harun Maye, der schon während meines Studiums in Köln die besten Ratschläge geben konnte. Ebenfalls Franz-Josef Holznagel, in dem ich nicht nur einen kompetenten Ratgeber, sondern auch einen weiteren Rheinländer in Rostock fand, möchte ich für seine Unterstützung danken.

Auch das hat Huckleberry Finn schon längst gewusst: Ohne Verbündete kann man kein Abenteuer bestehen. Ich hatte das große Glück, in Rostock Menschen kennenlernen zu dürfen, mit denen das Uni-Leben außerhalb des Philosophikums nicht endete, sondern gerade erst begann. Der verrückte Fernseh-Philosoph Florian Wobser, der pathologische Adornit Dennis Wutzke und der Würfelmann Hanno Depner waren genau die Richtigen, um das Abenteuer Promotion gemeinsam zu bestreiten. Danke für Nachtlager in WG-Küchen, für das Schmieden großer Pläne und für kleine Biere am Ostseestrand. Ahoi!

Diese Arbeit entstand hauptsächlich in Rostock und in Köln (und während der Zugfahrten zwischen beiden Orten). In Köln konnte ich mich immer darauf verlassen, dass Philipp Schumacher für seine historischen Studien die gleiche Bibliothek als Arbeitsraum nutzte wie ich. So ungefähr war das schon, als wir noch gemeinsam für's Abitur lernten. Danke! Unser ebenfalls seit der Schulzeit gemeinsamer Freund Petr Frantik hat vor der Abgabe praktisch das gesamte Manuskript dieser Arbeit gelesen. Hut ab, danke für dein Interesse und deine Anmerkungen.

Für Hilfe beim Lektorat danke ich Christine Mangold und Dieter Zenses.

Das größte Dankeschön gilt Marie, die mich immer unterstützt hat und die sich vermutlich mindestens so wie ich über die Fertigstellung meiner Dissertation freut. Das gleiche gilt für meine Eltern, denen ich meine Dissertation widme.

Edition Medienwissenschaft

Sven Grampp, Jens Ruchatz
Die Fernsehserie
Eine medienwissenschaftliche Einführung

September 2016, ca. 200 Seiten, kart., ca. 16,99 €,
ISBN 978-3-8376-1755-9

Christina Schachtner
Das narrative Subjekt – Erzählen im Zeitalter des Internets

Mai 2016, ca. 230 Seiten, kart., zahlr. Abb., ca. 32,99 €,
ISBN 978-3-8376-2917-0

Thomas Morsch, Lukas Foerster, Nikolaus Perneczky (Hg.)
Post TV – Debatten zum Wandel des Fernsehens

Mai 2016, ca. 300 Seiten, kart., zahlr. Abb., ca. 29,99 €,
ISBN 978-3-8376-2933-0

Leseproben, weitere Informationen und Bestellmöglichkeiten
finden Sie unter www.transcript-verlag.de

Edition Medienwissenschaft

Dennis Göttel, Florian Krautkrämer (Hg.)
Scheiben
Medien der Durchsicht und Speicherung

Mai 2016, ca. 200 Seiten, kart., zahlr. Abb., ca. 29,99 €,
ISBN 978-3-8376-3117-3

Beate Ochsner, Robert Stock (Hg.)
**senseAbility – Mediale Praktiken des Sehens
und Hörens**

Mai 2016, ca. 500 Seiten, kart., zahlr. Abb., ca. 34,99 €,
ISBN 978-3-8376-3064-0

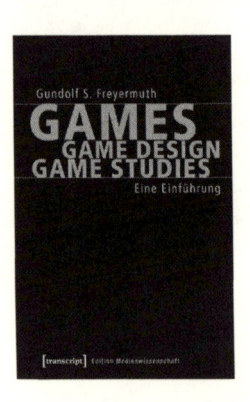

Gundolf S. Freyermuth
Games | Game Design | Game Studies
Eine Einführung

Februar 2015, 280 Seiten, kart., 17,99 €,
ISBN 978-3-8376-2982-8

Leseproben, weitere Informationen und Bestellmöglichkeiten
finden Sie unter www.transcript-verlag.de

Edition Medienwissenschaft

Gundolf S. Freyermuth,
Lisa Gotto (Hg.)
Der Televisionär
Wolfgang Menges transmediales Werk. Kritische und dokumentarische Perspektiven
Mai 2016, ca. 600 Seiten, kart., ca. 49,99 €,
ISBN 978-3-8376-3178-4

Christer Petersen
Terror und Propaganda
Prolegomena zu einer Analytischen Medienwissenschaft
April 2016, ca. 290 Seiten, kart., ca. 32,99 €,
ISBN 978-3-8376-2243-0

Anne Grüne
Formatierte Weltkultur?
Zur Theorie und Praxis globalen Unterhaltungsfernsehens
März 2016, ca. 490 Seiten,
kart., zahlr. Abb., ca. 49,99 €,
ISBN 978-3-8376-3301-6

Jonas Nesselhauf, Markus Schleich (Hg.)
Das andere Fernsehen?!
Eine Bestandsaufnahme des »Quality Television«
Dezember 2015, 306 Seiten, kart., 39,99 €,
ISBN 978-3-8376-3187-6

Stefan Greif, Nils Lehnert,
Anna-Carina Meywirth (Hg.)
Popkultur und Fernsehen
Historische und ästhetische Berührungspunkte
Juli 2015, 322 Seiten,
kart., zahlr. Abb., 34,99 €,
ISBN 978-3-8376-2903-3

Nadja Urbani
Medienkonkurrenzen um 2000
Affekte, Finanzkrisen und Geschlechtermythen in Roman, Film und Theater
Juni 2015, 528 Seiten,
kart., zahlr. Abb., 49,99 €,
ISBN 978-3-8376-3047-3

Julia Zons
Casellis Pantelegraph
Geschichte eines vergessenen Mediums
Juni 2015, 242 Seiten, kart.,
zahlr. Abb., 34,99 €,
ISBN 978-3-8376-3116-6

Sarah Ertl
Protest als Ereignis
Zur medialen Inszenierung von Bürgerpartizipation
Juni 2015, 372 Seiten, kart.,
zahlr. Abb., 34,99 €,
ISBN 978-3-8376-3067-1

Vincent Fröhlich
Der Cliffhanger und die serielle Narration
Analyse einer transmedialen Erzähltechnik
April 2015, 674 Seiten, kart.,
zahlr. z.T. farb. Abb., 44,99 €,
ISBN 978-3-8376-2976-7

Caroline Roth-Ebner
Der effiziente Mensch
Zur Dynamik von Raum und Zeit in mediatisierten Arbeitswelten
Februar 2015, 366 Seiten,
kart., zahlr. Abb., 34,99 €,
ISBN 978-3-8376-2914-9

Anne Ulrich, Joachim Knape
Medienrhetorik des Fernsehens
Begriffe und Konzepte
2014, 286 Seiten, kart., 29,99 €,
ISBN 978-3-8376-2587-5

Leseproben, weitere Informationen und Bestellmöglichkeiten finden Sie unter www.transcript-verlag.de